重庆市教育科学"十三五"规划
2020年度课题"慧生课堂的实践研究"著述成果

慧生课堂的建构与实践研究

HUISHENG KETANG DE
JIANGOU YU SHIJIAN YANJIU

邓 辉 ｜ 蒋 敏 ｜ 周 娟 ｜ 主 编

重庆出版集团 重庆出版社

图书在版编目(CIP)数据

慧生课堂的建构与实践研究 / 邓辉,蒋敏,周娟主编. —重庆：重庆出版社,2024.4
ISBN 978-7-229-18586-2

Ⅰ.①慧… Ⅱ.①邓… ②蒋… ③周… Ⅲ.①中小学—课堂教学—教学研究—重庆—文集 Ⅳ.①G632.421-53

中国国家版本馆CIP数据核字(2024)第076715号

慧生课堂的建构与实践研究
HUISHENG KETANG DE JIANGOU YU SHIJIAN YANJIU
邓　辉　蒋　敏　周　娟　主编

责任编辑：刘　媛　彭　景
责任校对：刘小燕
装帧设计：岳　吟

重庆出版集团
重庆出版社　出版

重庆市南岸区南滨路162号1幢　邮政编码：400061　http://www.cqph.com
重庆诚迈文化传媒有限责任公司制版
重庆奥博印务有限公司印刷
重庆出版集团图书发行有限公司发行
E-MAIL:fxchu@cqph.com　邮购电话：023-61520678
全国新华书店经销

开本：787mm×1092mm　1/16　印张：33.5　字数：472千
2024年5月第1版　2024年5月第1次印刷
ISBN 978-7-229-18586-2
定价：98.00元

如有印装质量问题，请向本集团图书发行有限公司调换：023-61520678

版权所有　侵权必究

编委会

主　编：

邓　辉　蒋　敏　周　娟

执行主编：

梁　琴　李　爽　卢　婷　罗高莉

编　委：

邓　辉　梁　琴　蒋　敏　吴　蜜　周　娟
郑秋怡　李永春　朱　彦　李　爽　罗高莉
卢　婷　唐　佳　龙运芳　唐红莉　谭　佳
杨天平　周灵佳　姜小川　古　苹　王　佳
　　　　刘倩倩　罗　洁　沈　彦

主编简介

邓辉，中学高级教师，全国民办中小学优秀校长，重庆市作家协会会员，重庆市大足城南教育集团理事长，新中国成立60年重庆教育知名人物，荣获重庆市总工会九·五劳模奖章。曾任重庆市人大代表，大足区人大代表，中国民办教育协会中小学专业委员会副理事长，重庆教育评估专家委员会专家，中国民办教育协会小初分会理事，《中华辞赋》《诗词世界》杂志理事长，出版个人诗集5本。

邓辉

蒋敏，高级教师，重庆大足城南教育集团东序小学校长，重庆市骨干教师，大足区教育学会会员。多次承担集团对外交流研讨课、优质课、示范课，论文获国家级、市级、区级奖励20余次，发表论文10余篇，多次获区、镇（街道）优秀教师表彰奖励。

蒋敏

周娟，中共党员，现任全国民办教育协会党建专业委员会第一届理事会副理事长、大足区"袁位名校长"工作室成员、中共重庆市大足区城南教育发展有限公司党委副书记、东序小学常务副校长。多次荣获区级优秀班主任、青年优秀教师、教研教改先进个人等荣誉称号，主研区级课题1项，发表论文2篇。

周娟

执行主编简介

梁琴

梁琴，高级教师，大足城南教育集团总校副校长、科研室主任，大足区十佳教师、优秀教师。主研市级课题1项，主编专著2本，论文发表3篇，获市级奖1项，指导青年教师赛课获区级奖励4项。

李爽

李爽，大足区城南教育集团东序小学科研室主任，区级优秀教师、优秀班主任、教研教改先进个人，获得语文优质课、班主任基本功竞赛区级奖多次，论文获得市级奖多次。

罗高莉

罗高莉，大足区城南教育集团东序小学教导主任，大足区教育质量先进个人、优秀教师、教研教改先进个人。荣获市级优质课大赛一等奖，主研市级课题1项，论文发表10余篇，获市级奖6次，课例荣获国家级奖5次。

卢婷

卢婷，大足城南教育集团东序小学科研室副主任，大足区"四有"好老师、教育质量先进个人、校园安全先进个人，多次荣获校级、龙岗棠香片区数学赛课一等奖，多次展示区级示范课。

序 言

课堂革命"赶考"路上的东序答卷

余国源

课堂革命是我国在新时代历史阶段擘画的一条高质量教育"赶考"之路。不同学校踔厉前行，奋发"赶考"，书写了各具特色、美美与共的校本化答卷。重庆市大足城南东序学校承担重庆市教育科学"十三五"规划2020年度课题，开展"慧生课堂的实践研究"，物化为课题著述《慧生课堂的建构与实践研究》公开出版。慧生课堂"缘何而生"，它"是什么""育什么人""教什么""怎么教""怎么评""有何特色"？这本著述对这一系列根本性的问题做出了创意性回答，在课堂革命的"赶考"路上交出了大足区城南教育集团东序小学的答卷，即东序答卷。

慧生课堂"缘何而生"：基于"四层面"出场背景的东序答卷

新时代课堂革命既是国际变革课题，也是国家变革课题、文化变革课题，更是校本变革课题。以此观照慧生课堂，其出场缘于世情、国情、史情、校情"四个层面"的背景。一是着眼于"世情"层面的背景，慧生课堂的出场缘于国际潮流的追踪。日本著名教育学者佐藤学在广泛的国际课堂观察中发现，一场静悄悄的"课堂革命"正在世界各国波澜壮阔地展开。这场革命有三大表征：课堂场域"由'教授的场所'转变为'学习的场所'"；课程形态"从'目标—达成—评价'的程序型课程转变为'主题—探究—表现'的项目型课程";教学模式"从班级授课模式转向合作学习模式"[①]。慧生课堂是对国际教改浪潮的自觉追踪。二是着眼于"国情"层面的背景,慧生课堂的出场缘于对课堂革命的回应。2017年,教育部原部长陈宝生提出了"课堂革命"的命题,要求"回归常识、回归本分、回归初心、回归梦想""深化基础教育人才培养模式改革""加快教育由量的增长向质的提升转变"[②]。慧生课堂是对国家顶层战略的自觉实践。三是着眼于"史情"层面的背景,慧生课堂的出场缘于文化遗产的传承。大足石刻143处石窟寺、5万余尊造像和10万余字铭文,构成以佛学为主体的世界文化遗产。佛教是觉者的教化,佛的原初意义就是觉。既能自觉,又能觉他,起而行之,觉行圆满,此乃大觉大悟的大智慧。佛教"慧学"强调转识成智,认为心智系统彼此转换,彼此赋能,可以衍生出生命大智慧。转识成智之"识",是"眼识、耳识、鼻识、舌识、身识以及意识等"与人的认知历程关联的心智活动。其中,"眼识"是借助"眼根"认识事物的视觉心智活动,"耳识"是借助"耳根"分辨声音的听觉心智活动,"鼻识"是借助"鼻根"辨别气味的嗅觉心智活动,"舌识"是借助"舌根"分辨味道的味觉心智活动,"身识"是借助"身根"具身体验的触觉心智活动,"意识"是借助"意根"展开整体推论的意识心智活动。转识成智之"智",就是才能和智慧。"眼耳鼻舌身意"各种心智活动彼此贯通、系统转化,衍生为人的四种生命智慧。一曰"成所作智",形成解决俗世间具体事物的生命智慧;二曰"妙观察智",形成认识世间万物个性与共性的生命智慧;三曰"平等性智",形成超越自我意识的生命智慧;四曰"大圆镜智",形成一种圆满、绝对、永恒、能洞照

[①] [日]佐藤学:《教师的挑战:宁静的课堂革命》,钟启泉、陈静静译,华东师范大学出版社2012版,第3页。

[②] 陈宝生:《努力办好人民满意的教育》,载《人民日报》2017年9月8日。

一切的生命智慧[1]。"慧生课堂"将大足石刻佛学文化遗产加以世俗化、生活化转化，衍生为"课堂革命"的"慧生"校本理念，彰显了中国化的历史底蕴和文化特色。四是着眼于"校情"层面的背景，慧生课堂的出场缘于校本学风的践行。东序学校秉持"继承传统，面向未来"的办学理念，建构"慧生课堂"，旨在引导学生觉悟笃行，践行"善学雅行，日进日新"的学风，推动"课堂革命"的校本实践。"四个层面"的背景答卷表明，东序学校推出的慧生课堂既有国际视野的广度，也有国家战略的高度，还有历史文化的深度，更有校本理念的亮度。

慧生课堂"是什么"：基于"六大特性"本真意涵的东序答卷

校本化推进课堂革命，其核心是要建构校本课堂"大概念"。慧生课堂的内涵是什么，有何主要特征？东序课题著述给出了校本答卷。一是慧生课堂彰显了智慧的"六大特性"。东序课题组认为，"'慧生课堂'是'培育有智慧的生命'的课堂"。从智慧维度分析，慧生课堂有六种特性的形态。一曰智慧的思辨性特性。"慧生"之"慧"，本义为聪明、智慧。何谓"智慧"？"'智'由'知''日'组成，即每天都有认知，才是'智'；'慧'由'心''倒山'和两个'丰'组成，即心中的那座山（疑难或问题）被推倒，获得了双丰收"[2]。在佛学语境中，推倒疑难问题之"慧"，是指觉解了悟、破惑证真的智慧。这一内涵表明，慧生课堂是思辨性的智慧课堂。二曰智慧的具身性特性。"慧"字上面两个"丰"，代表不同的慧根，中间三横一竖，代表身、心、灵三根贯通一体，底下一个"心"，代表心根内贯灵府，外联身根，

---

[1] 邓美芬：《〈成唯识论〉"转识成智"理论的生命观探究》，广西大学硕士学位论文，2019年。

[2] 周一贯：《智慧课堂的哲学思考（上）》，载《小学教学参考》2008年第6期。

内觉外修，觉行圆满，称之为"慧"。这一内涵表明，慧生课堂是具身性的智慧课堂。三曰智慧的创构性特性。慧，形声字。从心，彗声。由"彗"和"心"构成。"彗"字表示用草制作扫帚，整个字的意思是心里想到把无用的野草变成有用的扫帚就是智慧，由此产生本义为聪明、智慧。这一内涵表明，慧生课堂是创构性的智慧课堂。四曰智慧的日新性特性。"慧"字上面两个"丰"，代表丰采、丰仪，形容丰美艳丽，中间三横一竖，表示众多丝缕贯通编织成浴巾，底下一个"心"，代表一个人的心性德行要日日洗新才能保持大美动人的精神丰采，称之为"慧"。这一内涵表明，慧生课堂是日新性的智慧课堂。五曰智慧的道德性特性。慧字上面的两个"丰"字分别代表国事和天下事，中间的"彐"字代表家事。从字面上看，家事、国事、天下事都放在"心"上，称之为"慧"。这一内涵表明，慧生课堂是道德性的智慧课堂。六曰智慧的道法性特性。"慧"字上面两个"丰"，代表极度丰盛饱满，中间三横一竖，代表贯通天、地、人，代表"慧"要往内心里面去找。当一个人深入自己的内心，实现天、地、人的贯通合一，就会获得极度丰满的精神成长，也便找到了"慧"。这一内涵表明，慧生课堂是道法性的智慧课堂。二是慧生课堂彰显了生命的"六大特性"。从生命维度分析，东序课题组所说的"慧生"，是指具有智慧品质的生命特性和状态，其六个维度生命特性构成六种不同的智慧生命形态：一曰具有慎思、反思、辩思等思维特性的智慧生命；二曰具有"学而知之""笃学审问"文化特性的智慧生命；三曰具有"闻知""亲知""说之""知行合一"实践特性的智慧生命；四曰具有与时俱化、善假于物、"道术融合"等技术思维特性的智慧生命；五曰具有"日新月化"、创美达美等创意特性的智慧生命；六曰具有"是非之心""民胞物与""天人共生"等道德特性的智慧生命。智慧的六大特性和生命的六大特性共同赋予了慧生课堂的本真意涵，深刻回答了慧生课堂"是什么"的根本性问题。

慧生课堂"育什么人":基于"五智慧生命"素养目标的东序答卷

  培养什么人,为谁培养人,是新时代课堂革命必须解决的重大命题。东序学校认为,"学校的基本功能是育人"。从"为民育好人"的层面思考,要"为每一个普通家庭培养出身心健康、人格健全、品行良好、热爱生活的健康孩子";从"为国造良才"的层面思考,要"为国培养出心怀天下、敢于担当、富有智慧的有用之才",这是东序学校的责任与任务,更是东序的办学目标。如何将办学目标细化为慧生课堂的育人素养目标?根据中国学生发展核心素养框架,慧生课堂将培养"全面发展的人"国家素养目标转化为培养"智慧生命"的校本素养目标,借以造就具有"五智慧生命"特性的时代新人。一是聚焦"会思考"素养纲目,造就具有"认知智慧"生命特性的时代新人。认知智慧就是学习和生活中发展学生的认知结构、认知能力,发展思维能力,体验文化美、科学美、思维美,主要包括了智育与美育的内容与素养。其指向是秉承"为思维而教"的理念,培养"有概括思维的智慧生命"。其路径是基于思维意向激励学生"愿思考",基于思维能力促进学生"能思考",基于思维品质砥砺学生"善思考",达成"会思考"的智慧生命素养目标。二是聚焦"会学习""会探究"素养纲目,造就具有"文化智慧"生命特性的时代新人。文化智慧就是在学习和生活中要发展学生的文化知识,厚积文化底蕴,培养正确的人生观、价值观、世界观,形成良好品德,主要包括了智育、德育、美育的内容与素养。其指向是坚持"以文化人"的立场,培养"有文化知识的智慧生命";其路径是基于"人文"文化引领学生诗意学习,基于"科学"文化引领学生求真学习,基于"信息"文化引领学生数字学习,达成"会学习""会探究"的智慧生命素养目标。三是聚焦

"会实践""会创新""会合作"素养纲目，造就具有"实践智慧"生命特性的时代新人。实践智慧主要是学习和生活实践中培养科学文化知识、劳动技能和能力本领、意志品质、良好生活习惯，感受劳动美，主要包括了劳育、智育、德育、美育的内容与素养。其指向是坚持"知行合一"的精神，培养"能实践创新的智慧生命"；其路径是基于自我领域引领学生动手实践，基于社会领域引领学生创意实践，基于自然领域引领学生合作实践，达成"会实践""会创新""会合作"的智慧生命素养目标。四是聚焦"会改变""会生活""会健体"素养纲目，造就具有"身心智慧"生命特性的时代新人。身心智慧主要是学习和生活实践中培养健康体魄、健全人格，学会反思改变，适应自然、社会环境，养成良好的生活、学习、工作习惯，主要包括了德育、体育、美育的内容与素养。其取向坚持"亲在具身"的学习理论，培养"能反思改变的智慧生命"；其路径是基于适应环境引导学生学会改变，基于生涯规划引领学生学会生活，基于终身运动引领学生健心强体，达成"会改变、会生活、会健体"的智慧生命素养目标。五是聚焦"会审美"素养纲目，造就具有"审美智慧"生命特性的时代新人。审美智慧主要是学习和生活实践中培养学生的审美知识、审美能力，感悟艺术美、文化美、科学美、思维美、劳动美、品德美、健康美，主要包括了德智体美劳五育的内容与素养。其指向是坚持"以美育人"的理念，培养"能创美达美的智慧生命"；其路径是基于身体感官引导学生体验美，基于生活经验引导学生表现美，基于内心情感引导学生共情美，达成"会审美"的智慧生命素养目标。慧生课堂以"十会"为素养纲目，以"五智慧生命"为素养架构，借以刻画家庭孩子、国家良才、时代新人的"精神长相"，深刻回答了"育什么人"的根本性问题。

慧生课堂"教什么"：基于"三场域"课程统整系统的东序答卷

　　课堂是落实落细"立德树人"根本任务的主要阵地，是课程内容与教学活动交融的综合体，是课程与教学研究的自然实验室。因此，推动课堂革命，必须基于课堂的立场重构课程系统。基于现代课堂理念，东序学校以教室空间为微观场域，以校园空间为中观场域，以社会空间为宏观场域，以"五智慧生命"为素养维度，擘画了"三场域"课程系统。一是基于教室微观场域统整建构学科课程系统。慧生课堂的学科课程系统以"国本"为价值取向，聚焦"智慧生命"核心素养，秉持学科立场构建课程集群。其中，数学、科学、科技活动等必修学科构成认知智慧类"国本"课程，道德与法治、语文、外语等必修学科构成文化智慧类"国本"课程，劳技、综合实践、信息技术等必修学科构成实践智慧类"国本"课程，体育、心理健康等必修学科构成身心智慧类"国本"课程，音乐、美术、书法等必修学科构成审美智慧类"国本"课程。二是基于校园中观场域统整建构活动课程系统。慧生课堂的活动课程系统以"校本"为价值取向，聚焦"智慧生命"核心素养，秉持活动立场构建课程集群。其中，逻辑思维、象棋、围棋、魔方、心算速算等拓展活动构成认知智慧类"校本"课程，阅读与写作、经典诵读、播音与主持、英语小话剧、演讲与口才、礼仪教育等拓展活动构成文化智慧类"校本"课程，环境保护、小发明家、小实验家、机器人、科技模型、电脑小报、线类钩编、竹编、跳蚤市场、种养殖等拓展活动构成实践智慧类"校本"课程，田径、足球、篮球、乒乓球、羽毛球、武术、安全教育、心理辅导等拓展活动构成身心智慧类"校本"课程，合唱、舞蹈、器乐、绘画、书法、版画、儿童画、文艺汇演等拓展活动构成审美智慧类"校本"课程。三是基于社会宏观场域统整建构实践课程系统。慧生课堂的实践课程系统以"生本"为价值取向，聚焦"智慧生命"核心素养，秉持实践立场构建课程集群。其中，社区科普实践活动、社区环保小卫士等自选创意实践构成认知智慧类"生本"课程，社区阅读实践活动、大足石刻非遗传承实践活动、节日民俗文化实践活动等自选创意实践构成文化智慧类"生本"课程，全国文明城区志愿者、社区环境调查实践活动、社区公益实践活动、家庭劳动实践、职业体验实践等自选创意实践构成实践智慧类"生本"课程，社区健身运动、研学旅行实践活动等自选创意实践构成身心智慧类"生本"课程；社区广场舞、社区器乐演奏、社区诗朗诵、社区戏曲、社区书画、社区盆景等自选创意实践构成审美智慧类"生本"课程。"三场域"课程系统按照国家课程标准统整"国本"学科课程，按照学校特色文化统整"校本"活动课程，按照学生个性特长统整"生本"实践课程，以集群化的课程形态回答了慧生课堂"教什么"的根本性问题。

慧生课堂"怎么教"：基于"四环节"教学模式集群的东序答卷

如果说"教什么"在某种程度上说是一种以课程内容为依据的"规定动作"的话，那么，"怎么教"则是以引领学生学会学习、学会思考、学会合作、学会探究、学会创新为旨归的"创意动作"。因此，有人认为"怎么教"比"教什么"更重要，是课堂革命的着力点。鉴于"怎么教"的极端重要性，东序学校建构了慧生课堂的"四环节"教学模式集群，形成了"1+3+N"的教学模式集群体系，概括凝练了"教"与"学"积极互动、深度融合的系列化策略。一是慧生课堂"四环节"教学的一种基本模式。它由"自助研学—互助探究—师助提高—反思发展"四环节构成。"自助研学"环节：主要是指在课前，教师"研学"，学生预习尝试"自学"的学习环节。教师"教"的策略包括课前分析学情，研读教材，确立教学目标，设计教学活动过程，设计助学单等活动；学生"学"的策略包括充分自学，利用助学单进行自主阅读思考，尝试解决问题，找出不懂的问题，积累解决问题的经验等学习活动。"互助探究"环节：主要是指在课中进行互助学习的环节。教师"教"的策略包括引入导学，创设情境，激发兴趣，提出问题，搭建思维支架，提出学习要求，核心是"让学"，让学生交流、讨论、展示；学生"学"的策略带着兴趣、经验、问题、任务，相互合作、相互帮助、相互启发、相互借鉴、相互展示学习成果。"师助提高"环节：主要是指课中教师及时点拨指导帮助学生发展的环节。教师"教"的策略重在点拨导学，帮助学生解决问题，归纳方法，建构思维模型，掌握学科知识技能，发展学科能力；学生"学"的策略重在解决问题，归纳方法，发展"会思考、会学习、会改变、会探究、会实践、会创新、会审美"的核心素养。"反思发展"环节：是指在课中结束部分或者课后，反思问题的解决策略，发展认知结构的教学环节。教师"教"的策略重在引导学生总结知识结构体系，反思解决问题的方法策略，建构思维模型，发展认知结构体系；学生"学"的策略重在归纳总结，反思解决问题的方法，建构知识体系，形成思维范式，练习拓展，应用迁移，形成能力。二是慧生课堂"四环节"教学的三场域分类模式。它包括基于教室微观场域，建构学科小课堂"四环节"教学模式群，旨在促进"国本"学科课程的落实落细；基于学校中观场域，建构活动中课堂"四环节"教学模式群，旨在促进"校本"活动课程的落实落细；基于社区宏观场域，建构实践大课堂"四环节"教学模式群，旨在促进"生本"实践课程的落实落细。三是慧生课堂"四环节"教学模式的"N"种操作变式。譬如，学科小课堂教学模式的操作变式包括小学口语交际"五交际"教学模式、小学数学计算"五学"教学模式、小学英语阅读"四活动"教学模式、小学科学"四环节"教学模式、小学体育"四游戏"教学模式、小学美术"五美"教学模式等不同形态的教学模式。"1+3+N"的教学模式群体系彰显了"助学为要""教学做合一"的教学理念，契合了陶行知先生倡导的"事怎样做就怎样学，怎样学就怎样教；教的法子要根据学的法子，学的法子要根据做的法子"的教学原理，形成了自助学习、互助学习、师助学习等基本学习方式，探索出了培养"智慧生命"的课堂行动路径和系列化策略，回答了慧生课堂"怎么教"的根本性问题。

慧生课堂"怎么评"：基于"三课堂"分类评价体系的东序答卷

评价是导引课堂革命的"指挥棒"，是撬动课堂革命的"杠杆"，是诊断课堂革命落实落细的"观察仪"。为推进慧生课堂的深度变革，东序学校基于教室小课堂，基于学校中课堂，基于社会大课堂，建构了"三课堂"分类评价体系，彰显了五个方面的特点。一是在教学目标评价方面，彰显了"两个面向"的理念。课堂教学评价坚持"面向全体"，以促进全体学生智慧生命健康成长为价值取向，观察分层设计教学，设计不同程度的学习内容，让全体学生成为课堂的能动主体。课堂教学评价坚持"面向未来"，确立课堂教学目标要指向智慧生命成长的未来性，培养学生"会思考、会学习、会探究、会实践、会创新、会改变、会生活、会健体、会审美"的素养，为造就适应未来生存、社会发展的时代新人奠定基础。二是在教学内容评价方面，彰显了"以素养为本"的理念。其学科小课堂的评价内容重在考察教学内容是否具有生本性，符合学生认知规律，容量适度，重难点突出；是否紧扣教材并适当拓展、延伸，能体现教与学的深度与广度，体现生活性。其学校中课堂的评价聚焦"认知乐园""文化乐园""实践乐园""审美乐园""身心乐园"等校本活动课程内容。其社会大课堂的评价聚焦自我实践领域、社会实践领域、自然实践领域的实践内容项目。"三课堂"评价内容分别从学科立场、活动立场、实践立场发力，全方位促进学生智慧生命素养发展。三是在教学过程评价方面，彰显了"三助一反思"的理念。其教学过程的评价重在考察是否以"自助研学→互助探究→师助提高→反思发展"为基本流程，教学环节科学、完整、清晰、过渡自然。在学习方式上，考察是否灵活高效运用慧生课堂自助（独立自主、反馈及时）、互助（问题有探讨价值、方式灵活、合作有效）、师助(点拨精当、启发思维)的"三助"学习方式。在教学方法方面，考察是否遵循生活性、生成性、生动性、生长性、生命性"五生"原则，灵活运用启发法、讨论法、演示法、练习法、检测法、讲授法等教学方法，注重学法指导，注重思维训练，灵动课堂。在课堂情景创设方面，考察是否具有生活性、生动性、氛围融洽、有序活跃。在学生表现方面，考查学生是否学习专注、勤于思考、主动积极、展示自信。四是在教学效果评价方面，彰显了"能力进阶"的发展理念。其学科小课堂教学效果的评价重在考察是否"目标达成，双基落实；体现学科育人，学生习惯良好；体现学科核心素养，学生自助学习，合作探究、发现问题、解决问题等能力有所体现或提高"。其学校活动中课堂和社会实践大课堂教学效果的评价重在考查学生智慧生命素养发展的层级水平，激励关键能力发展，实现从"一星"跃升至"二星"再跃升至"三星"的进阶提升，促进学生不断认识自我、发展自我、完善自我、超越自我。五是在教学评价主体方面，彰显了"多元参与"的协同理念。其学科小课堂教学评价主体包括学生自我陈述、同伴补充、教师点拨等多元协同述评。其学校活动中课堂和社会实践大课堂的教学评价主体多元协同，则是让学生自评、小组评价、家长评价、教师评价的有机协同，把外部评价和内部评价、自我评价和他人评价有机结合起来，充分发挥多种评价主体力量，让个体、同学、教师、家长乃至社会成员都积极参加到评价活动中，使学生评价成为一个全员民主参与、全体多边互动、全面促进发展的系统过程。东序学校变革评价理念，从教学目标、教学内容、教学过程、教学效果、评价主体等维度系统设计,建构了校本化教学评价体系,回答了慧生课堂"怎么评"的根本性问题。

慧生课堂"有何特色":基于"五生"之道"七点"之术的东序答卷

在中国传统文化谱系中,"道""术"是儒家思想和道家思想的基本理念。所谓"道",是"从哲学到人类一切活动的最高境界,是万物运行都必须遵循的原则和规律"。所谓"术",是"理论的操作性知识""实践技能""工具理性"①。东序学校站在课堂革命的战略高度,推进传统文化的现代创新性转化,凝练出了"五生"之"道",概括出了"七点"之"术",彰显了慧生课堂建构的道术融合、理实相生的品质。一是慧生课堂凝练出了"五生"之"道"。所谓"五生"之"道",乃是慧生课堂的基本准则。在教学内容方面,慧生课堂坚持"生活性"准则之"道",强调课堂教学的内容要回归生活的本位,还原课堂的生活属性,满足课堂生活主体(师生)生命成长的需要,构建生活性课堂场域。在教学过程方面,慧生课堂坚持"生成性"准则之"道",强调关注"预设"与"生成",促进教学过程从"预设"走向"生成"的、真实的、动态发生的过程,升华为"教"与"学"的创造性过程。在教学方法方面,慧生课堂坚持"生动性"准则之"道",强调创设生动的教学情境,开展生动的学习活动,及时进行生动的评价。在教学效果方面,慧生课堂坚持"生长性"准则之"道",强调提供师生共同生长的土壤,构建具有生长性的教学内容,发展生长性的思维能力,优化生长性的认知结构。在教学理念方面,慧生课堂坚持"生命性"准则之"道",强调锚定生命立场的逻辑起点,拓展依靠生命主体的实践路径,笃定发展生命的目标导向,丰富智慧生命的心灵世界,优选适切生命特点的方法,擘画生命主体自主发展的样态。二是慧生课堂概括出了"七点"之"术"。所谓"七点"之

---

①朱华阳:《中国教育的"道术"观论略》,载《高教探索》2010年第3期。

"术",乃是慧生课堂研究实践的方略。着眼于立德树人,概括出了以宏观审视,关注价值导向为"着眼点"的方略之"术";着眼于文化育人,概括出了以校本转化,强化素养培养为"立足点"的方略之"术";着眼于课堂育人,概括出了以系统建构,实施模式创新为"着力点"的方略之"术";着眼于课程育人,概括出了以五育融合,推进课程统整为"闪光点"的方略之"术";着眼于模式塑人,概括出了以迭代创新,建构教学模式群为"支撑点"的方略之"术";着眼于活动育人,概括出了以多元推进,加强平台建设为"落脚点"的方略之"术";着眼于成果达人,概括出了以深度加工,提升理性品质为"突破点"的方略之"术"。东序学校提出的"五生"准则和"七点"方略,体现了寓"道"于"术"、以"道"统"术"、以"术"得"道"的辩证哲学原理和实践哲学品格,回答了慧生课堂"有何特色"的重要问题。

综观《慧生课堂的建构与实践研究》书稿,它是校本化推进课堂革命的智慧结晶。东序学校秉持多元背景思维回答慧生课堂"缘何而生"的问题,秉持本真意涵思维回答慧生课堂"是什么"的问题,秉持素养目标思维回答慧生课堂"育什么人"的问题,秉持课程统整思维回答慧生课堂"教什么"的问题,秉持模式集群思维回答慧生课堂"怎么教"的问题,秉持分类评价思维回答慧生课堂"怎么评"的问题,秉持道术融合思维回答慧生课堂"有何特色"的问题,以校本化的创意实践打造了慧生课堂特色成果,提交了课堂革命的东序答卷,具有理论启示和实践借鉴的重要价值。

[注]本序作者系重庆市渝北区教师进修学院正高级研究员、特级教师、全国模范教师、重庆市有突出贡献的中青年专家、重庆市政府命名的首届重庆市名师、重庆市高中语文学科带头人,现为重庆市教育学会中学语文专业委员会副理事长。

目录
CONTENTS

序言：课堂革命"赶考"路上的东序答卷 /余国源 ……………… 001

第一编　慧生课堂实践研究之源：历史背景篇

课堂教学的发展趋势 /周　娟 ………………………………………… 004

慧生课堂的历史背景 /邓　辉　蒋　敏 …………………………… 016

第二编　慧生课堂实践研究之理：课题研究篇

重庆市教育科学"十三五"规划课题　慧生课堂的实践研究报告

/蒋　敏　周　娟 ………………………………………………………… 035

重庆市教育科学"十三五"规划课题　《慧生课堂的实践研究》工作报告

/李　爽　卢　婷　罗高莉 …………………………………………… 136

第三编　慧生课堂实践研究之法：教学策略篇

基于慧生课堂理念的小学语文自主学习策略研究 /郑秋怡 ……… 147

基于慧生课堂理念的小学语文情境教学策略研究 /李永春 ……… 153

慧生课堂理念下的语文低段童话"讲故事"教学策略 /朱　彦 … 162

基于慧生课堂理念的语文生活化教学策略研究 /李　爽 ………… 170

基于慧生课堂理念的小学数学生命课堂教学策略研究／罗高莉 …………176

基于慧生课堂理念的生动数学教学策略研究／卢　婷 ………………182

"双减"背景下小学数学作业"四化"设计策略研究／唐　佳 …………188

基于慧生课堂理念的小学数学互助学习策略研究／龙运芳 …………193

基于慧生课堂理念的小学数学操作学习策略研究／唐红莉 …………199

基于慧生课堂理念的小学科学"四环节"学习策略／谭　佳 …………205

基于单元整体教学理念的小学英语词汇教学策略研究／姜小川 ……211

小学英语自主学习能力培养策略研究／杨天平 ………………………218

第四编　慧生课堂实践研究之术：教学模式篇

基于慧生课堂理念的小学语文口语交际"五交际"教学模式／郑秋怡 …227

基于核心素养下的小学古诗"五学"课堂教学模式／李　爽 …………239

基于"慧生课堂"理念的小学低段童话"五学"教学模式／朱　彦 ……252

基于慧生课堂理念的小学语文阅读教学"五读"模式／李永春 ………266

基于慧生课堂理念的小学数学计算"五学"教学模式／唐　佳 ………278

基于慧生课堂理念的小学数学概念课"五环"教学模式／罗高莉 ……289

基于慧生课堂理念的小学数学新授课"五学"教学模式／龙运芳 ……301

基于慧生课堂理念的小学英语阅读"四活动"教学模式／杨天平 ……315

基于慧生课堂理念的小学科学"四环节"教学模式／谭　佳 …………331

基于慧生课堂理念的小学体育"四游戏"教学模式／古　苹 …………342

基于慧生课堂理念的小学美术"五美"教学模式／古　苹 ……………352

第五编　慧生课堂实践研究之纲：课程建设篇

《智慧乐园综合实践活动校本课程》总纲要 / 蒋　敏　周　娟　吴　蜜…365

《智慧乐园之认知乐园综合实践活动校本课程》纲要 / 杨天平　刘倩倩…382

《智慧乐园之文化乐园综合实践活动校本课程》纲要 / 龙运芳　罗　洁…392

《智慧乐园之实践乐园综合实践活动校本课程》纲要 / 李永春　王　佳…409

《智慧乐园之身心乐园综合实践活动校本课程》纲要 / 李　爽　沈　彦…423

《智慧乐园之审美乐园综合实践活动校本课程》纲要 / 卢　婷　周灵佳…434

第六编　慧生课堂实践研究之效：课堂评价篇

基于过程的课堂评价 / 李　爽　卢　婷……445

基于证据的课堂评价 / 刘倩倩　罗　洁……455

基于第三方的课堂评价 / 郑秋怡　罗高莉……479

后　记 / 梁　琴……503

第一编

慧生课堂实践研究之源：
历史背景篇

HUISHENG KETANG SHIJIAN YANJIU ZHI YUAN:
LISHI BEIJING PIAN

慧生课堂从哪里来？慧生课堂的出场缘于世情、国情、史情、校情"四个层面"的背景。

一是着眼于"世情"层面的背景，慧生课堂的出场缘于国际潮流的追踪。日本著名教育学者佐藤学在广泛的国际课堂观察中发现，一场静悄悄的"课堂革命"正在世界各国波澜壮阔地开展。这场革命有三大表征：课堂场域"由'教授的场所'转变为'学习的场所'"；课程形态"从'目标—达成—评价'的程序型课程转变为'主题—探究—表现'的项目型课程"；教学模式"从班级授课模式转向合作学习模式"。

二是着眼于"国情"层面的背景，慧生课堂的出场缘于对课堂革命的回应。2017年，教育部原部长陈宝生提出了"课堂革命"的改革，要求"回归常识、回归本分、回归初心、回归梦想""深化基础教育人才培养模式改革""加快教育由量的增长向质的提升转变"。

三是着眼于"史情"层面的背景，慧生课堂的出场缘于佛学遗产的传承。大足石刻143处石窟寺、5万余尊造像和10万余字铭文，构成以佛学为主体的世界文化遗产。佛教是觉者的教化，佛的原初意义就是觉。既能自觉，又能觉他，起而行之，觉行圆满，此乃大觉大悟的大智慧。佛教"慧学"强调转识成智，认为心智系统彼此转换，彼此赋能，可以衍生出生命大智慧。所谓"识"，是"眼识、耳识、鼻识、舌识、身识以及意识等"与人的认知历程关联的心智活动，其中，"眼识"是借助"眼根"认识事物的心智活动；"耳识"是借助"耳根"分辨声音的心智活动；"鼻识"是借助"鼻根"辨别气味的心智活动；"舌识"是借助"舌根"分辨味道的心智活动；

"身识"是借助"身根"体验触觉的心智活动;"意识"是借助"意根"展开整体意识推论的心智活动。所谓"智",就是才能和智慧。眼耳鼻舌身意各种心智活动成果的系统转化,衍生为人的四种生命智慧,一曰"成所作智",即是解决俗世间具体事物的生命智慧;二曰"妙观察智",即是认识世间万物个性与共性的生命智慧;三曰"平等性智",即是超越自我意识的生命智慧;四曰"大圆镜智",即是一种圆满、绝对、永恒、能洞照一切的生命智慧。慧生课堂将世界文化遗产大足石刻佛学文化加以世俗化、生活化转化,衍生为"课堂革命"的校本理念,彰显了中国化的历史底蕴和文化特色。

四是着眼于"校情"层面的背景,慧生课堂的出场缘于校本学风的践行。城南东序学校秉持"继承传统,面向未来"的办学理念,建构慧生课堂,旨在引导学生觉悟笃行,践行"善学雅行,日进日新"的学风,推动"课堂革命"的校本实践。东序学校推出的慧生课堂既有国际视野的广度,也有国家战略的高度、历史文化的深度,还有校本理念的亮度。

课堂教学的发展趋势

周 娟

郑金洲在《中小学课堂教学的未来发展趋势》中指出,未来5—10年的课堂教学发展呈现出八大趋势。一是教学目标深度融合。主要表现:知识与态度、过程与方法等的深度融合;学科知识与核心素养的深度融合;社会期望与教学目标的深度融合。二是教学方法多元混合。任何一堂成功的教学,有效的教学,一定是综合运用多种教学方法的教学。甚至,衡量一堂课是否成功,一个重要的方面就是看它是否运用了多种不同的教学方法和手段。多种方法交织在一起,实施混合式的教学与学习成为必然,呈现出关注系统性、重在平衡与适度、具备操作性等趋势。三是教学过程动态综合。教学过程由一系列的教学环节组成。教学环节常常是以一种相对固定的程式表现出来。固定程式不适用于所有的教学,只适用于某些特定的教学活动,"去模化",强调动态生成的课堂教学成为未来教学发展的总体趋势。四是教学组织形式协同整合。教学形式包括班级授课制、个别化教学、小组教学三种形式。今后的课堂教学以尊重学生的个性差异为基本的价值取向,为实现一定的课程与教学目标,围绕一定的教学内容或学习经验,在弹性开放的时空环境中,通过运用多样化的教学媒介与手段,师生之间或生生之间通过个别学习、小组学习、全班学习等多种组织形式,建立起多向互动的作用方式、结构与程序,从而促进学生个性的和谐发展。五是教学对象个性契合。课堂教学未来发展的一大趋势就是对学生实施个性化教学,创造适合学生的教育。六是教学氛围宽松适合。教学氛围可以分为环境氛围、人文氛围和心理氛围。在环境氛围上，更多的是贴近学生发展需要的人性化设计，利于学生面对面进行互动、交流。在人文氛围上，学生在课堂学习的过程，不只是教师单独进行知识教授的过程，更多地呈现为师生交往、多维互动的过程；不只是学生被动地接受信息，更是理解信息、加工信息、主动建构知识的过程。在心理氛围上，消极的课堂气氛变弱，对抗的课堂气氛减少，积极的课堂氛围越来越普遍。从未来课堂教学氛围发展的趋势来看，宽松适合是其主要的特征。七是师生关系共生共融。教师和学生的关系由传统的依附关系开始趋向平等，教学过程体现为师生相互交往、共同发展的过程，师生交往显现为教育与自我教育，促进与发展的共生共融师生关系。八是教学评价"质""量"结合。质性的评价和量化的评价成为教学评价的基本方式方法，"质""量"结合是教学评价的基本形态。[①]

梳理众多学者的观点，我们认为，中小学课堂教学的未来发展趋势呈现出"六大"趋势，包括"课堂教学目标：突出核心素养导向""课堂教学场域：突出大课堂观""课堂教学理念：突出以人为本""课堂教学方法：突出自主学习""课堂教学范式：突出学为中心""课堂教学评价：突出发展性评价"。

一、课堂教学目标：突出核心素养导向

"课堂教学目标：突出核心素养导向"这个发展趋势，首先表现在国家《义务教育课程方案（2022年版）》上，其中明确提出了"聚焦核心素养，面向未来"的基本原则，依据学生终身发展和社会发展需要，明确育人主线，加强正确价值观引导，重视必备品格和关键能力培育。精选课程内容，注重培养学生的爱国情怀、社会责任感、创新精神和实践能力，奠基未

[①] 郑金洲：《中小学课堂教学的未来发展趋势》，载《新教师》2016年第5—6期。

来。①并且在各学科课程标准中，也明确了学科核心素养的具体目标。核心素养是学生通过课程学习逐步形成的正确价值观、必备品格和关键能力，是课程育人价值的集中体现。义务教育语文课程培养的核心素养，是学生在积极的语文实践活动中积累、建构，并在真实的语言运用情境中表现出来的，是文化自信和语言运用、思维能力、审美创造的综合体现。《义务教育数学课程标准》确立了核心素养导向的课程目标：义务教育数学课程应使学生通过数学的学习，形成和发展面向未来社会和个人发展所需要的核心素养。核心素养是在数学学习过程中逐渐形成和发展的，不同学段发展水平不同，是制定课程目标的基本依据。课程目标以学生发展为本，以核心素养为导向，进一步强调使学生获得数学基础知识、基本技能、基本思想和基本活动经验（简称"四基"），发展运用数学知识与方法发现、提出、分析和解决问题的能力（简称"四能"），形成正确的情感、态度和价值观。并在课标中具体提出了小学数学核心素养数感、量感、符号意识、运算能力、几何直观、空间观念、数据意识、推理意识、模型意识、应用意识、创新意识等11个关键词。《义务教育体育与健康课程标准》指出，体育与健康课程要培养的核心素养，主要是指学生通过体育与健康课程学习而逐步形成的正确价值观、必备品格和关键能力，包括运动能力、健康行为和体育品德等方面。《义务教育艺术课程标准》指出，艺术课程要培养的核心素养主要包括审美感知、艺术表现、创意实践、文化理解等。《义务教育科学课程标准》指出，核心素养是科学课程育人价值的集中体现，包括科学观念、科学思维、探究实践、态度责任等方面。《义务教育劳动课程标准》指出，劳动课程要培养的核心素养，即劳动素养，主要是指学生在学习与劳动实践过程中逐步形成的适应个人终身发展和社会发展需要的正确价值观、必备品格和关键能力，是

---

① 《义务教育课程方案(2022年版)》，北京师范大学出版社2022版，第4页。

劳动课程育人价值的集中体现。主要包括劳动观念、劳动能力、劳动习惯和品质、劳动精神。《义务教育道德与法治课程标准》，从政治认同、道德修养、法治观念、健全人格和责任意识五个方面凝练了道德与法治课程要培养的学生核心素养，明确了素养导向的课程目标。

课程标准是教师确立教学目标的"指挥棒"，因此教师"课堂教学目标：突出素养导向"，已成为国家意志，教师教学常态，未来课堂教学的应然趋势。

二、课堂教学场域：突出大课堂观

"课堂教学场域：突出大课堂观"这个发展趋势，首先是由课堂的生态环境决定的。"课堂"是师生所在的学习成长场域，是"学生生命成长的场域，学生学习的场所"。王鉴在《课堂研究引论》中认为"课堂"的涵义包括三个层：课堂即教室，教学活动发生的主要场所；课堂即课堂教学活动；课堂即课程与教学活动的综合体。可以看出，其强调课内与课外结合，课程内容与课堂教学整合，社会生活资源与课堂教学融合，学生成长与课堂教学契合，"课堂教学场域：突出大课堂观"。郑金洲认为，今后课堂教学具有"教学组织形式协同整合"的趋势，为实现一定的课程与教学目标，围绕一定的教学内容或学习经验，在弹性开放的时空环境中，通过运用多样化的教学媒介与手段，师生之间或生生之间通过个别学习、小组学习、全班学习等多种组织形式，建立起多向互动的作用方式、结构与程序，从而促进学生个性的和谐发展。"弹性开放的时空环境"就是在强调大课堂观。我们认为，课堂是指一种场域、活动、课程三者综合的大课堂，其外延包含"基于教室的小课堂、基于学校的中课堂、基于社区的大课堂"。未来课堂教学具有"课堂教学场域：突出大课堂观"的趋势。

三、课堂教学理念：突出以人为本

"课堂教学理念：突出以人为本"这个发展趋势，首先是由教育的根本目标决定的。教育的根本目标是培养时代新人，培养德智体美劳全面发展的社会主义建设者和接班人。其次，也是由课堂的主体学生决定的。课程只是达成培养人的载体，现代教育技术只是优化人才培养的手段，因此"课堂教学理念：突出以人为本"是课堂教学的总体趋势。

人类对课堂教学论的认识，由"知识课堂"到"智能课堂"再到"生命课堂"，是对课堂教学"以人为本"这一本质理性认识的大飞跃，彰显出人类对自身价值的理性关怀和人文关怀。与"知识课堂"和"智能课堂"相比，"生命课堂"的教学活动是一种师生生命的交往活动。"把教学本质定位为交往，是对教学过程的正本清源"。它走出了"教师中心"和"学生中心"两个极端，把教师和学生看成两个具有独立人格的主体，这两个主体在课堂教学中通过民主平等的对话，以至互相影响、互相促进，使师生的生命价值都得到体现。[①]生命课堂就是"生命在场"的课堂，是课堂本来应有的面貌。生命课堂的特征基本表现在课堂价值取向、课堂过程、师生关系上的"生命在场"。建构生命课堂，需要中国教育尤其是基础教育来一场轴心式的"生命教育革命"，重新把课堂的出发点和落脚点放置到润泽师生的生命上，真正请"离场"的生命重新"返场"。生命课堂需要建立生命立场的逻辑起点，搭建生命视角的解释框架，重构课堂的精神维度，形成生命关怀的语言样态，呈现开放生成的教学过程，建立互助同行的"学习共同体"，完善课堂教学评价办法。[②]

[①] 夏进祥：《论"生命课堂"的本质及其特征》，载《深圳信息职业技术学院学报》2006年第6期。

[②] 王定功：《生命课堂的基本特征和建构路径》，载《教育研究》2015年第10期。

叶澜教授从教育人本论角度提出了生命课堂观，认为"课堂里的教师和学生不只是在教和学，他们还在感受课堂中的生命的涌动和成长，只有这样的课堂，学生才能够得到各方面的满足和发展，教师的劳动才会闪现出创造的光辉和人性的魅力"。对教师而言，课堂教学不只是知识任务的完成，同时也是自己生命价值和自身发展的体现；对学生而言，课堂学习不只是接受知识，形成能力，更是展示自我、丰盈生命的过程。是对"教育应当使每个人成为充满个性、充满生命活力的生命主体"的教育人本论的发展。①

专家学者的研究，也指出了"课堂教学理念：突出以人为本"是总体趋势。

四、课堂教学方法：突出自主学习

"课堂教学方法：突出自主学习"这个发展趋势，首先是由教育规律决定的。教育效果的决定性因素是学生的智力因素与非智力因素（兴趣、情感态度、意志等）这个内因。因此教学活动必须遵循儿童的认知规律、学习心理，采取启发式教学，因材施教，"突出自主学习"。其次，课堂教学发展历程从"师本课堂"转向"学本课堂"，教学方法从"填鸭式""满堂灌"，转变为"自主、合作、探究"式学习，本质上是通过生生互动、师生互动，启发诱导学生自主学习。合作学习是建立在充分的自主学习基础上，有思考、有见解、有疑问，才是有效的合作学习，即互动式自主学习。而探究学习只不过是增加了难度的、富有挑战性的、互动性的自主学习。在教学方式上，"学本课堂""生命课堂""生本课堂"的课堂教学不仅有"教"、有"导"，更加重要的是倡导教师要去积极地创设情境，激励学生去"自学"，学生的

---

①叶澜：《让课堂焕发出生命的活力——论中小学教学改革的深化》，载《教育研究》1997年第9期。

学习方式是学生主动地学、互动地学、自我调控地学。"课堂教学方法：突出自主学习"是课堂教学的发展趋势。

五、课堂教学范式：突出学为中心

随着现代信息技术的发展，教育理念的更新，"知识中心转向能力中心、教师中心转向学生中心、教为中心转向学为中心、教材中心转向了素养中心、课堂中心转向生活中心"，涌现了生本课堂、生命课堂、尝试教学、情境教学、主题教学、翻转课堂、智慧课堂、项目式学习、体验式学习、深度学习等新的课堂教学范式。这些范式都关注学生主体地位的落实，主体主动学习，"突出学为中心"这个发展趋势。

（一）翻转课堂

翻转课堂（flipped /inverted class），又名"颠倒课堂""反转课堂"，是指将课内学习，通过教学视频推送、慕课等形式，翻转前置到课前学，引导学生将自学过程中遇到的问题和想法梳理出来，课中进行交流、探讨、总结、应用的一种教学模式。它是对"课堂上讲解，课下练习"的传统课堂范式的翻转。传统的课堂范式是在工业革命背景下形成的，以传授知识为主要过程，以班级授课制为主要形式的教学模式，它以赫尔巴特教育学的"三个中心"为代表，即教师中心、教材中心、课堂中心。钟启泉教授在《翻转课堂新境》中认为，翻转课堂的本质在于四个方面的翻转：教学理念的翻转，即翻转课堂可以分为两种类型，一是完全习得学习型，二是高阶能力学习型。教学流程的翻转，即传统课堂中的教学黄金律——"预习→上课→复习"被翻转成"预习→看视频→运用"。教学关系的翻转，即学生是主体，教师不是主体。教学效果的翻转，即传统的教师讲解只关注优才生，所谓"差生"

往往是被边缘化的。①但是翻转课堂的实施要注意以下几点,一是教师要具备较高的现代信息技术使用能力,教师如果不具备与教学视频编制相关的系列技能的话,要推动"翻转课堂"改革是很困难的。二是学生课前自学基本上是无人监管,完全靠学生自觉,因此课前教学视频推送后需要家校共育,有布置、有监督、有检查。三是要走出翻转课堂就是视频制作的误区,不要一味追求教学视频的制作,应当加强学生课前自学的感悟、思考、梳理,培养良好的课前自学习惯。

可以看出,翻转课堂是建立在以落实学生主体地位,发挥主体作用的基础上的。否则,任你如何翻转,都只是形式,徒劳无功。

(二) 项目式学习

项目式学习是"突出学为中心"的一种典型课堂范式,它是一种为学生提供一些关键素材,创设一个问题探究情境,学生团队合作来解决问题、学习知识、掌握技能,培养"正确的价值观、必备品格和关键能力"等核心素养的课堂教学方式。项目式学习过程并不关注学生们是否可以通过一个既定的方法来解决这个问题,而是强调学生们在试图解决问题的过程中发展出来的技巧、能力、情感、品格。包括如何获取知识,如何计划项目以及控制项目的实施,如何加强小组沟通和合作。项目式学习过程最初是为了医学教学而发展出来的,从那以后被广为传播,继而使用在其他各个学科的教学中。项目式学习这个过程赋予学习者应对未来挑战的能力。

项目式学习通常在一个学习小组中进行,学生们在这个小组中有各自的角色,而这个角色会不断轮换。在项目式学习中学生们的学习是通过自己的思考和推理来实现的。项目式学习的过程包括弄清概念、定义问题、头脑风暴、构建和假设、学习目标、独立学习、概括总结七步。简而言之,就是搞

---

① 钟启泉:《翻转课堂的新境》,载《中国教育报》2016年5月5日。

清楚他们已经知道的，他们需要知道的，去哪里以及如何获得新的有助于解决问题的信息。老师的角色是通过支持、建议和指导来帮助学生们更好地学习。老师必须要建立学生们敢于接受难题的自信心，鼓励学生们，并且在必要时拓展他们对问题的理解。项目式教学和传统的照本宣科教学非常不同，它需要更多的准备时间和材料来指导各个小组的学习。

（三）体验式学习

学习是指从阅读、听讲、研究、实践中获得知识或技能的过程。这一过程只有通过亲身体验才能最终有效地完成。体验式学习是"突出学为中心"的一种典型课堂范式，它是一种在具体的情境中，实践反思，感悟体验，主动学习，获得个性化体验、经验、知识、能力、品格、价值观等核心素养的课堂教学方式。体验式学习是以学习者为中心的教学方式。在传统上，教师是教学的中心，学生只需专心听讲，认真记笔记即可。而体验式学习则要求学习者发挥主动精神，对自己的学习负主要责任，真正成为教学过程的主体。体验式学习强调学习者积极主动地参与，认为没有这种参与，就不能产生任何体验，更谈不上学习过程的完成。教师的作用不再是一味地单方面地传授知识，更重要的是利用那些可视、可听、可感的教学媒体努力为学生做好体验开始前的准备工作，让学生产生一种渴望学习的冲动，自愿地全身心地投入学习过程，并积极走进现实生活、认识现实生活，在亲身体验过程中掌握改造现实生活的必备品格、关键能力和正确的价值观。体验式学习具有多感官体验的特征。陶行知先生说，"解放"学生的头脑，"解放"学生的眼睛，"解放"学生的嘴，"解放"学生的双手，"解放"学生的时间，"解放"学生的空间。孩子内心的体验离不开多种感官的调动，我们不能把孩子当成是直接汲取并获得知识的一台机器，不能把孩子的身体器官与其意识层面分开来看，只有有效地调动孩子多感官参与学习，在全方位生活中获得直接体验，孩子们的学习才是真实的、有活力的、能持续的。

（四）深度学习

深度学习源于机器学习从数据中学习一个"深度模型"的研究。机器学习是指"从有限的观测数据中学习（或"猜测"）出具有一般性的规律，并利用这些规律对未知数据进行预测的方法"。教育部基础教育课程教材发展中心于2014年着手研究开发"深度学习"教学改进项目，明确提出深度学习是全面深化课程改革、落实核心素养的重要路径。

深度学习是"突出学为中心"的一种典型课堂范式，它是在教师引领下，学生围绕具有挑战性的学习主题，全身心积极参与、体验成功、获得发展的有意义的学习过程。深度学习的特征有联想与结构、活动与体验、本质与变式、迁移与应用、价值与评价。①深度学习强调"兴趣卷入，经验卷入，思维卷入"，着力发展多点的立体综合的认知结构，着力培养高阶思维能力。

专家学者对深度学习的研究，从单向度关注认知拓展到关注情感和意志等多维度，强调更关注"完整的人"的学习而不仅仅是"单向度的人"的学习；从"学习方式"拓展到"学习活动"，重视人的"整体的"学习而不仅仅是学习活动中的某一层面或某个要素；从关注知识的继承拓展到聚焦知识的创造，将学以致知、学以致用升华为学以致创，学生既成为已有知识的继承者更成为新知识的创造者；从个体视角到文化视角的拓展，将深度学习视为学生与教学、评估环境的相互协调，发出将个体学习置于更大的情境脉络中加以探讨的召唤。②

---

① 郭华：《深度学习及其意义》，载《课程·教材·教法》2016年第11期。
② 曾文婕：《深度学习究竟是什么——来自历史、共时和未来维度的探问》，载《教学研究》2023年第3期。

（五）"人机协同"的双师课堂教学

"人机协同"的双师课堂教学是指课堂中有教师和人工智能机器人协同实施课堂教学的模式。人工智能教育机器人为教师提供了各种各样的资源，教师根据知识点以及学生的分类情况，为每类学生选择不同的资源，对影音视频、参考文件、测试、作业等在可控范围内进行前期的主观选择。在学习内容的呈现方面，教师选择具体的课时内容导入情境，通过语音控制人工智能教育机器人将视频投射到电子白板上。在学习活动实施过程中，在人工智能教室，学生观看视频、学习参考文件，及时开展练习测试（做测试的内容与逻辑顺序教师需要提前设计好）。学生集体观看视频，学习参考文件等资源时，人工智能教育机器人会为学生推送不同的学习资源，通过学生的智能移动终端呈现给学生，学生通过智能移动终端将学习结果和问题传输到人工智能教育机器人，对于能解答的问题人工智能教育机器人随机选择不同的回答方式回应学生；无法识别的问题反馈到教师端。课堂完结后，人工智能教育机器人根据本堂课多终端反馈的数据，实时为教师呈现单个学习者的评价报告以及整个班级的学习情况，让老师了解这次课堂的学生分类情况，为下一次做教学设计提供可参考的依据。

"人机协同"的双师课堂教学中，人工智能教育机器人承担了部分教师的职能，完成了知识性、基础性、重复性、机械性的工作。但是课堂教学的核心是落实立德树人目标，是培养德智体美劳全面发展的社会主义建设者和接班人，是培养具有"人文底蕴、科学精神、学会学习、健康生活、责任担当、实践创新"六维核心素养的时代新人。这些是人的生物、思维、社会属性的体现，也是人工智能教育机器人无法替代教师的核心关键。因此教师要聚焦"人"的培养，以学生为主体，经历观察、发现、猜想、操作、验证、归纳、应用的过程，课堂中用更多的精力去引导学生自主建构、主动探索、关注能力培养、价值引领、情感引导，培养具有正确价值观、必备品格、关键能力的时代新人。

六、课堂教学评价：突出发展性评价

"课堂教学评价：突出发展性评价"这一发展趋势，首先体现在《义务教育课程方案》中，方案指出要改进教育评价。全面落实新时代教育评价改革要求，改进结果评价，强化过程评价，探索增值评价，健全综合评价，着力推进评价观念、方式方法改革，提升考试评价质量，更新教育评价观念。强化素养导向，注重对正确价值观、必备品格和关键能力的考查，开展综合素质评价。倡导评价促进学习的理念，注重提高学生自我评价、自我反思的能力，引导学生合理运用评价结果改进学习。严格遵守评价的伦理规范，尊重学生人格，保护学生自尊心。增值评价，综合评价，过程评价，都是用评价促进学生发展，充分体现了"课堂教学评价：突出发展性评价"的发展趋势。同时，也是国家深化教育评价改革的需要。中共中央国务院《深化新时代教育评价改革总体方案》强调要改革不科学的教育评价方式，转变"唯分数、唯升学、唯文凭、唯论文、唯帽子"的方式，全面推进基于核心素养的考试评价，强化考试评价与课程标准、教学的一致性，促进"教—学—评"有机衔接。增强日常考试评价的育人意识，注重伴随教学过程开展评价，捕捉学生有价值的表现，因时因事因人选择评价方式和手段，增强评价的适宜性、有效性。评价破除"五唯"，破除"唯分数论"，本质上就是要"突出发展性评价"。

慧生课堂的历史背景

邓 辉　蒋 敏

一、学校的发展历史

（一）重庆市大足区城南教育集团的发展历史

1994年8月，邓辉临危受命，出任大足县城南乡初级中学校长。在邓辉的带领下，学校坚持党的教育方针，坚持社会主义办学方向，大胆改革、锐意创新，迎来了发展的春天，实现了一次次跨越。2001年创办了城南初级中学，2003年创办了城南创新小学，2005年创办了城南高级中学，逐渐形成了小学、初中、高中一校三部齐头并进的格局。2015年，大足城南教育集团投资新建了大足城南东序学校，包括东序初级中学和东序小学。经过28年的发展，大足城南教育集团已经拥有城南创新小学、城南初级中学、城南高级中学、东序小学、东序初中和南苑课外教育培训学校6个相对独立的民办校区，教育教学特色突出，教育教学成绩显著，吸引着众多学子前来学习。

大足城南教育集团自创办以来，紧紧围绕立德树人的根本任务，确立"为民育好人，为国造良才"的办学目标，确立"继承传统，面向未来"的育人方向，牢固树立"五育并举"的先进教育教学观念，把素质教育与应试教育有机融合，对学生进行多元培养，以达到学生思想品质好、素质好、成绩好的"三好"目标，从而更好地满足新时代多元化育人的需求。大足城南教育集团以显著的办学实力和特色获得社会和广大家长的广泛认可，先后荣获全国民办先进学校、全国艺术教育特色单位、重庆市思想道德建设示范校、重庆市五一劳动奖状等荣誉，集团各校年年获大足区"素质教育目标考核一等奖"，实现了五育并举，全面发展。

德育首位，筑牢立德树人根基。一是环境育人。走进城南教育集团各校区，整洁优美的校园环境，朝气蓬勃的校园文化，丰富多彩的校园活动，文明有礼的师生，无不让人感受到"春风化雨、润物无声"的力量。二是明确提出德育核心内容，指导学校德育工作。"忠心献给祖国、孝心献给父母、关心献给他人、爱心献给社会、信心留给自己"的"五心教育"是城南教育集团的德育核心内容。三是活动育人。学校采取"自主教育"为主的教育形式，利用班会课、活动课、填写《学生"两自"教育管理手册》等措施落实"五心教育"，使学生自己觉悟。学校针对各年级情况分类召开主题班会，如七年级以"恩孝父母师长"为主题，加强感恩教育；八年级以"再差，也不能差了态度"为主题，加强学习态度教育；九年级以"盛夏，我们挥手告别"为主题，加强情感教育。各班用讲故事、看视频、谈感受、写心得等不同的形式自主落实立德树人目标。四是课程育人。邓辉告诉师生，"我们不能把德育教育空心化，德育课不能'空对空'，而应是'地对地'地落实到立德树人上来，激发学生爱岗敬业。学生的岗就在学校，学生的业就是学业，这个学业包括德智体美劳五育，只有把五育落到实处，并内化于学生之心灵，才能说爱岗敬业。学生只有爱岗敬业了，才谈得上爱国"。学校开发了《城南教育集团三字经》《城南教育集团文明礼仪教材》《城南故事》《南苑诗韵》《南苑风》等自编校本教材，系统地对学生进行传统美德和现代文明相结合的教育。五是课堂育人。学校充分发挥课堂教学的主渠道作用，将德育内容细化落实到各学科课程的教学目标之中，渗透到教育教学全过程。

文化为基，赓续优秀传统文化。将传统诗词文化融入校园文化，发挥诗词的育人功能，是城南教育集团的一大育人特色。各学校坚持走邓辉理事长提出的文化育人之路，智美融合，把培育学生文化意识，加深对传统文化的理解和认同，形成健康向上的审美情趣和正确的价值观作为教育重点。为了更好地传承中国传统文化，学校自编了1—6年级整套《城南教育集团三字经》《古诗文读本》等校本教材，定期举办"唐诗宋词飞花令"经典诵读比赛、"二十四节气我知道"知识擂台赛等赛事活动，让学生与经典为伍，以圣人为师，在感悟中华千古美文神韵的同时，真正领略到"仁义礼智信"的魅力，从而提高文化素养，为未来发展奠基。在浓厚的诗歌文化氛围中，孩子们爱读诗、爱写诗，校园内一次次地掀起了诗词积累、创作的热潮。近年来，师生在《诗刊》《中华诗词》《中华辞赋》等刊物发表作品近1000首，在"天籁杯""圣源杯""诗词世界杯"等全国性诗歌竞赛中获奖近百人次。在传承国粹这条路上，不只有诗词，还有川剧和舞龙舞狮。2016年，集团旗下的创新小学正式引进"川剧进校园"，特聘大足区川剧非遗传承人进校为川剧社、舞龙队舞狮社团的学生授课，以传统文化涂亮孩子们的人生底色。如今，传统文化特色教育已成规模，成效显著。2023年4月，城南教育集团的高级中学"养正"诗化教育基地成功通过市级验收，这是重庆市高中课程创新基地中唯一的诗歌基地。城南教育集团也是中国作协诗刊创作基地、中华优秀传统文化教育基地，填补了基础教育阶段专业的诗歌教育教学研究的空白。

体育为重，阳光运动强健体魄。近年来，城南教育集团贯彻《中共中央国务院关于加强青少年体育增强青少年体质的意见》精神，深入推进"健康第一""每一天锻炼一小时，健康工作五十年，幸福生活一辈子"的现代健康理念，校园体育文化建设常抓不懈。乒乓球、羽毛球、篮球、跑步……每天早上7：00以前和下午放学后，丰富多彩的运动项目在操场上随处可见，校园里充满了生气。城南教育集团将体育教学与"慧生"课堂有机结合，体育教师指导学生学会基本运动技能，提升学生体能和专项运动技能，同时注重发掘体育人才。每个学生至少要掌握一至两项运动项目和技能，学校每学期会进行抽测，检查学生的运动技能掌握情况。在体育课之外，学校体育组制定了大课间方案和眼保健操方案，保证全体学生参与"两操"，逐渐养成"每天锻炼一小时"的运动习惯。每天的课后延时服务时间，学生可根据自己爱好，选择田径、篮球、乒乓球、羽毛球、跳绳等体育社团，在专任教师的辅导下感受运动的乐趣。为了巩固和运用所学的运动知识和技能，学校通过组织篮球运动会、田径运动会、跳绳比赛、乒乓球比赛、团体操比赛、接力比赛、拔河比赛等运动比赛，让学生对体育运动的热情持续高涨，为学生终身体育意识打下了坚实的基础。阳光体育运动如火如荼，学生纷纷走出教室、走向操场，享受运动，强健体魄，身体素质和竞技能力明显提高，各校刮起了一股体育运动风。集团先后获得大足区篮球比赛初中组一等奖、大足区田径运动会及跳绳比赛初中组一等奖。这些年，集团组建了男子篮球队、女子篮球队、田径队、乒乓球队、跳绳队等多支运动队。各运动队进行梯队建设，老师对有体育潜力的学生进行科学系统的训练。近10年来，先后有初2018届、高2021届学生宋林芹以体育综合分全市第一名的成绩被北京师范大学录取；初2020级学生郭旭参加市田径运动会4×100米获第二名；高中部杨美佳成功晋选至单板滑雪国家队参加集训；高中部的谢馥蔚、杨严、宋林芹等30余位体育生，分别被浙江大学、北京师范大学、北京体育大学、上海体育学院、成都体育学院、西南大学、重庆大学等名校录取。

劳动养性，助力学生终身发展。城南东序初中开展了以"种冬豆"为主题的劳动教育实践活动。同学们以班级为单位，走进城南教育集团劳动教育实践基地的田间地头，为班级的"责任田"除草、翻土、种豆。像这样接地气的劳动教育实践活动在城南教育集团并不鲜见。2021年3月，城南教育集团租赁了上百亩田地,作为学生劳动实践的试验田,把学到的科技常识与农业劳动结合起来。长久以来,城南教育集团站在学生未来发展的角度,把学生的劳动教育作为重点来抓。邓辉表示:"要把劳动教育融入到集团倡导的'两自'教育理念中去,并结合'五心'教育,把劳动教育纳入人才培养全过程,贯穿家校社,与德育、智育、体育、美育相融合,探索出具有城南特色的劳动教育模式。"在此背景下,各校利用主题班会和日常教育教学,营造正能量充沛、主旋律响亮的劳动氛围,开设劳动与技术教育课,提供手工劳动类、科技劳动类、创意劳动类、拓展劳动类、职业规划类等劳动课程,辅以非遗传承等特色课程。为方便学生近距离体验农业生产劳动,集团多渠道打造"多元开放"的劳动实践场所。建立"劝农劳动实践基地",划分劳动区域,定期组织学生到基地学习农耕技能;利用楼顶打造"空中田园",开展农作物种植等实践活动,打造出独具特色的"田园版中国地图"。并通过设置绿化养护员、校园美化师、校园广播电视台制播人员等劳动岗位,进一步拓宽学生的劳动实践途径。各校通过科学社团,将劳动教育与农作物生长的科学研究有机融合。目前已开展白菜、豌豆、油菜、胡萝卜等科学化种植活动,从整地、拔草、打垄、播种到间苗、施肥、收获,指导学生科学系统地了解农作物的生长。目前,城南教育集团已探索并建立一套德智体美劳五育并举的评价制度,将劳动素养纳入学生综合素质评价体系,全面客观记录课内外劳动过程和结果,定期展示劳动技能和成效,固化劳动成果,助力学生终身发展。

(二)重庆市大足区城南东序学校的发展概况和办学特色

重庆市大足区城南东序学校是重庆市大足区城南教育集团2015年投资创办的一所小班化并实施新型教育模式的特色学校,坐落在重庆市大足区海棠新城(绿地海棠湾旁),占地71亩,建筑面积50000余平方米,总投资近2

亿元。2015年开建，2017年建成招生。

学校文化底蕴深厚。学校始终团结在党的身旁，坚持"大德博雅，与日俱新"的办学理念和"为民育好人，为国造良才"的办学目标，围绕"博学、仁爱、精心、严谨"的办学宗旨，扎实耕耘在慧生课堂的主阵地，持续探索在"两自教育"的新路径。

学校师资力量雄厚。学校现有学生2200余人，生源遍及重庆、四川、贵州、云南等地。教职工110余人，其中包含高级教师、市级骨干教师、区级骨干教师、研究生学历教师及本科学历教师，竭力打造优质教育。

学校办学条件一流。学校以"现代化、书院气、花园风"的熏陶感染教育为本色，量地打造美丽校园。建有现代化的演播大厅、环保化的塑胶环形跑道、标准化的绿茵足球场、新型化的室内球场与风雨球场；陶艺工作坊、美术创作室、舞蹈练习室、独立钢琴房、创客教室、各科实验室等多功能室，充分满足各类教学、训练、活动的开展；学生食堂宽敞明亮，聘请专业营养师，科学规划全校师生的一日三餐；公寓式住宿温馨如家，对低年级住读生采取生活老师全方位照顾，对高年级住读生采取自主管理与生活老师协助管理模式；诗词长廊将教学楼、运动场、公寓楼巧妙连为一体，以诗词文化启迪学生心智，以"润物无声"培养出符合新时代要求的学子。

学校办学理念先进。依据国务院《关于深化教育教学改革全面提高义务教育质量的意见》，从教育人本论出发，结合学校实际学情，邓辉理事长提出：积极建构培育智慧生命的慧生课堂，让课堂成为师生生命意义与价值得以彰显的场所，是适应现阶段教育发展的需要；也是转变教学方式，进行课堂改革，推进新课程改革的需要；更是以生命价值为取向，培养德智体美劳全面发展的社会主义建设者和接班人，落实立德树人目标的需要。自此，东序小学打破以往固有的教学单一模式，无差别关注每一位学生，用慧生赋能学生未来，在紧跟新时代教育教学发展的步伐上，牢记"教育教学是学校发展生命线"的东序小学，以多次摘取全区抽考第一的丰硕果实，向家长及社会交出了一份份满意答卷。

学校坚持科研兴校。立足于"面向全体学生，面向学生未来"的办学特色，东序小学形成了"一融合二结合"的总体特色，即将文化教育与艺术教育相融合，将素质教育与应试教育相结合、德育与文化科技教育相结合。以"双向三助四环节"的课堂模式为支撑点，大力落实学生的课堂主人身份，激发学生学习兴趣，促进学生有效学习。以"两自教育"的管理方针为核心线，把自由、想象、创新留给学生，促进学子全面发展。同时，作为重庆市的"民主管理示范单位"，以尊重学生、信任学生为不变的初心和宗旨，从科研出发，不断培养学生自知、自律、自强，形成教育新常态。

学校教学课程多样且教材丰富。学校在执行国家课程计划的同时，开设陶艺、民乐、书法、编程等丰富多彩的课程，构成学科加特长的课程体系，为学生的全面发展并拥有一技之长创设了良好的条件。学校从一年级开设英语课，培养学生英语学习的兴趣。学校长期对学生开展艺术训练，开设舞蹈、声乐等课程，聘请具有丰富经验的专业教师承担艺术课教学。通过艺术教育培养学生浓厚的艺术兴趣和爱好，陶冶情操，健全人格，达到了较好的育人效果。积极使用地方教材《走进大足》《大足石刻全集》《大足名人故事》《大足特产》《大足龙水五金文化》《大足石刻廉洁文化》等，引领学子认识家乡，认识家乡土地和土地上的文化；自编校本教材《文明礼仪教材》《南苑风》《南苑诗韵》《古诗文读本》《三字经》等，鼓励学生读圣贤书、立君子品、做有礼人。用德启迪学生心智，用德滋润学生心田，浇灌向真、向善、向美的卓越之花。

二、慧生课堂的文化背景

东序学校，隶属城南教育集团，秉承集团董事长邓辉先生提出的"继承传统，面向未来"教育理念，确立了系统的办学文化体系。以"德雅文化"为文化主题，以"修德雅韵，序荣林菲"为办学核心理念，以"为民育好人，为国造良才"为办学目标，以"明礼成习，雅立人生"为校训，以"书声琅琅，儒雅彬彬"为校风，以"博爱精严，雅以施教"为教风，以"善学雅行，日进日新"为学风。

（一）文化主题："德雅文化"

东序儒雅，海棠香国，幽雅怡人。东序，语出《礼记·王制》："夏后氏养国老于东序。"相传为夏代的大学，亦是国老养老之所。夏朝时期，学校分为四个等级，分别为学、东序、西序、校。孔颖达疏："《文王世子》云：学干戈羽钥于东序。以此约之，故知皆学名也。养老必在学者，以学教孝悌之处，故于中养老。"后亦为国学的通称。其次，古为藏图书、秘籍之所，是读书人士热衷的地方。东序学校以此为名，希冀学子热爱国学，善读经典，传承中华民族的优秀文化精髓。东序学校，位于大足区棠香街道。大足区位于重庆市西部，由原大足县和原双桥区撤并而成。大足，是古昌州故地，有"海棠香国"之称，始建于唐肃宗乾元元年（公元758年），取"大丰大足"之意而得名。海棠自有香，只要静中闻。把酒邀春月，花间雅趣生。海棠清和、秀美、高雅、怡然自得，在应景之时，吟一首最美的诗，是一件最雅的事。而东序学校恰好位于大足区这片海棠香国之上，幽雅、怡人的环境，"为民育好人，为国造良才"提供了优雅的育人平台。

（二）办学理念：修德雅韵，序荣林菲

修德：意为修养德行，提升自身修养与素养之意，旨在成为一个品德高

尚的人。语出《左传·庄公八年》："《夏书》曰：'皋陶迈种德，德，乃降。'姑务修德，以待时乎！"城南教育集团开展习惯养成教育，"五心教育"，自主教育，修德习性。"五心教育"即以"忠心献给祖国、孝心献给父母、关心献给他人、爱心献给社会、信心留给自己"为核心内容，落实社会主义核心价值体系，充实内容，大雅润心。

雅韵：雅，有美好、高尚之意；韵，有风度、气质、节律之意。常用作形容一种高雅的风韵，雅致的气韵，或优雅的音韵。从经典之雅韵、诗画之雅韵、体艺之雅韵、环境之雅韵几方面展开雅韵教育。

序荣林菲：序，本指古代建筑物（房屋）的组成部分，后指古代地方办的学校，这里特指东序学校，点出校名；荣，意为荣誉，使……荣耀；林，本义为长在一片土地上的许多树木或竹子，又为聚集在一起的同类的人或事物；菲，意为花草的香气；序荣林菲，寄予最美好的愿望，即为东序学校声名鹊起，人才济济，层出不穷。

（三）办学目标：为民育好人，为国造良才

学校的基本功能便是育人。东序学校要办的就是"让人民满意的教育"，首先得为每一个普通家庭培养出身心健康、人格健全、品行良好、热爱生活的健康孩子。结合城南集团实施的"五心教育"，培养具有忠心、孝心、关心、爱心、信心的孩子是重点，为每个家庭培养可以称之为"好人"的人。结合"艺术与科技"的办学特色，培养全方位发展的人才，为国培养栋梁之才。孩子是祖国的花朵，是国之未来，孩子的成长成才成人，关乎国之命运，故而为国培养出心怀天下、敢于担当、富有智慧的有用之才亦是东序学校的责任与任务，更是东序的办学目标。学校慧生课堂根据智慧生命五大特征，立足于学校"德雅"文化，以国家立德树人目标为指导，着眼于学生生命的健康、全面、个性、持续发展，确立了培养具有"认知智慧、文化智

慧、实践智慧、身心智慧、审美智慧"的"五智慧生命"的育人目标。

（四）校训：明礼成习，雅立人生

明礼：指的是文明、礼貌，是做人之本。中共中央2001年9月20日颁布的《公民道德建设实施纲要》在20字公民基本道德规范中有"明礼"一条。知书然后达礼，讲文明，懂礼仪是对师生行为规范的最基本要求。东序学校的养成教育、五心教育皆为"明礼"奠基，让师生有礼有节，使之拥有优雅的言行、高雅的姿态。

成习：形成习惯。养成教育，是一个永恒的课题。《汉书·贾谊传》中记载，孔子曰："少成若天性，习惯如自然。"宋朝王应麟亦曾说："积丝成寸，积寸成尺，寸尺不已，逐成丈匹。""百尺高台起于垒土"，良好的道德素质是建立在良好道德习惯之上的。养成教育要从点滴抓起，养成教育要从关键期抓起，养成教育要抓好学生的行为训练。借此，养成好习惯，于自身终生有益，亦使之德馨满园。

雅立人生：儒雅的形态、文雅的举止、高雅的情趣。人生以雅立足，内化于心，外化于行，使之其行为儒雅、言语文雅、兴趣高雅，成就雅之人生。

（五）校风：书声琅琅，儒雅彬彬

书声琅琅：形容读书声音响亮。语出宋·李昭玘《上眉扬先生》："每相过者，论先生德义，诵先生文章，堂上琅琅，终日不绝。"顾宪成曾撰有"风声雨声读书声声声入耳，家事国事天下事事事关心"，读书使人明智，读书使人秀气，读书使人聪慧，读书使人优雅。结合"书韵校园"的文化氛围，以此激励东序学子阅读国学经典，吟诵古诗词，浓浓的书香味儿，营造爱读书、好读书、会读书的优良校风。

儒雅：有两层含义：一为学识深湛，二为气度温文尔雅。亦指博学的儒士或文人雅士，也指学问渊博。《文心雕龙·史传》记载道："其十志该富，赞序弘丽，儒雅彬彬，信有遗味。"

彬彬：原意为文质兼备的样子，后形容文雅。而彬彬有礼，则表示个人修养和作风的道德，形容文雅有礼貌的样子。

鉴于此，儒雅彬彬：一则是愿师生学识渊博，二则是愿师生有礼有节，行为高雅。契合"明礼成习、雅立人生"之校训，营造"书声琅琅、儒雅彬彬"之校风，为培养民之好人，国之良才而不懈努力。

（六）教风：博爱精严，雅以施教

博爱精严：博学、仁爱、精心、严谨。"博学"即学问广博。对于教师而言，要传道授业解惑，首先需自身具有渊博深厚之学识，才能为人师；"仁爱"，是指教师对学生如同自家孩子一般，以爱育之，以爱导之，温暖孩子幼小心灵；"精心"，要求教师精心育人，细心呵护，陪伴孩子健康成长；"严谨"，则是要求教师在教学方面严谨，时刻关注孩子的成长，注重孩子的身心变化，真正做到教师应有的职责。东序教师将"博、爱、精、严"汇入教学之中，有助于更好地教学，提高教学质量。

雅以施教：要求教师儒雅有德，为人师表，行为世范。《韩诗外传》中提出："智如泉涌，行为可以表仪，人师也。"教师不仅要传道授业解惑，更要用纯洁的品行去感染学生，用美好的心灵去塑造学生。在精神品德上，注重培养学生高尚的情操；在语言文明方面，用语要文雅优秀，使学生听后能产生愉悦感，乐于受教；在仪表着装方面，端庄朴素，不失风雅，给学生以美的熏陶；在教态方面，高雅自如、端庄稳重、利落洒脱，更利于学生听课效率，有助于缓解学生学习压力。

（七）学风：善学雅行，日进日新

善学雅行："善学"要求学生不仅要掌握课堂老师教授的知识，还要懂得自我学习课外知识，丰富自己的社会见闻，善于思考知识疑难，懂得自己去解决和突破，还要懂得思考自己的人生和未来，明确自己想走的路，拥有目标才能一往无前。"雅行"即指行为儒雅。东序学校推崇国学经典，通过诸子百家（其中代表儒、道、墨、法四家），让学生做到"读书雅、语言雅、行为雅、走路雅、着装雅、上课雅、唱歌雅、就餐雅、行礼雅、扫地雅"。

日进日新：日进，是指天天前进，天天进步；日新，有两层含义：（1）日日更新；（2）与"旧"相对，推陈出新，即为创新。《易》云："日新之谓盛德。"程颐亦曰："君子之学必日新，日新者日进也。不日新者必日退，未有不进而不退者。"这句话告诉了我们，学生每天学习一点，就前进一小步。古人云：积跬步，方能致千里。大凡世间一技一艺，其始学也。学乃新之基石。学如逆水行舟，不进则退，更表明了学习、进取的重要性。"日进日新"作为学风，要求学生每天接受新的知识，每天进步一点点，每天突破一点点，在温习昨日知识时，又能学到新的知识，实现知识的创新，实现质的飞跃。

三、慧生课堂的发展历程

学校慧生课堂经历了理念萌芽、初步成形、系统发展三个阶段。

（一）理念萌芽阶段（1977—1998年）

邓辉校长在1977年参加工作后，任教语文，在语文学科教学中，认真研究学法与教法，主张"教是为了不教，改是为了不改"的教学理念。面对当时"一讲到底"课堂教学方法，提出了"让学生变被动学习为主动学习"教学理念。具体做法是让学生适度地参与到教学甚至考试检测、阅卷、作业评改的过程中来，让他们成为学习的主人。首先，精心备课，安排了课前预习作业（现在有人叫做自助学习），将一些通过工具书，查资料，读读记记能解决的问题，自己能回答的问题，让学生在早自习或晚自习时自行解决。到后来，包括分段、归纳段意、归纳课文大意、分析中心思想、找文中的修辞手法，编者在课文后设置的作业……也让学生先自主学习。弄不懂的由组长归纳上传给老师，成为老师讲课的重点。其次是对课前作业又叫预习作业，实行小组检查制，学习小组长检查组员完成作业没有，这是量的检查；科代表及班委一部分干部负责检查或批改作业，检查学生作业正误，这是质的检查；老师则检查批改科代表、班干部的作业，每次抽查三分之一的非学生干部的作业，并进行正误概算。这样不仅培养了学生的动手能力和自主学习的习惯，而且还使学生明确了自己有哪些知识点还没有掌握。那么，学生在上课时就会更专注更投入地学习，更重要的是老师了解了学情，便于讲授时更有针对性，把精讲多练落到实处。这样做也培养了相当一部分学生的责任担当。

后来又把"让学生变被动学习为主动学习"教学理念发展为"自主学习"理念。具体做法是两手策略。一是"学生能学会的不教"，凡是关于字词类的基础知识，要求学生用已知的解决未知的，或者查阅资料解决未知的；学生能学会的不教，都让学生自主学习掌握。二是"兵教兵"，在课堂上，邓辉校长把教拼音和批改这类作业，甚至试题的权利"十分谦逊而大方"地下放给老师认定的那批优秀生。这样不仅让"小老师"能力上得到了锻炼，还增强了他们的荣誉感和责任心；而被"小老师"教的学生也有收益。首先，他们的注意力会更集中，因为他们总想找"小老师"的岔子。其次，小老师的思维方式与语言形式与"学生"更贴近。所以在适当的时候，安排适当的知识点让"小老师"讲课是有益无害的。

后来邓辉校长在自己的语文教学中提出的"天地大课堂，人生大文章"的教学理念正是慧生课堂大课堂观的萌芽。他认为，语文的课堂不应限制在教室中，而应该在社会里，在自然界中。作文的营养不全在课本里，而在生活中。基于如此认识，老师常利用南山上能亲眼目睹的日升月落、雾起霾散等自然景象，特别是在深山旷野中风狂雨骤的景象作教材，让学生尽可能地亲近自然，体验生活。在特殊的情况下，老师还会让学生抛下课本，带着他们满山遍野地"写生"。

1994年8月，邓辉临危受命，出任大足县城南乡初级中学校长，把个人教育思想，教学主张，融入学校的管理之中，给教师提出了"两自（自主教育、自主学习）""大课堂""双向"等课堂理念，成为后来慧生课堂的"双向（面向学生、面向学生的未来）""三助""大课堂观""生活教育"等理念的萌芽。

（二）初步成形阶段（1999—2018年）

邓辉校长提出了"两自（自主教育、自主学习）"教学模式，在全校各个学科推行。这一模式即"课前预习—教师在检查学生的预习情况后，结合学生的反馈信息讲课—课后通过检查学生作业反馈学习效果"。邓辉校长把这个模式叫做三步教学法。在"两自（自主教育、自主学习）""大课堂""双向""生活教育"等理念的指导下，形成了初步的课堂教学流程"三步式学习模式"，彰显了学校办学特色，取得了丰硕的成果。1998年1月，邓辉校长被选为乡人大代表，又被选为县人大代表。1999年4月，邓辉校长荣获重庆市九五立功奖章，受市总工会表彰奖励。8月，邓辉校长的主要业绩被《中国专家人才库》收录，学校以名校称谓被载入《重庆年鉴》。1999年12月，大足县委召开教育工作会议，大会安排邓辉校长介绍民主管理学校的先进经验，受到了与会领导的一致赞许。学校迅速跳出了颓败的怪圈，迈出了振兴的大步。首先是升学率1996年高达100%，1997年高达96.5%，1998年升学率高达97%。1998年教师节，时任县委书记吕明良，县长赵崇亮，县妇联主任付再英、县政府副县长周放、主任教委覃隆泽亲自为全校教师主持召开庆功会，题词以示鼓励，并颁发奖金五万元。到1999年，学校学生类参赛获奖人数年年攀升，学校学生思想品质、遵纪守法、安全意识均在全县前列。一所乡级初中连续四年各项指标跃居全县第一。从1989年以来取得的教学成绩，无一不是与"三步教学法"有关的。

2001年创办了城南初级中学，2003年创办了城南创新小学，2005年创办了城南高级中学，逐渐形成了小学、初中、高中一校三部齐头并进的格局，确立"为民育好人，为国造良才"的办学目标，确立"继承传统，面向未来"的育人方向，坚持"五育并举"的教育教学观念，实施"两自（自主教育、自主学习）"教学模式，逐渐形成了"双向（面向全体学生、面向全体学生的未来）"、"三助（自助、互助、师助）"的教育理念，形成了"三步式自主学习模式"。2017年建设了重庆市大足城南东序学校，开班后，在蒋敏校长的带领下，从加强课堂管理的规范性，提升课堂教学方式的科学性，提高课堂实施的实效性出发，把"两自（自主教育、自主学习）"教学模式的三步式进行了升级改造，建构了"双向三助"理念指导下的课堂教学"四环节"管理实施模式，四环节是指"1.了解学生学习需要，寻找学习最近发展区；2.提出挑战性的学习问题，开启学习航程；3.解决提出的问题，推动教与学融合；4.反思问题解决策略，发展学生认知能力"。具体如图1。

```
┌─────────────────────┬─────────────────────┐
│ 1.了解学生学习需    │ 2.提出挑战性的学    │
│ 要，寻找学习最近    │ 习问题，开启学      │
│ 发展区；            │ 习航程；            │
│         课堂教学                          │
│          四环节                           │
│ 3.解决提出的问题，  │ 4.反思问题解决策    │
│ 推动教与学融合；    │ 略，发展学生认知    │
│                     │ 能力。              │
└─────────────────────┴─────────────────────┘
```

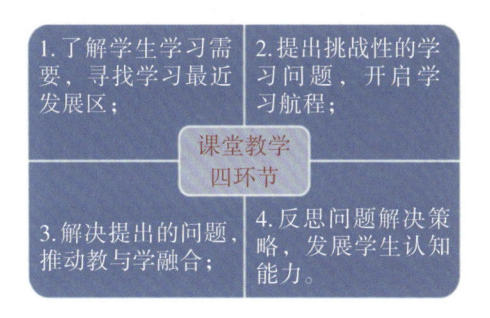

图1：课堂教学"四环节"管理实施模式

课堂教学"四环节"管理实施模式加强了对课堂教学中"了解学生需求""提出问题""解决问题""范式提升"四环节的管理，突出"学生自我教育、自主学习""惠及学生终身发展""双向三助四环节"等特点，形成了慧生课堂的课堂教学模式雏形，但尚未明确提出"慧生课堂"的概念。

（三）系统发展阶段（2019年—现今）

2019年，学校力图整合现有的"双向三助四环节"等课堂教学目标、理念、方法，力图建构有特色的、科学有效的课堂教学范式。学校申报了重庆市教育科学规划课题《慧生课堂的实践研究》，成功立项，开始系统设计慧生课堂的育人目标、课堂生态、课程建设、课堂理念、课堂原则、课堂范式、课堂评价，系统推进慧生课堂的实践研究，创新性地形成了科学有效的实践策略体系。

一是迭代升级了育人目标，确立培养具有"认知智慧、文化智慧、实践智慧、身心智慧、审美智慧"的"五智慧生命"育人目标，解决"培养什么人"的问题，系统推进慧生课堂的建构与实施。

二是推进"核心素养"的课程化创新实践，建构五育融合的"智慧生命"课程体系，开发富有校本特色的校本教材，解决"慧生课堂教什么"的问题。

三是整合了"双向（面向全体学生、面向全体学生的未来）""三助（自助、互助、师助）"的教育理念；坚持"生活性""生成性""生动性""生长性""生命性"的"五生"课堂教学准则；推进"课堂革命"的校本化实践，按照"教室小课堂→学校中课堂→社区大课堂"三层级思维路径，系统建构师生所在的学习成长场域，探究新课堂生态建设策略；实施"四环节"课堂教学管理模式，即指了解学生需求、提出问题、解决问题、范式提升四环节，通过把"自助、互助、师助"的学习方式有机融合到不同学科、不同年段、不同课型的课堂教学过程之中，建构课堂教学模式群，从"教为中心"的课堂教学方式，切实转变为"以学为中心"的课堂教学方式，解决"慧生课堂怎么教"的问题。

四是推进评价"指挥棒"的校本化落地，研制"三类课堂"教学评价标准，推进课堂教学评价改革，形成"教学评一致性"机制，解决"慧生课堂如何评"的问题。

2019年至今，城南东序小学获得了重庆市大足区第二批"科技教育特色学校"，重庆市大足区第六批义务教育阶段"艺术特色学校"，"重庆市优秀少先队集体"等荣誉称号，连续三年在区教委组织的各项抽考评比中均取得了名列前茅的成绩。在近4年中，学校、教师、学生累计获得市、区级以上奖项548项，其中，获得国家级奖项54项，市级奖178项，区级奖316项，编写专著1本，发表论文1篇，论文获奖18篇。学校各部门秉持慧生课堂"智慧生命"的行为文化，力争上游，在科技教育、艺术教育、体育教育、少先队建设、养成教育等方面取得丰硕成果，助推了学校特色发展。

第二编

慧生课堂实践研究之理：
课题研究篇

慧生课堂是什么？课题组认为"'慧生课堂'是'培育有智慧的生命'的课堂"。

课题组立足慧生课堂之智慧的"六大特性"、慧生课堂之生命的"六大特性"的分析，慧生课堂把育人目标，具体化为培育"五智慧生命"的育人目标，建构了"五智慧生命"核心素养模型，包括"认知智慧、文化智慧、实践智慧、身心智慧、审美智慧"，强化"十会（会思考、会学习、会探究、会实践、会创新、会改变、会合作、会生活、会健体、会审美）"核心能力，回答"慧生课堂培养什么人"的问题。

课题组实践建构了慧生课堂教学管理"六维"策略系统，回答"慧生课堂怎么教""慧生课堂怎么评"的问题。"六维"策略系统一是"五智慧生命"的育人目标系统；二是"教室小课堂""学校中课堂""社会大课堂"三类课堂生态系统；三是"双向三助"的实施理念系统；四是"五生"的行动准则系统；五是以"自助研学—互助探究—师助提高—反思发展"为基本流程的教学模式群为主体的操作模式系统；六是以"三类课堂评价标准"为内容的科学评价系统。

课题组开发建设了五育融合的三类课程体系，包括"基于教室的学科小课堂课程"，即国家课程；"基于学校的活动中课堂课程"，即校本活动课程；"基于社区的实践大课堂课程"，即社会实践课程；回答"慧生课堂教什么"的问题。

重庆市教育科学"十三五"规划课题
慧生课堂的实践研究报告

蒋 敏 周 娟

第一部分 内容简介

标识："慧生课堂的实践研究"是重庆市大足城南东序学校承担的重庆市教育科学"十三五"规划2020年度一般规划课题，课题批准号：2020-19-566号。

课题组成员：

主持人：周娟

主研人员：李爽、卢婷、罗高莉、杨天平、龙运芳、李永春

参研人员：唐红莉、周灵佳、谭佳、朱彦、郑秋怡、唐佳

课题类别：重庆市教育科学"十三五"规划2020年度一般规划课题

课题题目：慧生课堂的实践研究

内容摘要：

本课题立足于回应立德树人、核心素养、课堂革命如何落实落地以及如何解决课堂教学存在的现实问题，以新课标理念、孔子教育思想、生命课堂观、大教学论、大课程观以及学校"德雅文化"为理论遵循，采取"元研究"思维、证据思维、反思思维、范式思维等思维方法，确立了慧生课堂培养"智慧生命"的育人目标，设计了"智慧生命"的"认知智慧、文化智

慧、实践智慧、身心智慧、审美智慧"的核心素养模型，培养"十会（会思考、会学习、会探究、会实践、会创新、会改变、会合作、会生活、会健体、会审美）"核心能力，建构了"学科小课堂""活动中课堂""实践大课堂"的三类课堂生态体系，提炼了生活性、生成性、生动性、生长性、生命性的"五生"课堂基本准则，凝练了"双向（面向全体学生、面向学生未来）""三助（自助、互助、师助）"的课堂教学理念，基于"自助研学—互助探究—师助提高—反思发展"四环节的基本范式构建三类课堂场域的教学模式集群，开发了"三类课堂"的课程体系，开发了《智慧乐园综合实践校本课程》读本，开发了慧生课堂三类课堂评价工具，取得了多方面理论性和实践性成果。

关键词：慧生课堂；智慧生命素养；教学模式；课程体系；评价机制

第二部分　主体内容

一、研究问题

（一）研究缘起

"慧生课堂的实践研究"是重庆市大足城南东序学校承担的重庆市教育科学"十三五"规划2020年度规划课题（课题批准号：2020-19-566号），缘于多层面的考量。

1.在世情层面，本研究缘于对国际潮流的追踪

从全球化角度看，课堂变革是当今世界教育的大趋势、大潮流。日本著名教育家佐藤学在《教师的挑战：宁静的课堂革命》一书中指出："现在，全世界学校的课堂都在进行着'宁静的革命'。全世界的课堂都在由'教授的场所'转变为'学习的场所';从'目标—达成—评价'的程序型课程转变为'主题—探究—表现'的项目型课程;从班级授课模式转向合作学习模式;学校不仅是儿童合作学习、共同成长的所在,还是教师作为教学实践、专家共同学习和成长的所在……这种宁静的革命不仅在日本,而且在世界各国的课堂正波澜壮阔地展开。实际上,欧美各国的课堂改革潮流更是浩浩荡荡,势不可挡。"[1]据陕西师范大学教师专业能力发展中心副教授,硕士生导师衣新发介绍,2015年,美国心理学会出版了《基础教育教学和学习中最重要的20项心理学原理》,涵盖了课堂教学与学习的五大方面:"一是学生是怎样思考与学习的;二是什么激发了学生的学习动机;三是为什么社会环境、人际关系和情绪健康对学生的学习很重要;四是如何实现课堂的最优管理;五是如何评价学生的进步。"[2]从教育要面向世界的战略视角审视,开展"慧生课堂的实践研究"乃是对世界各国课堂改革浪潮的自觉追踪。

2.在国情层面,本研究缘于对课堂革命的回应

教育是社会进步与变革的基石,具有基础性、先导性和全局性的价值和意义。面对新时代的新机遇和新挑战,"培养什么人"以及"怎样培养人"就成为教育发展的根本性问题。课堂是育人的主阵地。新课程改革的推进、立德树人目标的实现、核心素养目标的达成、教育强国梦想的实现都需要通过学校课堂教学来实现。审视当今的课堂,在教学方式上的"满堂灌"现象,学习方式上的"游离学习""虚假学习"的问题,目标上的"重智育轻德育、重分数轻育人"的现象,发展路径上的过分追求分数,不能立足学校

---

[1] [日]佐藤学:《教师的挑战:宁静的课堂革命》,钟启泉、陈静静译,华东师范大学出版社2012版,第3页。

[2] 孙和保:《"课堂革命"十人谈》,载《中国教师报》2017年10月25日。

文化，立足学生终身发展，促进学生核心素养培养，导致"办学同质化""课堂模式单一化"的问题，办学品质"千校一面"的现象，还较为普遍，还存在课程改革整体规划、协同推进不够，尚未形成合力的问题。面对这些问题，需要进行课堂变革，进行综合性课堂研究，借以回应立德树人、核心素养、课堂革命如何校本化落实落地的重大问题。《慧生课堂的实践研究》以问题为导向，以课堂变革为突破口，开展"慧生课堂的实践研究"，坚持从"升学应试"的功利性到"持续全面"人本性的目标追求，从盲目跟风到立足学校文化的个性化办学，推进教育长宽延展，从"统一安排"到"多元选择"推进课堂教学模式翻转，从"被动推进"到"主动迎接"变革角色切换，加速变革学校教育存在的弊端，落实"立德树人"的根本任务。

3.在历史层面，本研究缘于非遗文化的启迪

中国传统文化博大精深，儒道佛是中国传统文化的三大道统文化流派。大足石刻集三大道统文化于一体，持续千余年的营建，在山野间留下了大大小小143处石窟寺、5万余尊造像和10万余字铭文。这座具有鲜明地方特色和世俗化风格的石窟，于1999年被联合国教科文组织列入《世界遗产名录》，成为继敦煌莫高窟之后第二个列入该名录的中国石窟。大足石刻以佛教造像为主，兼有道教、儒教造像。佛教是觉者的教化，佛的原初意义就是觉。既能自觉，又能觉他，起而行之，觉行圆满，此乃大觉大悟的大智慧。方立天认为，中国佛学有六大特性，"一是重自性""二是重现世""三是重禅修""四是重顿悟""五是重简易""六是重圆融"。[①]佛学六大特性集中体现了它的"慧学"之道真谛。所谓"慧学"，即智慧之学，是指由修习佛理所引申的辨别现象、判定是非善恶以及达到解脱的认识能力和境界。成语

[①] 匡钊、莫斌:《佛学智慧是中国文化传统不可分割的部分——访中国人民大学教授方立天》，载《中国社会科学报》2014年4月21日。

"独具慧眼"就是从佛学的"别具只眼"演变而来。北宋圆悟克勤禅师所著《碧岩录》："具一只眼，可以坐断十方，壁立千仞。"其本意是指因修行而获得的特异本领，或是对佛法有独到的领悟和见解；其引申意义乃是形容眼光敏锐，对事物具有与众不同的独特眼光和见解。开发独特的文化遗产，将大足石刻佛学文化加以世俗化、生活化转化，衍生为"慧生课堂"理念，可以彰显中国化"课堂革命"的文化特色。

4.在校情层面，缘于校本学风的践行

城南东序学校以"继承传统，面向未来"的办学理念，建构慧生课堂，引导学生觉悟笃行，践行"善学雅行，日进日新"的学风，推动"课堂革命"的校本实践。

以"善学雅行"的学风厚植慧生课堂的根基。所谓"善学"，就是要求学生不仅要掌握课堂老师教授的知识，还要懂得自我学习课外知识，丰富自己的社会见闻，善于思考知识疑难，懂得自己去解决和突破，还要懂得思考自己的人生和未来，明确自己想走的路，拥有目标才能一往无前。所谓"雅行"，即指行为儒雅。东序学校推崇国学经典，通过诸子百家（其中以儒、道、墨、法四家为代表），让学生做到"读书雅、语言雅、行为雅、走路雅、着装雅、上课雅、唱歌雅、就餐雅、行礼雅、扫地雅"。

以"日进日新"的学风提升慧生课堂的境界。所谓"日进"，是指天天前进，天天进步；所谓"日新"，有两层含义：（1）日日更新；（2）与"旧"相对，推陈出新，即为创新。《易》云："日新之谓盛德。"程颐亦曰："君子之学必日新，日新者日进也。不日新者必日退，未有不进而不退者。"这句话告诉了我们，学生每天学习一点，就前进一小步。古人云：积跬步，方能致千里。大凡世间一技一艺，其始学也。学乃新之基石。学如逆水行舟，不进则退，更表明了学习、进取的重要性。"日进日新"作为学风，要求学生

每天接受新的知识，每天进步一点点，每天突破一点点，在温习昨日知识时，又能学到新的知识，实现知识的创新，实现质的飞跃。

（二）研究目的

以追踪国际潮流为取向，以课堂革命为导向，以赓继文化为旨趣，以校本变革为愿景，本课题厘定研究目的，旨在解决"慧生课堂培养什么人""慧生课堂教什么""慧生课堂怎么教""慧生课堂如何评"的核心问题，校本化推进"课堂革命"的创新实践，借以落实立德树人的根本任务。

一是聚焦课堂育人目标：锚定培养时代新人，校本化落实"立德树人"根本任务，设计"智慧生命"育人目标，解决"慧生课堂培养什么人"的问题。

二是聚焦课堂育人内容：推进"核心素养"的课程化创新实践，建构五育融合的"智慧生命"课程体系，开发富有校本特色的校本教材，解决"慧生课堂教什么"的问题。

三是聚焦课堂育人方式：推进"课堂革命"的校本化实践，按照"教室小课堂→学校中课堂→社区大课堂"三层级思维路径，系统建构师生所在的学习成长场域，探究新课堂生态建设策略，解决"慧生课堂怎么教"的问题。

四是聚焦课堂育人评价：推进评价"指挥棒"的校本化落地，研制"三类课堂"教学评价标准，推进课堂教学评价改革，形成"教学评一致性"机制，解决"慧生课堂如何评"的问题。

（三）研究意义

1.可为创新学校课堂建设提供可行的策略

本课题整合学校资源，基于学校"德雅"文化，确立"五智慧生命"的育人目标，系统探究课堂的场域、课堂要素、课堂范式、课程整合、课堂评价等方面的实施策略，可为一线教师转变课堂教学方式、理念，改变课堂生态环境，回归教育本质，推进新课程改革，推进"课堂革命"提供可行性策略。

2.可为推进特色化办学提供新路径

本课题立足学校"德雅"文化，确立"五智慧生命"的育人目标，积极进行课程改革，课堂变革，探索学校特色化办学的实施路径，转变课堂教学文化脱离学校核心文化而"千校一面"的现象，可为基层学校提供立足学校文化进行的课堂变革，为推进特色化办学提供新路径。

3.可为落实立德树人目标丰富个性经验

本课题立足"为民育好人、为国造良才"的学校"德雅"文化，把培养"德智体美劳全面发展的社会主义建设者和接班人"的育人目标和学生核心素养，具体化为培育具有"认知智慧、文化智慧、实践智慧、身心智慧、审美智慧"的五智慧生命，进行课程建设和课堂变革，可为落实立德树人目标丰富个性经验。

4.可为学生核心素养培养提供新范例

本课题整合学校文化和中国学生核心素养目标，确立培育具有"认知智慧、文化智慧、实践智慧、身心智慧、审美智慧"的五智慧生命这一个性化育人目标，可为课堂中培养学生核心素养提供实践经验。

5.可丰富生命课堂的具体形态

本课题围绕培养"五智慧生命"的育人目标，"慧生课堂"的目标、场域、教与学的范式、教学评价四个方面建构具有校本特色的、可操作的实践策略，可以丰富生命课堂的具体形态。

（四）研究假设

1.落实立德树人根本任务的关键是发挥课堂育人功能

课堂是立德树人的主阵地、关键场。立德树人根本任务的关键是重新审视和建构课堂，追求课堂育人功能的最大化。慧生课堂以"育人为本"的大教育观为指导，遵循"课堂是师生教学相长，生命价值协同体现，生命共同成长的场域"的大课堂观，让课堂成为促进师生生命有智慧地成长的场域，"把促进学生成长成才作为学校一切工作的出发点和落脚点"，培养"德、智、体、美、劳"全面发展，"五育融合"的"五智慧生命"，真正落实立德树人根本任务，肩负起课堂教学"为党育人、为国育才"的使命。

2.学生核心素养落实落地的关键是校本化推进课程重构

坚持以核心素养作为学校课程建设的根本导向，以核心素养为培养目标，结合学校的办学宗旨与实际情况不断探索，关注传统分科教学模式的局限，加强"慧生课堂"教什么的深度思考，加强学科之间的融合性，注重学科知识之间的相互整合，构建契合学校办学特色的课程体系。唯有如此，方能解决好"慧生课堂"教什么的问题。"慧生课堂"建构五育融合的"智慧生命"课程体系，落实学生核心素养的培养。

3.课堂革命的关键是重构生态化新型课堂形态

课堂革命必须要适应新时代发展的新变化、新要求，用新方法、新手段整合学校、社会、家庭等教育因素，重构开放式生态化的大课堂形态。唯有如此，方能推动课堂革命校本化落地。本课题回归生命课堂本质，坚持"双向三助"的教学理念，面向全体、面向未来，建构"自助、互助、师助"的课堂，按照"依据学校文化→回归课堂本质→确立育人目标→进行课堂变革→开展课堂实践→实现师生发展"的行动路径，从课堂生态、课堂运行机制、评价体系探究等方面重构生态化新型课堂形态——慧生课堂。

（五）研究创新

1.慧生课堂教学理念创新

用大课堂观和生命课堂观丰富课堂的内涵与外延。课堂的场域从窄化的

"教室或学校空间"，扩展为时空延展的"大课堂"，即"师生所在的学习成长场域即是课堂"，从"教室小课堂、学校中课堂、社区大课堂"三条路径扩展课堂的外延，丰富内涵。教育无处不在，处处是育人的场所，教室、学校、社会均是课堂。

2.慧生课堂实践路径创新

从学校文化与课堂文化整合角度，以学习论、教学论、课程论为指导，一是从"育人目标路径"，确立培养"五智慧生命"的育人目标；二是从"课程体系建设路径"，建设慧生课堂五育融合的"智慧生命"课程体系；三是从"课堂教学方式变革路径"，建构慧生课堂"双向三助五生"的课堂教学理念原则，创建"教室小课堂、学校中课堂、社区大课堂"三类课堂生态体系，建构"自助研学—互助探究—师助提高—反思发展"四环课堂教学管理范式体系，建构不同年段、不同学科、不同课型的教学模式体系；四是从"教育质量评价创新路径"，建构"教室小课堂、学校中课堂、社区大课堂"三类课堂评价体系。通过这四大路径解决"培养什么人、教什么、怎么教、如何评"的核心问题，探索课堂的场域、要素及其关系、实施范式、课程整合、评价创新等内容，创新育人方式，建构培育智慧生命的"慧生课堂"，丰富课堂教学形态。

3.慧生课堂研究方法创新

从思辨研究转向实证研究。立足"课堂"这一主题，采取系统聚焦的研究方法，进行实践应用研究，建构了新课堂生态、新课堂运行机制、课程体系建设、课堂评价四个维度的内容推进实践研究。

（六）核心概念界定

1."课堂"的内涵界定

"课堂"是师生所在的学习成长场域，是"学生生命成长的场域，学生学习的场所"。王鉴在《课堂研究引论》中认为"课堂"的涵义包括三层意思：课堂即教室，教学活动发生的主要场所；课堂即课堂教学活动；课堂即课程与教学活动的综合体。[①]本课题的课堂是指一种场域、活动、课程三者综合的大课堂，其外延包含"基于教室的小课堂、基于学校的中课堂、基于社区的大课堂"。

2."慧生"的内涵界定

"慧生"之"慧"，本义为聪明、智慧。何谓"智慧"？周一贯解释说："'智'由'知''日'组成，即每天都有认知，才是'智'；'慧'由'心''倒山'和两个'丰'组成，即心中的那座山（疑难或问题）被推倒，获得了双丰收。"[②]在我国古代，孔子强调"好学近乎智"，他虽然认为有"生而知之者"，但却着重强调"学而知之"，主张由多闻、多见的经验获得知识，靠思维加以辨别，根据善的标准加以选择，然后付诸实践，方能丰盈人的智慧。墨子认为，人的智慧源于人的认识能力与外界事物的接触，进而提出了智慧形成的"三知"原理：由传授得来的"闻知"之道、由亲身经验得来的"亲知"之道、由辨察推理得来的"说知"之道。孟子认为智慧是人心性中的对道德是非的分辨识别意识和能力，即所谓"是非之心，智也"。在西方，柏拉图认为人的智慧有多元形式，譬如"'认识你自己'的个人智慧""政治实践的智慧""理论的智慧""技艺性智慧""给出忠告的智慧""统领其他德性的智慧"等等。[③]智慧是西方心理学研究的重点，形成了"认知发展理论""信息加工理论""学习理论""因素分析理论"四大智慧理论流派。[④]

[①]王鉴：《课堂研究引论》，载《教育研究》2003年第6期，总第281期。

[②]周一贯：《智慧课堂的哲学思考（上）》，载《小学教学参考》2008年第6期。

[③]林志猛：《柏拉图智慧论中的辩证意涵》，载《中山大学学报》（社会科学版）2022年第5期。

[④]李业富：《当今西方智慧理论四大流派的划分》，载《心理发展与教育》1996年第1期。

"慧生"之"生",是指"生生不息"的生命特性和状态。"生生"即指相生、化生、创生万物。中国古老的"生生之道"蕴涵着深刻的整体辩证智慧:"'生生'不仅是万物相生即事物存在的法则,也是万物化生即事物产生、发展的法则,不仅是宇宙自然存在和发展的法则,是人与自然共生共存、共同发展的法则,也是社会人伦存在、发展的法则。万物的生生,既包含了'道生一,一生二,二生三,三生万物'的量的扩张,也包含着'日新'的质的飞跃,这与西方机械主义构成了鲜明的比照。生生的动力不在于事物的外部,而是根源于事物内部刚柔相推、阴阳相荡的对立和冲突,这就使中国哲学避免了类似西方外因论的发展路向;相生化生的运动未有穷期,是宇宙自然间永恒、绝对的原则,也是人类社会必须遵循的永恒、绝对的准则"。[1]

因此,本课题所说的"慧生",是指具有智慧品质的生命特性和状态。具体而言,所谓智慧生命,是具有慎思、反思、辩思等思维特性的智慧生命;是具有"学而知之""笃学审问"文化特性的智慧生命;是具有"闻知""亲知""说之""知行合一"实践特性的智慧生命;是与时俱化、善假于物、"道术融合"等技术思维特性的智慧生命;是具有"日新月化"、创美达美等创意特性的智慧生命;是具有"是非之心""民胞物与""天人共生"等道德特性的智慧生命。

3.慧生课堂的内涵界定

慧生课堂是"培育有智慧的生命"的课堂。从育人目标上看,是一种立足"为民育好人,为国造良才"的学校"德雅"文化,把培养"德智体美劳全面发展的社会主义建设者和接班人"的育人目标和学生核心素养,具体化为培育具有"认知智慧、文化智慧、实践智慧、身心智慧、审美智慧"的五

---

[1] 刘泽亮:《生生之道与中国哲学》,载《周易研究》1996年第3期。

智慧生命的课堂；从本质上看，是一种以生为本，以尊重生命为前提和基础，以激励生命为手段和方法，以成就生命为出发点和归宿，以人的发展为价值取向，追求全面发展与个性发展相结合的课堂；从外延上看，是一种以"教室的小课堂、学校的中课堂、社区的大课堂"为路径的师生所在的学习成长场域。从发展脉络看，是一种沿着生命课堂的方向进行个性化建构的新课堂生态、课堂运行机制和课堂体系。

4."慧生课堂的实践研究"的内涵界定

"慧生课堂的实践研究"指本课题以教学论、学习论、课程论为指导，对积智生慧的新课堂生态、新课堂运行机制进行实践和理论探索的行动总称。具体包括对基于学校德雅文化的慧生课堂生态、课堂运行机制的研究，包含课堂场域、课堂理念、课堂原则、课堂实施范式、课堂评价、课程建设等几个方面的探索和实践。

二、研究背景和文献综述

（一）理论基础及依据

1.国务院政策依据

2019年6月23日，中共中央国务院印发了《关于深化教育教学改革全面提高义务教育质量的意见》，其基本要求是"树立科学的教育质量观，深化改革，构建德智体美劳全面培养的教育体系，健全立德树人落实机制，着力在坚定理想信念、厚植爱国主义情怀、加强品德修养、增长知识见识、培养奋斗精神、增强综合素质上下功夫。坚持德育为先，教育引导学生爱党、爱国、爱人民、爱社会主义；坚持全面发展，为学生终身发展奠基；坚持面向全体，办好每所学校、教好每名学生；坚持知行合一，让学生成为生活和学习的主人"。为东序学校立足学校文化，实施慧生课堂的实践研究，培育有智慧的生命，面向全体，全面发展，让课堂成为师生生命智慧生长的场域，提供了政策依据。

2.生命课堂观

叶澜教授从教育人本论角度提出了生命课堂观，认为"课堂里的教师和学生不只是在教和学，他们还在感受课堂中的生命的涌动和成长，只有这样的课堂，学生才能够获得到各方面的满足和发展，教师的劳动才会闪现出创造的光辉和人性的魅力"。对教师而言，课堂教学不只是知识任务的完成，同时也是自己生命价值和自身发展的体现；对学生而言，课堂学习不只是接受知识，形成能力，更是展示自我、丰盈生命的过程。[①]生命课堂观是对"教育应当使每个人成为充满个性、充满生命活力的生命主体"的教育人本论的发展。这为本课题实施慧生课堂的实践研究，落实立德树人目标提供了方法论。

3.孔子教育思想

孔子的教育思想一是"有教无类"的全纳教育；二是"因材施教"的适性教育；三是"学而时习之""学而不厌，诲人不倦"的终身学习观；四是"全面教育"思想，推行"子以四教：文、行、忠、信"，培养学识和德行，主张"志于道，据于德，依于仁，游于艺"，要求学习"六艺"；五是"学而不思则罔，思而不学则殆""不愤不启，不悱不发，举一隅而不以三隅反，则不复也"的启发式教学，"学思并重"教学思想。为本课题实施慧生课堂的实践研究，促进学生全体、全面、自主、个性发展，提供了方法论。

4.大教学论

夸美纽斯认为，教学是"把一切事物教给一切人的普遍的艺术"，这是

[①] 叶澜：《让课堂焕发出生命的活力——论中小学教学改革的深化》，载《教育研究》1997年第9期。

一种"教得准有把握""教得使人感到愉快""教得彻底"的艺术。"生活即教育，学校即社会"，一事一物皆教育、时时处处有课程。这为本课题沿着大教学论的方向，立足学校"为民育好人、为国造良才"的"德雅"文化理念，确立培育"五智慧生命"的个性化育人目标，开展慧生课堂的实践研究，建构"三类"课程体系，指出了着力点、突破口、实施路径。

5.大成智慧学

大成智慧学是我国著名科学家钱学森先生提出的学说主张。他说：大成智慧学是"以马克思主义哲学为指导的知识体系论，大成智慧学是革命的锐利武器"。[1]钱老曾说："人的智慧是两大部分：量智和性智。缺一不成智慧！此为'大成智慧学'。"什么是"量智"和"性智"呢？钱老认为，现代科学技术体系中的数学科学、自然科学、系统科学、军事科学、社会科学、思维科学、人体科学、地理科学、行为科学、建筑科学等10大科学技术部门的知识是性智、量智的结合，主要表现为"量智"；而文艺创作、文艺理论、美学以及各种文艺实践活动，也是性智与量智的结合，但主要表现为"性智"。"性智""量智"是相通的。以此为指导，大成智慧教育要求"把哲学和科学技术统一结合起来"，把科学与艺术结合起来，把逻辑思维与形象思维结合起来，灵活有效地运用各种科学技术知识与经验。这样，才有可能真正集古今中外知识之大成，获得大成智慧与创造的灵感，有所开拓、有所创新，从而造就全与专辩证统一的人才。[2]

---

[1]黄枬森:《钱学森大成智慧学简论》，载《上海交通大学学报》(哲学社会科学版)2011年第6期。

[2]钱学敏、杨克强、黄笑元:《钱学森与大成智慧教育构想》(下卷)，载《中国发明与专利》2013年第10期。

（二）相关研究成果

1. 在课堂理念方面的研究

国外相关研究：多勒提出课堂教学有"多元性、同时性、即时性、生成性、历时性"。[1]苏格拉底说："教育不是灌输，而是点燃心灵的火焰"。苏霍姆林斯基认为，只有能够激发学生去进行自我教育的教育，才是真正的教育。罗杰斯认为，学习即"成为"，"成为一个完善的人，是唯一真正的学习"。杜威认为"教育即生活""学校即社会"，秉持儿童中心论。皮亚杰认为认知发展分为同化、顺应、平衡三个过程；奥苏贝尔认为"当学生把教学内容与自己的认知结构体系联系起来时，意义学习便发生了"。他们从理论上强调教育要激发生命内在需求与动力，遵循认知规律，实现生命的积极塑造，但是，没有探讨课堂具体实施方法。凯洛夫"教师中心主义"课堂观认为课堂教学流程为"组、复、新、巩、布"。斯金纳提出了程序教学，强调教学目标行为化、教学过程科学化、把机器作为教学中介，以"学生最适宜的速度进行学习"，追求教学效率。他们对课堂的实施范式存在"知识"中心的缺陷。[2]

国内相关研究：在课堂理念的研究方面，孔子"有教无类""不愤不悱，不悱不发""举一反三"的启发式教学思想，"君子不器"的教育目标，彰显着生本课堂理念。《学记》中说，"学然后知不足，教然后知困。知不足，然后能自反也，知困，然后能自强也。故曰：教学相长也"。强调课堂教学师生平等交流，相互成长。[3]陶行知认为"教育即生活"，强调把生活引入课

---

[1]〔美〕古德、布罗菲：《透视课堂》，陶志琼、王凤、邓晓芳等译，中国轻工业出版社2002年版，第295页。

[2]潘洪建：《有效学习与教学——九种学习方式的变革》，北京师范大学出版社2014版，第12—16页。

[3]毛礼锐、瞿菊农、邵鹤亭：《中国古代教育史》，人民出版社1979年版，第58页。

堂。施良方等认为课堂教学原理是"先生责任不在教，而在教学，教学生学""教是为了不需要教"。①1997年，叶澜教授发出"让课堂焕发出生命的活力"的号召②，首次提出生命教育理念。后来，郭思乐"一切为了儿童，高度尊重儿童，全面依靠儿童"③的主张，进一步丰富了生命教育理念。2003年，王鉴在《课堂重构："从知识课堂"到"生命课堂"》中提出"从课堂模式来看，传统的课堂模式是一种'知识课堂'，它是知识为本或知识至上的课堂；新课程倡导的课堂模式是一种'生命课堂'，它是以人的发展为本的课堂"④。首次在公开刊物中提出了"生命课堂"的概念。夏进祥、张国彬认为"生命课堂"就是师生把课堂生活作为自己生命的一段重要的组成部分，"使课堂成为师生共同学习与探究知识、智慧展示与能力发展、情义交融与人性养育的殿堂，成为师生生命价值、人生意义得到充分体现与提升快乐的场所。"对"生命课堂"的概念、本质及其特征进行了补充，对"知识课堂""智能课堂""生命课堂"的发展历程进行了分析。⑤

2.在课堂教学范式方面的研究

裴蒂娜提出了主体性教学，实施主体参与、合作学习、差异发展的课堂策略。⑥窦桂梅的主题教学范式强调课堂要"超越教材、超越课堂、超越教师"，朱永新研究了新教育理想课堂范式，课程标准提出了"过程与方法并

---

①施良方、崔允漷：《教学理论：课堂教学的原理、策略与研究》，华东师范大学出版社1999年版，第20页。

②叶澜：《让课堂焕发出生命的活力——论中小学教学改革的深化》，载《教育研究》1997年第9期。

③郭思乐：《教育走向生本》，华东师范大学出版社2002版，第21—32页。

④王鉴：《课堂研究引论》，载《教育研究》2003年第6期，总第281期。

⑤夏进祥、张国彬：《用生命激励生命："生命课堂"的理论价值与实践路径的探寻》，贵州人民出版社2005年版，第10页。

⑥裴娣娜：《现代教学论》，人民教育出版社2010版，第12—15页。

重"课堂教学范式,邱学华的"尝试教学",李吉林的"情境教学",窦桂梅的"主题教学",卢仲衡的"自学辅导教学模式",魏书生的"七步教学法",叶澜的"新基础教育实验",肖川的"生命教育研究",郭思乐的"生本教育",一些学者对有效课堂进行了研究,在此基础上提出了追求效率的高效课堂,涌现了山东杜郎口中学"三三六"教学模式、洋思中学"先学后教、当堂训练"模式等十大模式,提供了"先学后教、以评促学"的范例。潘勇认为课堂教学历程经历了"以教代学、唯教无学"—"以教导学、多教少学"—"先学后教、以评促学"—"变教为学、以学为主"四阶段。[①]王会亭认为"具身性、生存性、动力性及情境性将成为未来课堂有效教学的应然态势"。[②]潘勇认为无论是"启发导学""定向自学"还是以"洋思模式"为代表的"先学后教、以学定教",虽然将传统的"先教后学"变为"先学后评",依然是在教师诱导下亦步亦趋"入套"学习,未能实现对指令性课堂的实质性颠覆。[③]

3.在智慧课堂模式方面的研究

国外相关研究:有文献研究认为,国外关于智慧课堂的研究最早可追溯至1988年由罗纳德·雷西尼奥提出的"Smart Classroom",认为"智慧课堂就是在传统课堂嵌入个人电脑、交互式光盘视频节目等信息技术的课堂"。随着2008年IBM"智慧地球"三大要素——物联化、互联化、智能化——提出,物联网与互联网开始全面聚合,实现协同发展。在此背景下,国外对智慧课堂的研究开始全面铺开。2009年,美国《每日论坛》指出,智慧课堂是一个学习环境,采用创新的教育活动,从课堂管理到教学的所有方面提高对

[①] 潘勇:《新中国课堂教学的跨世纪演变》,载《课程·教材·教法》2015年第8期。

[②] 王会亭:《从"离身"到"具身":课堂有效教学的"身体"转向》,载《课程·教材·教法》2015年第12期。

[③] 潘勇:《新中国课堂教学的跨世纪演变》,载《课程·教材·教法》2015年第8期。

技术的使用。这一概念所指的智慧课堂,即用"互联网+"的思维方式和最新的信息技术手段来变革和改进课堂教学,打造智能高效、富有智慧的课堂教学环境,通过智慧的教与学,促进学生个性化成长和智慧发展,解决传统课堂教学中长期存在和难以解决的问题。[①]

国内相关研究:有研究认为,智慧课堂指"利用大数据、云计算、物联网和移动互联网等新一代信息技术打造的,实现课前、课中、课后全过程应用的智能、高效的课堂"。[②]有研究进一步指出,这类智慧课堂的概念有四十多种,大体上可分为四个子类,即它是基于物联网技术应用的、基于电子书包应用的、基于云计算和网络技术应用的、基于技术支持的课堂目标分析的。[③]国内对智慧课堂的定义是随着技术的不断发展而更换概念中的词语,进而形成与技术应用相联系的概念。

4.相关研究的述评

综上,国内外学者对课堂的本质、实施范式的研究,反映了对以生命课堂理念为代表的新课堂观的呼唤,同时,也反映了对生命课堂的理论内涵、理念、要素、实施范式、评价等方面的较为充分的认识,奠定了良好的研究基础。但同时,还存在诸多局限。

一是课堂教学价值取向的"单一化"。大多数研究者对课堂教学的判断标准定位于教学活动的好坏和教学效率的高低,倾向于知识的获取与达成,忽视生命的成长与体验,需要树立以人为本的教学价值观,加强培育智慧生命的课堂建设与实践。

二是课堂教学研究视角的"片面化"。不少研究偏重于对教师的"教"

[①] 杨茜:《智慧课堂国内外研究现状综述》,载《校园英语》2019年第31期。

[②] 孙曙辉、刘邦奇、李鑫:《面向智慧课堂的数据挖掘和学习分析框架及应用》,载《中国电化教育》2018年第2期。

[③] 孙曙辉、刘邦奇:《智慧课堂》,北京师范大学出版社2016年版,第42页。

的研究，对学生"学"的角度研究不够，有的表面虽然研究了学生的"学"，其本质也不过"依然是在教师诱导下亦步亦趋'入套'学习，未能实现对指令性课堂的实质性颠覆"，从指令性课堂转变为内生式课堂的研究尚不多见，对此主题的讨论尚不充分，需要建构真正以"学"为中心，关注师生生命成长的课堂，关注培育智慧生命的课堂。

三是课堂教学研究偏重"技术化"。智慧课堂较为注重环境智能，突出物联网、大数据、云计算等技术化手段在课堂中发挥的关键作用，但对"智慧"一词的理解以及对智慧与课堂之间关系的把握，在一定程度上忽视了课堂以教学活动育人的基本立场，从而导致智慧课堂的概念弱化了课堂的育人功能，并且难以充分地体现课堂中教学活动与学生发展之间的内在关联。因此，当下时兴的"智慧课堂"其实是"人工智能课堂"，未能凸显智慧课堂"为智慧的生长而教"的本质特征。

四是课堂教学研究缺乏"校本化"。很多研究对如何立足学校文化落实立德树人目标，推进中国学生核心素养目标具体化，创新课堂生态，创新课堂运行机制，建设特色校本课程，促进学生全面而有个性的发展，缺少校本化特色，缺少个性，而出现"千校一面""千校同质"现象，难以有效指导学校推进课堂革命，促进特色化办学，提高教育质量。这就为本课题回归教育本质，回归教育的起点和归宿，立足校本文化，选择大课堂观和生命课堂观，以"培育智慧生命"的"慧生课堂"为突破口，开展实证性研究，探索具有个性特色的课堂文化，提供了足够的空间。

三、研究程序

（一）研究目标

1.明确立足学校文化的慧生课堂育人目标

立足"为民育好人，为国造良才"的学校"德雅"文化，把培养"德智体美劳全面发展的社会主义建设者和接班人"的育人目标，具体化为培育智慧生命的育人目标，培育"认知智慧、文化智慧、实践智慧、身心智慧、审美智慧"的五智慧生命。

2.提出立足学校文化的慧生课堂生态建设策略

按照"教室小课堂→学校中课堂→社区大课堂"三层级思维路径，系统建构师生所在的学习成长场域，探究新课堂生态建设策略。

3.总结出立足学校文化的慧生课堂运行机制

具体包括摸清现行课堂运行机制的问题，建构新的课堂运行机制，即"慧生课堂"课堂教学原则、课堂理念和"三类课堂"流程，构建内生式"慧生课堂"，消除指令性课堂，使师生得到发展，教学质量得到提高，实证"慧生课堂"的有效性。

4.提炼出立足学校文化的慧生课堂评价策略

按照教师、学生、家长多元评价主体，形成性与终结性多样评价方式，目标导向、过程与方法、实施效果等多维评价内容建构慧生课堂评价标准和评价工具，诊断慧生课堂的问题，为改进和评价慧生课堂提供依据。

（二）研究内容

1.立足学校"德雅"文化的慧生课堂育人目标研究

慧生课堂根据智慧生命五大特征，立足于学校"德雅"文化，着眼于学生生命的健康、全面、个性、持续发展，建构"认知智慧、文化智慧、实践智慧、身心智慧、审美智慧"的"五智慧生命"育人目标。并系统分析智慧生命五大特征、"五智慧生命"育人目标与学校"德雅"文化、国家五育目标的联系。

2.慧生课堂课堂生态研究

课堂生态研究从"教室小课堂、学校中课堂、社区大课堂"场域建构入手，实践"三类课堂"整合，探索如何通过慧生课堂体系实施，课程的建设，落实"慧生课堂"培养"五智慧生命"的目标，形成学校文化与"慧生课堂"的耦合机制，以学校文化引领课堂文化，以课堂文化丰盈学校文化，促进学校内涵发展、优质发展、特色发展。教室小课堂是指在教室里进行国家学科课程教学的课堂，学校中课堂是指在学校进行活动性课程教学的课堂，社区大课堂是指在社会场域进行实践性课程教学的课堂。

3.慧生课堂的原则、理念及教学过程研究

（1）慧生课堂理念研究

坚持"双向三助"的教学理念，面向全体、面向未来，构建"自助、互助、师助"的生命课堂，探索"慧生课堂"的课堂理念。

（2）慧生课堂"五生"原则研究

沿着以人为本的路径，经历实践的过程，研究"生活性、生成性、生动性、生长性、生命性"的"五生"课堂教学准则。"生活性"关注教学内容，来源于生活，有助于生活。"生成性"关注教学方法，以学生为主体，因材施教。"生动性"关注教学技巧，鲜活灵动，引人入胜。"生长性"关注教学效果，学有所得，个性生长。"生命性"关注教学理念，关注生命，呵护生命，成就生命。

（3）慧生课堂三类课堂教学过程研究

①"教室小课堂""四环节"教学过程研究

以培养"全面发展的智慧生命"为目标，沿着学本式课堂实施路径，设计内生式教学流程，坚持"双向三助"的教学理念，面向全体、面向未来，建构"自助、互助、师助"的课堂，设计实施"四环节"教学流程，即"自助研学""互助探究""师助提高""反思发展"四个步骤，分别对应课前、课中、课后的课堂教学全程，促进师生智慧生命成长。

②"学校中课堂""四环节"教学过程研究

以启发智慧、发展能力、培育"个性发展的智慧生命"为目标，沿着学本式课堂实施路径，因材施教，以能力为中心，设计"自助研学—互助探究—师助提高—反思发展"的教学过程。

③"社区大课堂""四环节"教学过程研究

以培养"适性发展的智慧生命"为目标，沿着适性课堂实施路径，因材施教，以素养为中心，设计"自助研学—互助探究—师助提高—反思发展"的教学过程。

4."慧生课堂"评价策略研究

对"慧生课堂"三类课堂评价体系开展研究，按照教师、学生、家长多元评价主体，形成性与终结性多样评价方式，目标导向、过程与方法、实施效果等多维评价内容建构慧生课堂评价标准和评价工具，诊断慧生课堂的问题，为改进和评价慧生课堂提供依据，促进"五智慧生命"素养的培养。

（三）研究对象

1.慧生课堂组织管理主体对象

学校管理团队是慧生课堂组织管理主体，而慧生课堂的变革与创新居于核心地位，是学校管理团队课程领导力必须抵达的"最后一公里"。慧生课堂变革与创新的组织管理是"双向三助五生"教学理念原则的导向，是"五智慧生命"育人目标的导向，是"课堂教学管理四环"的导向，是确保课堂成为落实"立德树人"根本任务的主阵地、关键场。

2.慧生课堂教学研究主体对象

学校教学管理团队是慧生课堂教学研究主体，发挥专业引领智能，促进慧生课堂理念的全员认同以及慧生课堂架构的设计，在慧生课堂培养什么人方面，以"面向全体学生、面向全体学生的未来"为取向设计"五智慧生命"素养模型；在慧生课堂培养教什么方面，以发展学生五育融合的"五智慧生命"素养为取向设计课程体系；在慧生课堂培养怎么教方面，以发展"自助、互助、师助"的课堂为取向设计教学模式；在慧生课堂培养怎么评方面，以通过"自助、互助、师助"课堂教学过程培养"五智慧生命"为取向设计评价体系。

3.慧生课堂教学实施主体对象

学校教师团队是慧生课堂教学实施主体，基于学科整合的理念研制课程纲要；基于校本化理念开发慧生课堂教学资源；基于学本化理念建构慧生课堂教学操作模式；基于发展性理念落实慧生课堂"教学评一致性"机制。

4.慧生课堂学习成长主体对象

学校学生群体是慧生课堂学习成长主体，在三类课堂场域中，进行"自助、互助、师助"的学习，发展"德智体美劳"五育融合，全面发展的核心素养，成长为具有"认知智慧、文化智慧、实践智慧、身心智慧、审美智慧"的"五智慧生命"。

5.慧生课堂协同推进主体对象

学生家长及社会人士是慧生课堂协同推进主体，学生家长协同推进慧生课堂课辅活动，社会人士协同推进慧生课堂社会实践，专业人士协同推进慧生课堂理论建构。

6.慧生课堂生态场域范畴对象

教室空间、校园空间、社会空间是慧生课堂的生态场域范畴，教室空间主要功能是为国家课程实施提供学科教学活动场域，校园空间主要功能是为校本课程实施提供社团化课辅活动场域，社会空间主要功能是为社会实践开展提供综合实践活动场域。

（四）研究方法

1.基于"元研究"的文献研究

文献研究是"针对研究的研究"，是开展"站在前人肩膀上前行"的"基石"，是推进慧生课堂实践研究的"元研究"。本课题聚焦课堂理念"课堂范式"等关键问题，检索、搜集国外和国内相关研究文献资料，进行鉴别、整理、分析，突破时间和空间的限制，对慧生课堂进行逻辑溯源，诊断研究脉络、发展现状以及存在的不足。借鉴国内外经验，一方面为本课题研究提供理论依据，另一方面通过比较分析，为本课题研究找到新视角，形成课堂生态、运行机制的新认识、新观点，设计建构新的慧生课堂的新课堂生态、新运行机制、课程建设实践策略和评价系统。

2.基于"证据维"的调查研究

基于"证据维"的调查研究是事实本位的思维范式，可以为课题研究提供客观、真实、可靠的证据支撑。在课题设计阶段，运用调查法了解学校课堂教学文化的现状与问题，凝练慧生课堂研究的攻坚主题。在课题实施阶段，通过课堂观察，收集资料，为建构慧生课堂实践案例提供实践支撑。在课题结题阶段，采取数据分析方法，对比前后期研究变化，统计课题在促进学校、教师、学生三方面发展的成果，为检验课题研究实践成效提供证据支撑。

3.基于"反思维"的行动研究

行动研究，是指研究对象为解决研究的问题而采取调查、实践、反思、评价、创新等系列的、持续的实践行动的一种研究方法。本课题中为提高对课堂教学实践的背景、原理、方法、范式的理性认识，进行了大量的反思研究。本课题按照"聚焦问题—提出方案—实施方案—反思评价"的行动流程，锁定慧生课堂，通过案例建构、经验总结等行动研究，反思修正慧生课堂的实践策略和理论体系，把研究过程作为研究成果的反思提炼过程，形成具有较高学术价值和实践指导价值的研究报告和专著。

4.基于"范式思维"的建模研究

思维范式是人们思考问题的基本路径或方式，任何课堂教学的变革归根到底都是思维范式的变革，其具体路径就是教育建模。本课题坚持以"个体建模"为基础，以"团队建模"为关键，以"实施推广"为重点，以"对外传播"求发展，聚焦"慧生课堂"，坚持"双向三助五生"的教学理念，建构育人目标"五智慧生命"核心素养模型，建构五育融合的课程体系，构建三类场域，建构"自助研学—互助探究—师助提高—反思发展"四环课堂教学管理模式指导下的不同年段、不同学科、不同课型的课堂教学模式群，借以集成教师个体和团队的智慧，把富有创意的模型或模式"内化"为行动指南，"外化"为具体案例，"物化"为可复制、可推广、理论与实践深度融合的模式集群，从而彰显本课题校本化建模的创意品质。

（五）技术路线

本课题综合采用文献研究法、行动研究法、案例研究法、调查法、经验总结法，按照"提出问题→分析问题→借鉴经验→设计方案→实践验证→解决问题"的路线开展螺旋上升式的实践研究，技术路线如图1。

```
                        ┌──────────┐
                        │ 问题提出 │
                        └────┬─────┘
                    ┌────────┴────────┐
                    │ 理论建构与转化 │
                    └────────┬────────┘
        ┌────────────────────┼────────────────────┐
┌───────┴────────┐ ┌─────────┴──────────┐ ┌───────┴────────┐
│学校"德雅"文化分│ │国家立德树人目标分析、│ │国内外课堂理念、课│
│析              │ │中国学生核心素养分析│ │堂范式分析      │
└────────────────┘ └─────────┬──────────┘ └────────────────┘
                             │
                  ┌──────────┴──────────┐
                  │ 慧生课堂的实践研究 │
                  └──────────┬──────────┘
```

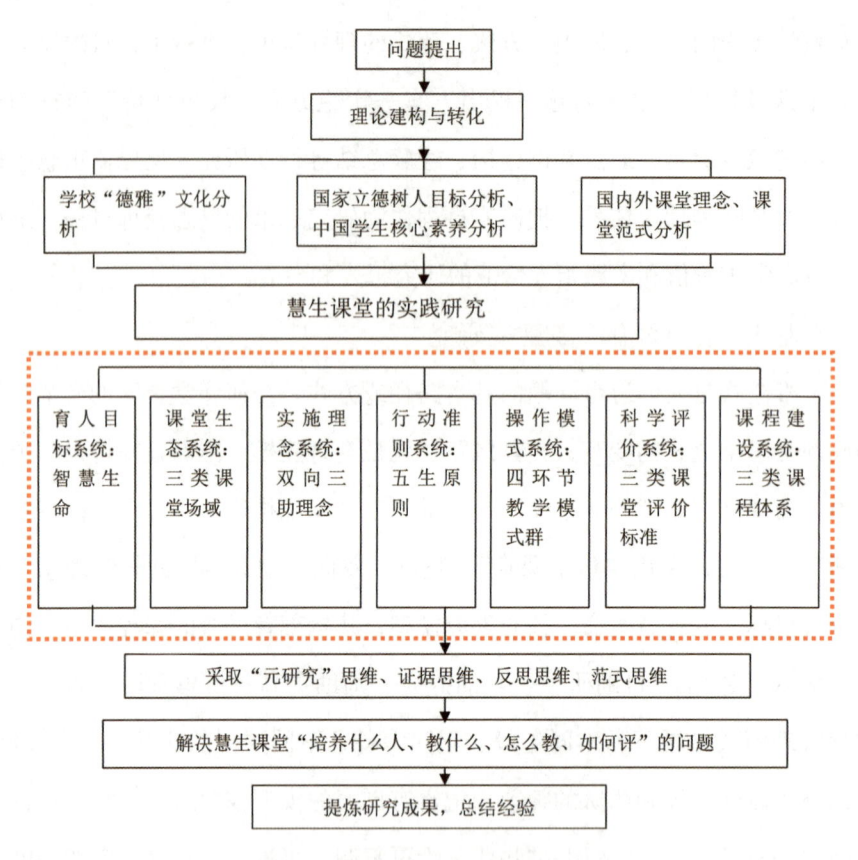

图1：慧生课堂实践研究技术路线图

育人目标系统：智慧生命　课堂生态系统：三类课堂场域　实施理念系统：双向三助理念　行动准则系统：五生原则　操作模式系统：四环节教学模式群　科学评价系统：三类课堂评价标准　课程建设系统：三类课程体系

采取"元研究"思维、证据思维、反思思维、范式思维

解决慧生课堂"培养什么人、教什么、怎么教、如何评"的问题

提炼研究成果，总结经验

　　运用文献研究法分析国内外已有课堂生态、运行机制、课程建设的研究成果，对课题核心概念进行界定，分析学校理念，运用调查法了解我校课堂教学文化的现状与问题，提出问题。运用文献研究法，借鉴国内外经验，形成课堂生态、运行机制的新认识、新观点，设计建构新的慧生课堂的新课堂生态、新运行机制、课程建设实践策略和理念系统。运用文献法、行动研究法、案例研究法、经验总结法、调查法进行文献研究、实践研究、数据研究；再在数据、案例、文献的综合分析的基础上，立足学校文化创新课堂生态、课堂运行机制、课程体系，科学实践、反思、修正，建构立足学校文化

的新课堂生态、课堂运行机制、课程建设的实践和理论体系。包括"教室小课堂→学校中课堂→社区大课堂"三类课堂场域研究，新的课堂运行机制研究，即慧生课堂课堂教学原则、课堂理念和"三类课堂"流程研究，课堂评价研究。采取调查法实施"三类"课程评价，运用案例研究法、经验总结法，总结反思修正慧生课堂的实践策略和理论体系，形成具有较高学术价值和实践指导价值的研究报告和专著。

四、研究发现或结论

（一）立德树人，宏观审视，关注价值导向，是慧生课堂实践研究的"着眼点"

本课题以《义务教育课程实施方案（2022年版）》、中共中央国务院《关于深化教育教学改革全面提高义务教育质量的意见》和习近平总书记文化育人的重要讲话精神为指导，以"立德树人"根本任务为价值导向，依据生命课堂观、大教学论、大课程观、孔子教育思想和中国学生核心素养理论，以慧生课堂的实践研究为切入点，宏观审视，系统分析了学校"德雅"文化内涵和国家立德树人目标共通性，系统探究了慧生课堂的育人目标系统、课堂生态系统、课堂准则系统、实施理念系统、操作模式系统、科学评价系统等六个方面内容，以有效指导学校推进课堂变革，加强课程建设，提升教育质量，走文化兴校、文化育人的特色化发展路径，打造一所具有文化底气的慧生课堂品牌学校，对落实国家立德树人目标具有重要的意义和价值。

（二）文化育人，校本转化，强化素养培养，是慧生课堂实践研究的"立足点"

课题组站在新时代教育"为党育人、为国育才"的使命高度，对"培养德智体美劳全面发展的社会主义建设者和接班人"的立德树人目标进行个性化表达，校本化实践，将立德树人目标和学校"为民育好人，为国造良才"的学校"德雅"文化融合，整合中国学生核心素养"三类（文化基础、社会参与、自主发展）、六维（人文底蕴、科学精神、学会学习、健康生活、责任担当、实践创新）、十八基点"，把育人目标，具体化为培育智慧生命的育人目标，建构了"五智慧生命"核心素养模型，包括认知智慧、文化智慧、实践智慧、身心智慧、审美智慧，强化"十会（会思考、会学习、会探究、会实践、会创新、会改变、会合作、会生活、会健体、会审美）"核心能力的培养。育人目标立足校本文化，系统而完备，实现了中国学生核心素养与学校文化深度整合，具有特色性和创新性，可为核心素养与学校文化深度融合提供个性化实践案例。

（三）课堂育人，系统建构，实施模式创新，是慧生课堂实践研究的"着力点"

本课题遵循建模原理，系统建构，坚持历史思维，采取文献研究法，坚持证据思维；采取调查法，坚持校本思维；采取行动研究法，坚持范式思维，采取建模研究法，坚持实践思维；采取经验总结法系统推进研究，深入解读了"德雅"文化的核心理念和立德树人目标的共通性。实施模式创新，实践建构了课堂教学管理"六维"策略系统，包括"五智慧生命"的育人目标系统，"教室小课堂""学校中课堂""社会大课堂"三类课堂生态系统，"双向三助"的实施理念系统，"五生"的行动准则系统，以"自助研学—互助探究—师助提高—反思发展"为基本流程的教学模式群为主体的操作模式系统，以"三类课堂评价标准"为内容的科学评价系统六个方面。课堂教学管理"六维"策略系统促进了学生全面发展，促进了学生核心素养的培养，有实效，自成体系，具有可操作性和创新性，可为其他学校研究课堂教学管理提供参考借鉴，可为其他学校立足学校文化，扎根课堂，走特色化发展路径提供参考。

（四）课程育人，五育融合，推进课程融合，是慧生课堂实践研究的"闪光点"

慧生课堂实践建构了五育融合的三类课程体系，包括"基于教室的学科小课堂课程"，即国家课程，"基于学校的活动中课堂课程"即校本活动课程，"基于社区的实践大课堂课程"，即社会实践课程。课题组开发了五育融合的《智慧乐园综合实践活动校本课程》，包括认知乐园、文化乐园、实践乐园、身心乐园、审美乐园五种校本课程读本，对校本活动课程、社会实践课程进行整合、补充，实施课程融合的跨学科学习、项目式学习。三类课程体系有机融合，致力培养"三类（文化基础、自主发展、社会参与）"、"六维（人文底蕴、科学精神、实践创新、责任担当、学会学习、健康生活）"核心素养，培养"智慧生命（认知智慧、文化智慧、实践智慧、身心智慧、审美智慧）"核心素养，培养学生的"十会"必备品格和关键能力，培养德智体美劳全面发展的社会主义建设者和接班人，落实立德树人目标。慧生课堂三类课程体系落实五育融合，系统推进课程整合，自成体系，有个性特色，可为其他学校整合课程资源，加强个性化课程建设提供参考借鉴。

（五）模式塑人，迭代创新，建构教学模式群，是慧生课堂实践研究的"支撑点"

本课题立足教师实践，本课题立足"智慧生命"的育人目标，依据"双向三助"课堂教学理念，"五生"教学准则，在"三类课堂"场域中，对学校原有的"四环节"教学流程进行迭代发展，总结出新的以"自助研学→互助探究→师助提高→反思发展"为基本流程的"四环节"教学模式，教师在不同学科，不同年段，不同课型中，对"四环节"教学模式加以灵活运用，增添删减，加工改造，总结了"小学语文口语交际'五交际'教学模式、小学古诗'五学'课堂教学模式、小学低段童话'五学'教学模式、小学语文阅读教学'五读'模式、小学数学新授课'五学'教学模式、小学英语阅读'四活动'教学模式、小学科学'四环节'教学模式、小学体育'四游戏'教学模式、小学美术'五美'教学模式等教学模式"，形成了丰富的在三类课堂场域中运用的"四环节"教学模式群，促进师生智慧生命的成长。由此形成针对不同课堂生态、学科的课堂教学模式群，可指导教师以"双向三助四环五生"策略为指导，转变教学方式，落实立德树人目标，培养学生核心素养，为一线教师课堂实践提供参考和借鉴。

（六）活动育人，多元推进，加强平台建设，是慧生课堂实践研究的"落脚点"

本课题拓宽"基于教室的学科小课堂"的课堂场域，向"基于学校的活动中课堂、基于社会的实践大课堂"延伸，开展学科融合的项目式、主题式学习活动，引导学生走进生活、走进自然、走向社会，搭建了学生成长方面的"五智慧生命"成长平台，包括认知智慧、文化智慧、实践智慧、身心智慧、审美智慧五类成长平台，培养"智慧生命"核心素养，全面而系统地提高学生的综合素质。

（七）成果达人，深度加工，提升理性品质，是慧生课堂实践研究的"突破点"

本课题立足学校教师实践，编写了《慧生课堂的建构与实践研究》，总结了学校实施慧生课堂实践研究的经验，从实践和理论上对慧生课堂、课堂变革、课程建设、立德树人、文化建设等实践有探索，有创新，可为研究人员提供鲜活的案例和参考。

五、分析和讨论

慧生课堂的新课堂生态、运行机制的建构，对于落实习近平新时代中国特色社会主义思想，落实培养时代新人的教育目标，推进课堂变革，转变育人方式，加强课程建设，落实国家"双减"政策，提高育人质量，推进特色办学具有重要作用。但是，慧生课堂需要整合学校文化、教师、环境、课堂、课程、活动等资源，系统整合课堂要素（场域、师生、课程、文化）及关系，变革实施范式，创新评价体系，加强课程建设等工作，是一个系统整合的工程，影响因素是多方面的。由于其实施的复杂性，其效力的发挥受到多种条件的限制，因此，我们的研究还存在一些问题。具体有：

（一）教师学科整合的课堂教学力有待进一步提升

由于年轻教师多、骨干教师流失等原因，对如何在"基于学校的活动中课堂""基于社会的实践大课堂"中，落实新课程标准中"素养导向"的"项目式学习""主题式学习"缺少有效的方法，教师跨学科整合的课堂教学能力不高，影响了慧生课堂"三类课堂"的实施效果。

（二）"三类课堂"课堂管理制度有待进一步完善

对慧生课堂"三类课堂"的课堂理念、课堂原则、课堂模式、评价标准，教师们在公开课、研究课中能够熟练、有效运用，大多数骨干教师能够在常态课、日常教育教学活动中自觉运用，而专业素质稍差的教师在常态课、日常教育教学活动中落实不够。需要进一步把慧生课堂"三类课堂"的课堂理念、课堂原则、课堂模式、评价标准等整合到学校管理制度中，建立一套有效可操作的常规课、日常教育活动的监督管理、评价考核制度，提高慧生课堂的实效。

（三）社会资源的运用有待进一步增强

重庆市大足区是山水之城、文化之都、五金之城，有很多社会场馆、基地，对于实施慧生课堂的"社会大课堂"是重要的资源，但缺乏校企合作、校村合作、校馆合作的共育机制，实施慧生课堂的"社会大课堂"所需社会资源整合不够，影响慧生课堂"社会大课堂"的实施效果。

六、深化研究的建议

（一）实施"三雁齐飞"工程，提升教师专业素养

以改变教师学科整合的课堂教学力不高的问题为导向，建立健全慧生课堂的师资建设机制。针对教师年龄、学识、能力的特点，分层提出发展目标，形成"教坛新秀—校级骨干教师—区级骨干教师"的培养梯次，实施"头雁领航""鸿雁护航""雏雁随航"的教师培养"三雁齐飞"工程，明确相应的培训内容和方法，强化过程管理，实行个案追踪，让教师的内驱力和学校提供的成长平台形成合力，推动教师专业成长，为慧生课堂的持续实施和优化提供师资保障。

（二）实施四类制度优化工程，提升课堂教学质量

以改变"三类课堂"理念、原则、模式、评价运用在常态课落实不够的现状为问题导向，实施"课堂规范建设""督查整改""校本培训""考核评比"等制度优化工程，把慧生课堂"育人目标系统、课堂生态系统、课堂准则系统、实施理念系统、操作模式系统、科学评价系统""六维"策略系统，整合、融合、细化、落实在教育教学的各个环节，落实常态教学的整体变革，提高课堂教学质量。

（三）实施"校社链接"工程，整合社会育人资源

以改变社会资源整合不力的现状为问题导向，将学校的教育链、大足石刻的文化链、大足五金城的产业链、博物馆的知识链、大足区的生态链对接起来，整合学校、学区、社区、基地、博物馆、村社、企业，甚至是政府等多方面的力量，实施校企合作、校村合作、校馆合作打造"校社链接"工程，为教师开展慧生课堂的实践研究提供各种专业的支持，为学生开展学习提供鲜活的学习场景和丰富的课程资源，建设开放多元、充满活力的教育协同体，形成教育合力，保障慧生课堂的实践研究的持续实施。

第三部分　主要成果

一、理论性成果

（一）确立了慧生课堂培养"智慧生命"的育人目标

慧生课堂根据智慧生命五大特征，立足于学校"德雅"文化，以国家立德树人目标为指导，着眼于学生生命的健康、全面、个性、持续发展，确立了培养具有"认知智慧、文化智慧、实践智慧、身心智慧、审美智慧"的"五智慧生命"的育人目标。

1. "五智慧生命"育人目标的内涵解读

什么是有智慧的生命？人们普遍认为"拥有定义的能力、拥有传播知识的能力并拥有种族文明的生命体就是智慧生命体"。"能够自我提问并且可以主动根据问题找到答案的生命体都是智慧生命"。"拥有人类的思想不断开放式的生命也是智慧生命"。所谓的定义能力指的是概括认知的一种能力。这

些说法归纳起来有五种观点，思维说认为"有概括思维的生命即智慧生命"。文化说认为"有文化知识的生命即智慧生命"。创新说认为"能实践创新的生命即智慧生命"。觉悟说认为"能反思改变的生命即智慧生命"。审美说认为"能创美达美的生命即智慧生命"。

从国家立德树人目标上看，具有智慧的生命就是国家在新时代要培养的"德智体美劳全面发展的社会主义建设者和接班人"。

结合学校文化看，立足于学校"德雅"文化的"修德雅韵，序荣林菲"这一基点，依据"为民育好人，为国造良才"的办学目标，我们认为智慧生命是具有"认知智慧、文化智慧、实践智慧、身心智慧、审美智慧"，德智体美劳全面发展的人。"五智慧生命"育人目标具体结构如图2。

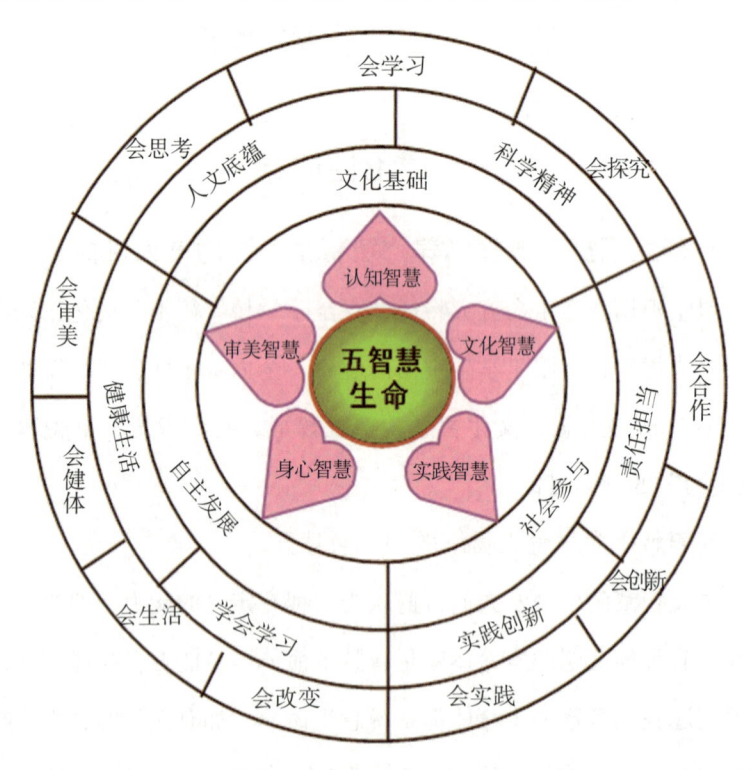

图2："五智慧生命"育人目标具体结构图

2. 智慧生命五大特征、"五智慧生命"育人目标与学校"德雅"文化、国家五育目标的联系分析

系统分析智慧生命五大特征、"五智慧生命"育人目标与学校"德雅"文化、国家五育目标的联系。具体如表1。

表1:"五智慧生命"育人目标结构体系表

"智慧生命"特征	"智慧生命"育人目标	学校"德雅"文化	国家五育目标	核心素养目标
思维说:有概括思维的生命即智慧生命	认知智慧:会思考	雅思:敏雅思维	智、美	文化基础:人文底蕴、科学精神、学会学习
文化说:有文化知识的生命即智慧生命	文化智慧:会学习、会探究	雅学:慧雅学识	智、德、美	文化基础:人文底蕴、科学精神、学会学习
创新说:能实践创新的生命即智慧生命	实践智慧:会实践、会创新、会合作	雅行:儒雅精神	劳、智、德、美	社会参与:实践创新、科学精神、责任担当
觉悟说:能反思改变的生命即智慧生命	身心智慧:会改变、会生活、会健体	雅体:健雅身心	德、体、美	自主发展:健康生活、学会学习
审美说:能创美达美的生命即智慧生命	审美智慧:会审美	雅趣:高雅气质	德、智、体、美、劳	自主发展:人文底蕴、实践创新、责任担当

"五智慧生命"育人目标是源自大足石刻深厚的"转识成智"的佛学文化,并与具身学习理论相通,"眼识"具身认知旨在辨识情境之"色",通过身体体验化为眼根之智;"耳识"具身认知旨在辨识情境之"声",通过身体

体验化为耳根之智;"鼻识"具身认知旨在辨识情境之"香",通过身体体验化为鼻根之智;"舌识"具身认知旨在辨识情境之"味",通过身体体验化为舌根之智;"身识"具身认知旨在辨识情境之"触",通过身体体验化为身根之智;"意识"具身认知旨在辨识情境之"法",通过身体体验化为心根之智。

"五智慧生命"育人目标是源自于学校"德雅"文化,校训"明礼成习,雅立人生"。明礼成习是指懂礼貌,讲礼仪,养成良好的做人、做事、学习、工作、生活的好习惯。雅立人生是指人生以雅立足,内化于心,外化于行,成为"五雅少年",成为具有"认知智慧、文化智慧、实践智慧、身心智慧、审美智慧"的"五智慧生命",具有"雅思:敏雅思维;雅学:慧雅学识;雅行:儒雅精神;雅体:健雅身心;雅趣:高雅气质"的五雅必备品格和关键能力,成就雅之人生。

"五智慧生命"育人目标是结合学校文化,融合国家立德树人的目标,"培养德智体美劳全面发展的社会主义建设者和接班人",着力从文化基础、自主发展、社会参与三个方面对人文底蕴、科学精神、实践创新、责任担当、学会学习、健康生活六大核心素养,进行创新性的整合设计,发展学生的认知智慧、文化智慧、实践智慧、身心智慧、审美智慧等"五智慧生命"核心素养,达到"十会"育人目标,包括会思考、会学习、会探究、会实践、会创新、会改变、会合作、会生活、会健体、会审美。

①认知智慧就是学习和生活中发展学生的认知结构、认知能力,发展思维能力,体验文化美、科学美、思维美,主要包括了智育与美育的内容与目标,整合"人文底蕴、科学精神、学会学习"的核心素养,培养"有概括思维的智慧生命",达到"会思考"的育人目标,发展文化基础核心素养。

②文化智慧就是在学习和生活中要发展学生的文化知识,厚积文化底

蕴，培养正确的世界观、人生观、价值观，形成良好品德，主要包括了智育、德育、美育的内容与目标，整合"人文底蕴、科学精神"的核心素养，培养"有文化知识的智慧生命"，达到"会学习、会探究"的育人目标，发展文化基础核心素养。

③实践智慧主要是学习和生活实践中培养科学文化知识、劳动技能和能力、意志品质、良好生活习惯，感受劳动美，主要包括了劳育、智育、德育、美育的内容与目标，整合"实践创新、科学精神、责任担当"的核心素养，培养"能实践创新的智慧生命"，达到"会实践、会创新、会合作"育人目标，发展社会参与核心素养。

④身心智慧主要是学习和生活实践中培养健康体魄、健全人格，学会反思改变，适应自然、社会环境，养成良好的生活、学习、工作习惯，主要包括了德育、体育、美育的内容与目标，整合"健康生活"的核心素养，培养"能反思改变的智慧生命"，达到"会改变、会生活、会健体"育人目标，培养自主发展核心素养。

⑤审美智慧主要是学习和生活实践中培养学生的审美知识、审美能力，使其感悟艺术美、文化美、科学美、思维美、劳动美、品德美、健康美，主要包括了德智体美劳五育的内容与目标，整合"人文底蕴、实践创新、责任担当"的核心素养，培养"能创美达美的智慧生命"，达到"会审美"育人目标，发展自主发展核心素养。

"五智慧生命"育人目标全面发展文化基础、社会参与、自主发展三方面的核心素养，是对学校"德雅"文化"五雅少年"育人目标的重新审视、深化整合和迭代发展。

（二）建构了慧生课堂的三类课堂生态体系

慧生课堂的课堂生态体系建设方面，学校从教室小课堂、学校中课堂、社区大课堂三类课堂场域建构入手，实施"三类课堂"整合，探索如何通过慧生课堂体系实施，课程的建设，落实慧生课堂培养"五智慧生命"的目标，形成学校文化与慧生课堂的耦合机制，以学校文化引领课堂文化，以课堂文化丰盈学校文化，促进学校内涵发展、优质发展、特色发展。教室小课堂是指在教室里进行国家学科课程教学的课堂，学校中课堂是指在学校进行活动性课程教学的课堂，社区大课堂是指在社会场域进行实践性课程教学的课堂。

慧生课堂通过"三类课堂"生态体系建构，落实培养"五智慧生命"的育人目标，整合学校课程资源，形成了培养"五智慧生命"课堂行动路径体系，具体如表2。

表2："三类课堂"整合的结构体系表

智慧生命素养 课堂场域	认知智慧	文化智慧	实践智慧	身心智慧	审美智慧	核心素养目标	"五智慧生命"十会目标
基于教室的学科小课堂	国家课程： 认知智慧类国家课程：数学、科学、科技活动 文化智慧类国家课程：道德与法治、语文、外语、班队会 实践智慧类国家课程：劳技、综合实践、信息技术 身心智慧类国家课程：体育与健康 审美智慧类国家课程：音乐、美术、手工活动					文化基础	会思考、会学习、会探究、会改变、会合作、会健体、会审美

续表

智慧生命素养 课堂场域	认知智慧	文化智慧	实践智慧	身心智慧	审美智慧	核心素养目标	"五智慧生命"十会目标
基于学校的活动中课堂	五大类校本活动课程： 认知智慧类校本课程：逻辑思维、象棋、围棋、魔方、心算速算 文化智慧类校本课程：阅读与写作、经典诵读、播音与主持、英语小话剧、演讲与口才、礼仪教育 实践智慧类校本课程：环境保护、小发明家、小实验家、机器人、科技模型、电脑小报、线类钩编、竹编、跳蚤市场、种植养殖 身心智慧类校本课程：田径、足球、篮球、乒乓球、羽毛球、武术、安全教育、心理健康 审美智慧类校本课程：合唱、舞蹈、器乐、绘画、书法、版画、儿童画、文艺汇演					自主发展	会改变、会合作、会生活、会健体、会实践、会创新
基于社区的实践大课堂	社会实践课程： 认知智慧类社会实践课程：社区科普实践活动、社区环保小卫士 文化智慧类社会实践课程：社区阅读实践活动、大足石刻非遗传承实践活动、节日民俗文化实践活动 实践智慧类社会实践课程：全国文明城区志愿者、社区环境调查实践活动、社区公益实践活动、家庭劳动实践、职业体验实践 身心智慧类社会实践课程：社区健身运动、研学旅行实践活动 审美智慧类社会实践课程：社区广场舞、社区器乐演奏、社区诗朗诵、社区戏曲、社区书画、社区盆景					社会参与	会实践、会创新、会合作

1.基于教室的学科小课堂

基于教室的学科小课堂是以培养学生文化基础为主要目标的课堂,包括习得思想道德文化、语言文化、科学文化、艺术文化、体育文化、信息技术文化的"六类文化";培养学生的学科基础知识、学科基本能力、学科基本思想、学科基本经验等基础性核心素养的课堂。通过国家学科课程校本化实施,加强认知智慧类国家课程、文化智慧类国家课程、实践智慧类国家课程、身心智慧类国家课程、认知智慧类国家课程五类国家课程的实施,培养具有认知智慧、文化智慧、实践智慧、身心智慧、审美智慧的"五智慧生命",落实"会思考、会学习、会探究、会改变、会合作、会健体、会审美"的育人目标。

2.基于学校的活动中课堂

基于学校的活动中课堂是以培养学生自主发展能力为主要目标的课堂,是培养发展性核心素养的课堂,也是活动课程课辅化课堂。通过文化智慧类校本活动课程、认知智慧类校本活动课程、实践智慧类校本活动课程、身心智慧类校本活动课程、审美智慧类校本活动课程五大智慧校本活动课程的实施,培养具有认知智慧、文化智慧、实践智慧、身心智慧、审美智慧的"五智慧生命",落实"会改变、会合作、会生活、会健体、会实践、会创新"的育人目标,主动形成未来社会所必需的自我发展的意识、知识、能力。

3.基于社区的实践大课堂

基于社区的实践大课堂,是以培养学生社会参与能力为主要目标的课堂,是个性化核心素养课堂,也是实践课程社会化课堂。通过环境保护、志愿者服务、研学旅行、文艺演出、社区竞赛、家庭劳动、职业体验等实践活动,培养具有认知智慧、文化智慧、实践智慧、身心智慧、审美智慧的"五智慧生命",落实"会实践、会创新、会合作"的育人目标,培养学生的社会参与能力。

三维结构课堂体系有机整合，致力培养基础性核心素养、发展性核心素养、个性化核心素养，落实"五智慧生命"的育人目标，发展"十会"必备品格和关键能力。

（三）总结了慧生课堂的"双向三助"教学理念

大足城南东序学校，立足"为民育好人，为国造良才"的目标，强化"自主教育"特色，总结了"双向三助"的"慧生课堂"的课堂理念，面向全体、面向未来，推进"自助、互助、师助"的生命课堂的实施。

1. 双向

双向是指慧生课堂宏观层面的课堂教学实施的总体方向，包括面向全体、面向未来两个方面。

第一，面向全体。是指面向全体学生，分层设计教学，设计不同程度的学习内容，让中差生也能成为学习的主人，让全体学生在课堂中动起来。

第二，面向未来。是指面向全体学生的未来，确立人才培养目标，建设课程体系，转变课堂教学方式，培养德智体美劳全面发展的人，培养具有文化基础、自主发展、社会参与核心素养的人，培养"会思考、会学习、会探究、会实践、会创新、会改变、会生活、会健体、会审美"的人，培养能够适应未来生存、社会发展的人。

2. 三助

三助是指慧生课堂中观层面的课堂学习方式，包括自助、互助、师助三种学习方式。

第一，自助。是指学生独立自主地通过观察、思考、质疑、总结、发现、练习等学习活动，获得知识，发现问题，积累经验，形成兴趣，实现自我发展的一种学习方式。

"自助"的学习方式，大多用在课前预习和课后的练习环节。如老师们运用助学单在课前预习中让学生自主学习，经历阅读、观察、猜想、操作、归纳、总结、练习等学习过程，完成相关练习，发现不懂的问题，了解活动有关的知识，积累相关的学习经验，就是"自助"学习方式的运用。在课中，也可以有学生"自助"的学习方式，如在语文的自主阅读，读通课文环节，就是"自助"学习方式的运用。

第二，互助。是指学生通过相互讨论、相互探究、相互监督、相互评价等学习活动，互相帮助，解决学习中的疑问、问题，掌握知识，发展能力，积累经验，共同发展的一种学习方式。

"互助"的学习方式，大多用在课中的交流和课后的练习环节。在课中，学生通过相互交流，发表不同意见，相互借鉴，相互启发，获得共同发展；在课后，学生相互监督，生教生，共同探究不同的问题解决方法；在课前学生分组调查，分组检查预习情况等学习活动，都是"互助"的学习方式的运用。

第三，师助。是指学生在教师的启发、帮助、指导、引导下进行学习的学习方式。课堂上，当学生的学习停留在某一层面，不能深入探究，达不到预期效果时，或者说，人人都做不起这个题，解决不了这个问题时，老师要帮助学生渡过学习难关，老师不是讲答案，而是对问题进行点拨、提升，引导学生再深入探究，从而找到问题的答案。老师只是问题的组织者、提升者、引领者，绝不能包办代替直接告诉学生答案。

"师助"的学习方式主要体现在课中的教学环节，老师对学生学习方法的指导，思维支架的搭建，对学生的不同观点的梳理总结，比较分析，对学生解决问题方法的启发诱导、点拨指导，对知识的讲解、技能的示范，都是"师助"的学习方式的运用。在课前，助学单的设计，资源的提供，问题的设计也体现了"师助"的学习方式的运用。在课后，练习单的设计，课后实践的方法指导，目标要求的确定，离不开教师的帮助指导，也体现了"师助"的学习方式的运用。

自助、互助、师助三种学习方式在课前、课中、课后都可以灵活运用。在一堂课中，要整合、协调、科学运用自助、互助、师助三种学习方式。其在教学过程中的运用如图3。

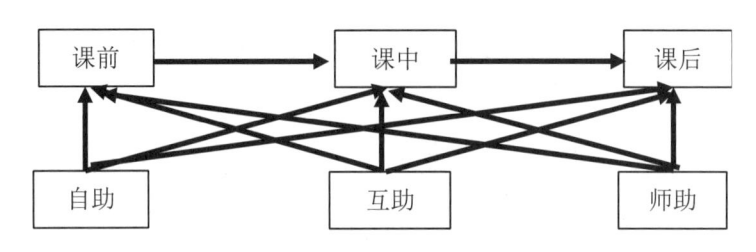

图3：自助、互助、师助三种学习方式运用示意图

自助、互助、师助三种学习方式在课前、课中、课后是融合在一起的，相互依存的，相互促进的，整体推进学生的学习的。在课前"自助研学"环节，自助式学习的比重更大一些，在"互助探究"环节，互助式学习的比重更大一些，在"师助提高"和"反思发展"的环节，师助式学习的比重更大一些。在大多数的课堂教学中，通常是学生在"自助研学"环节，自助式学习；在"互助探究"环节，小组或全班互助交流，体现互助学习；然后在"师助提高"环节，师助指导点拨，体现师助式学习；最后在"反思发展"环节，在教师引导下拓展迁移，运用提高。课前或者开课时的学生自助式学习，进行自主阅读，自主思考，自主练习，不是绝对的自主学习，这时的自助式学习是在老师指导下进行的自主学习，多数时候教师的师助是通过助学单、导学单、学习提示等方式体现的。课中的互助式学习，学生之间，师生

之间的互动交流，既是围绕教师提供的主题、问题、要求、任务在互动交流，也是自助、互助、师助三种学习方式融合的学习。同样，师助提高时，并不是教师在唱独角戏，而是学生在自主学习、互助学习的基础上，积极探究还有疑惑的地方，再探究更广阔天地的知识。

（四）建构了慧生课堂的"四环节"教学模式群

慧生课堂以学生为主体，坚持"双向"理念，采取"三助式"学习方式，加强了"三类课堂（基于教室的学科小课堂、基于学校的活动中课堂、基于社会的实践大课堂）"的教学过程的研究，建构了"四环节"课堂教学模式群，打造坚持"五生（生活性、生成性、生动性、生长性、生命性）"原则的灵动课堂，把全体学生培养成具有"五智慧生命"核心素养的全面发展的人，培养成德智体美劳全面发展的社会主义建设者和接班人。课题组整合学校建校时已有的四环节课堂教学实施模式，建构了以"自助研学—互助探究—师助提高—反思发展"为基本流程的宏观层面的课堂教学总模式，根据不同学科、不同课型、不同课堂场域，教师进行自主创新，构建了教室小课堂、学校中课堂、社会大课堂三类课堂关于课中环节的丰富多彩的微观教学模式群。

1.构建了"自助研学—互助探究—师助提高—反思发展"四环节教学实施模式

大足城南东序学校2017年建校开班后，在蒋敏校长的带领下，从加强课堂管理的规范性，提升课堂教学方式的科学性，提高课堂实施的实效性出发，沿着学校"自主教育"特色路径，建构了"双向三助"理念指导下的课堂教学"四环节"管理实施模式，四环节是指"1.了解学生学习需要，寻找学习最近发展区；2.提出挑战性的学习问题，开启学习航程；3.解决提出的问题，推动教与学融合；4.反思问题解决策略，发展学生认知能力"。具体如图4。

```
1. 了解学生学习需要，寻找学习最近发展区；    2. 提出挑战性的学习问题，开启学习航程；
                    课堂教学四环节
3. 解决提出的问题，推动教与学融合；           4. 反思问题解决策略，发展学生认知能力。
```

图4：原有的课堂教学"四环节"管理实施模式

学校课题，将原有的课堂教学"四环节"实施管理模式反思、总结、加工、提炼为慧生课堂教学模式，按"自助研学—互助探究—师助提高—反思发展"四环节流程实施。

"自助研学—互助探究—师助提高—反思发展"四环节课堂教学实施模式是以"双向三助"理念为指导，以落实"立德树人"培养"五智慧生命"为目标，以核心素养为导向，遵循"生活性、生成性、生动性、生长性、生命性"的"五生"课堂教学准则，以"自助研学—互助探究—师助提高—反思发展"为基本流程，在教室小课堂、学校中课堂、社会大课堂三类课堂生态中实施的，聚焦课前、课中、课后的教学全程，力图达到教学实施精细化、规范化、高效化、特色化的一种课堂教学实施模式。其结构体系如图5。

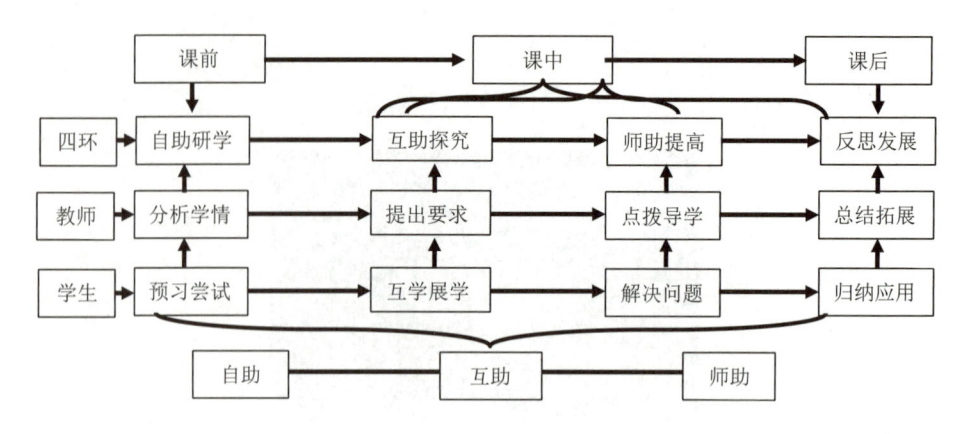

图5：慧生课堂四环节课堂教学模式示意图

（1）自助研学

主要是指在课前，教师"研学"，学生预习尝试"自学"的学习环节。从教师角度看，是指教师在课前分析学情，研读教材，确立教学目标，设计教学活动过程，设计助学单等活动。学校建构了"自辟蹊径、集思广益、上下求索、再筑新高"的众筹式自助研学活动，一是自辟蹊径，教师深入解读课标，钻研教材，设计教法，进行第一次自主备课；二是集思广益，在自主备课基础上，组内教师进行补充，各抒己见，以求"集中生智"，资源共享，形成第二次备课；三是上下求索，组内进行无学生的试教，组内老师听课评课，主备老师再创性备课，形成个案共享，组内老师针对自己班情、学情，进行第二次创造性备课，形成教学案；四是再筑新高，上课后及时反思总结，写出课堂上成功与不足，分析有待解决的问题，组织组内教师集体研讨、交流、分享，力求精益求精，形成优秀教案。

从学生层面看，是指学生充分自学，利用助学单进行自主阅读思考，尝试解决问题，找出不懂的问题，积累解决问题的经验等学习活动。学生的助学单检查可以在课前进行，教师快速浏览，作为上课的前测使用，为教师准确把握学情，灵活调整教学活动提供参考依据。也可以课前学生相互检查，还可以课中开始导入时检查汇报，都可以让学生积累知识经验，带着经验，带着问题，带着兴趣进入课堂学习，实现"思维卷入、经验卷入、兴趣卷入"，打上深度学习的底色。

（2）互助探究

主要是指在课中进行互助学习的环节。从教师角度看，就是指教师引入导学，创设情境，激发兴趣，提出问题，搭建思维支架，提出学习要求的教学环节。在这个环节中，教师要充分"让学"，让出时间、让出舞台，给学生提供学习的时间和空间，提供交流、讨论、展示的机会，引导学生生生互动，互助探究。从学生层面看，就是指学生带着兴趣、经验、问题、任务，开始相互合作、相互帮助、相互启发、相互借鉴、相互展示学习成果的学习环节。

（3）师助提高

主要是指课中教师及时点拨指导帮助学生发展的环节。从教师角度看，教师点拨导学重在帮助学生解决问题，归纳方法，建构思维模型、掌握学科知识技能、发展学科能力。从学生角度看，就是在教师帮助下解决问题，归纳方法，发展"会思考、会学习、会改变、会探究、会实践、会创新、会审美"的核心素养。

（4）反思发展

是指在课中结束部分或者课后，反思问题的解决策略，发展认知结构的教学环节。从教师层面，可以在课中或者课后，引导学生总结知识结构体系，反思解决问题的方法策略，建构思维模型，发展认知结构体系，通过助学单、练习单等方式，及时变式应用，巩固练习，迁移拓展。从学生层面看，就是及时地归纳总结，反思解决问题的方法，建构知识体系，形成思维导图，及时练习、拓展、应用，形成能力。

2.建构了基于教室的学科小课堂"四环节"教学模式群

"自助研学—互助探究—师助提高—反思发展"四环节课堂教学实施模式是涵盖课前、课中、课后的教学全程的教学模式。教师们在教室小课堂场域，着重从课中教学环节，以培养"全面发展的智慧生命"为目标，沿着学本式课堂实施路径，设计内生式教学流程，坚持"双向三助"的教学理念，面向全体、面向未来，建构"自助、互助、师助"的课堂，对"四环节"教学模式进行了深化研究，教师在不同学科，不同年段，不同课型中，对"四环节"教学模式加以灵活运用，增添删减，加工改造，形成了丰富的教室小课堂场域的课中部分的"四环节"教学模式群，促进师生智慧生命成长。

（1）构建了四种语文学科课堂教学模式

通过实践，语文学科构建了基于慧生课堂理念的小学语文口语交际"五交际"教学模式、基于核心素养下的小学古诗"五学"课堂教学模式、基于慧生课堂理念的小学低段童话"五学"教学模式、基于慧生课堂理念的小学语文阅读教学"五读"模式，涵盖口语交际、古诗、童话、阅读等语文课型的教学模式。

①基于慧生课堂理念的小学口语交际"五交际"教学模式

该模式以慧生课堂"双向三助"理念为指导，对慧生课堂"自助研学—互助探究—师助提高—反思发展"四环节课堂教学模式在语文学科口语交际课型的改造运用，以"导入交际情境、试说交际内容、组内交际分享、全班交际展评、拓展交际运用"五大环节为基本流程，以发展语言文字能力、思维能力、文化底蕴等语文核心素养培养为目标，培养"五智慧生命"的一种课堂教学模式。它的核心是以学为本，以生为本，突出"面向学生、面向未来"的理念，强调"自助、互助、师助"学习方式的运用，整个教学过程是在教师的引导下，充分发挥学生的主体性，引导学生主动学习、创造性学习；强调在"真实情境"中发展交际能力和语言表达能力。

导入交际情境：是指口语交际课的开课引入，创设情境，导入学习主题，明确学习目标的课堂教学环节。属于慧生课堂"自助研学—互助探究—师助提高—反思发展"四环节课堂教学模式中的"自助研学"部分。

试说交际内容：是指在口语交际课中学生在教师指导下，按要求，独立思考，选定主题内容，组织好语言，自主尝试说一说交际的内容的教学环节。

组内交际分享：是指在小组内交流分享自己想好的交际内容，相互启发借鉴，相互帮助，改进自己交际表达的能力的教学环节。

全班交际展评：是指小组推选出代表或者整个小组一起展示口语交际内容，进行全班展示评比，教师及时点拨引导，发现方法，建构思维支架，发展交际能力和表达能力的教学环节。

拓展交际运用：是指及时运用口语交际思维支架、表达方法和经验，回归生活，迁移拓展表达主题，创新表达方式的教学环节。

②基于核心素养的小学古诗"五学"课堂教学模式

该模式以慧生课堂"双向三助"理念为指导，对慧生课堂"自助研学—互助探究—师助提高—反思发展"四环节课堂教学模式在语文学科古诗文课型的改造运用，是以导学明诗题、自学晓诗意、互学想诗景、展学悟诗情、拓学解诗理五个环节为基本流程，以培养文化自信和语言运用、思维能力、审美创造等语文核心素养为目标，培养"五智慧生命"的一种课堂教学模式。

导学明诗题：是教学中导入新课，引出诗文题目，了解作者，猜想诗意，确立目标的教学环节。

自学晓诗意：是教学中给学生提供一定方法自学，根据注释、借助插图等方法初步理解诗意的教学环节。

互学想诗景：是指在自学晓诗意的基础上，梳理出共学问题，由学生小组合作，按照"读诗文、想画面、谈感受"的过程合作互助，欣赏古诗的教学环节。

展学悟诗情：是指在想象画面，理解诗意的基础上体会诗文表达的情感的教学环节。

拓学解诗理：是指在拓展运用中，运用多种方法理解诗意诗情诗境，拓展勾连相关主题、作者、写法的诗文，多篇整合，跨学科融合，提高学生对古诗文的阅读理解、表达运用能力的教学环节。

③基于慧生课堂理念的小学低段童话"五学"教学模式

该模式以慧生课堂"双向三助"理念为指导，对慧生课堂"自助研学—互助探究—师助提高—反思发展"四环节课堂教学模式在语文学科童话寓言课型的改造运用，是以引学导趣—自学明意—互学启思—导学悟理—拓学练能五个环节为基本流程，以培养文化自信和语言运用、思维能力、审美创造等语文核心素养为目标，培养"五智慧生命"的一种课堂教学模式。

引学导趣：是指开课导入新课，揭示课题，激发学习兴趣，确立学习目标的教学环节。

自学明意：是采用"自助、互助、师助"的学习方式，自主学习，在小组内交流所得所感，理解童话内容，概括大意的学习环节。

互学启思：是生生互助，相互分享，相互启发，相互借鉴，相互补充，把握内容结构，理解大意的环节。

导学悟理：是指教师及时点拨指导，引导学生梳理总结，感悟童话故事蕴含的道理、价值观的教学环节。

拓学练能：是把感知故事内容、明白道理、写作方法拓展延伸到生活实际，复述讲述、续编创编童话故事，发展语言文字运用能力的教学环节。

④基于慧生课堂理念的小学语文阅读教学"五读"模式

该模式以培养学生的语言运用、思维能力、文化自信、审美创造等学科核心素养为目标，采取"以读为本"的教学方法，按照"初读激趣—自读读通—互读读懂—品读升华—用读拓展"教学流程，运用多种教学手段，实施以学生为主体的一种阅读课堂教学范式。

初读激趣：是初读课文的环节，教师可以抓住关键词对比质疑，或者创设情境，导入新课。

自读读通：是再读课文，把课文读通顺的环节。让学生首先通过个性化的阅读参与实践，一方面解决生字词的读音问题，读正确，读流畅；另一方面初步感知课文的语言美。

互读读懂：是指通过用"自助、互助、师助"的学习方式帮助学生读懂课文的意思的教学环节。

品读升华：是指通过对比课文，分角色读，抓关键读，让学生升华情感，体悟道理，积淀文化，梳理正确价值观的教学环节。

用读拓展：是指在读懂古诗大意之后，背诵古诗，引导学生课外搜集与主题相关的古诗，布置学生去读一读，实现阅读由课内向课外的延伸的教学环节。

（2）构建了三类数学学科课堂教学模式

通过实践，数学学科从计算课、概念课、新授课角度，构建了基于慧生课堂理念的小学数学计算"五学"教学模式、基于慧生课堂理念的小学数学概念课"五环"教学模式、基于慧生课堂理念的小学数学新授课"五学"教学模式。

①基于慧生课堂理念的小学数学计算"五学"教学模式

该模式是以"慧生课堂"的"双向三助"课堂理念为指导，慧生课堂"四环节"为实践基础，以"会用数学的眼光观察现实世界，会用数学的思维思考现实世界，会用数学的语言表达现实世界"的"三会"核心素养为导向，以"自学质疑、互学建模、导学拓展、练学强能、结学梳理"的"五学"环节为基本实施流程，以培养学生的观察能力、思维能力、推力论证能力、表达概括能力等数学核心素养的一种小学数学计算课的课堂教学模式。它的核心是教为主导，学生为主体，整个教学过程是在教师的引导下，充分发挥学生的主体性，引导学生主动学习，创造性学习，改变了过去单调、呆板的教学方式，使数学教学、思维训练和数学语言表达能力培养三者有机地结合。

自学质疑：是指学生课前按照助学单进行预习，尝试进行计算，了解算法，提出自己不懂的问题，在开课时汇报梳理问题，确立教学目标的教学环节。

互学建模：是指教师引导学生用"自助、互助、师助"的学习方式，尝试计算，掌握算法，相互交流，展示评价，理解算理，建立计算模型的教学环节。

导学拓展：是指学生掌握初步的计算方法后，进行变式，迁移到新情境，新范围，进行情境拓展、形式拓展、方法拓展、范围拓展，透彻理解算理，逐级分化，形成立体的多点结构的算法模型的教学环节。

练学强能：是指进行计算练习，巩固计算方法，理解算理，提高计算能力的教学环节。

结学梳理：是指课堂结束时，引导学生总结学习内容，总结算法，再现梳理学习内容，形成立体的认知结构的教学环节。

②基于慧生课堂理念的小学数学概念课"五环"教学模式

该模式是以慧生课堂"面向学生、面向未来"的理念，采取"自助、互助、师助"的学习方式，是慧生课堂"自助研学—互助探究—师助提高—反思发展"四环节课堂教学模式在数学学科概念课型的改造运用，以"以趣导学—自助研学—互助展学—师助拓学—反思发展"为基本流程，培养具有"认知智慧、文化智慧、实践智慧、身心智慧、审美智慧"德智体美劳全面发展的人的一种教学模式。

以趣导学：是指开课时创设情景，激发兴趣的教学环节。

自助研学：是指课中对前置性学习的汇报交流，检查梳理，引导自主学习，发现问题、确立教学目标的教学环节。

互助展学：是指课中学生在自学基础上，小组合作交流、探究、实验等，以解决自学时没有解决的问题的教学环节。

师助拓学：是指在小组互助学习、汇报交流的基础上，教师及时点拨导学的环节。

反思发展：是指一节课结束时教师引导学生总结本课所学，梳理形成知识结构体系，及时练习运用的教学环节。

③基于慧生课堂理念的小学数学新授课"五学"教学模式

该模式是以慧生课堂"面向学生、面向未来"的理念，采取"自助、互助、师助"的学习方式，遵循义务教育数学课标五大理念，靶向数学"三会"核心素养，是慧生课堂"自助研学—互助探究—师助提高—反思发展"四环节课堂教学模式在数学新授课型的改造运用，是以"引学导趣—自学导疑—互学导思—展学导法—拓学导用"为基本流程，培养具有"认知智慧、文化智慧、实践智慧、身心智慧、审美智慧"德智体美劳全面发展的社会主义建设者和接班人的一种教学模式。该教学模式，以学生为主体，把教材变成学材，把教案变成学案，坚持教学相长，注重启发式，互动式，探究式教学，转变教师满堂灌、唱独角戏的教学方式，具有过程性、生本性、实践性、思维性特征。

引学导趣：是指开课时创设情景，激发兴趣的教学环节。真实的生活情境、优美的图片、表演、游戏、操作等都会引起学生的注意，令学生产生浓厚的兴趣。

自学导疑：是指课中对前置性学习的汇报交流，检查梳理，引导自主学习，提出问题、确立教学目标的教学环节。

互学导思：是学生通过小组合作交流、探究、实验等，相互合作、相互启发，以解决自助学习时没有解决的问题，掌握新知识的教学环节。

展学导法：是指学生要把自己在小组交流所得和疑惑在全班交流，归纳方法和规律，发展学习能力的教学环节。

拓学导用：是指及时将学生学到的方法、规律、模型、结论进行巩固练习，变换情境、形式、内容、领域，发展学生"四基四能"的教学环节。

（3）构建了基于慧生课堂理念的小学英语阅读"四活动"教学模式

该模式是以慧生课堂"面向学生、面向未来"的理念，采取"自助、互助、师助"的学习方式，是慧生课堂"自助研学—互助探究—师助提高—反思发展"四环节课堂教学模式在英语阅读课中的改造运用，以"活动热身引出主题→活动操练互学词句→活动展学多样对话→活动拓展创意表达"为基本流程，充分采取游戏、表演、对话等活动学习方式，使学生在真实情境学习语言，发展学生的语言能力、文化意识、思维品质和学习能力等英语核心素养的一种教学模式。课堂的主要活动以学生为主体，把课程变成学程，把教材变成学材，把教案变成学案，坚持教学相长，注重启发式、互动式、探究式教学，突出重点、难点，建构知识体系。

①活动热身引出主题：是指开课时通过热身活动，回忆旧知，激发兴趣，引出阅读主题，揭示课题的教学环节。

②活动操练互学词句：是指学生阅读英语课文，学习与主题有关的单词，并在句型中运用，整体学习操练单词的音形义用的教学环节。英语既是"学得"的也是"习得"的。学生只有通过交流的方式对英语感知、理解、运用，采取多种形式、多种方法的词句操练，相互交流、评价、指导，及时互学操练，才能习得语言能力。

③活动展学多样对话：是指在熟练掌握词句的基础上，及时创设对话交流情境，学生要把自己在小组交流所得和疑惑在全班交流，归纳方法和规律，发展语言阅读与表达能力的教学环节。

④活动拓展创意表达：是指在阅读课结束部分及时跨文化渗透中华文化、英语文化，围绕主题，采用画、说、演等方式创意表达，发展学生的语言能力、文化意识、思维品质和学习能力等英语核心素养的教学环节。

（4）构建了基于慧生课堂理念的小学科学"四环节"教学模式

基于慧生课堂理念的小学科学"四环节"教学模式，是秉承慧生课堂"面向学生、面向未来"理念，坚持以生为本的理念，坚持小学科学课程标准五大理念，采取"自助、互助、师助"的学习方式，是慧生课堂"自助研学—互助探究—师助提高—反思发展"四环节课堂教学模式在小学科学教学的改造运用，以"自助研学激趣质疑→互助探究猜想验证→师助提高总结拓展→反思发展生活实践"四环节为基本流程，采取结构化的探究活动，着力发展学生科学观念、科学思维、探究实践、态度责任四大科学核心素养，培育"五智慧生命"的一种教学模式。

①自助研学激趣质疑

在开课导入时,在教师科学的指导下,学生独立进行学习,采取有结构的活动,引起学生新旧认知之间的冲突,引出探究的问题,了解基本知识,激发学习兴趣的教学环节。

②互助探究猜想验证

学生根据已有学习中的困惑、问题、主题,根据自己的猜想,小组合作,操作实验,验证猜想,及时互动交流,展示各小组的探究情况,互助分享,总结科学规律的教学环节。

③师助提高总结拓展

指在教师帮助下及时根据各小组展示验证情况,交流的不同意见,总结规律,得出结论,并及时增加难度,拓展范围,变换条件,迁移运用,解决更高难度新问题,发展立体的认知结构的教学环节。

④反思发展生活实践

教师在本节课结束前组织学生对本节课内容进行归纳、梳理、总结,从而形成知识网络结构,并根据得出的结论,掌握科学知识和规律,解决生活问题,及时练习检测的教学环节。

(5) 构建了基于慧生课堂理念的小学体育"四游戏"教学模式

该模式是秉承慧生课堂"面向学生、面向未来"理念,坚持小学体育与健康课程标准六大理念,采取"自助、互助、师助"的学习方式,将传统的教育教学活动与游戏有机结合在一起,利用游戏本身趣味性、竞争性的特点,激发学生参与体育教学活动的热情,掌握体育知识技能,培养运动能力、健康行为、体育品德,培育"五智慧生命"的一种教学模式。它是对慧生课堂"自助研学—互助探究—师助提高—反思发展"四环节课堂教学模式在小学体育与健康教学中的改造运用,以"热身游戏→训练游戏→拓展游戏

→整理游戏"四大环节为基本流程。

①热身游戏

就是在体育课的准备部分，教师可以采用主题游戏、情景游戏、主题韵律操等游戏来引入开课，为新课教学做准备；通过韵律操游戏、行进间游戏等方法来做好热身准备，为学生基本部分的运动做准备。

②训练游戏

就是在体育课基本部分的讲解示范环节，采取学生熟知的生活、生产活动，作为游戏，使其体验动作要点，领会动作技能的关键点。如接力跑中设置抓棍子游戏，领会交接棒的动作要领。在体育课的基本部分的体育技能训练中可以开展小组竞赛游戏，提高训练效果。

③拓展游戏

在体育课的基本部分的体育技能拓展训练中，采用循序渐进地改变游戏要求、方法、规则等递进性游戏，逐步增强训练难度，提高运动能力。

④整理游戏

在体育课的结束部分，开展韵律操游戏、广场舞游戏，以及结合教学内容的自编放松游戏，在游戏中、音乐中放松整理，总结全课学习情况，愉快地结束全课。

（6）基于慧生课堂理念的小学美术"五美"教学模式

基于慧生课堂理念的小学美术"五美"教学模式，是秉承慧生课堂"面向学生、面向未来"理念，坚持以美育人、重视艺术体验、突出课程综合三大理念，采取"自助、互助、师助"的学习方式，是慧生课堂"自助研学—互助探究—师助提高—反思发展"四环节课堂教学模式在小学美术教学的改造运用，科学设计了"识美、学美、习美、创美、赏美"的"五美"教学流程，引导教师在美术教学中以美育人、以美化人、以美润心、以美培元，灵活实施美术教学，培养审美感知、艺术表现、创意实践、文化理解等艺术核心素养，培养五智慧生命的一种教学模式。

①识美：是指在开课时，自助研学，通过美的范品，引入学习内容，激发学生学习兴趣，明确学习目标，达成初步认识美的目标。通过这一环节可以激起学生对本课内容学习的兴趣，初步认识艺术之美，产生学习的欲望。

②学美：是指在课堂新授开始时，师助讲解，教师运用讲解方法对美的绘画进行讲解，使学生了解其文化背景，美在何处，掌握美的知识，通过讲解示范的方法，让学生学习绘画技法技能的教学环节。

③习美：是指在新授部分，学生认识基本原理、技法后，互助探究，及时运用多种方式，师生互动、生生互动，交流、展示、评价学生作品，学生进行表现美的尝试练习，掌握表现美、创造美的基本技法技能，达成练习表现美、创造美的技能目标。

④创美：是指在拓展运用阶段，师助提高，学生运用已有的美的知识、技能进行个性化的美的创造活动任务，表达内心的真情实感，自我认知，实现创造美的目标。

⑤赏美：是指学生在创美的基础上，反思发展，通过自评、互评、师评等活动，欣赏同学的或经典的艺术作品，提高自己对美的鉴赏能力，实现提高审美能力的目标。

各学科教学模式依据学科特点、课型特点，对慧生课堂"自助研学—互助探究—师助提高—反思发展"四环节课堂教学实施模式进行灵活运用、加工改造，形成了慧生课堂教室小课堂丰富的模式群。

3.建构了基于学校的活动中课堂"四环节"教学模式

基于学校的活动中课堂，课题组构建了慧生课堂的"四环节"教学模式，具体是以"自助研学→互助探究→师助提高→反思发展"为基本流程，充分整合、开发、利用学校硬件资源、软件资源，系统设计了学校智慧乐园综合实践活动，开展"五育融合""统整融合""分步实施""学校本位"的综合性活动课程，开展以"认知乐园""文化乐园""实践乐园""审美乐园""身心乐园"为基本内容的"智慧乐园"综合实践活动，培养具有"认知智慧、文化智慧、实践智慧、身心智慧、审美智慧"的"五智慧生命"，落实"会改变、会合作、会生活、会健体、会实践、会创新"的育人目标，主动形成未来社会所必需的自主发展性核心素养。

自助研学：是指活动开展前学生自主选择活动的项目、主题、方式、形式，自主组建活动的队伍，明确活动的目的任务、达成路径等学习活动的环节。比如在《实践乐园综合实践活动校本课程》项目实践板块的第二单元《神奇的鸡蛋》第二课《护蛋》的综合实践活动中，学生活动前，自己选择合作伙伴，组建6人一组的小队，研究用什么材料，怎么减少重力，用什么方法，找到保护鸡蛋不被摔坏的探究实践的初步方向。

互助探究：是指在开展项目式、主题式、融合式综合实践活动时，小组成员相互讨论，相互合作，探究出解决问题，完成项目任务的方法、途径，设计出活动方案，并尝试探究的环节。比如在《护蛋》的综合实践活动中，学生小组成员相互讨论，相互合作，设计出保护鸡蛋不被摔坏的方案，选择合适的材料，制作保护工具，保护模型，解决问题。

师助提高：是指在开展项目式、主题式、融合式综合实践活动时，教师及时点拨指导，指明解决问题的方向、原理，提供合适的工具、材料，可供参考的建议，帮助学生解决问题。比如在《护蛋》的综合实践活动中，教师及时指出保护鸡蛋不被摔坏就必须减少冲击力，可供参考的方法有加上有弹性的防护垫，使用降落伞降低下降的速度线，减少冲击力，提供泡沫垫、纸张、塑料、气泡垫、剪刀等工具。学生及时分组，猜想，设计方案，采用不同方法，尝试保护鸡蛋，对比验证不同方案的保护效果。

反思发展：是指在开展项目式、主题式、融合式综合实践活动时，教师及时依据学生的表现、成果进行反思、评价，指导学生向更高、更好、更优的方向解决问题，创新性地解决生活实际问题。比如在《护蛋》的综合实践活动中，教师及时根据学生保护的效果进行评价，引导学生进行反思总结，修正、改进、创新，探究出更高、更好、更优的保护鸡蛋的方法，进而迁移运用到生活中，进行创意设计。从而培养学生"会改变、会合作、会生活、会健体、会实践、会创新"的能力，主动形成未来社会所必需的自主发展性核心素养。

4.建构了基于社区的实践大课堂"四环节"教学模式

基于社区的实践大课堂，课题组构建了慧生课堂的"四环节"教学模式，具体是以"自助研学→互助探究→师助提高→反思发展"为基本流程，充分开发利用社区、家庭、社会的教育资源，通过系统开展环境保护、志愿者服务、研学旅行、文艺演出、社区竞赛、家庭劳动、职业体验等社会实践活动，培养具有"认知智慧、文化智慧、实践智慧、身心智慧、审美智慧"的"五智慧生命"，落实"会实践、会创新、会合作"的育人目标，培养学生的社会参与能力。

自助研学：是指在开展社会实践活动离校前，教师充分"研学"，围绕社会实践的项目主题，设计好社会实践的活动方案，学生运用书本、网络等手段，借助老师、家长、同学的建议，根据方案自主学习掌握有关的知识，做好社会实践的活动攻略，做好准备。如，为了全面实施素质教育，深化基础教育课程改革，让学生能在研学旅行的过程中陶冶情操、增长见识、全面提升学生综合素质，结合学校实际，将组织四年级全体学生赴宝顶山石刻景区开展"走近世界遗产，弘扬民族文化"研学旅行活动。学校制定了活动方案、安全预案，教师引导学生借助书本、网络等手段了解大足石刻的有关知识，选定"世界遗产大足石刻"这一主题，布置完成研学旅行报告的任务，讲解报告的体例格式，明确小组成员分工，提出要求，强调活动纪律。

互助探究：是指离校后在社会广阔天地中开展社会实践活动，学生以小组的形式亲身参与实践活动，在小组合作中，观察、讨论、交流、探究、总结，形成小组关于某某主题的社会实践报告。如，在"走近世界遗产，弘扬民族文化"研学旅行活动中，学生了解与大足石刻有关的文化知识，了解大足石刻的艰难建造过程，优秀的建造技艺，深厚的佛学文化，体验大足石刻为什么是世界遗产，学生往返集合地途中相互提醒，注意交通安全。

师助提高：是指离校后在社会实践活动中，教师有计划地围绕主题组织开展学生参观、访问、调查、劳动、实践、竞赛等实践活动，及时提出活动任务，指明目标要求，讲解操作方法，指出行动路径，进行点拨指导，发展学生的学习能力、沟通能力、合作能力、实践能力、创新能力。如，在"走近世界遗产，弘扬民族文化"研学旅行活动中，教师及时引导学生聆听导游的介绍，帮助学生抓住几个关键点，形成"世界遗产大足石刻"的研学实践报告的初稿，回答为什么大足石刻是世界遗产。

反思发展：是指在开展社会实践活动返校后，教师及时依据学生在社会实践中的表现、对社会实践报告填写情况、形成的实践活动作品，进行评价，指导学生向更广、更高、更好、更优的方向开展社会实践活动，更好地培养学生的学习能力、沟通能力、合作能力、实践能力、创新能力。如，在"走近世界遗产，弘扬民族文化"研学旅行活动后，晚自习组织学生谈参观后的收获和感想，写下观后感，添加图片，形成小组完整的"世界遗产大足石刻"社会实践报告，呈现出图文并茂，真实体验，论点新颖，论证详实，论据充分等特点，促进了学生语言运用能力、学习能力、沟通能力、合作能力、实践能力、创新能力的全面发展。

（五）提炼了慧生课堂"五生"教学原则

慧生课堂以学生为主体，坚持"双向"理念，采取"三助式"学习方式，加强了"三类课堂（基于教室的学科小课堂、基于学校的活动中课堂、基于社会的实践大课堂）"的教学过程的研究，建构了"四环节"课堂教学模式群，构建具有"五生（生活性、生成性、生动性、生长性、生命性）"原则的灵动课堂，把全体学生培养成具有"五智慧生命"核心素养的全面发展的人。

1. 生活性原则

生活性原则关注教学内容，来源于生活，有助于生活。社会生活是教育生成的起点，教育是社会生活的产物。因此，课堂教学的内容要回归生活的本位，课堂教学才有根，才会"为有源头活水来"，课堂教学才会以"促进学生在社会生活中更好地生存与发展"为目标，满足师生生命成长的需要，还原课堂场域的生活属性。[1]慧生课堂生活性原则，就是要使课堂教学回到生活，还原课堂的生活属性，满足课堂生活主体（师生）生命成长的需要，构建生活性课堂场域。

如何落实慧生课堂教学生活性原则呢？第一，课堂教学的内容回归生活。在课堂中选取生活性的教学内容，呈现生活原型，利用学生的生活经验，生活知识，生活认知，激发学生学习兴趣，探究知识，建构模型，发展能力，回归生活，解决生活问题。第二，课堂的价值取向转向生活。就是把生活作为课堂教学的原点，为学生生活服务，以促进学生在现实生活中能更好地生活发展为目标。第三，课堂教学目标拓展为"五智慧生命"核心素养

---

[1] 徐博文:《课堂教学生活化的现实理解与践行思路》，载《教学与管理》2019年12月20日。

培养。"五智慧生命",强调培养具有"认知智慧、文化智慧、实践智慧、身心智慧、审美智慧"的核心素养,培养"十会"能力,其本质是为了让学生能够适应未来社会生活发展,担起建设祖国的重任。第四,课堂空间向社会生活拓展。陶行知认为,"生活即教育,学校即社会"。慧生课堂把传统的学校教室课堂拓展为"基于教室的学科小课堂""基于学校的活动中课堂""基于社会的实践大课堂",把课堂引向生活,把生活引入课堂,充分整合学校、家庭、社会的资源,拓展课堂的生活空间,实施生活教育。第五,在课堂教学中建构学生生活共同体。学生团队是课堂学习的主体,更是共同生活的主体。他们在一起并不只是为了学习知识,还要学会人际沟通,情感沟通,合作沟通,发展情商、智商、力商,获取知识,涵育心灵,健全人格,发展能力。第六,把课堂场域还原为生活场域。把知识与生活紧密联系,以生活原型呈现知识,创设生活情境,解决生活问题,开展生活化学习活动,将现实生活嵌入课堂学习,让课堂具有生活味,扎根生活,服务生活,源于生活,高于生活,让学生获得深刻的生活体验。

2. 生成性原则

生成性原则关注教学过程,关注"预设"与"生成",以学生为主体,因材施教。课堂教学的过程是围绕教学内容,师生多向互动,实施"教"与"学"的创造性过程,是一个从"预设"到不断"生成"的、真实的、动态发生的过程。叶澜认为:"课堂教学的生成,显然不只局限于结果,更重要的是教学过程本身就应是生成的过程。"[1]

如何落实慧生课堂课堂教学生成性原则呢?第一,要科学"预设",真实生成"有价值"的生成。那种没有预设的,自然的、杂乱的生成,对学生知识掌握、思维发展、能力提升不一定有价值。因此,要以学生为主体,科

---

[1] 叶澜:《课堂教学过程再认识:功夫重在论外》,载《课程·教材·教法》2013年第5期。

学设计弹性目标，依据目标，科学设计教学活动，创设情境，提出要求，明确目标任务，搭建思维支架，巧妙引导学生经历自主、合作、探究学习的过程，才会生成有价值的学习资源，帮助学生经历知识、思维、情感、价值观的生成性成长过程。第二，要机智教学，因材施教，依据弹性目标，及时抓住生成的教学资源，生成教学。学生的思维水平、知识储备、技能能力水平是各不相同的，面对同样情境、问题、任务，，学生自助学习展示生成的结果是参差不齐的。这就需要教师及时观察发现学生生成的学习成果，及时展示，引导介绍，帮助学生辨析知识，建构思维模型，发展能力，生成对学生发展有价值的教学过程。

3.生动性原则

生动性原则关注教学方法，鲜活灵动，引人入胜。生动的课堂教学能够让学生主体主动学习，兴趣盎然，在掌握知识、获得技能、发展能力的同时，获得独特的积极的生命体验。

如何落实慧生课堂课堂教学生动性原则呢？第一，要创设生动的教学情境。通过生动的教学情境，激发学习兴趣，增强内驱力，引导学生主体主动学习。第二，要开展生动的学习活动。通过多样的，立足学生生活的，符合儿童心理的学习活动，让学生在活动中观察、操作、思考、猜想、验证、归纳、应用、创新，理解掌握知识技能，发展能力，形成正确的价值观。第三，要及时进行生动的评价。教师正面的、激励性的、发展性的、方法总结性的评价，能够及时总结方法，增强学习兴趣，引导学生主动学习。

4.生长性原则

生长性原则关注教学效果，学有所得，个性生长。慧生课堂的生长性教学原则，旨在用较低的课堂教学投入，获得较大的课堂教学效益，促进学生素养的提升和生命的成长。慧生课堂的生长性教学原则强调对生命的尊重，对师生的呵护，对成长的激励，要求教师能智慧地为学生提供生长的养料，激发成长的内需，释放生长的活力，进而获得自主生长的强大能量。

如何落实慧生课堂课堂教学生长性原则呢？第一，构建民主平等的师生关系，提供师生共同生长的土壤。第二，实施单元整体教学，构建具有生长性的教学内容。通过对单元教学内容的整体把握，围绕单元主题，训练重点，分课时实施具有生长性的教学内容，螺线上升，拓展生活内容。第三，搭建思维支架，发展生长性的思维能力。教学过程中注意给学生搭建思维的支架，提供合适的材料，明确的目标要求，合适的方法选择，让学生开展自助、互助、师助学习，掌握知识，学会思考方法，建构思维模型，发展思维能力。第四，运用多种方法，建构有生长性的认知结构。运用目录课，单元导读，整理复习，思维导图等多种方法，让学生建构学科知识体系，建构认知模型，发展有生长性的认知结构。

5.生命性原则

生命性原则关注教学理念，以人为本，关注生命，呵护生命，成就生命。生命是教育的起源与基础，也是教育的根本目的和最终归宿，必须坚持"以人为本"的教育理念。人类的一切教育教学活动其实都是为一代代人的生命成长与发展服务的，教育与人的生命本应息息相关。课堂是师生生命历程的一段，在教与学的过程中，通过课堂主体师生之间的交往互动，既学得知识、习得技能，发展认知、健全心灵、涵育人性，又体现师生生命价值。

如何落实慧生课堂的生命性原则呢？首先，要建立生命立场的逻辑起点，即"为了人，为了师生生命的发展"作为慧生课堂教学出发点。第二，要建立依靠生命的实践路径，即"依靠人，依靠师生生命的融入"作为慧生课堂教学实施的支撑点。第三，要建立发展生命的目标导向，即"生成人，生成师生生命的健全发展"。第四，在教学内容上，要同时面向知识世界、生活世界、心灵世界，涵育生命。课堂教学在传承人类知识的同时，打开通向现实世界的大门，看到气象万千的芸芸众生，打开通向内心世界的心门，丰富扩张师生的心灵世界。第五，在教学方式上，要设计严密、科学的教学活动。课堂教学要预设好师生课堂上可能的生成，真实、灵动、机智地实施教学，体现对生命的尊重，促进生命的成长。第六，在教学形态上，呈现生命主体自主发展的样态。通过自助、互助、师助的方式，以学生为主体，通过创设情境，任务驱动，合作交流，实践探究，启发诱导，反思发展，引导学生主动学习，主动发展，促进生命成长。

（六）建设了慧生课堂"智慧生命"课程体系

1.建设了慧生课堂五育融合的"智慧生命"课程体系

慧生课堂从"教室小课堂、学校中课堂、社区大课堂"三类课堂场域入手，实践建构了五育融合的三类课程体系，包括"基于教室的学科小课堂课程"，即国家课程，"基于学校的活动中课堂课程"，即校本活动课程，"基于社区的实践大课堂课程"，即社会实践课程。

"基于教室的学科小课堂课程"即国家课程，包括语文、数学、外语、科学、劳技、综合实践、信息技术、科技活动、手工活动、道德与法治、班队会、体育与健康、音乐、美术学科课程，着力培养"思想道德文化、语言文化、科学文化、艺术文化、体育文化、信息技术文化""六类文化"等"文化基础"核心素养，培养具有"认知智慧、文化智慧、实践智慧、身心智慧、审美智慧"的"五智慧生命"，达成"会思考、会学习、会探究、会改变、会合作、会健体、会审美"的育人目标。

"基于学校的活动中课堂课程"即校本活动课程，以新课程理念为指南，坚持"五育并举""五育融合"的育人导向，充分开发利用学校资源，以学校为本位，建构了《智慧乐园综合实践活动校本课程》，包括"认知乐园""文化乐园""实践乐园""审美乐园""身心乐园"等校本活动课程内容，通过"文化类活动课程、认知类活动课程、实践类活动课程、身心类活动课程、审美类活动课程"的实施，培养"自主发展"核心素养，培养具有"认知智慧、文化智慧、实践智慧、身心智慧、审美智慧"的"五智慧生命"，落实"会改变、会合作、会生活、会健体、会实践、会创新"的育人目标，主动形成未来社会所必需的自我发展的意识、知识、能力。

"基于社区的实践大课堂课程"，即社会实践课程，通过环境保护、志愿者服务、研学旅行、文艺演出、社区竞赛、家庭劳动、职业体验等社会实践活动，构建开放的社会实践课程体系，拓展课程资源，培养"社会参与"核心素养，培养具有"认知智慧、文化智慧、实践智慧、身心智慧、审美智慧"的"五智慧生命"，落实"会实践、会创新、会合作"的育人目标，培养学生的社会参与能力。

三类课程体系有机整合，致力培养"三类（文化基础、自主发展、社会参与）""六维（人文底蕴、科学精神、实践创新、责任担当、学会学习、健康生活）"核心素养，培养"五智慧生命"，培养学生的"十会"必备品格和关键能力，培养德智体美劳全面发展的社会主义建设者和接班人，落实立德树人目标。

2.开发了"智慧生命"校本课程读本

课题组坚持"五育并举""五育融合"的育人导向，坚持"统整融合""分步实施"的课程理念，从学生的兴趣爱好、真实生活和发展需要出发，从生活情境中发现问题，把学校、家庭、社会共同提供的资源转化为活动主题，通过观察、探究、服务、制作、诵读、实践、创造、体验、探究等方式，建构了五育融合、跨学科学习的《智慧乐园综合实践活动校本课程》，着力培养"认知智慧、文化智慧、实践智慧、身心智慧、审美智慧"的"五智慧生命"的核心素养，着力从文化基础、自主发展、社会参与三个方面发展学生"人文底蕴、科学精神、实践创新、责任担当、学会学习、健康生活"六大核心素养，形成"十会"能力，包括"会思考、会学习、会探究、会实践、会创新、会改变、会合作、会生活、会健体、会审美"的必备品格和关键能力，成为德智体美劳全面发展的社会主义建设者和接班人。

《智慧乐园综合实践活动校本课程》包括"认知乐园""文化乐园""实践乐园""审美乐园""身心乐园"五大板块。

《认知乐园综合实践活动校本课程》以思维方法、思维模型、认知结构三个主题单元，遵循学生认知发展特点和规律，从生活实际出发，认真挖掘素材，精心选择和安排内容。通过28个认知乐园活动主题，达到培养学生的思考兴趣，掌握数学基本知识和基本技能，形成基本的认知结构，积累基本的思维活动经验，掌握基本的思维方法，发展思维力、实践力、学习力等核心素养的目标。思维方法板块探究了一一对应、分类、举例子、推理、模型思想、连线法、假设法、数形结合、转化、方程等思维方法。思维模型板块探究了和差问题模型、和倍问题模型、倍数问题模型、间隔问题模型、集合问题模型、相遇问题模型、追及问题模型、三分找次品方法模型、抽屉原理模型、数形结合模型等思维模型。认知结构板块探究了数量关系认知结构、等差数列认知结构、排列组合认知结构、分数问题认知结构、比例问题认知结构、数形结合认知结构、几何问题认知结构、浓度问题认知结构等综合性认知结构。具体内容见表3。

表3：《认知乐园综合实践活动校本课程》内容体系表

单元	课次	思维要素	课题内容
第一单元：思维方法	第1课	思维方法：一一对应	比多少
	第2课	思维方法：分类	比一比，分一分
	第3课	思维方法：举例子	简单枚举
	第4课	思维方法：推理	等量代换
	第5课	思维方法：模型思想	找规律
	第6课	思维方法：列举法	握手问题
	第7课	思维方法：假设法	鸡兔同笼
	第8课	思维方法：数形结合	作图法解决问题
	第9课	思维方法：转化	图形面积计算
	第10课	思维方法：方程	用方程解决行程问题
第二单元：思维模型	第11课	和差问题模型	和差问题
	第12课	和倍问题模型	和倍问题
	第13课	倍数问题模型	几倍多几或少几
	第14课	间隔问题模型	植树问题
	第15课	集合问题模型	韦恩图
	第16课	相遇问题模型	相遇问题
	第17课	追及问题模型	追及问题
	第18课	三分找次品方法模型	找次品
	第19课	抽屉原理模型	抽屉原理
	第20课	数形结合模型	组合图形的面积
第三单元：认知结构	第21课	数量关系认知结构	数、数量、数量关系
	第22课	等差数列认知结构	梯形面积公式的运用
	第23课	排列组合认知结构	搭配问题
	第24课	分数问题认知结构	用方程解决分数问题
	第25课	比例问题认知结构	用方程解决比例问题
	第26课	数形结合认知结构	用方程解决数形结合问题
	第27课	几何问题认知结构	用方程解决几何问题
	第28课	浓度问题认知结构	用方程解决浓度问题

《文化乐园综合实践活动校本课程》采用"单元合成，整合拓展"的结构方式，分为低段、中段、高段，每个段分别由童真雅趣、亲近自然、开蒙启智、博学明理、文以言志、正挚情怀六个主题单元组成，包括低段18篇课文、中段18篇课文、高段18篇课文，6个单元主题活动和趣味阅读活动。课程力图达到以下目标：激发诵读经典诗文的兴趣，热爱祖国语言文字；提升学生的阅读与表达能力，提高语言文字能力；发展思维能力，审美能力，积淀文化底蕴，传承中华优秀文化，促进学生德智体美劳全面发展；促进学习型社会的建构，建构书香班级、书香家庭、书香校园、书香童年；培养"有文化知识的智慧生命"，培养"文化智慧"，培养"人文底蕴、科学精神、学会学习"等文化基础核心素养。具体内容见表4。

表4：《文化乐园综合实践活动校本课程》内容体系表

目标	单元主题	低段课文篇目	中段课文篇目	高段课文篇目
文化智慧（文化基础）	审美情趣	1.《出塞》王昌龄	1.《牧童》吕岩	1.《元日》王安石
		2.《春夜喜雨》杜甫	2.《观游鱼》白居易	2.《游山西村》陆游
		3.《咏鹅》骆宾王	3.《花影》苏轼	3.《声声慢》李清照
		单元诗词秀活动：朗诵、诗配画、飞花令、诗词舞蹈、诗词创作。单元趣味阅读活动		
	亲近自然	4.《天净沙·秋思》马致远	4.《竹里馆》王维	4.《江南》汉乐府
		5.《山居秋暝》王维	5.《暮江吟》白居易	5.《滁州西涧》韦应物
		6.《敕勒歌》	6.《采莲曲》王昌龄	6.《赋得古原草送别》白居易
		单元诗词秀活动：朗诵、诗配画、飞花令、诗词舞蹈、诗词创作。单元趣味阅读活动		

续表

目标	单元主题	低段课文篇目	中段课文篇目	高段课文篇目
文化智慧（文化基础）	开蒙启智	7.《盘古开天地》	7.《桃花溪》张旭	7.《无题》李商隐
		8.《马诗》李贺	8.《晚春二首·其一》韩愈	8.《送杜少府之任蜀州》王勃
		9.《巴东三峡歌》	9.《秋词》刘禹锡	9.《书愤》陆游
		单元诗词秀活动：朗诵、诗配画、飞花令、诗词舞蹈、诗词创作。单元趣味阅读活动			
	人伦礼仪	10.《长歌行》（节选）	10.《剑客》贾岛	10.《春江花月夜》张若虚
		11.《明日歌》钱福	11.《偶成诗》朱熹	11.《游子吟》孟郊
		12.《论语·学而第一》	12.《诫子书》	12.《芙蓉楼送辛渐》王昌龄
		单元诗词秀活动：朗诵、诗配画、飞花令、诗词舞蹈、诗词创作。单元趣味阅读活动			
	文以言志	13.《白梅》王冕	13.《早寒江上有怀》孟浩然	13.《短歌行》曹操
		14.《次北固山下》王湾	14.《将进酒》李白	14.《饮酒》陶渊明
		15.《劝学》荀子	15.《卜算子·咏梅》毛泽东	15.《满江红》岳飞
		单元诗词秀活动：朗诵、诗配画、飞花令、诗词舞蹈、诗词创作。单元趣味阅读活动			
	家国情怀	16.《杂诗》王维	16.《春望》杜甫	16.《水调歌头》苏轼
		17.《夜雨寄北》李商隐	17.《过零丁洋》文天祥	17.《赤壁怀古》苏轼
		18.《客中行》李白	18.《对酒》秋瑾	18.《少年中国说》梁启超
		单元诗词秀活动：朗诵、诗配画、飞花令、诗词舞蹈、诗词创作。单元趣味阅读活动			

《实践乐园综合实践活动校本课程》整合科学、劳动、综合实践、信息技术等学科课程内容，构建实践乐园综合实践活动校本课程内容，设计项目实践、创意实践、探究实践三大板块，共13个主题的课程内容。"项目实践"板块包括"艾"的世界、神奇的鸡蛋、家蚕、花、线类钩编五个单元。"创意实践"板块包括水果电池、剪纸、扎染、陶艺、科技模型五个单元。"探究实践"板块包括校园植被调查、垃圾处理调查、水资源调查三个单元。本课程内容力图培养学生的两意识（实践意识、社会责任感意识），四基（基本的实践知识、实践技能、实践经验、实践精神），八能（发现问题的能力、提出问题的能力、分析问题的能力、解决问题的能力、实践能力、创新能力、合作能力、沟通能力），培养学生"会实践、会创新、会合作"的核心能力，培养"能实践创新的智慧生命"，发展"实践智慧"，达成培养"实践创新、科学精神、责任担当"等社会参与核心素养的目标。具体内容见表5。

表5：《实践乐园综合实践活动校本课程》内容体系表

板块	单元主题内容	课时内容	操作要点	素养目标
项目实践	第一单元："艾"的世界	第1课：识艾草	认识艾草的外形、药用价值、发展历史	两意识、四基
		第2课：种艾草	种艾草的知识、亲历劳动过程	四基
		第3课：艾生活	制作艾条、体验艾灸	四基八能
		第4课：颂艾草	画艾草、歌艾草、舞艾草、诗艾草	四基八能

续表

板块	单元主题内容	课时内容	操作要点	素养目标
项目实践	第二单元：神奇的鸡蛋	第1课：识蛋	认识鸡蛋的结构，蛋变鸡、生活价值，各种各样的蛋	四基
		第2课：护蛋	科学探究：用各种方法保护鸡蛋从高处摔下而不破。体育游戏：运送鸡蛋	四基八能
		第3课：用蛋	劳动实践：制作各种蛋的美食、蛋壳艺术品	两意识、四基八能
		第4课：颂蛋	创编蛋蛋历险记、画蛋、歌蛋、蛋蛋舞	两意识、四基八能
	第三单元：家蚕	第1课：识家蚕	认识家蚕的生长过程、文化历史、生活价值、家蚕基因知识	两意识、四基
		第2课：养家蚕	经历养家蚕过程，制作家蚕自然笔记，家蚕养殖创新	两意识、四基八能
		第3课：颂家蚕	诵读颂蚕的诗文，介绍家蚕发展的手抄报，蚕文化主题歌舞活动	两意识、四基八能
	第四单元：花	第1课：识花	观察和解剖花，认识一朵花的结构，认同花、果实、种子的重要意义，并爱花	两意识、四基
		第2课：种花	家校有土种植花，水培花卉	四基八能
		第3课：花的秘密	探究花变色的秘密，花语秘密	四基八能
		第4课：用花	插花制作，干花制作	两意识、四基八能
		第5课：赏花	诵读花的古诗词，飞花令活动，花文化书画展览、主题歌舞活动	两意识、四基八能

续表

板块	单元主题内容	课时内容	操作要点	素养目标
项目实践	第五单元：线类钩编	第1课：认识线类钩编	认识线、钩针、生活中的各种线类钩编产品	两意识
		第2课：线类钩编技法	认识掌握锁针、环形起针、短针、长针、中长针、长长针、引拔针等技法	两意识、四基八能
		第3课：线类钩编符号	认识钩针符号说明	两意识、四基八能
		第4课：做线类钩编作品	平面小爱心、耳朵发绳	两意识、四基八能
		第5课：做线类钩编作品	发夹底片、向日葵、太阳花、白雪公主发夹	两意识、四基八能
		第6课：做线类钩编作品	泡芙花、蝴蝶结、花朵发夹、长耳兔拖鞋	两意识、四基八能
创意实践	第六单元：水果电池	水果电池	了解原理，制作水果电池，并让小灯泡发光	两意识、四基八能
	第七单元：剪纸	剪纸	了解剪纸文化、技法，创作剪纸作品	两意识、四基八能
	第八单元：扎染	扎染	了解扎染文化、技法，创作扎染作品	两意识、四基八能
	第九单元：陶艺	陶艺	了解陶艺文化、技法，创作陶艺作品	两意识、四基八能
	第十单元：科技模型	科技模型	制作科技模型，制作航模，制作建筑模型作品	两意识、四基八能

续表

板块	单元主题内容	课时内容	操作要点	素养目标
探究实践	第十一单元：校园植被调查	校园植被调查	了解校园植被情况，制作校园绿化平面图，保护标语，开展除草活动	两意识、四基八能
	第十二单元：垃圾处理调查	家乡垃圾处理调查	调查了解家乡垃圾分类收集、处理的情况，制作统计图表，撰写报告，提出建议方案，开展宣传保护活动	两意识、四基八能
	第十三单元：家乡水资源调查	家乡水资源调查	调查了解家乡水资源情况，制作统计图表，撰写报告，拟定保护建议方案，开展宣传保护活动	两意识、四基八能

《身心乐园综合实践活动校本课程》整合体育与心理健康课程内容，设计了运动技能、心理健康品质两大板块内容。"运动技能"板块包括篮球、足球、田径、跳绳、五子棋、象棋6个单元；"心理健康品质"板块包括专注、智慧、节制、勇敢、仁爱、公平6个单元，涵盖专注、有序、勤奋、主动、谨慎、明辨、创意、智慧、节俭、勤劳、真诚、宽容、勇敢、爱国、责任、坚持、诚实、友善、感恩、怜悯、守时、尊重、热情、守信等24个积极心理品质，共12个单元，21个课题的课程内容。课程力图培养学生的运动能力、健康行为、健康心理、体育品德等体育素养，培养学生"会改变、会生活、会健体"的核心能力，培养"能反思改变的智慧生命"，发展"身心智慧"，最终达成培养"健康生活、学会学习"等自主发展核心素养的目标。具体内容见表6。

表6：《身心乐园综合实践活动校本课程》内容体系表

板块	单元主题内容	课时内容	操作要点	素养目标
1.运动技能	第1单元：篮球	第1课：运球	原地运球、三点式传接球	运动能力、健康行为、健康心理、体育品德
		第2课：篮球规则	篮球规则	
		第3课：三人篮球	三人篮球对抗练习	
	第2单元：足球	第4课：球性球感	脚底揉球；花式踩球；脚弓倒球；双脚踩拉球；倒球+滑球；脚背推拉；脚弓推拉；倒球+侧身推拉	
		第5课：运球	脚背正面、外侧、内侧直线运球；脚背正面、内侧、外侧传球，行进间两人脚弓传接球	
		第6课：射门	脚背内侧、外侧打门	
		第7课：五人制足球规则与练习	五人制足球比赛规则与练习	
	第3单元：田径	第8课：快速跑	掌握快速跑的起跑、冲刺等技巧以及安全事项	
		第9课：耐久跑	掌握耐久跑的起跑、冲刺等技巧以及安全事项	
		第10课：急行跳远	掌握急行跳的起跑、腾空等技巧以及安全事项	
	第4单元：跳绳	第11课：单人跳	跳绳概述，并脚跳、踏步跳	
		第12课：单人跳复杂动作	交叉直摇、侧甩交叉单摇跳、基本双摇跳、交叉双摇跳、侧甩直甩双摇跳、交叉双摇跳	
		第13课：双人花样	两人一绳协同跳和一带一，车轮摇	
	第5单元：五子棋	第14课：五子棋	五子棋规则、技法、对抗	
	第6单元：象棋	第15课：中国象棋	中国象棋历史、规则、技法、对抗	

续表

板块	单元主题内容	课时内容	操作要点	素养目标
2.心理健康品质	第7单元：专注	第16课：专注	包括专注、有序、勤奋、主动等心理品质培养	运动能力、健康行为、健康心理、体育品德
	第8单元：智慧	第17课：智慧	包括谨慎、明辨、创意、智慧等心理品质培养	
	第9单元：节制	第18课：节制	包括节俭、勤劳、真诚、宽容等心理品质培养	
	第10单元：勇敢	第19课：勇敢	包括勇敢、爱国、责任、坚持等心理品质培养	
	第11单元：仁爱	第20课：仁爱	包括诚实、友善、感恩、怜悯等心理品质培养	
	第12单元：公平	第21课：公平	包括守时、尊重、热情、守信等心理品质培养	

《审美乐园综合实践活动校本课程》整合语文、艺术课程内容，设计了音乐美、绘画美、文化美、科学美、劳动美、健康美六大板块的课程内容。"音乐美"板块包括器乐、合唱两个主题单元；"绘画美"板块包括儿童画、中国画两个主题单元；"文化美"板块包括书法、经典诵读、播音主持三个主题单元；"科学美"板块包括建筑中的数学、信息技术与美两个主题单元；"劳动美"板块包括手工、雕塑两个主题单元；"健康美"板块包括舞蹈、健美操两个主题单元，共13个单元，18个课题的课程内容。课程力图达到培养学生的审美兴趣、审美知识审美文化等方面的审美能力，最终培养出"能创美达美的智慧生命"，发展"审美智慧"，达成培养人文底蕴、实践创新、责任担当等自主发展核心素养的目标。具体内容见表7。

表7：《审美乐园综合实践活动校本课程》内容体系表

板块	单元主题内容	课时内容	操作要点	素养目标
1.音乐美	第1单元：器乐	第1课：葫芦丝	认识葫芦丝发展历史、演奏方法，演奏经典曲目	审美兴趣、审美知识、审美能力、审美文化
		第2课：民乐演奏	二胡、琵琶、古筝等民乐演奏经典曲目	
	第2单元：合唱	第3课：合唱	合唱技巧、演唱经典曲目	
2.绘画美	第3单元：儿童画	第4课：儿童画	素描、蜡笔画、水彩画、水粉画内容学习	
	第4单元：中国画	第5课：水墨画	梅兰竹菊、花鸟鱼虫、山水、人物等内容学习	
3.文化美	第5单元：书法	第6课：书法	楷书和隶书的用笔、基本笔画、基本结构，尝试写书法作品	
	第6单元：经典诵读	第7课：经典诵读	诵读经典诗文，感受文化美	
	第7单元：播音主持	第8课：播音主持	普通话基本功训练，主持仪态、技巧，演讲等学习	
4.科学美	第8单元：建筑中的数学	第9课：建筑中的数学	学习了解对称美、比例等数学知识在建筑中的运用	
	第9单元：信息技术与美	第10课：科幻画	学习科幻画制作方法技巧	
		第11课：电脑小报	学习电脑小报制作方法技巧	
		第12课：动漫编程	学习动漫编程知识技能	
5.劳动美	第10单元：手工	第13课：手工	折纸花、剪纸、废旧物品利用等手工学习	
	第11单元：雕塑	第14课：雕塑	用超轻粘土制作各种雕塑作品、泥塑学习	

续表

板块	单元主题内容	课时内容	操作要点	素养目标
6.健康美	第12单元：舞蹈	第15课：拉丁舞	学习拉丁舞基本技能，基本曲目表演	审美兴趣、审美知识、审美能力、审美文化
		第16课：民族舞	学习民族舞基本功，基本曲目表演，创编民族舞	
	第13单元：健美操	第17课：健美操	学习健美操、啦啦操等	
		第18课：街舞	学习街舞的基本技巧，基本表演	

课程实施方面，坚持"校社融合"的统筹思维，"三师"协同教学；坚持"课表保障"的底线思维，通过课表"兜底"，落实"智慧乐园"五大类综合实践活动课程；坚持"跨学科融合"的统整思维，增强课程的跨学科融合；坚持"因地制宜"的创新思维，立足学校资源，因地制宜，优化学习空间；坚持"双轨同步"的系统思维，社团班队同步实施；坚持"多元联盟"的众筹思维，家、校、社总动员。

课程评价方面，采取活动目标、活动过程、活动效果"三维度"评价模型，主张多元评价、过程性评价和综合考察。在全面实施课程管理、教师教学、学生个体学习等评价的基础上，以建设小组学习共同体为重点，构建了"三维三级四体"学习评价模型。

（七）开发了慧生课堂三类课堂评价工具

1.开发了基于教室的学科小课堂教学评价标准

课题组，依据慧生课堂的"双向三助四环五生"的整体建构，把"双向（面向全体学生、面向学生的未来）"、"三助（自助、互助、师助）"、"四环节（自助研学—互助探究—师助提高—反思发展）"、"五生（生活性、生成性、生动性、生长性、生命性）"融入学科课堂教学评价体系之中，分教学目标、教学内容、教学过程、教学效果、教师素质五大板块。

从教学目标板块评价考察"双向（面向全体学生、面向学生的未来）"的情况，关注教学目标导向是否正确，是否关注全体学生的学习与发展，目标设计是否有层次，有梯度；关注教学目标是否明确融入学科素养、核心素养，是否面向学生未来开展教学。

从教学内容板块，考察教学内容是否具有生本性，符合学生认知规律，容量适度，重难点突出；是否紧扣教材并适当拓展、延伸，能体现教与学的深度与广度，体现生活性。

从教学过程板块，考察是否以"自助研学→互助探究→师助提高→反思发展"为基本流程，教学环节科学、完整、清晰、过渡自然。在学习方式上，是否灵活高效运用"慧生课堂"自助（独立自主、反馈及时）、互助（问题有探讨价值，方式灵活，合作有效）、师助（点拨精当、启发思维）的"三助"学习方式。在教学方法方面，是否遵循生活性、生成性、生动性、生长性、生命性"五生"原则，灵活运用启发法、讨论法、演示法、练习法、检测法、讲授法等教学方法，注重学法指导，注重思维训练，灵动课堂。在课堂情景创设方面，考察是否具有生活性、生动性，氛围融洽、有序活跃。在学生表现方面，考查学生是否学习专注、勤于思考、主动积极、展示自我。

从教学效果板块，考察是否"目标达成，双基落实；体现学科育人，学生习惯良好；体现学科核心素养，学生自助学习，合作探究、发现问题、解决问题等能力有所体现或提高"。

从教师素养板块，考察教师是否遵规守纪、热爱教育、关爱学生、理念先进、素养深厚、表达流利、富有激情、评价得当。具体内容见表8。

表8：基于教室的学科小课堂教学评价表

城南教育集团慧生课堂——基于教室的学科小课堂教学评价表		
学校：	授课班级： 授课教师：	
学科：	上课时间： 评课人：	
课题：		
评价项目	评价指标	得分
教学目标（10分）	1.目标明确、具体、适切，体现学科核心素养	
	2.面向全体学生，面向学生未来，目标设计有层次，有利于学生个性化思维品质发展	
教学内容（10分）	1.符合学生认知规律，容量适度，重难点突出	
	2.紧扣教材并适当拓展、延伸，能体现教与学的深度与广度	
教学过程（50分）	1.教学准备：准备充分，设计合理，恰当运用现代信息技术及多媒体资源开展教学	
	2.课堂流程："自助研学→互助探究→师助提高→反思发展"为基本流程，教学环节科学、完整、清晰、过渡自然	
	3.学习方式：灵活高效运用慧生课堂自助（独立自主、反馈及时）、互助（问题有探讨价值，方式灵活，合作有效）、师助（点拨精当、启发思维）的"三助"学习方式	
	4.教学方法：遵循生活性、生成性、生动性、生长性、生命性"五生"原则，灵活运用启发法、讨论法、演示法、练习法、检测法、讲授法等教学方法，注重学法指导，注重思维训练	
	5.课堂情景：具有生活性、生动性、氛围融洽、有序活跃	
	6.学生表现：学习专注、勤于思考、主动积极、展示自我	
教学效果（20分）	1.目标达成，双基落实；体现学科育人，学习习惯良好	
	2.体现学科核心素养，学生自助学习、合作探究、发现问题、解决问题等能力有所体现或提高	
教师素养（10分）	遵规守纪、热爱教育、关爱学生、理念先进、素养深厚、表达流利、富有激情、评价得当	
总分		
等级		
备注：累计得分85分以上为优，75—84分为良，64—74分为中，63分以下为差。		

2.开发了基于学校的活动中课堂教学评价标准

基于学校的活动中课堂是实施校本活动课程的课堂。课题组从学校育人目标、文化理念、教学资源、学生发展需要出发，坚持"双向三助教学理念"，按照"自助研学→互助探究→师助提高→反思发展"的教学模式，建构了《智慧乐园综合实践活动校本课程》，包括"认知乐园""文化乐园""实践乐园""审美乐园""身心乐园"等校本活动课程内容，通过"文化类活动课程、认知类活动课程、实践类活动课程、身心类活动课程、审美类活动课程"，开展项目式、主题式、体验式、任务式学校活动，为党育人，为国育才，培养"自主发展"核心素养，培养具有"认知智慧、文化智慧、实践智慧、身心智慧、审美智慧"的"五智慧生命"，落实"会改变、会合作、会生活、会健体、会实践、会创新"的育人目标。我们设计了基于学校的活动中课堂的"三维三级四体"教学评价体系，评价基于学校的活动中课堂教学实效。从活动目标、活动过程、活动效果三个维度，设计了一星级、二星级、三星级三层级发展水平，实施了自我评价、小组评价、家长评价、教师评价四主体参与评价。具体内容见表9。

表9：基于学校的活动中课堂教学评价标准

评价项目		评价内容	具体水平刻画			自我评价	小组评价	家长评价	教师评价	合计
			一星	二星	三星					
活动目标		目标明确，体现面向全体学生、面向学生的未来，突出"五智慧生命"素养导向	目标明确，基本能面向全体学生，"五智慧生命"素养导向有体现	目标明确，基本能面向全体学生，面向学生的未来，"五智慧生命"素养导向体现较好	目标明确，能够较好地面向全体学生，面向学生的未来，"五智慧生命"素养导向体现好					
活动过程	自助研学	师生活动准备充分，学生能自助研学，预习复习	教师要求不明，学生自助学习不好	教师要求清楚，学生自助学习一般	教师要求清楚，学生自助学习好					
	互助探究	活动实施新颖，有层次，学生互助学习指导落实	活动实施一般，有层次，学生互助学习缺少指导	活动实施较新颖，有层次，学生互助学习指导较落实	活动实施新颖，有层次，学生互助学习指导好					
	师助提高	及时师助，活用教材资源，善用生成资源，巧用生活资源，妙用环境资源，拓展发展综合能力	师助不及时，教材资源运用一般，生成资源运用一般，生活资源运用一般，环境资源运用一般，拓展一般	及时师助，教材资源运用较好，生成资源运用较好，生活资源运用较好，环境资源运用较好，拓展较好	及时师助，教材资源运用好，生成资源运用好，生活资源运用好，环境资源运用好，拓展好					

续表

评价项目	评价内容	具体水平刻画			自我评价	小组评价	家长评价	教师评价	合计
		一星	二星	三星					
活动过程	反思发展	归纳总结不及时，不全面，评价激励不够，应用创新不够	归纳总结及时，较全面，评价激励一般，应用创新一般	归纳总结及时全面，评价激励好，应用创新好					
活动效果	素养发展	"五智慧生命"核心素养培养单一，"十会"能力发展一般	"五智慧生命"核心素养培养深入，"十会"能力发展较好	"五智慧生命"核心素养培养全面深入，"十会"能力发展好					
	成果展示	成果展示单一，创意不够，有一定的美感	成果展示丰富，有较好创意，有较强的美感	成果展示丰富，有新的创意，有鲜明的美感					
	反思提高	对活动缺少反思，改进方法少，进行后续探究思考不够	对活动有反思，有一定改进方法，后续探究较深	对活动有反思，改进方法多样，后续探究深入					
总评										

3. 开发了基于社会的实践大课堂教学评价标准

基于社会的实践大课堂具有综合实践活动课程的特性。基于社会的实践大课堂的评价的首要功能是让学生及时获得关于学习过程的反馈，改进后续活动，坚持成长导向，通过对学生成长过程的观察、记录、分析，更好地为学生成长提供依据。我们立足培养"五智慧生命"这一育人目标，建构了基于社会的实践大课堂教学评价标准。从"实践项目目标、实践项目实施过程、实践项目实施效果"三个维度建构了评价内容,设计了三级素养水平,每一个维度中的标准都有一个由低到高的渐进层次。实践项目目标板块反映"双向""五智慧生命"素养导向的情况。实践项目实施过程板块反映自助研学、互助探究、师助提高、反思发展四环节的实施情况。实践项目实施效果板块从认知智慧、文化智慧、实践智慧、身心智慧、审美智慧五个维度反映活动效果。由此构成基于社会的实践大课堂教学评价三维素养发展的层级水平,激励学生不断认识自我、发展自我、完善自我,超越自我,从"一星"跃升至"二星"再跃升至"三星";实践了四元主体参与评价,让学生自评、小组评价、家长评价、教师评价有机协同,把外部评价和内部评价、自我评价和他人评价有机结合起来,充分发挥多种评价主体力量,让个体、同学、教师、家长乃至社会成员都积极参加到评价活动中,使学生评价成为一个全员民主参与、全体多边互动、全面促进发展的系统过程。具体内容见表10。

表10:基于社会的实践大课堂教学评价标准

评价项目	评价内容	具体水平刻画			自我评价	小组评价	家长评价	教师评价	合计
		一星	二星	三星					
实践项目目标	双向	目标明确,基本能面向全体学生,"五智慧生命"素养导向有体现	目标明确,基本能面向全体学生、面向学生的未来,"五智慧生命"素养导向体现较好	目标明确,能够较好地面向全体学生,面向学生的未来,"五智慧生命"素养导向体现好					

评价内容(续): 目标明确,体现面向全体学生、面向学生的未来,突出"五智慧生命"素养导向

续表

评价项目	评价内容	具体水平刻画 一星	具体水平刻画 二星	具体水平刻画 三星	自我评价	小组评价	家长评价	教师评价	合计
实践项目实施过程	自助研学	师生活动准备充分，学生能自助研学、预习复习	教师要求不明，学生自助学习不好	教师要求清楚，学生自助学习一般	教师要求清楚，学生自助学习好					
	互助探究	活动实施新颖，有层次，学生互助学习指导落实	活动实施一般，有层次，学生互助学习缺少指导	活动实施较新颖，有层次，学生互助学习指导较落实	活动实施新颖，有层次，学生互助学习指导好					
	师助提高	及时师助，活用教材资源，善用生成资源，巧用生活资源，妙用环境资源，拓展发展综合能力	师助不及时，教材资源运用一般，生成资源运用一般，生活资源运用一般，环境资源运用一般，拓展一般	及时师助，教材资源运用较好，生成资源运用较好，生活资源运用较好，环境资源运用较好，拓展较好	及时师助，教材资源运用好，生成资源运用好，生活资源运用好，环境资源运用好，拓展好					
	反思发展	及时归纳总结，评价激励，应用创新	归纳总结不及时，不全面，评价激励不够，应用创新不够	归纳总结及时，较全面，评价激励一般，应用创新一般	归纳总结及时全面，评价激励好，应用创新好					

续表

评价项目	评价内容	具体水平刻画			自我评价	小组评价	家长评价	教师评价	合计
^	^	一星	二星	三星	^	^	^	^	^
实践项目实施效果	认知智慧 会思考，能主动获取知识，认知结构发展好，提高思维能力	不会思考，思考兴趣低，获取知识少，没有形成认知结构，思维能力提升少	用思考方法思考一般，有思考兴趣，获取知识多，形成初步的认知结构，思维能力发展一般	会用思考方法思考，有思考兴趣，获取知识多，认知结构发展好，思维能力发展好					
^	文化智慧 会学习，会探究	人文底蕴积淀一般，科学精神培养不够，学会学习不够	人文底蕴积淀较好，科学精神培养一般，学会学习一般	人文底蕴积淀好，科学精神培养好，学会学习好					
^	实践智慧 在社会实践活动中会实践、会创新、会合作	在社会实践活动中围绕主题实践探究不够，合作不够，没有创新成果	在社会实践活动中围绕主题实践探究一般，有合作，有创新成果	在社会实践活动中围绕主题实践探究较好，会合作，创新成果较好					
^	身心智慧 会改变、会生活、会健体	调控情绪情感一般，积极向上，健康的生活行为习惯不好，心理健康，运动能力发展不好	能够调控情绪情感，积极向上，具有健康的生活行为习惯，心理健康，运动能力发展一般	能够调控情绪情感，积极向上，具有健康的生活行为习惯，心理健康，运动能力发展好					

续表

评价项目	评价内容	具体水平刻画			自我评价	小组评价	家长评价	教师评价	合计
		一星	二星	三星					
实践项目实施效果	审美智慧 会审美	热爱生活、生命，对审美知识掌握一般，审美能力发展一般，对审美文化了解少	热爱生活、生命，对审美知识掌握较好，审美能力发展较好，对审美文化了解一般	热爱生活、生命，对审美知识掌握好，审美能力发展好，对审美文化了解多					
总评									

二、实践性成果

本课题历经3年持续探索和实践，取得了系列理论成果和显著实践成效。

（一）形成了一批学术成果

1. 编写《慧生课堂的建构与实践研究》

课题组对慧生课堂的"德雅"校本文化、"五智慧生命"的育人目标、"双向三助五生"原则理念、"四环节"教学模式、具体的教学策略、智慧乐园综合实践校本课程、课堂教学案例分析进行了理论与实践相结合的阐述。

2. 课题论文成果丰硕

2021年1月在《中国基础教育资源库》杂志发表了论文《把握新教材，创造性开展小学科学课堂实验活动》，有《浅析小学数学低段解决问题策略的教学方法的探究》《双减下的家校共育相关对策的思考》《小学数学教学中智慧校园运用探究》《浅谈小学教育信息化与教育教学的创新融合》《基于"慧生课堂"教学模式下"一题一课"的中考数学复习实践探究》《基于新课标立德树人要求的初中英语教学活动设计探究》《新时期初中历史师生互动教学策略分析》《新课程改革视角下初中语文阅读教学新方向》等19篇论文获得市区级奖励。

3. 课堂教学成果丰硕

2019年至今，参加市、区级教学竞赛活动获得区级奖60多人次，市级奖6人次。2019年，陈敏获得第二届重庆市公民科学素质大赛团体一等奖，第二届重庆市公民科学素质大赛公民科学素质个人标兵奖，王凯获得龙岗棠香片区中小学消防安全优质赛课二等奖。2020年，李爽获得龙岗棠香片区语文优质课赛课二等奖，黄甄获得龙岗棠香片区音乐优质课赛课二等奖，王浩获得龙岗棠香片区英语优质课赛课二等奖，王智、赵宗友获得大足区"风采杯"初中历史优质录像课大赛一等奖，姜小川、吴蜜获得大足区"风采杯"初中英语优质录像课大赛一等奖。2021年，吴良刚获得重庆市"基础教育精品课"奖，杨柳倩获得大足区科学（青年组）优质课评比一等奖，滕凤获得大足区初中生物优质课竞赛一等奖，祝永春获得大足区化学优质课一等奖，龙运芳、黄新茹被评为大足区"教学质量先进个人"。2022年，在大足区第六届中小学班主任基本功竞赛中，李玲玲获得个人全能一等奖，李永春获得二等奖，秦丽娟获得重庆市大足区第二届音乐基本功大赛五项全能一等奖，向天宇获得大足区第二届音乐基本功大赛五项全能一等奖，龚鑫洋获得大足区第二届音乐基本功大赛五项全能一等奖，高玄婷、金晓芳、余畅、杨卓越获得大足区第二届美术基本功大赛五项全能二等奖，苏宗华在大足区实验教学说课视频活动中荣获一等奖，李爽、郑秋怡、朱彦、易娅的《蒹葭诗经》荣获大足区第八届"中华经典诵读"大赛教师组二等奖，蒋敏、古苹荣获大足区第八届"中华经典诵读"大赛指导教师奖,周杨获得大足区中小学劳动教育暨综合实践活动成果展评一等奖,余雪松获得大足区第四届学校健康教育优质课评选一等奖。2023年,张欢获得大足区棠香片区英语优质课赛课一等奖,卢婷获得大足区棠香片区数学优质课赛课一等奖,王静婷获得大足区棠香片区小学道德与法治优质课片区赛一等奖,朱彦获得大足区棠香片区语文优质课赛课一等奖,谭佳获得大足区棠香片区科学优质课赛课一等奖。

4.编写了《智慧乐园综合实践活动校本课程》读本

课题组建构了五育融合、跨学科学习的《智慧乐园综合实践活动校本课程》,内容包括"认知乐园""文化乐园""实践乐园""审美乐园""身心乐园"五大板块,着力培养"认知智慧、文化智慧、实践智慧、身心智慧、审美智慧"的"五智慧生命"的核心素养,着力从文化基础、自主发展、社会参与三个方面发展学生人文底蕴、科学精神、实践创新、责任担当、学会学习、健康生活六大核心素养,形成"十会"能力,包括会思考、会学习、会探究、会实践、会创新、会改变、会合作、会生活、会健体、会审美等必备品格和关键能力,成为德智体美劳全面发展的社会主义建设者和接班人。

5.撰写了系列报告

课题组编写了课题开题报告约一万五千字,课题研究方案约六千字,课题前后期调查报告各约一万字,研究报告约六万字,工作报告约一万字。

6.实践建构系统整合的方法性成果

课题组立足于学校"德雅"文化,以国家立德树人目标为指导,确立了"五智慧生命"(包括认知智慧、文化智慧、实践智慧、身心智慧、审美智慧)的育人目标;总结了"双向"(面向全体学生、面向学生的未来)、"三助"(自助、互助、师助)教学理念,建构了慧生课堂的教室小课堂、学校中课堂、社区大课堂三类课堂体系;建构实施了以"自助研学→互助探究→

师助提高→反思发展"为基本流程的"四环节"教学模式群；构建具有"五生（生活性、生成性、生动性、生长性、生命性）"原则的灵动课堂；从教室小课堂、学校中课堂、社区大课堂三类课堂场域入手，实践建构了"五育融合"的三类课程体系，包括"基于教室的学科小课堂课程"，即国家课程，"基于学校的活动中课堂课程"，即校本活动课程，"基于社区的实践大课堂课程"，即社会实践课程，开发了《智慧乐园综合实践活动校本课程》；开发了《基于教室的学科小课堂教学评价标准》《基于学校的活动中课堂教学评价标准》《基于社会的实践大课堂教学评价标准》，实施三维度（目标、过程、效果），三层级（一级、二级、三级），四主体（自我、小组、家长、教师）评价办法，促进学生主体主动、全面、健康、持续发展，把全体学生培养成具有"五智慧生命"核心素养的全面发展的人。

通过课题研究，促进了课堂、学生、教师、学校"四个发展"。

（二）明晰了"明礼成习，雅立人生"的学校文化的"四大"实施路径，提升了学校办学水平和品位

课题对学校文化的实施落实明确了目标路径、课堂路径、课程路径、评价路径四大路径。

一是目标路径方面，在课题研究过程中，以学校"明礼成习、雅立人生"的"德雅"文化为起点，站在新时代教育"为民育好人，为国造良才"的使命高度，对"培养德智体美劳全面发展的社会主义建设者和接班人"的立德树人目标进行个性化表达，确立了"五智慧生命"的育人目标，着力从文化基础、自主发展、社会参与三个方面对人文底蕴、科学精神、实践创新、责任担当、学会学习、健康生活六大核心素养，进行创新性的整合设计，发展学生的认知智慧、文化智慧、实践智慧、身心智慧、审美智慧等"五智慧生命"核心素养，达到"十会"育人目标，包括会思考、会学习、

会探究、会实践、会创新、会改变、会合作、会生活、会健体、会审美。

二是课堂路径方面，建构了基于教室的学科小课堂、基于学校的活动中课堂、基于社区的实践大课堂等"三类课堂"，总结了"双向（面向全体学生、面向学生的未来）"、"三助（自助、互助、师助）"教学理念，实施了以"自助研学→互助探究→师助提高→反思发展"为基本流程的"四环节"教学模式群；构建具有"五生（生活性、生成性、生动性、生长性、生命性）"原则的灵动课堂；凝练教师的教学主张，提炼课堂行动文化，落实培养"五智慧生命"的育人目标；形成学校文化与慧生课堂文化的耦合机制，以学校文化引领课堂文化，以课堂文化丰盈学校文化。

三是课程路径方面，建构了与三类课堂整合的三类课程体系，从教室小课堂、学校中课堂、社区大课堂三类课堂场域入手，实践建构了五育融合的三类课程体系，包括"基于教室的学科小课堂课程"，即国家课程，"基于学校的活动中课堂课程"，即校本活动课程，"基于社区的实践大课堂课程"，即社会实践课程，开发了《智慧乐园综合实践活动校本课程》，培养文化基础、自主发展、社会参与三方面六维度的核心素养，培养"五智慧生命"核心素养，达到"十会"育人目标，形成学校文化与课程文化的耦合机制，以学校文化引领课程文化，以课程文化丰盈学校文化。

四是评价路径方面，构建了三类课堂的评价标准，设计开发了教学目标、教学内容、教学过程、教学效果、教师素质五维度内容的《基于教室的学科小课堂教学评价表》；从活动目标、活动过程、活动效果三个维度，实施"一级、二级、三级"三级水平，自我、小组、家长、教师四主体参与评价的《基于学校的活动中课堂教学评价标准》；从活动目标、活动过程、活动效果三个维度，设计了三级素养水平，自我、小组、家长、教师四主体参与评价的《基于社会的实践大课堂教学评价标准》，由此形成慧生课堂三类课堂的教学评价体系。

总之，课题组沿着"文化理念→育人目标→课堂变革→课程建设→评价改革"的路径落实学校文化，由此促进学校办学从单纯的制度导向型转向全面的文化引领型。

（三）建构了慧生课堂教学管理"六维"策略系统，提升了教学管理向精细化发展的层次水平

慧生课堂针对"师本课堂"的弊端，沿着"生本课堂"的方向，建构了课堂教学管理"六维"策略系统，包括育人目标系统、课堂生态系统、行动准则系统、实施理念系统、操作模式系统、科学评价系统六个方面，提升了教学管理向精细化发展的层次水平。

一是课堂教学育人目标系统方面，对国家立德树人目标，"培养德智体美劳全面发展的社会主义建设者和接班人"，进行了个性化、校本化表达，即培养"智慧生命"，构建了"五智慧生命"核心素养模型。

二是课堂生态建构系统方面，建构了基于教室的学科小课堂、基于学校的活动中课堂、基于社区的实践大课堂三类课堂生态，形成涵盖学生生活"全域"的立体的课堂场域，优化了课堂生态。

三是课堂教学行动准则系统方面，立足"明礼成习，雅立人生"的学校文化，依据育人目标，总结了"五生（生活性、生成性、生动性、生长性、生命性）"原则，建构灵动课堂。

四是课堂教学实施理念系统方面，对课堂教学的对象、目标、过程、资源、评价进行系统总结，总结了"双向（面向全体学生、面向学生的未来）""三助（自助、互助、师助）"教学理念。

五是课堂教学操作模式系统方面，从不同学科、不同课型、不同场域，对教学操作的流程进行科学探究，建构实施了以"自助研学→互助探究→师

助提高→反思发展"为基本流程的"四环节"教学模式群，系统推进教室小课堂、学校中课堂、社区大课堂三类课堂教学方式的变革。

六是课堂教学科学评价系统方面，建构了三类课堂的评价标准，设计开发了教学目标、教学内容、教学过程、教学效果、教师素质五维度内容的《基于教室的学科小课堂教学评价表》；从活动目标、活动过程、活动效果三个维度，实施"一级、二级、三级"三级水平，自我、小组、家长、教师四主体参与评价的《基于学校的活动中课堂教学评价标准》；从活动目标、活动过程、活动效果三个维度，设计了三级素养水平，自我、小组、家长、教师四主体参与评价的《基于社会的实践大课堂教学评价标准》，由此形成了系统的慧生课堂三类课堂教学评价体系。

（四）构建了慧生课堂"五育融合"的学生成长活动平台，提高了学生综合素质

学校慧生课堂的实践研究，构建了学生成长方面的"五智慧生命"成长平台，包括认知智慧、文化智慧、实践智慧、身心智慧、审美智慧五类成长平台，培养"智慧生命"核心素养，全面而系统地提高学生的综合素质。

1.认知智慧成长平台方面，一是搭建课堂平台，发挥课堂的主渠道作用，基于教室小课堂，积极开展国家课程的教学，培养学生的思维能力，培养"有概括思维的生命"，即智慧生命，发展认知智慧，培养"会思考"能力。二是搭建课程辅助活动平台，通过开展认知乐园社团活动，包括趣味数学、数学思维基础、数学思维提高、五子棋、象棋等社团，进行思维能力培养，发展认知智慧。三是开展"超级大乐购""跳蚤市场""数学竞赛""口算大赛"等实践活动，发展学生的思维能力，培养认知智慧。四是搭建综合实践课程平台，开发《认知乐园综合实践活动校本课程》，从思维方法、思维模型、认知结构三个方面培养学生认知能力，发展认知智慧，培养"会学

习"的核心能力，培养人文底蕴、科学精神、学会学习等文化基础核心素养。

2.文化智慧成长平台方面，一是搭建课堂平台，依据学校"德雅"文化，遵循"双向（面向全体学生、面向学生的未来）"原则，构建包括教师小课堂、学校中课堂、社会大课堂的三类课堂，采取"三助（自助、互助、师助）"学习方式，科学实施以"自助研学→互助探究→师助提高→反思发展"为基本流程的"四环节"教学模式群，打造具有"五生（生活性、生成性、生动性、生长性、生命性）"特性的灵动课堂，学习文化知识，积淀"人文底蕴、科学精神"，发展文化基础核心素养。学校连续四年获得大足区教育质量奖一等奖。龙运芳、黄新茹等人获得大足区教学质量先进个人。二是搭建诵读平台，每日课前经典诵读，每节语文课前三分钟有集体背诗词环节；每周社团开展经典诵读活动，诵读《古诗文读本》《三字经》等传统文化；每期开展一次诗歌艺术月活动，包括"三个一"活动，即开展一次古诗词创意教学研讨、校园原创诗歌"师生诗词秀"活动、开展一次经典诵读文艺演出活动，营造浓郁诗歌艺术气氛，厚积人文底蕴，培养有文化知识的生命即智慧生命。三是搭建竞赛平台，通过组织、参加各种文化类竞赛，培养学生的文化基础核心素养。沈靖岳获得重庆市"粒粒皆辛苦"青少年短视频大赛活动一等奖，周涵获得大足区中小学"全国爱眼日"学生演讲比赛一等奖，黄新月获得重庆市新时代好少年主题教育"红心向党"演讲比赛一等奖，杨馨月等14人获得大足区中小学第二届科幻征文比赛活动一、二、三等奖。刘虹希等70多人获得全国第八届"今日教育杯"小学生新课程作文一、二、三等奖。四是搭建综合实践课程平台，开发《文化乐园综合实践活动校本课程》，包括童真雅趣、亲近自然、开蒙启智、博学明理、文以言志、正挚情怀六个主题单元54篇课文，培养"有文化知识的智慧生命"，培养

"文化智慧"，培养人文底蕴、科学精神、学会学习等文化基础核心素养。

3.实践智慧成长平台方面，一是搭建课后服务平台，开展社团活动，包括剪纸、扎染、陶艺、科技模型、小发明家、小实验家、机器人、电脑小报、线类钩编、竹编等社团活动，培养学生的实践能力和创新能力。二是搭建社会实践平台，包括研学旅行、环境保护、跳蚤市场、种养殖等社会实践活动，培养学生的实践能力和创新能力。三是搭建竞赛平台，展示学生的实践能力和创新能力。黎夏等22人获得重庆市第十届（重庆文德中学杯）中学生科技小论文比赛一、二、三等奖。贺文静获得"童心绘消防 安全伴成长"第四届校园消防作文、绘画征集活动市级二等奖。王兴宇等39人获得大足区科技模型（二合一坦克三轮车）比赛一、二、三等奖。姚雪怡等7人在第六届大足区青少年科技创新大赛中荣获二、三等奖。谷昱辰等17人在重庆市第十一届（江北中学杯）中学生物理科技小论文大赛中荣获一、二、三等奖。贺文静、何姿颖、唐新怡等获得重庆市第四届梦想课堂·自然笔记大赛入围奖。四是搭建综合实践课程平台，开发《实践乐园综合实践活动校本课程》，设计"项目实践、创意实践、探究实践"三大板块，共13个主题的课程内容，培养学生的两意识（实践意识、社会责任感意识），四基（基本的实践知识、实践技能、实践经验、实践精神），八能（发现问题的能力、提出问题的能力、分析问题的能力、解决问题的能力、实践能力、创新能力、合作能力、沟通能力），培养学生"会实践、会创新、会合作"的核心能力，培养"能实践创新的智慧生命"，发展"实践智慧"，达成培养实践创新、科学精神、责任担当等社会参与核心素养的目标。

4.身心智慧成长平台方面，一是学校搭建心理健康咨询室，给学生提供心理咨询和辅导，帮助学生形成健康心理，塑造健康品格，养成良好行为习惯。二是搭建课后服务平台，开展学生健体社团活动，包括田径、足球、篮球、乒乓球、羽毛球、武术、健美操等社团，培养会改变、会生活、会健体等能力。三是搭建竞赛平台，组织、参加各种体育竞技比赛，促进学生运动技能和心理健康品质的发展。学校积极开展体育节，每学期开展一次运动会，培养学生的体育兴趣，发展运动技能，增强体质。四年来学生获得校级体育类奖励700多人次。学生积极参加上级组织的比赛，李鑫印获得大足区第十届田径运动会小学男子A组1500米第五名，唐良吉等9人在"奔跑吧·少年"重庆市大足区2022年学生跳绳比赛中获得第一或第二名。吕秋玥等5人在大足区第十届田径运动会获得单项前7名。四是搭建大课间体育锻炼平台，每天坚持锻炼1小时，开展啦啦操、武术操、韵律操训练和比赛，整体提高全体学生的身体素质。五是搭建综合实践课程平台，开发《身心乐园综合实践活动校本课程》，设计了"运动技能、心理健康品质"两大板块共12个单元，共21个课题的课程内容，培养学生的运动能力、健康行为、健康心理、体育品德等体育素养，培养学生"会改变、会生活、会健体"的核心能力，培养"能反思改变的智慧生命"，发展"身心智慧"，培养自主发展核心素养。

5.审美智慧成长平台方面，一是搭建课堂平台，规范基于教室的学科小课堂的教学，扎实美术、音乐学科教学，向40分钟要质量，促进学生审美能力的发展。二是搭建课后服务平台，开展学生审美社团活动，包括合唱、舞蹈、器乐、钢琴、绘画、书法、版画、儿童画，培养学生认识美、理解美、表现美、欣赏美等审美能力。三是搭建竞赛平台，组织、参加各种艺术比赛，展示学生的审美能力。学校每年六一节、元旦节都要组织开展文艺汇演，展示评比学生的审美创造成果，促进学生审美能力的发展。四年来学生获得校级艺术类奖励900多人次。学校获得重庆市2019年中小学学生艺术活动月优秀组织奖。学校获得重庆市大足区第三届师生艺术节合奏、独唱、合唱一等奖。获得2020年重庆市中小学生艺术活动月系列活动优秀组织奖。贺文静获得重庆市"童心绘消防　安全伴成长"第四届校园消防作文、绘画征集活动二等奖。王雅熏获得大足区"学生书法作品"小学组二等奖。谢欣月等5人获得大足区健康生活"520"中国学生营养日主题绘画作品赛一、二等奖。徐静、邓娟等人获得重庆市中小学生艺术活动月课堂器乐赛二等奖。谢欣月、杨馥瑜获得中国学生营养日手抄报比赛中学组市级二、三等奖。谢欣月、李溢洋、李京蔓、王邦禹、黄薪颖、杨梓雅等12人获得大足区第三届师生艺术节教师书画作品一、二等奖。学生参加重庆市义务教育阶段学校第六届"课堂器乐"评选初中组合奏《布谷鸟》《映山红》获得市级二等奖。梁陶媛等10人参加大足区防溺水美术作品展分别获得一、二、三等奖。四是搭建综合实践课程平台，开发《审美乐园综合实践活动校本课程》，设计了音乐美、绘画美、文化美、科学美、劳动美、健康美六大板块，共13个单元，18个课题的课程内容，培养学生的审美兴趣，审美知识，审美能力，审美文化等方面的审美能力，培养"会审美"的核心能力，最终培养出"能创美达美的智慧生命"，发展"审美智慧"，培养自主发展核心素养的目标。

（五）构建了慧生课堂教师发展"合作共进"的"三大"实施路径，提升了教师专业能力

学校慧生课堂的实践研究，构建了教师发展方面的"校本培训、技能竞赛、课题研究""三大"实施路径，提升了教师专业能力。

1.校本培训路径方面，学校开展了新教师合格课活动，师徒结对，传帮带，促进新教师快速成长。开展了部编教材解读、课标解读、集体备课、大单元教学设计等专题培训，相互合作共进，转观念，提能力，紧跟时代教育。四年来开展校本培训近20项，合作共进，整体提升了教师的专业能力。

2.技能竞赛路径方面，学校每年开展慧生课堂优质课大赛，教师基本功大赛等竞赛活动，相互听评课，磨课，合作共进，整体提升教师的教学能力。四年来，开展活动16次，教师150多人获得校级奖励。同时，积极参加市区级学科赛课活动，多人获市区级奖。唐小梅获得2022年"赋教杯"首届全国中小学英语作业设计及实践三等奖；曾娟获得重庆市第八届初中数学青年教师优质课评比二等奖；曹亚飞的《人教版16.4浮力》教学设计获得市级一等奖；陈敏获得大足区2019年小学科学组说课二等奖；蒋和都获得重庆市第六届中小学体育教师技能比赛二等奖；李爽、古苹、王浩、黄甄4人分别获得龙岗棠香片区优质课赛课一、二等奖；秦际兰获得教师基本功大赛声乐市级二等奖；杨柳倩在大足区科学（青年组）优质课评比中获得一等奖；祝永春、蔡文静、曾娟、滕凤、赵宗友、王智、吴蜜、王婷、胡世燕、姜小川、朱敏等10多人获得大足区初中优质课竞赛一等奖；李永春获得大足区第六届中小学班主任基本功大赛"个人全面"二等奖；秦丽娟、龚鑫洋获得大足区第二届音乐基本功大赛五项全能一等奖；高玄婷、金晓芳、余畅、杨卓越4人分别获得大足区第二届美术基本功大赛五项全能二等奖；张欢、卢婷、王静婷、朱彦、谭佳分别获得大足区棠香片区英语、数学、道德与法治、语文、科学优质课赛课一等奖。近四年来，教师同伴互助，合作共进，获得国家奖励7人次，市级奖励86人次，区级奖励141人次。

3.课题研究路径方面，学校慧生课堂的实践研究，开展慧生课堂内涵解读培训，让教师理解"双向""三助四环节五生"等理念、方式、过程、原则，明确"五智慧生命"核心素养与国家五育目标、国家核心素养目标之间的关系，相互探讨，内化为教师的日常教学行为。开展了慧生课堂教学模式的建构培训，围绕"四环节"同伴互助，相互探讨，自主实践，教师立足不同学科内容、不同课型建构了十几种具体的慧生课堂教学模式。开展了慧生课堂教学策略的提炼与撰写，教师互助探究，积极实践，总结形成个性化的教学主张、教学策略10多种。四年来，编写《慧生课堂的实践研究》30多万字的专著1本，教师公开发表研究论文1篇，撰写研究论文参加各级比赛，获得市区级奖励10篇。

"校本培训、技能竞赛、课题研究""三大"实施路径，催生了2名重庆市级骨干教师，13名区级骨干教师，15名区级优秀教师、先进个人，形成了独具特色的"合作共进"的团队文化。

（六）构建了慧生课堂"智慧生命"的课堂文化，助推了学校特色发展

通过课题研究，从2019年至今，在近四年区教委组织的各项抽考评比中均取得了名列前茅的成绩，学校获得"重庆市优秀少先队集体"荣誉称号，重庆市大足区"科技教育特色学校"荣誉称号，重庆市2019年中小学生艺术活动月优秀组织奖，第十届重庆市优质少先队活动课说课大赛决赛优秀组织奖，重庆市2020年中小学学生艺术活动月优秀组织奖，大足区2022年青少年毒品预防教育工作先进集体，大足区科技模型竞赛优秀组织奖，大足区教育系统第三届师生体育艺术节优秀组织奖，促进了学校的发展。学校先后4次被《重庆日报》以《大足区城南教育集团 矢志育好人造良才》《大足城南教育集团举办首届职工节活动 同心同德共创辉煌》《大足城南教育集团：以责任担当铸就民办教育典范》《大足城南教育集团：融通育人 赋能学生多元成才》为标题进行了报道，先后14次被《大足生活通（公众号）》报道，提升了学校的品牌品质和知名度，促进了学校的发展。课题研究推动了学校办学水平的全面提高。学校、教师、学生参与国家、市区各级各类活动获奖情况如表11所示。学校连续四年获得大足区教育质量奖一等奖。在近四年中，学校、教师、学生累计获得市、区级以上奖项548

项，其中，获得国家级奖项54项，市级奖178项，区级奖316项，编写专著1本，发表论文1篇，论文获奖18篇。学校各部门秉持慧生课堂"智慧生命"的行为文化，力争上游，在科技教育、艺术教育、体育教育、少先队建设、养成教育等方面取得丰硕成果，助推了学校特色发展。

表11：重庆大足城南东序学校获奖情况统计表

级别 年度	学校 国家级	学校 市级	学校 区级	教师 国家级	教师 市级	教师 区级	学生 国家级	学生 市级	学生 区级	累计
2019—2020		6	11	2	6	8	44	5	15	97
2020—2021		7	12		21	50		24	26	140
2021—2022		5	10	4	42	38	1	18	51	169
2022—2023		4	14	1	17	45	2	23	36	142
合计		22	47	7	86	141	47	70	128	548

重庆市教育科学"十三五"规划课题《慧生课堂的实践研究》工作报告

李 爽 卢 婷 罗高莉

《慧生课堂的实践研究》是重庆市大足城南东序学校承担的重庆市教育科学"十三五"2020年度规划课题，课题批准号：2020-19-566号。

一、研究的主要过程和活动

本课题经历三年多的实践研究，具体分为三个阶段。

课题准备阶段：2020年4月—2020年12月。课题组进行文献研究，撰写申请书，慧生课堂的实践研究课题于2020年10月立项。

实施研究阶段：2021年1月—2023年6月。于2020年12月25日，请重庆市九龙坡进修学院书记、正高级教师江涛，重庆市南岸区珊瑚小学校长、正高级教师谭劲，重庆市两江新区优秀教研员陈宏，以及重庆市大足区教科所专家，对课题进行了开题指导。2021年1月课题组综合构建了慧生课堂的"五智慧育人目标"三类课堂场域"双向三助"教学理念、"五生"课堂教学原则、"四环节"课堂教学实施流程，开发了《智慧乐园综合实践活动校本课程》读本，开发慧生课堂三类课堂评价标准，进行具体的实践研究。2023年4月邀请了专家做《教学模式的提炼与撰写》《构建教学主张做有思想的教师——教学主张的提炼与撰写》等培训，指导教师提炼教学主张，总结慧生课堂教学策略，指导教师提炼教学模式，科学运用"四环节"教学模式，撰写课题研究论文30多篇。课题组于2022年10月请大足区教科所专家对课题进行了指导，对慧生课堂的价值意义、基本结构和实施路径给予了肯定，提出了"三类课堂场域要加强核心素养培养""改进课堂评价"等建议，课题组撰写了中期研究报告。

结题鉴定阶段：2023年6月—2023年12月。课题组老师撰写论文，汇报整理教学案例，开展实验成果调查，收集效果资料，撰写研究效果调查报告、研究报告、工作报告、课题成果公报，编写《慧生课堂的建构与实践》接受重庆市教育科学规划办的结题鉴定。

二、研究计划执行情况

本课题经课题组所有参与教师的辛勤努力，在市教育科学规划办、区教科所的指导下，学校高度重视，并在人力、物力、财力方面的大力支持下，按预计目标完成了相关研究任务。主要有以下几个方面：

（一）确立了慧生课堂培养"智慧生命"的育人目标

课题组站在新时代教育"为党育人、为国育才"的使命高度，对"培养德智体美劳全面发展的社会主义建设者和接班人"的立德树人目标进行个性化表达，校本化实践，将立德树人目标和学校"为民育好人，为国造良才"的学校"德雅"文化融合，整合中国学生核心素养"三类（文化基础、社会参与、自主发展）、六维（人文底蕴、科学精神、学会学习、健康生活、责任担当、实践创新）、十八基点"，把育人目标具体化为培育"智慧生命"的育人目标，建构了"五智慧生命"核心素养模型，包括认知智慧、文化智慧、实践智慧、身心智慧、审美智慧，强化"十会（会思考、会学习、会探究、会实践、会创新、会改变、会合作、会生活、会健体、会审美）"核心能力的培养。

（二）建构了慧生课堂的三类课堂生态体系

课题组建构了教室小课堂、学校中课堂、社区大课堂三类课堂场域。基于教室的学科小课堂是以培养文化基础为主要目标的课堂，培养"五智慧生命"，培养"会思考、会学习、会探究、会改变、会合作、会健体、会审美"的核心能力。基于学校的活动中课堂是以培养学生自主发展能力为主要目标的课堂，培养"五智慧生命"，培养"会改变、会合作、会生活、会健体、会实践、会创新"的核心能力。基于社区的实践大课堂，是以培养学生社会参与能力为主要目标的课堂，培养"五智慧生命"，培养"会实践、会创新、会合作"的核心能力。

（三）总结了慧生课堂的"双向三助"教学理念

课题组建构了慧生课堂的"双向（面向全体、面向未来）""三助（自助、互助、师助）"的课堂教学理念系统，采取自助、互助、师助三种学习方式转变课堂教学方式。

（四）建构了慧生课堂的"四环节"教学模式群

课题组立足"智慧生命"的育人目标，依据"双向三助"理念，在"三类课堂"场域中，对学校原有的"四环节"教学流程进行迭代发展，总结出新的以"自助研学→互助探究→师助提高→反思发展"为基本流程的"四环节"教学模式，教师在不同学科，不同年段，不同课型中，对"四环节"教学模式加以灵活运用，增添删减，加工改造，总结了"小学语文口语交际'五交际'教学模式、小学古诗'五学'课堂教学模式、小学低段童话'五学'教学模式、小学语文阅读教学'五读'模式、小学数学新授课'五学'教学模式、小学英语阅读'四活动'教学模式、小学科学'四环节'教学模式、小学体育'四游戏'教学模式、小学美术'五美'教学模式等教学模式"，在三类课堂场域中运用的"四环节"中形成了丰富的教学模式群，促进师生智慧生命的成长。

（五）提炼了慧生课堂"五生"教学原则

课题组构建具有"五生（生活性、生成性、生动性、生长性、生命性）"原则的灵动课堂，把全体学生培养成具有"五智慧生命"核心素养的全面发展的人。生活性原则关注教学内容，来源于生活，有助于生活。生成性原则关注教学过程，关注"预设"与"生成"，以学生为主体，因材施教。生动性原则关注教学方法，鲜活灵动，引人入胜。生长性原则关注教学效果，学有所得，个性生长。生命性原则关注教学理念，以人为本，关注生命，呵护生命，成就生命。

（六）建设了慧生课堂"智慧生命"课程体系

课题组实践建构了五育融合的三类课程体系，包括"基于教室的学科小课堂课程"，即国家课程，"基于学校的活动中课堂课程"即校本活动课程，"基于社区的实践大课堂课程"，即社会实践课程。课题组开发了五育融合的《智慧乐园综合实践活动校本课程》，包括认知乐园、文化乐园、实践乐园、身心乐园、审美乐园五种校本课程读本，对校本活动课程、社会实践课程进行整合、补充，实施课程融合的跨学科学习、项目式学习。三类课程体系有机融合，致力培养"三类（文化基础、自主发展、社会参与）""六维（人文底蕴、科学精神、实践创新、责任担当、学会学习、健康生活）"核心素养，培养"智慧生命（认知智慧、文化智慧、实践智慧、身心智慧、审美智慧）"核心素养，培养学生的"十会"必备品格和关键能力，培养德智体美劳全面发展的社会主义建设者和接班人，落实立德树人目标。

（七）开发了慧生课堂三类课堂评价工具

对教室学科小课堂的评价，课题组依据慧生课堂的"双向三助四环五生"的整体建构，把"双向（面向全体学生、面向学生的未来）""三助

（自助、互助、师助的学习方式）""四环节（自助研学—互助探究—师助提高—反思发展）""五生（生活性、生成性、生动性、生长性、生命性）"融入学科课堂教学评价体系之中，分教学目标、教学内容、教学过程、教学效果、教师素质五大板块，开发了《基于教室的学科小课堂教学评价表》。对基于学校的活动中课堂和基于社会的实践大课堂，课题组开发了《基于学校的活动中课堂教学评价标准》《基于社会的实践大课堂教学评价标准》，从活动目标、活动过程、活动效果三个维度，设计了"一级、二级、三级"三层级发展水平，实施了自我评价、小组评价、家长评价、教师评价四主体参与评价。由此形成完备的三类课堂评价体系。

三、课题变更情况

本课题因课题组人员工作变更，课题组人员变更如下：

一是课题负责人邓辉变更为周娟。由于课题组负责人邓辉理事长事务繁忙，没有时间参与课题研究，经邓理事长本人同意和学校课题组小组通过，由学校党委副书记周娟担任课题负责人并主持课题的研究工作，因此课题负责人邓辉变更为周娟。

二是谢玉萍由于工作调整，业务繁忙，没有参加课题研究工作，其课题研究工作由李爽接替，因此，课题主研人员谢玉萍变更为李爽。

三是沈祖燕由于工作调整，业务繁忙，没有参加课题研究工作，其课题研究工作由罗高莉接替，因此，课题主研人员沈祖燕变更为罗高莉。

四是课题组犹燕已经从学校离职，脱离本课题组，其课题研究工作由卢婷接替，因此，课题主研人员犹燕变更为卢婷。

五是王宇由于工作调整，业务繁忙，没有参加课题研究工作，其课题研究工作由李永春接替，因此，课题主研人员王宇变更为李永春。

四、成果的出版、发表情况

（一）学术性成果

一是出版了专著《慧生课堂的建构与实践研究》。对慧生课堂的"德雅"校本文化、"五智慧生命"的育人目标、"双向三助五生"原则理念、"四环节"教学模式、具体的教学策略、智慧乐园综合实践校本课程、课堂教学案例分析进行了理论与实践相结合的阐述。

二是课题论文成果丰硕。2021年1月在《中国基础教育资源库》杂志发表了论文《把握新教材，创造性开展小学科学课堂实验活动》，有《基于"慧生课堂"教学模式下"一题一课"的中考数学复习实践探究》《新时期初中历史师生互动教学策略分析》《新课程改革视角下初中语文阅读教学新方向》等19篇论文获得市区级奖励。

（二）策略性成果

包括七个方面，一是确立了慧生课堂培养"智慧生命"的育人目标，建构了"五智慧生命"核心素养体系；二是建构了教室小课堂、学校中课堂、社区大课堂三类课堂生态；三是总结了慧生课堂的"双向（面向全体、面向未来）""三助（自助、互助、师助）"的课堂教学理念系统；四是建构了以"自助研学→互助探究→师助提高→反思发展"为基本流程的"四环节"教学模式群；五是提炼了慧生课堂"五生（生活性、生成性、生动性、生长性、生命性）"原则，关注慧生课堂教学的"内容、过程、方法、效果、理念"；六是建设了慧生课堂"智慧生命"课程体系，开发了五育融合的《智慧乐园综合实践活动校本课程》；七是开发了慧生课堂三类课堂评价工具。七大策略致力培养"三类（文化基础、自主发展、社会参与）""六维（人文底蕴、科学精神、实践创新、责任担当、学会学习、健康生活）"核心素养，培养"智慧生命（认知智慧、文化智慧、实践智慧、身心智慧、审美智慧）"核心素养，培养学生的"十会（会思考、会学习、会探究、会实践、会创新、会改变、会合作、会生活、会健体、会审美）"必备品格和关键能力，培养德智体美劳全面发展的社会主义建设者和接班人，落实立德树人目标。

（三）实效性成果

1.明晰了"明礼成习、雅立人生"的学校文化的"四大"实施路径，提升了学校办学水平和品位

课题对学校文化的实施落实明确了目标路径，建构了"五智慧生命"核心素养模型；明确了课堂路径，建构了基于教室的学科小课堂、基于学校的活动中课堂、基于社区的实践大课堂三类课堂生态，教学理念，教学准则，四环流程；明确了课程路径，建构了与三类课堂整合的三类课程体系；明确了评价路径，构建了三类课堂的评价标准。

2.建构了慧生课堂教学管理"六维"策略系统，提升了教学管理向精细化发展的层次水平

慧生课堂针对"师本课堂"的弊端，沿着"生本课堂"的方向，建构了课堂教学管理"六维"策略系统，包括育人目标系统、课堂生态系统、行动准则系统、实施理念系统、操作模式系统、科学评价系统六个方面，提升了教学管理向精细化发展的层次水平。

3.构建了慧生课堂"五育融合"的学生成长活动平台，提高了学生综合素质

学校慧生课堂的实践研究，构建了学生成长方面的"五智慧生命"成长平台，包括认知智慧、文化智慧、实践智慧、身心智慧、审美智慧五类成长平台，培养"智慧生命"核心素养，全面而系统地提高学生的综合素质。

4.构建了慧生课堂教师发展"合作共进"的"三大"实施路径,提升了教师专业能力。

学校慧生课堂的实践研究,构建了教师发展方面的"校本培训、技能竞赛、课题研究""三大"实施路径,提升了教师专业能力。

5.构建了慧生课堂"智慧生命"的课堂文化,助推了学校特色发展

通过课题研究,从2019年至今,在近四年区教委组织的各项抽考评比中均取得了名列前茅的成绩,学校获得"重庆市优秀少先队集体",重庆市大足区"科技教育特色学校"等荣誉称号10余项。4次被《重庆日报》报道,14次被《大足生活通(公众号)》报道。在近4年中,学校、教师、学生累计获得市、区级以上奖项548项,其中,获得国家级奖项54项,市级奖178项,区级奖316项,编写专著1本,发表论文1篇。学校各部门秉持慧生课堂"智慧生命"的行为文化,力争上游,在科技教育、艺术教育、体育教育、少先队建设、养成教育等方面取得丰硕成果,助推了学校特色发展。

五、课题资助经费总决算(略)

第三编

慧生课堂实践研究之法：
教学策略篇

慧生课堂怎么教？慧生课堂实践研究课题组坚持"面向全体学生、面向学生未来"的育人理念，坚持"自助、互助、师助"的学习方式，按照"自助研学—互助探究—师助提高—反思发展"课堂教学"四环节"科学实施教学，坚持"生活性、生成性、生动性、生长性、生命性"的教育原则，打造灵动的"五生"课堂，培育具有"认知智慧、文化智慧、实践智慧、身心智慧、审美智慧"的"五智慧生命"，落实立德树人目标。教师进行了个性化的课堂实践，总结了"基于慧生课堂理念的小学语文自主学习策略研究""基于慧生课堂理念的小学语文情景教学策略研究""慧生课堂理念下的语文低段童话'讲故事'教学策略""基于慧生课堂理念的语文生活化教学策略研究""基于慧生课堂理念的小学数学生命课堂教学策略研究""基于慧生课堂理念的生动数学教学策略研究""'双减'背景下小学数学作业'四化'设计策略研究""基于慧生课堂理念的小学数学互助学习策略研究""基于慧生课堂理念的小学数学操作学习策略研究""基于慧生课堂理念的小学科学'四环节'学习策略""基于单元整体教学理念的小学英语词汇教学策略研究""小学英语自主学习能力培养策略研究"等教学策略，回答"慧生课堂怎么教"的问题，彰显慧生课堂教学特色。

基于慧生课堂理念的小学语文
自主学习策略研究

郑秋怡

【摘要】笔者基于慧生课堂"双向三助四环节五生"的课堂理念，分析了传统的小学语文教学人本化理念缺失、方式单一落后这两大问题，为落实新课程改革立德树人目标，转变语文课堂教学方式，建构了小学语文自主学习前置性反思、助学单导学、任务驱动、思维可视化四大策略，培养学生的自主学习能力。

【关键词】慧生课堂；自主学习；教学策略

慧生课堂强调"面向全体学生、面向学生未来"的育人理念，坚持"自助、互助、师助"的学习方式，按照"自助研学—互助探究—师助提高—反思发展"课堂教学"四环节"科学实施教学，打造具有"生活性、生成性、生动性、生长性、生命性"的灵动的"五生"课堂，培育具有"认知智慧、文化智慧、实践智慧、身心智慧、审美智慧"的"五智慧生命"，落实立德树人目标。教师的主阵地是课堂，"上好课"是每一位青年教师成长的支点。自"慧生课堂"在东序校园的沃土落地以来，在"慧生之风"吹拂下，个人总结了小学语文自主学习策略，分享如下：

一、基于慧生课堂理念的小学语文自主学习价值分析

（一）是落实新课程改革立德树人目标的需要

新课程改革着力培养"有理想、有本领、有担当"的"三有"新人，以培养德智体美劳全面发展的社会主义建设者和接班人为目标。其核心是关注人的发展，也就是关注学生的全面发展。慧生课堂秉承人本教育思想，培养"五智慧生命"，培养全面发展的人，正是对新课程改革的有力的个性化回应。慧生课堂的教师坚持"双向三助"教育理念，以学生为主体，突出自主教育特色，着力培养"文化基础、自主发展、社会参与"核心素养，与新课程改革的理念相融相通。

（二）是转变语文课堂教学方式的需要

传统的小学语文教学一是存在人本化理念缺失的问题。苏霍姆林斯基认为"只有能够激发学生去进行自我教育的教育，才是真正的教育"。传统的小学语文课堂教学教师没有落实学生主体地位，没有树立促进学生全面发展理念，没有激发学生自我教育。普遍存在学生被动接受知识、学习兴趣不高等现象。究其原因是沿袭了"教师中心""知识中心"的理念，更多的是关注学科的知识教学，以提高学生的成绩为首要教学目标，而这种教学理念与新课标要求存在巨大的偏差。传统的小学语文教学二是存在方式单一落后的问题。教师采用"满堂灌""填鸭式"教学方式，学生被动接受学习，教师未能以学生为中心，未能让学生走进文本，经历文本的阅读、理解、体验、感悟、运用的过程，导致学生语言文字能力、思维能力、文化底蕴等语文核心素养发展不充分，学生在语文学习中逐渐丧失兴趣和学习的信心，导致学生的自主学习能力得不到提高。传统的小学语文教学人本化理念缺失、方式单一落后这两大问题的解决，需要落实学生主体地位，激发学生自我教育，

实施自主学习方式，培养自主学习能力。

二、基于慧生课堂理念的小学语文自主学习实施策略

（一）前置性反思，有效研学，夯实小学语文自主学习的基础

学者波斯纳认为，没有反思的经验是狭隘的经验，至多只能形成肤浅的知识，只有经过反思，教师的经验方能上升到一定的高度，并对后继行为产生积极的影响。慧生课堂坚持"双向三助"的教学理念，面向全体、面向未来，建构"自助、互助、师助"的课堂，设计实施"自助研学—互助探究—师助提高—反思发展""四环节"教学流程，强调师生在反思中发展提高。为了提高实际的教学效果，不应当是教学出现了问题而反思，而应是提前反思，用前置性反思，有效研学，规避问题的产生。前置性反思研学过程中，一是要准确把握课标，做到"脑中有标"，对新课程标准的理念、目标、要求、实施建议、评价导向要清楚。二是要透彻解读教材，做到"胸中有本"，对单元训练重点、目标，如何整合实施单元教材，如何实施单元整体教学，有详尽解读。三是要准确把握学情，做到"眼中有人"。对学生在每篇课文的学习中的重点、难点、关键点、延伸点、易混点、易错点要精准分析，科学预测。四是对教学活动的设计要新颖巧妙，做到"心中有数"。每个环节的引导语、过渡语、小结语、评价语要巧妙设计，同时要采用助学单，设计学习活动任务，引导学生学习。五是要创新学习方式，运用多种学习方式方法，发展语言文字能力和自主学习能力，做到"手中有法"。比如关联词的运用、短语搭配练习、句子仿写等方法的运用，有效发展了学生的语言文字能力。在每一次的备课中，前置性反思，有效研学，充分研读课标、教材、学生、活动、方法，夯实了小学语文自主学习的基础，教师与学生都能愉悦有效地度过一堂课，才会让课堂出效果。

（二）助学单导学，三助整合，经历小学语文自主学习的过程

助学单的设计，充分体现了"师助"的学习方式，体现了教师的引导作用。运用助学单导学，可帮助教师有策略地开展课堂教学，运用"自助、互助、师助"的学习方式，帮助学生经历自主发现、思考、交流、探究、归纳、总结、迁移、应用、创新的语文学习过程，发挥主体作用，激发学习兴趣，增强内驱力，促进学生语文素养的全面提升。以三年级下册课文《花钟》为例。在教学时，紧扣住单元要素"借助关键句概括一段话的大意"设计助学单，带领学生回顾旧知学"范式"、运用"范式"迁移学习，通过助学单找一找、圈一圈、连一连的任务指向，有层次地让学生在"自助、互助、师助"中习得"边读边想、批注、预测"等语文学习方法，获得思维支架，发展思维能力。同时通过助学单，整合"自助、互助、师助"学习方式，经历小学语文自主学习的过程，在自学、互学、展学、评学、拓学中发展语言文字能力，获得独特的生命体验，发展"认知智慧、文化智慧、实践智慧、身心智慧、审美智慧"。

（三）任务驱动，三助协同，拓宽小学语文自主学习的路径

在新课标理念的引导下，提高小学生自主学习语文的能力，不仅要充分利用现有教学资源，而且还要拓宽语文学习途径，采取任务驱动的方式，从多个角度，建构语文学习任务，设计丰富多彩的学习活动，协同实施"自助、互助、师助"学习方式，激发学生的语文学习兴趣，全面培养学生的自主学习能力。如，在三下口语交际《春游去哪儿玩》中，围绕"推荐一个地方，并把推荐的理由说清楚"这一教学目标，为学生们创新布置了周末作业"我是小小推荐员"的学习任务，及时师助，提出学习要求，指导交际内容，搭建交际表达的思维支架。然后，通过鼓励家长朋友在周末带领孩子放下手机、走出室外、寻找春天的足迹，驱动学生"自助"学习，自主完成"推荐

一个游玩地方"。在同学们的反馈视频中，可以直观看到学生对于如何介绍一处地方已有了自己的答案，推荐了香国公园、南山公园、家乡运动场、万宁古镇等等，并且表达力一个比一个准确、丰富。这不仅使得后续的课堂教学变得轻松自如，而且是真实的、有活力的学生自主汇报与自主展示。课内外结合、校内外结合的任务驱动，拓宽了小学语文自主学习的途径，发展了学生的自主学习能力。

（四）思维可视化，三助同推，创新小学语文自主学习的方法

学生的思维是看不见摸不着的，是隐性的。运用思维导图可以把学生的思维显性化，可视化。学生思维可视化是以图文并用的方式来表达和描述知识的方式手段，可有效引导学生进行深层次的学习，以达到知情解意、优化学习的效果。一是教师及时"师助"，教给基本的思维可视化的表达方法，如树形图、思维导图、列表、图配文、绘本等方法。二是要及时"自助"学习，独立探究，表达自己真实的想法。三是要同伴互助，及时"互助"学习，在课中交流、展示、分析、评价同伴的思维可视化作品，相互借鉴，相互启发，获得思维可视化的经验和技能。四是要及时"师助"学习，搭建可视化的思维支架，为学生提供丰富的思维可视化路径。例如，在任教四年级上册课文《爬山虎的脚》时，立足单元要素"感受作者连续细致的观察"，在助学单上给学生留出了一块用于设计思维导图的空白。通过引导学生初步感知文章的大体内容后，放手学生独立思考理清文章脉络，独立制作可视化的思维导图，展示思维导图框架，让生与生在互助中进一步把握课文的整体架构，从而感悟作者叶圣陶是如何用文笔将自己的观察描写了出来。时间一长，这种方法促使孩子们在阅读的过程、学习的过程、绘制的过程中，不断内化知识，发展思维能力和语言文字能力。

总之，小学语文课堂，是润泽学生生命，培养"五智慧生命"的基础阵

地，我们应当用前置性反思奠定学习基础，用助学单导学推动学习进程，用任务驱动拓宽学习路径，用思维可视化创新学习方法，给学生创设一个开放、自由、灵活、快乐、幸福且宽广无比的语文学习空间，让孩子去阅读、去想象、去思考、去实践、去探索、去创新，从而为学生一生的语文素养的形成打下坚实的基础。慧生课堂，是学生的幸福，也是作为一名语文教师的幸福。

基于慧生课堂理念的小学语文情境教学策略研究

李永春

【摘要】 笔者基于慧生课堂"双向三助四环节五生"的课堂理念,分析了基于慧生课堂教学理念的小学语文情境教学策略的内涵,分析了其"开课创设探究情境引导自学,课中创设交流情境巧妙互学,课中创设应用情境多彩展学,课尾创设延伸情境结学反思"的四环节实施流程,建构了"四情境"的实施策略,科学有效地运用情境教学,发展语文核心素养,提高育人质量。

【关键词】 慧生课堂;情境教学;教学策略

随着教育改革的不断深入,情境教学逐渐成为了国内外众多教育研究者所关注的焦点。情境教学是以学生为中心、强调学生主动参与、探究式学习的教学方法。在小学语文教学中,情境教学可以帮助学生更好地理解课文内容,提高语文素养,同时还能培养学生的自主学习能力和合作精神。学校慧生课堂教学理念的落实,需要科学有效地运用情境教学,转变教学方式,促进学生全面发展。结合自身教学实践经验,对基于慧生课堂理念的小学语文情境教学的内涵解读、实施流程、实践策略作简要分析。

一、基于慧生课堂理念的小学语文情境教学内涵解读

（一）什么是基于慧生课堂理念的小学语文情境教学策略

它是以慧生课堂"双向三助四环节五生"理念为指导，以培养学生文化自信和语言运用、思维能力、审美创造等语文核心素养为目标，在慧生课堂"自助研学—互助探究—师助提高—反思发展"四环节教学中，通过多媒体运用、实物演示、角色扮演、实验操作等多种手段创设各种课堂教学情境，将认知与情感、形象思维与抽象思维、教与学巧妙地结合起来，充分发挥课堂教学中学生的积极性、主动性和创造性，改变学生单纯被动接受知识的一种教学方法。

基于慧生课堂理念的小学语文情境教学策略能够激发学生学习兴趣，引导学生融入具体情境中进行真实体验，从而培养学生的人格、陶冶学生的情操、提高学生们的团结互助能力，最终达到让学生掌握知识、发展语言文字能力、提高自主学习能力和创新能力的目的；体现了以人为本、真实学习、有意义的建构、多感官参与、合作探究、深度学习等现代教育思想，具有很鲜明的时代特征。

（二）什么是慧生课堂理念

慧生课堂理念是指"双向三助四环节五生"。慧生课堂强调"面向全体学生、面向学生未来"的育人理念，坚持"自助、互助、师助"的学习方式，按照"自助研学—互助探究—师助提高—反思发展"课堂教学"四环节"科学实施教学，打造具有"生活性、生成性、生动性、生长性、生命性"的、灵动的"五生"课堂，培育具有"认知智慧、文化智慧、实践智慧、身心智慧、审美智慧"的"五智慧生命"，落实立德树人目标。

慧生课堂教学"三助"学习方式，强调以民主的师生关系为基础，以学

生的学习活动为主线，充分激发学生的兴趣，实现学生的自主思维能力和语言文字能力的协调发展。自助是指学生独立自主地通过观察、思考、质疑、总结、发现、练习等学习活动，获得知识，发现问题，积累经验，形成兴趣，实现自我发展的一种学习方式。互助是指学生通过相互讨论、相互启发、相互探究、相互监督、相互评价等学习活动，互相帮助，解决学习中的疑问、问题，掌握知识，发展能力，积累经验，共同发展的一种学习方式。师助是指学生在教师的启发、帮助、指导、引导下进行学习的学习方式，教师适度点拨并有效搭建学习支架，学生灵性成长。

慧生课堂按照"自助研学—互助探究—师助提高—反思发展"的"四环节"流程实施课堂教学。

自助研学：是指在课前，教师"研学"，学生预习尝试"自学"的学习环节。从教师角度看，是指教师在课前分析学情，研读教材，确立教学目标，设计教学活动过程，设计助学单等活动。学校建构了"自辟蹊径、集思广益、上下求索、再筑新高"的众筹式自助研学活动。从学生层面看，是指学生充分自学，利用助学单进行自主阅读思考，尝试解决问题，找出不懂的问题，积累解决问题的经验等学习活动。

互助探究：是指在课中进行互助学习的环节。从教师角度看，就是指教师引入导学，创设情境，激发兴趣，提出问题，搭建思维支架，提出学习要求的教学环节。在这个环节中，教师要充分"让学"，让出时间、让出舞台，给学生提供学习的时间和空间，提供交流、讨论、展示的机会，引导学生生生互动，互助探究。从学生层面看，就是指学生带着兴趣、经验、问题、任务，开始相互合作、相互帮助、相互启发、相互借鉴、相互展示学习成果的学习环节。

师助提高：是指课中教师及时点拨指导帮助学生发展的环节。从教师角度看，教师点拨导学重在帮助学生解决问题，归纳方法、建构思维模型、掌握学科知识技能、发展学科能力。从学生角度看，就是在教师帮助下解决问题，归纳方法，发展"会思考、会学习、会反思、会探究、会实践、会创新、会审美"的核心素养。

反思发展：是指在课中结束部分或者课后，反思问题的解决策略，发展认知结构的教学环节。从教师层面，可以在课中或者课后，引导学生总结知识结构体系，反思解决问题的方法策略，建构思维模型，发展认知结构体系，通过助学单、练习单等方式，及时变式应用，巩固练习，迁移拓展。从学生层面看，就是及时地归纳总结，反思解决问题的方法，建构知识体系，形成思维导图，及时练习、拓展、应用，形成能力。

二、基于慧生课堂理念的小学语文情境教学实施流程

小学语文情境创设，按照在课堂教学中的功能价值，可分为探究情境，交流情境，应用情境，延伸情境。

基于慧生课堂理念的小学语文情境教学的实施要经过以下几个步骤：

第一，开课创设探究情境，引导自学，促进自主学习。教师在课前或者开课时，依据学习任务，创设任务式、项目式、主题式探究情境，交待学习任务、项目、主题，提出学习要求，走进文本，以读为本，边读边想，边读边批注，引导学生自主学习。

第二，课中创设交流情境，巧妙互学，推动生生互助。在教学中，教师在学生充分自主学习的基础上，创设交流情境，生生互动，师生互动充分交流所得、所惑，解决典型性问题，获得成功的体验，发展语言理解能力和表达能力。当作为独立个体的学生遇到学习困惑时，教师将学生进行一定的整

合分组，即可进行分组互助学习。合作学习之前，教师通过音乐、图片、视频等不同的手段，把学生的思维带入创设的场景中，触动学生的情感体验，多感官参与学习，形成独特体验。在互学的过程中，学生之间互相说自己在所创情景中的独特体验，激发学习兴趣，提高学生自主学习的能力，提高学生解决问题的能力。

第三，课中创设应用情境，多彩展学，提升能力。小学语文教学需要在学生理解课文的基础上，及时语用所获得的语文知识、思维方法、语言能力、审美能力，一是进行相同主题的、同一作者的、相同题材的迁移运用性拓展阅读；二是及时语用结合，开展语言文字运用能力训练的小练笔；三是在课中多彩展示学生的学习成果，提升语文知识、思维能力、语言能力、审美创造能力等语文核心素养。

第四，课尾创设延伸情境，感悟反思，发展认知。在教学结尾，教师对课堂重点进行情境延伸，留下余音，让学生回味，留下问题，让学生探究，这些都会有益于学生对本堂课教学内容的巩固及认知的发展。

三、基于慧生课堂理念的小学语文情境教学实施策略

（一）创设生活情境，多感官参与，有效"三助"学习，提高语文核心素养

基于慧生课堂理念的小学语文情境教学运用配乐诵读、画面、视频等资源，创设生活情境，让学生身临其境地感受真实生活，丰富学生的情感体验，调动学生多感官参与学习，让学生的各项认知更贴近现实生活，提高学生的语言理解力、思维能力、审美能力等语文核心素养，同时激发学生学习内驱力。例如，在教学《观潮》一课，潮来了"那浪潮越来越近犹如千万匹白色战马齐头并进，浩浩荡荡地飞奔而来；那声音如同千万辆坦克同时开

动，发出山崩地裂的响声，好像大地都被震得颤抖起来"时，教师配上音乐并绘声绘色地朗读，让学生感到这的确是"天下奇观"啊！文中作者把对自然景物的赞美之情倾注在了字里行间。通过配乐朗读，有效实施"自助、互助、师助"的学习方式，教师把自己对作品的理解融入其中，感染学生，使学生入境入情，不但加深学生对课文的理解，提高自主学习能力，更唤起美的共鸣，使学生领略到自然美，激发他们热爱大自然，热爱祖国山河的思想感情，提高了学生的语言理解力、思维能力、审美能力等语文核心素养。

（二）创设想象情境，进行有意义的建构，有效"三助"学习，丰富学生的生命体验

当学习对象与学生的已有知识经验联系上了，与学生的需求相连接，有意义的学习便发生了。基于慧生课堂理念的小学语文情境教学需要创设想象情境，引导学生依据已有知识经验，按照儿童的认知心理，根据儿童的生命需求，开展合理的想象，发展语言文字能力的同时，发展思维能力，丰富学生独特的生命体验。例如，在教《九月九日忆山东兄弟》这首诗时，播放诗歌的配乐诵读音频，帮助学生扫清生字障碍，初步激发学生的情感体验。然后，引导学生分析诗题，使学生了解重阳节是我国重要的传统文化节日，接着让学生自主汇报重阳节的习俗，让学生对中国传统节日习俗有初步了解，进而简介作者写作这首诗的背景（如学生存在困惑，教师及时引导给予帮助），从而引导学生品读诗句，使学生了解诗意。之后，再重点引导学生分析诗中的"独"字，又通过再次播放录音，让学生展开想象，此时你仿佛看到什么？想到什么？这就促使学生入情入境充分体会到了作者表达的思想感情。接着，让学生在小组内发表自己的见解，让生生之间思维碰撞，形成新的认识。这样，通过应用诵读情境，有效实施"自助、互助、师助"的学习方式，激发了学生的学习内驱力，使学生想象到了诗中描写的场景，这就有

助于学生理解作者的孤独之感由何而来，在发展语言文字能力的同时，发展思维能力，丰富学生独特的生命体验。

（三）创设问题情境，深度卷入，有效"三助"学习，加深学生文本理解

创设问题情境时，具有趣味性、冲突性的问题可以很好地激发学生的探究欲望，学习兴趣，加深学生对文本的理解。小学生活泼好动，好奇心强，在课堂学习中经常难以集中注意力。教师可结合实际教学情况，创设趣味性、冲突性问题情境，引导学生质疑，探究，让学生的兴趣卷入、经验卷入、思维卷入，实现深度学习。学生带着问题，很有兴趣地主动运用已有的语言文字知识、能力，去抓关键词、抓对话、抓提示语，联系上下文，变换身份，从读者、作者、主人公、吃瓜群众等不同角度，深入阅读理解文本，拓展说开去，想开去，写下去，发展语言文字理解能力和运用能力。需要强调的是：问题的趣味性、冲突性，既要紧扣教学内容，又要契合学生的兴趣点，这样才能通过问题点燃学生热情，促进课堂效率的提升。例如，在统编版教材《富饶的西沙群岛》课文的教学中，教师可以引入多媒体教学手段创设趣味性、冲突性问题情境，课前搜集与西沙群岛有关的文字、图片、视频等素材，精心制作课件，在课堂上为学生播放出来，学生直观地看到西沙群岛的美景和物产，也就会对课文有所期待，此时教师可以指导学生阅读课文，边读边思考："课文中有一句'西沙群岛一半是水，一半是鱼'，为什么会这么说呢？"用问题情境引导学生饶有兴趣地阅读思考。很多学生都表示很想去海边看看，对海边的美食特产议论纷纷，比如有海参、大龙虾、螃蟹等，还有各种各样的鱼、珊瑚、海鸟等，学生对"物产丰富"产生了直观的体验，激发热爱大自然的情感，激发了学习兴趣，有效实施"自助、互助、师助"的学习方式，提高了课堂教学的效率。又如在《掌声》这篇课文的教

学中，教师创设问题情境，提出："英子因为掌声改变了性格和人生，同学们请想一想，你是否有在困难时候获得老师、同学帮助的时候呢？你当初的感受如何，这件事改变了你哪些情况？"这些问题会立刻勾起学生很多生活回忆，教师通过引起学生的情感共鸣，加强和学生的交流沟通，实施"自助、互助、师助"的学习，有效提高教学效果。

（四）创设故事情境，想象体验，有效"三助"学习，增强学习内驱力

创设有趣的故事情境，以故事逻辑吸引学生主动参与课堂学习，增强学习内驱力，有效实施"三助"学习。如果说语文是一门语言的学科，那么故事性则是语文学科的灵魂，特别是针对小学生而言，课堂的故事性、趣味性直接影响着学生的课程兴趣、参与度。为此，教师要提高课堂效率，就很有必要将课程进行故事情境的创设，以有趣的故事情境吸引学生的注意，提高学生的学习兴趣。教师可以根据课程内容进行适当扩展，或者适当想象，让学生跟随着教师的故事在不知不觉中完成课程学习。例如，在教学《司马光砸缸》这一课的内容时，教师可以在课堂上先引入发生在司马光身上的一个小故事——《诚信卖马》，让学生在故事情境中初步建构起对人物形象的认知。然后，教师根据相关资料，给学生介绍一下司马光的生平与著作，并对司马光的姓氏"司马"做一个简单的拓展，让学生从这些细碎的内容中感受司马光的人格魅力，帮助学生进一步学习和感受司马光身上所拥有的诚信、机智、勇敢等"贤文化"，提升学生的文化素养，增强了学习内驱力，有效实施"自主、互助、师助"的"三助"学习。又例如，学习《守株待兔》时，创设故事再现情境，有的学生扮演农夫，有的学生扮演兔子，让学生在表演的过程中通过肢体语言和语言表达，将内心活动展现出来。在这个过程中，教师可以让学生分成小组进行表演，并对学生不同的表演进行鼓励和评

价，科学实施"自助、互助、师助"的"三助"学习，保持学生参与活动的积极性，增强学生学习内驱力，加强师生之间的互动，达到理想的教学效果。

慧生课堂理念下的语文低段童话"讲故事"教学策略

朱 彦

【摘要】 新课程语文标准倡导学生自主、合作、探究的学习方式，强调学生语言实践。以慧生课堂的"双向三助四环节五生"理念为指导，开展低段童话教学时，教师应营造丰富多样的学习情境，并通过精心设计富有挑战的"讲故事"活动，实施慧生课堂三助学习方式，采取品想象之趣，三助学习，掌握讲好故事的多样方法，理解童话的表达特点；把握童话要素，三助学习，建构讲好故事的多维路径，理解童话的文本结构；赏童话之美，三助学习，学会讲好故事的多层意蕴，感悟童话的育人价值三大策略，开展"讲故事"活动，帮助儿童理解、感悟童话的文本结构，表达特点，育人价值，发展语文核心素养，让语文童话课成为充满"生活性、生成性、生动性、生长性、生命性"的灵动课堂。

【关键词】 慧生课堂；童话教学；讲故事；教学策略

小学低年级语文课本中童话课所占比例较大，同时小学低年级儿童对童话故事也有着极大的兴趣。因此，将慧生课堂"自助、互助、师助"学习方式，融入新时期小学低段童话教学中，不仅对于低段小学语文教育质量有着较大提升，还能够更好地疏导学生心理需求。《义务教育语文课程标准（2022版）》第一学段阅读目标指出："阅读浅近的童话、寓言、故事，向往美好的情境，关心自然和生命，对感兴趣的人物和事件有自己的感受和想法，并乐于与人交流。"[1]第一学段共有15处，可见童话体裁在语文课本中的重要性。一般教科书上对童话故事课后的提示其实也是对我们学习讲述童话故事进行教学指导。立足儿童视角创设童话学习情境，采取"讲故事"的教学策略，全面激活孩子们的想象能力，用"童话之眼"贴近故事、对话角色、品味语言、活跃思维、涵养情感，帮助儿童理解、感悟童话的文本结构，表达特点，育人价值，使语言和思维得到共同发展。

一、品想象之趣，"三助"学习，掌握讲好故事的多样方法，理解童话的表达特点

语言通俗易懂，善于抓住人物动作、语言、心理等特点进行描写，充满想象是童话最突出的表达特点。爱因斯坦说："想象力比知识更重要，因为知识是有限的，而想象力概括着世界上的一切，推动着进步。"拥有想象力是创新思维的源泉，童话最大的特点就是具有幻想色彩，对发展学生思维，培养他们的想象力有着与众不同的意义。慧生课堂采取自助、互助、师助的三助学习方式，采取讲故事的方法推进教学，让学生掌握讲好故事的多样方法，理解童话的表达特点。如何实施呢？下面以二年级下册《青蛙卖泥塘》一课的教学为例，加以说明。课前通过助学单的使用，自助学习，学生对故事情节发展有大概的了解并进行体验和思考，要求学生朗读关于卖泥塘时青蛙遇见了什么动物，动物们对泥塘作出了怎样的评价，这只青蛙听取建议后又是如何改变的等内容。此外，在展示助学单时，互助学习，同学们还利用课文中的插图，感受到青蛙的人物性格，激发了自身的审美情趣。通过插图

---

[1] 中华人民共和国教育部：《义务教育语文课程标准（2002年版）》，北京师范大学出版社2022年版，第8页。

和助学单的梳理，发挥想象力来感知角色，让学生在学习过程中可以很容易地梳理出故事的脉络，并对故事的发展做出预测。因此利用学生讲故事的方法汇报学习成果，体味角色的语言，引导学生对角色的心理活动、动作和神态进行想象。

（一）创造留白，依托文本"讲"

童话故事类文本常常在描写过程中有留白。教师要善于利用留白处，引导学生展开想象，模仿文本进行表达，让故事情节更加丰满。如二年级下册《青蛙卖泥塘》一文第3至第9自然段对话结构样式相同。教学时便引导学生发现童话文本结构的反复性启发学生想象说话：

青蛙又在泥塘边大声吆喝起来，"卖泥塘喽，卖泥塘！"（　　）走过来看了看泥塘，说："（　　）"。于是，青蛙又（　　）。

学生结合自身生活经验和已有知识，发挥合理、有趣的想象，开拓童话文本"讲故事"的空间，理解童话"善于抓住人物动作、语言、心理等特点进行描写"的表达特点。

（二）想象延伸，续编"讲"

童话故事类课文情节生动有趣，往往学生读到结尾处还意犹未尽。这时引导学生发挥想象，仿照文本结构表达方式，对故事情节进行续编"讲"。如二年级下册《蜘蛛开店》，蜘蛛每次想到的都是"织起来很简单，便开了店"，但遇到的顾客——河马、长颈鹿、蜈蚣，都是让它织起来并不简单的，最后"吓得匆忙跑回网上"。课后题讲道：接下来会发生什么事？展开想象，续编故事，讲给大家听。在教学中，积极引导学生顺着这样的思路，展开丰富的想象：接下来还会织些什么？它又会遇到怎样的顾客？充分发挥他们的想象能力和创新能力，根据童话反复的情节续编，理解童话"善用反复结构"的表达特点。

（三）聚焦角色，表演"讲"

卢梭曾说："经验和接触是真正的导师。"童话故事类文本有许多人物和对话，一个童话故事，就是一个有趣的童话剧本。情景表演体现儿童活泼、喜欢表现的天性。在《青蛙卖泥塘》中朗读"倒挺舒服"和"不过"的时候，便逐渐体会到了老牛对泥塘的不满意，也就明白了泥塘里的恶劣环境，因此，这些小动物并没有购买。同时，在朗读过程中，学生也能熟悉角色，同时也能提高学生的童话语感。采取互助学习方式，小组互助分角色表演加上适当的表情和肢体语言，模仿故事中的人物语气进行对话。这样学生在生动有趣的情境中语言文字理解与运用能力得以培养，理解童话"语言通俗易懂""善于抓住人物动作、语言、心理等特点进行描写"的表达特点。

二、把握童话要素，"三助"学习，建构讲好故事的多维路径，理解童话的文本结构

教科书中的童话故事结构中，最常用的是反复结构，其最多的是三次重复，或者经历三个阶段的变化，从而促进了故事的发展。在《蜘蛛开店》和《青蛙卖泥塘》的教学中，采取"自助、互助、师助"的三助学习方式，让儿童经历童话结构的感受过程，引导儿童把握整个故事的结构和发展顺序，让孩子们能够完整地展现整个的认知发展过程，并培养他们的审美意识。学习讲故事也是童话单元要落实的语文要素。教师在课堂上建构讲好故事的借助文本插图、智用故事反复性、善用关键词、巧用表格等多维路径，帮助学生理解童话的文本结构。

（一）借助文本插图，让故事形象化

借助图画讲故事是第一学段童话教学中最常见的讲故事路径，这与低年级学生的思维特点相符，每个孩子天生就是"看图说话"的高手。统编教材

中第一次出现讲故事是二年级上册《小蝌蚪找妈妈》这个童话，课后习题的五幅图记录了小蝌蚪是如何变成青蛙的过程，能够帮助学生"自助学习"，厘清课文情节发展，帮助学生讲好故事。《蜘蛛开店》和《青蛙卖泥塘》中，学生都能借助课文插图将故事讲明白、讲清楚。

（二）智用故事反复性，让故事细节化

童话故事通常具有反复性结构，因此，智用故事反复性结构，就成了讲好故事的第二个路径。比如《蜘蛛开店》课后题中的一张网络图。在学生阅读课文时，"自助、互助、师助"学习，以一个问题作导引：蜘蛛先开店，卖的是啥？那块牌子上写的是什么？顾客是谁？结果如何？让孩子们在"讲故事"中找到重复的情节特征。再结合课后网状图和文字的形式，引导同学们把"卖口罩"讲清楚，再让他们自己通过图片，把握故事反复结构来讲述。如，《蜘蛛开店》课后题如下：

朗读课文。根据示意图讲一讲这个故事。

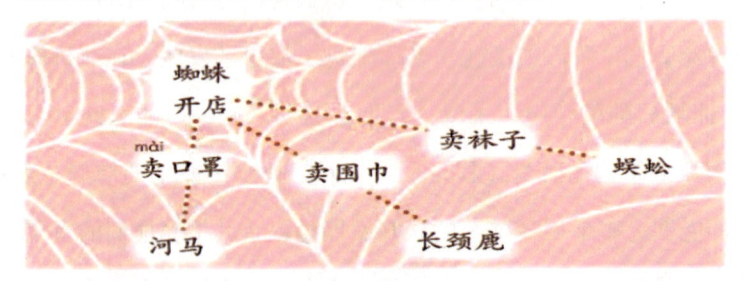

蜘蛛开店　　卖袜子　　蜈蚣
卖口罩(mài)　卖围巾　　长颈鹿
河马

（三）善用关键词，让故事简单化

借助课文中的关键词语或句子讲好故事，也是低段讲好故事的另一个路径。关键词句起着提示故事主要内容，或揭示童话内涵的作用。如，意大利作家达·芬奇的《小毛虫》，课后讲故事练习重在培养学生提取信息和借助

词句讲故事的能力。"小毛虫""茧""蝴蝶"三个词语提示了小毛虫的三个变化阶段;"每个人都有自己该做的事情""万事万物都有自己的规律"这两句话帮助学生回忆故事情节的发展,同时也揭示了童话道理。借助这些词句的提示,学生可以将小毛虫的变化经历讲清楚。如,《小毛虫》课后题如下:

> 小毛虫经历了哪些变化?画出相关词句,借助提示讲讲这个故事。
>
> 每个人都有自己该做的事情。
>
> 小毛虫　　　茧（jiǎn）　　　蝴蝶
>
> 万事万物都有自己的规律。

(四)巧用表格,让故事条理化

利用简洁明了的图表,既帮助学生很快厘清童话内容,把握故事要点,也能引发学生对文章内容的思考。巧用表格,也是讲好故事的常见路径。如:二年级下册《青蛙卖泥塘》助学单表格(见表1)落实"自助、互助、师助"学习方式,梳理故事结构,为学生复述故事搭建了学习支架,学生借助表格提取关键信息,用自己的语言将信息串联起来,因为这是一个反复结构的童话,学生容易把握人物性格,在有序、有趣中复述故事,理解童话的文本结构,达成教学目标。

表1：《〈青蛙卖泥塘〉助学单》

动物	赞赏（优点）	不买原因（缺点）	变化
		要是有_____，就好了	
		要是有_____，就好了	
		要是有_____，就好了	

三、赏童话之美，"三助"学习，学会讲好故事的多层意蕴，感悟童话的育人价值

　　童话通过简单的故事，说明深刻的道理，帮助儿童树立正确的世界观、人生观、价值观。童话故事是儿童的趣味朋友，它用有趣生动的故事来讲述世间的善良与真诚，每一篇童话都蕴含丰富的育人价值。因此，在用讲故事的方法教学童话时，要学会讲好故事的多层意蕴，感悟童话的育人价值。统编教材入选的童话作品注重传承中华民族的传统美德和民族智慧的传统情怀。如，《青蛙卖泥塘》通过讲故事，理解幸福、美好的生活要靠劳动来创造；《大象的耳朵》通过讲故事，告诫孩子遇到任何事情，一定要学会思虑，不要盲目跟从；《小毛虫》通过讲故事，告诉孩子们每个人都有每个人该做的事情。我们不能忽视童话的德育功能，童话故事启迪孩子的心智，通过故事深入孩子的心灵，树立一生的价值观与德行基础。因此，童话教学中通过讲故事，讲出故事的多重意蕴，进行"随风潜入夜，润物细无声"的育人。在教学时，我们要引导学生品味童话语言，品鉴人物性格，联系生活经验、自我反思，讲出故事的多重意蕴，使语文这门学科的工具性与人文性和谐统一。如《青蛙卖泥塘》课后习题二：青蛙为卖泥塘做了哪些事，最后为什么不卖了？此题就是引导学生结合文本并联系现实生活，让学生学习做青蛙一

样勤劳的人。通过讲故事，落实文本对话、师生对话、生生对话等多元对话，懂得要勤劳自勉，不可懈怠懒惰的道理，感悟童话的育人价值。

结语：让孩子在慧生课堂理念指导下，采取"自助、互助、师助"学习方式，运用讲故事的教学策略，帮助学生理解、感悟童话的文本结构，表达特点，育人价值，找到童话的乐趣，学讲好童话故事，在读、说、演、写等环节教出童话的味道，提高逻辑思维、项目协作、运用创新等能力；同时在潜移默化中培养孩子的文化自信和语言运用、思维能力、审美创造等语文核心素养；让语文童话课成为充满"生活性、生成性、生动性、生长性、生命性"的灵动课堂。

基于慧生课堂理念的语文生活化教学策略研究

李 爽

【摘要】 随着教育改革的不断深化，小学语文生活化理念也逐渐被教师广泛运用在语文教学中，语文生活化有利于促进师生间的友好关系，有利于学生学习能力的提升，有利于语文核心素养的落实。笔者从学校慧生课堂"双向三助四环节五生"理念出发，建构了小学语文生活化学习的学习任务生活化、阅读情境生活化、表达主题生活化、文化积累生活化四大策略，培养文化自信、语言运用、思维能力、审美创造等语文核心素养。

【关键词】 慧生课堂；生活化；教学策略

陶行知认为"生活即教育、社会即学校"，提出了生活教育主张。生活教育"是供给人生需要的教育，不是假的教育""是要把学校的一切伸张到大自然里去、大社会里去"。语文课程是生活气息最浓郁的一门课程，也是对生活资源需求最旺盛的一门课程。《义务教育语文课程方案（2022版）》中总目标要求"积极观察和感知生活，发展联想和想象，激发创造潜能，丰富语言经验，培养语言直觉，提高语言表现力和创造力，提高形象思维能力""关心社会文化生活，积极参与和组织校园、社区等文化活动，发展交流、合作、探究等实践能力，增强社会责任意识。感受多样文化，吸收人类优秀文化的精华"。语文学习应注重听说读写的相互联系，注重语文与生活的结合。由此可见，结合生活开展语文教学，让语文走进生活，实现语文教学生活化，是语文教学改革的必然要求，也是语文教学提质增效的重要途径。慧生课堂以"面向学生面向未来的双向""自助互助师助的三助学习"理念为指导，遵循"生动性、生活性、生长性、生成性、生命性""五生"教学原则，培养具有"认知智慧、文化智慧、实践智慧、身心智慧、审美智慧"的"五智慧生命"核心素养，坚持生活化教学是慧生课堂的基本特点之一。基于慧生课堂理念的语文生活化教学实践路径如下：

一、学习任务生活化

小学语文的很多篇目与学生的生活实际紧密联系，教师可以灵活地将学习任务联系班级、学生实际，构建生活化学习任务情境，采取"自助、互助、师助"的学习方式，驱动学生主动学习。教师以"助学单"的形式，布置生活体验、调查了解、实践操作、提出建议等前置性学习任务，驱动学生自主学习，自学后如果还有不懂的问题，可在课堂上提出挑战性的学习问题，并以"小组讨论"形式在小组内交流，共同探究问题的答案，从而培养学生关心社会文化生活，积极参与和组织校园、社区等文化活动，大力发展学生交流、合作、探究等实践能力，增强社会责任意识。例如：在"图书借阅公约"这一课，教师创设生活真实情境，引导孩子们通过讨论达成共识，在讨论的过程中，鼓励孩子们主动发表管理班级图书角的想法，并学会在讨论时等待别人说完再发表自己的意见。以自主小组为单位，组内成员一起讨论，选一名记录员，把借阅图书过程中出现的问题提出来，按条列出来，并分工做成精美的手抄小报，形成大家共同遵守的图书借阅公约，落实慧生课堂"五生"教学原则，体现了语文与生活的紧密结合。

二、阅读情境生活化

　　阅读是运用语言文字获取信息、认识世界、发展思维、获得审美体验的重要途径。阅读教学是学生与教师、教科书编者、作者、文本之间对话的过程。课标要求低年级学生必须结合生活实际了解课文中词句的意思，中年级学生能够借助生活积累，理解生词的意义，主动积累在生活中获得的语言材料。这些规定，直接提示了阅读教学生活化的策略与路径，提示了实施慧生课堂"自助、互助、师助"的学习方式方法与路径。于小学生而言，生活是阅读的基础。生活是本大书，首先应该创造条件，引导他们爱读、会读。具体而言，教学要创造生活化的阅读情景，在学生的文本阅读和日常生活之间搭建起桥梁。引导学生先观察日常生活，亲近日常生活，精心创设与阅读相关的生活情景，启迪学生真实地感受生活，激励他们主动思考生活，把生活这本大书与阅读的文本紧密结合起来理解和欣赏。这种教学方式，既能提升学生阅读能力，又能加深生活认知，提高语文综合素养。例如：在阅读理解"环"字时，教师结合生活，指出戴在手上的是（手环），戴在脚上的是（脚环），戴在耳朵上的是（耳环），用铁做的是（铁环），用光围成的是（光环）等等，是阅读理解生活化的经典案例。阅读情境生活化帮助教师构建了"五生"特性的灵动的慧生课堂。

三、表达主题生活化

　　语文源于生活，儿童表达的主题更是源于生活。叶圣陶先生说："生活就如泉源，文章犹如溪水，泉源丰盈而不枯竭，溪水自然活泼地流个不歇。"课标对写作教学有着明确建议："应贴近学生生活实际，让学生易于动笔，乐于表达，引导学生关注现实，热爱生活，积极向上，表达真情实感。"教师及时采取"自助、互助、师助"的学习方式，构建具有"生活性、生成性、生动性、生长性、生命性"的、灵动的慧生课堂，科学创设学习情境，利用无时不有、无处不在的语文学习资源与实践机会，引导学生关注家庭生活、校园生活、社会生活等相关经验，增强在各种场合学语文、用语文的意识，建设开放的语文学习空间，激发学生探究问题、解决问题的兴趣和热情，引导学生在多样的日常生活场景和社会实践活动中学习语言文字运用。

笔者经常结合班级、学校、家庭的实际情况，以及学生近期参加的各项活动，引导学生选取生活化表达主题进行习作练习，解决学生习作中出现的"编""抄""套""假""大""空"等问题。一是班级开展家务劳动、种养殖、志愿者等实践活动，选取习作主题。比如在四年级上期，我们年级几百名学生开展了一次劳动技能大赛——包饺子，让孩子亲自动手体验了一把劳动的乐趣。活动中，大家热情高涨，一起动手包饺子，还吃到了自己亲手包的饺子，孩子们有了切身体验，为接下来的习作提供了丰富的写作素材，写作自然就水到渠成。于是，诞生了一篇篇真实表达所见所感的优美习作。二是结合学校开展的主题实践活动，选择生活化表达主题。如周一的主题升旗仪式，校园文化艺术节中的运动会，足球赛，跳蚤市场的热闹场面等，进行习作练习，引导学生关注生活，表达兴趣，培养提高表达能力。三是开展社会实践活动，选择生活化表达主题。比如让学生进行职业角色体验活动，环境保护活动，文明志愿者活动，研学旅行活动，以"假如我是×××（职业）""绿色校园我的家""美丽的×××"等题目进行习作练习，引导学生关注社会生活，培养表达能力、思维能力、正确的价值观。

表达主题生活化，不但可以化解学生"巧妇难为无米之炊"的习作尴尬，而且可以涵养学生的智慧，陶冶学生的情操，使语文教育同时兼具艺术与人文之美，对学生实施高品质的生命美育，提高他们享受和创造美好生活的能力；还可以让课堂充满"生活性、生成性、生动性、生长性、生命性"，灵动鲜活起来。

四、文化积累生活化

积累文化基础，厚积文化底蕴，是语文学习的重要目标。语文学习的整个过程，就是语言文化积累的过程。课标要求"语文教学要注重语言的积累、感悟和运用，注重基本技能训练，让学生打好扎实的语文基础。"语言是从生活中产生，并服务于生活的。因此，语言文化的积累，必须以生活为基础。积累语言文化，不仅是积累"优美词句"，更重要的是积累语言蕴含的情感智慧、思维方式、家国情怀、价值观，并由此去充实生活，丰盈灵魂，发展生命。文化积累生活化也是语文课标"阅读与鉴赏"中的明确要求，在1—4学段均提出了积累课文中的优美词语、精彩句段，在课外阅读和生活实践中获得语言材料，背诵优秀诗文50篇等要求。生活中时时处处皆语文，从这方面讲，文化积累就是生活积累，生活积累也就是语文学习。语文学习完全可以成为感知生活、认识生活、参与生活、改变生活的手段。语文教学除了向课堂要质量外，还要采取"自助、互助、师助"的学习方式，通过引导学生积极走进学校、家庭和社会生活的实践大课堂，构建具有"生活性、生成性、生动性、生长性、生命性"的慧生课堂。"在用中学语文"，学生在现实生活交际中学习语文，使用文明语言，舍弃粗俗语言，增强语言美感，表达能力。"在活动中学语文"，在学生学校的艺术节编配人物语言、运动会撰写赛事报道、科技节对作品撰写书面说明、劳动实践中国撰写心得体会，都是生活化文化积累。"在社会实践中学语文"，组织学生参加各级"诗词大会"，尝试写广告语，学写颁奖词，记百态人生，关注时事，聚焦时代热点，在实践运用中学语文，积累文化。文化积累生活化让语文课堂充满"生活性、生成性、生动性、生长性、生命性"，真正成为灵动鲜活的慧生课堂。

基于慧生课堂理念的小学数学生命课堂教学策略研究

罗高莉

【摘要】《小学数学新课程标准》（2022年版）明确指出：在数学教学活动中，课堂应激发学生学习的兴趣，调动学生合作的积极性，引发学生的思考，引导学生的创造。其核心是要发挥学生主体作用，培养学生的自主学习能力，不同的人在数学学习中获得不同的发展。这与慧生课堂培养"五智慧生命"的目标一致，坚持课堂的生命性原则一致。基于慧生课堂理念的小学数学生命课堂建构了"多法并举激发兴趣，唤醒生命活力，增强数学生命课堂的力度""多途实践突破重难点，展示生命成长，增加数学生命课堂的长度""多维度互动交流，展现生命样态，挖掘数学生命课堂的深度""多样评价增强共情力，丰富生命体验，拓展数学生命课堂的温度""多层次应用拓展，增强生命张力，提高数学生命课堂的效度"五大教学策略，落实学生主体地位，让小学数学课堂成为学生生命成长的场域，落实立德树人目标，提高教学质量。

【关键词】慧生课堂；生命课堂；数学教学；教学策略

慧生课堂教学以"面向全体学生、面向学生未来的双向""自助、互助、师助的三助学习"理念为指导，遵循"生动性、生活性、生长性、生成性、生命性""五生"教学原则，培养具有"认知智慧、文化智慧、实践智慧、身心智慧、审美智慧"的"五智慧生命"核心素养，通过自主学习点燃生命自觉，唤醒生命活力，展示生命成长历程，丰富生命体验，展现多样的个性化的生命样态，增强生命张力，实现独特的生命价值，鲜明的生命性是慧生课堂的基本特点之一。基于慧生课堂理念的小学数学生命课堂教学的核心就是培养学生的自学能力，充分发挥学生的主体作用，获得生命成长，实现生命价值，使数学课堂成为充满智慧和富有生命力的课堂。下面笔者将以《合理安排时间》这节课为例来谈基于慧生课堂理念的小学数学生命课堂教学策略。

一、多法并举激发兴趣，唤醒生命活力，增强数学生命课堂的力度

慧生课堂始终坚持把学生作为学习的主体，旨在通过有效的教学设计激发学生的学习兴趣，激发生命自觉，唤醒生命活力，增强数学生命课堂的力度，引导学生积极主动地参与学习，让学生愿学、乐学、会学。如，在教学《合理安排时间》这节课时，教师在激发和调动学生的学习兴趣上做足了功夫。首先抓住儿童的年龄特征，以一则有趣的谜语引入新课，当学生猜出是"时间"以后，水到渠成地引入课题。然后又联系儿童喜欢的动画情境"羚羊公主到羊村来做客，美羊羊要给她沏茶……"创编故事，学生们被故事里的"沏茶问题"深深地吸引，探究欲望就自然而然地产生了。此外，还组织学生开展了游戏、比赛活动，激发生命自觉，唤醒生命活力，调动学生的学习积极性，落实学生的主体地位，课堂气氛活跃，学生学得快乐，教师教得轻松，从而提升了课堂教学效果。

二、多途实践突破重难点，展示生命成长，增加数学生命课堂的长度

立足慧生课堂"面向全体学生、面向学生未来"，培养具有"认知智慧、文化智慧、实践智慧、身心智慧、审美智慧"的"五智慧生命"核心素养目标，采取多途实践的方法突破重难点，展示生命成长，增加数学生命课堂的长度。在画一画、拼一拼、摆一摆、做一做等多样的动手操作中培养学生的学习能力，以学生"亲身经历"的方式来感知知识的形成过程，使其知其然并知其所以然，从而突破教学难点，达成教学目标，完成教学任务，经历生命的成长历程。如，在教学《合理安排时间》这节课时，教师先引导学生结合自己的生活经验，独立思考怎样才能让客人尽快喝到茶，然后与同桌交流自己的想法，接着结合自己的想法摆流程图，学生经历了知识的发生和发展过程。在摆放的同时，学生发现有些事情要按一定的顺序做，例如先洗水壶、再接水烧水。而有些事情可以同时做，例如烧水的同时可以洗茶杯、找茶叶。由于学生个体认知差异，有的学生能很快找到最优方案，但有的学生的方案可能不是最省时间的。再进行小组汇报展示，比较几种方案的相同点和不同点，从而达到优化方案的目的，并学会计算时间的方法。通过学生动手操作，合作探究等活动找到解决问题的最优方法，重点突出，难点突破，学生掌握知识、发展学习能力的同时，又获得成功的喜悦、坚持就能成功等独特的生命体验，认知智慧，实践智慧和身心智慧，经历生命成长的历程，增加数学生命课堂的长度。

三、多维度互动交流，展现生命样态，挖掘数学生命课堂的深度

慧生课堂的内核"234教学模式"，是指"双向三助四环节"。"三助"指"自助、互助、师助"，互助是指课堂上学生通过自学后，还有不懂的就在小组内互助交流、合作探究，然后展示汇报。在展示的过程中与别的同学进行互动，对彼此的学习方法进行分析和比较，教师抓住生成性的资源，适时点拨，形成有效的师生互动、生生互动，使课堂充满生命活力，展现多样的生命样态，获得独特的多样的生命认知智慧，实践智慧和身心智慧，挖掘数学生命课堂的深度。例如：《合理安排时间》这节课，教师为学生提供了多次参与数学活动的机会，让他们主动去发现、去创新，通过师生互动、生生互动，充分调动学生参与学习的积极性。在展示汇报环节，通过台上学生和台下学生的思维碰撞，课堂上不断听到这样的声音："大家同意我们的看法吗？""你们有什么不同的意见吗？""谢谢你的建议！""你的建议非常好，谢谢你的补充。"等等。质疑、争辩是课堂上最耀眼的环节，有效地引发了学生的认知冲突，使其初步意识到解决问题方法的多样化，同时体现了优化思想。在实施慧生课堂教学的过程中，学生通过自主学习不能解决的问题，可以通过多维度的互动交流，各抒己见，展现各美其美的多样的生命样态，更好地发挥学生的主体性，挖掘数学生命课堂的深度，增强课堂的吸引力，从而产生良好的教学效果。

四、多样评价增强共情力，丰富生命体验，提高数学生命课堂的温度

慧生课堂中心所在，是每一个参与课堂的学生都能获得独特生命体验，

经历生命成长的历程，培养"五智慧生命"素养。这给我们带来的启示就是要时刻关注学生的兴趣，关注学生的经验，关注学生的见解，关注学生的心理，关注学生的体验，采取多样形式的正向性、激励性、启发性、引导性的评价，为学生营造一个轻松和谐的学习氛围，引导学生去经历观察、思考、操作、猜想、验证、归纳、运用等数学学习过程，发展"认知智慧、文化智慧、实践智慧、身心智慧、审美智慧"的"五智慧生命"核心素养，增强共情力，丰富生命体验，增强自我认识，提高数学生命课堂的温度。课堂上教师对学生的评价不仅是鉴定性的语言式评价，更多的是恰当的、肯定的评价，促进学生在学习的过程中不断进取。例如："你的思维非常敏捷！""你学会了优化组合！""你们学会了用画图的方法思考！""你学会抓关键词理解题意！""你真棒，学会了有序思考！"在这堂课中，一声亲切的称呼、一个鼓励的眼神、一个会心的微笑、一句真诚的赞扬，让课堂洋溢着温馨的气氛。对于学生精彩的发言，教师及时给予赞扬和肯定。对于回答不完整或回答不出来的学生，老师要耐心地引导和鼓励，让学生时刻感受到老师的温暖和关怀。以此激发学生强烈的学习欲望，提高自我发展的信心，让数学课不只有数学味，更有温度，更有生命性。

五、多层次应用拓展，增强生命张力，提高数学生命课堂的效度

围绕慧生课堂的育人目标，需要设计多层次的联系生活实践的应用练习，迁移拓展，引导学生关注生活，"会用数学眼光观察现实世界，会用数学思维思考现实世界，会用数学语言表征现实世界"，获得独特的生命认知智慧，文化智慧，实践智慧，身心智慧，审美智慧，增强生命张力，提高数学生命课堂的效度。因此，在实际学习中，学习的材料不能仅局限于课本，

而应该从学生的生活中去发现和挖掘。在教学《合理安排时间》这个内容时，教师就选取了与生活贴近的沏茶问题、煮方便面问题、做扫除问题、吃感冒药问题、煮饭问题等等，学生见到这些熟悉的场景，就会产生探究知识的欲望，大大地调动了学生的积极性。同时，在巩固练习环节，让学生联系生活实际来设计解决问题的方案，明确事件的先后顺序，以及哪些事情可以同时进行，实现方案的优化。让学生体验数学知识在生活中的应用价值，体现数学知识来源于生活又用于生活，获得独特的生命认知智慧，增强生命张力，提高了数学生命课堂的效度。

总而言之，学生是数学课堂的主人，教师只是数学课堂的组织者、引导者与合作者。只有不断激发学生的学习兴趣，为学生创造一种平等和谐、友好竞争的学习氛围，才能唤醒学生学习的内驱力，基于慧生课堂理念的小学数学生命课堂才会散发出生命的活力，真正成为孩子们积极主动、快乐成长的广阔天地。

基于慧生课堂理念的生动数学教学策略研究

卢 婷

苏格拉底说："教育不是灌输，而是点燃心灵的火焰。"马克思也说："教育绝非单纯的文化传递，教育之谓之教育，正是在于它是一种人格心灵的唤醒。"布鲁纳曾经说过："学习的刺激乃是对所学材料的兴趣。要想使学生上好课，就得千方百计点燃学生心灵的兴趣之火。"基于慧生课堂理念的生动数学教学策略是指坚持"双向三助五生"课堂理念，采取建立民主的师生关系、教给数学思考方法、建构学习规范、学会多种表达方法、建立多向信息交流、实施多元评价等方法，让学生经历观察、操作、猜想、验证、归纳、应用等学习过程，增进师生情感、增强思维能力、培养良好学习习惯、展示思维过程、发展表达能力、增强自我认知，使学生在数学课堂学习中"愿动、会动、主动、善动、互动、乐动"。

一、建立和谐师生关系，增进师生情感，让学生"愿动"

亲其师，信其道。我们需要有意识地增进师生间的情感交流，使学生喜欢数学老师，良好的师生关系会产生情感化学效应，小学生常常会因为喜欢老师而在他的课上认真倾听，积极思考；会因为爱老师而热爱数学学科。教师对学生的爱心和耐心往往会转化为学生学习数学的勇气和动力，融洽的师生关系是创设轻松愉悦的数学学习环境的前提，是使学生愿意动起来的有力保障。例如，在一年级学习">、<"时，学生分不清它们的开口方向，我便编了一首歌谣："大嘴巴吃大数，尖屁股朝小数！"这样既建立了民主平等的

师生关系，又形象地展示了">、<"的特点和作用，让学生在轻松自如的环境氛围中愉快地学习。在教学"（）"时，不仅让学生结合问题情景厘清每个计算步骤的含义，厘清哪一步要先算，还给"（）"下个"定义"：小括号就是"VIP"，哪儿有小括号哪儿就有优先权……既师生融洽，又充满趣味性！

二、教给数学思考方法，增强思维能力，让学生"会动"

数学学习应当让学生学会用数学的思维方式思考和解决问题，即"会用数学眼光观察现实世界、会用数学思维思考现实世界、会用数学语言表达现实世界"。因此教给学生数学思考的方法，增强思维能力就是数学课堂的重要目标和任务。教师首先要充分挖掘学习材料蕴含的数学思想。教材中蕴含丰富的数学思想。如，数的认识蕴含抽象的思想，分数的认识蕴含集合的思想、分类的思想。负数的认识蕴含数形结合、直观的思想。相遇问题蕴含建模、数形结合的数学思想。解决问题蕴含分析、归纳、方程、推理的数学思想。这些需要教师从宏观上理解把握，细节上深入挖掘，科学设计。其次，教师要依托学习内容，教给学生数学思考方法。在数学学习中逐步渗透分类、一一对应、举例子、假设、数形结合、转化、抽象、类比、联想、归纳、推理、思维导图、符号化、模型等数学思考方法，发展思维能力。比如，通过对现实生活中数量是5的实物中抽象出数字5，进而用符号表示，渗透集合、抽象、归纳的思想，这一过程"不但对于数学，而且对于人类文明的发展的贡献也是巨大的"。又如在正比例的概念建立中渗透函数与对应思想、符号化思想、数形结合思想。学生掌握了数学思考方法，增强了思维能力，形成了"会动"的思考力、实践力，其数学核心素养就会得到良好发展。

三、建构学习规范，培养良好学习习惯，让学生"主动"

慧生课堂的"双向"理念是指"面向全体、面向未来"；"三助"理念是指采取"自助、互助、师助"的学习方式，实施自主教育。传统的教学采取教师讲学生练的方式，枯燥说教，注重知识与技能的传授，让孩子成为了考试的能手，却很少关注是否培养了学生的学习兴趣，是否真正培养了学生的良好学习习惯，是否真正培养了学生的学习能力，是否真正让学生"聪明"起来。学校慧生课堂的研究致力于让学生真正动起来，让课堂活起来，强调"面向全体学生，面向学生未来"，采用"三助""四环节"作为"慧生"和"双向"的行动路径来培养良好学习习惯，掌握学科知识，发展学习能力。通过助学单，建立课前预习的学习规范，将学习前置，任务驱动学生课前自学，养成自主学习的良好学习习惯。课前自学查阅资料也好，回顾旧知，沟通新旧知识之间的联系也好，写出自己的猜想与困惑也好，让学生主动学习，将学习延展到了课堂40分钟以外。同时，在课中建立发言、倾听、讨论、操作、练习等学习规范，引导学生养成良好的倾听习惯、思考习惯、表达习惯，培养学习能力，促进学生主动学习。比如执教《百分数的认识》时，让学生课前自主预习后鼓励学生说一说"你已经知道了哪些知识，对于百分数你还有哪些问题？"学生提出："什么是百分数？""百分数与分数有什么区别？""为什么有了分数还需要发明百分数呢？"这些问题都是有价值的问题，它们其实就是百分数的内涵与外延。正如"自己做的蛋糕更香甜"，问题由学生自己提出，学生才会主动探究，更有耐心，更有劲头。教师的导学，导在了学生需要处，导在了学生不解处，导在了关键处，更能促进学生主动学习，更能有效提升课堂效率。

四、学会多种表达方法，展示思维可视化过程，让学生"善动"

学生的思维是隐性的，看不见、摸不着。需要教师采取多种方法，让学生展现思维过程，经历思维可视化的过程，发展思维能力，发展数学表达能力，发展数学操作能力，让学生"善动"，学会学习。教师可以根据教材内容的不同，采取游戏、表演、画图、操作、演算等活动来展示学生的思维过程和思维成果。让学生感觉到原来数学还可以这么学，数学也这么有趣！比如教学《鸽巢原理》这节课时，以3张凳子4人抢的抢凳子游戏引入课题，瞬间激起学生的好奇心和求知欲，学生在欢乐的游戏中初步感知鸽巢原理的表面现象，为后续深入研究鸽巢原理的本质打下基础。再如教学一年级的解决问题"还应找回多少钱？"时，让学生分角色扮演售货员、顾客，创设出具体情境，让学生直观感受付的钱、实际需要支付的钱和应找回的钱三者之间的数量关系，得出"应找回的钱=付的钱-实际需要支付的钱"这一解决方法。

五、建立多向信息交流，发展表达能力，让学生"互动"

慧生课堂强调采取"自助、互助、师助"的学习方式，开展小组合作学习，展学讨论交流，归纳总结，建立"师生互动、生生互动"的多向信息交流，让学生"互动"操作、讨论、总结、应用、探究，发展表达能力和思维能力。学生通过在小组内动手摆一摆、画一画，开口说一说，集体展示汇报等形式，进行"自助、互助"学习，形成了生生互助的优势。学生不仅独学，更成为了学习共同体，大家互相帮助互相影响，思维与思维发生碰撞，必定迸射出智慧的火花。学生共同研究也解决不了的问题或者说学生的研究只停留在浅表层面，那教师就需要提出有价值的引导性的问题或给出必要提示来推动学生进一步地思考，即"师助"，从而突破重难点，促使学生掌握知识，获得解决问题的能力。这样的数学课堂就具有生动性、生长性、生命性。比如在教学《鸽巢原理》这节课时，引导学生用枚举法将4只鸽子飞进3个鸽巢的所有情况罗列出来后，请学生总结必然规律。学生说道："总有一个鸽巢至少飞进2只鸽子。"只说到结论，这是不完整的表达，这一结论要在一个特定情况下才必然发生。于是我提醒道：你的这个结论必须要有前提条件，请你把这个特定情境与结论连起来说完整。到这里还不能结束，我再次评价："你的话很简洁，但信息量却不小，能给大家解读'总有'的意思吗？"进一步引导学生结合图示说清楚自己怎么想，学生一边说，我一边适时帮忙"翻译"，引导所有学生进一步明确，4只鸽子飞进3个鸽巢，只有（4、0、0）（3、1、0）（2、2、0）（2、1、1）这4种情况，每种情况下都能找到一个鸽子数最多的鸽巢。这种情况，我们可以用更简洁的，同时也很准确的"总有"这个词语来概括。之后还可继续追问："你还用到了'至少'这个词语，它又是什么意思呢？"再次引起学生思考，尝试说理：观察每种情况下鸽子数最多的那个鸽巢，分别是4只、3只，最少也是2只。不能比2只少，就用"'至少'有2只来表达"。教学过程中让学生尽量地说，其实也是促使学生深入思考的一种措施。教孩子可以怎样说、为什么可以这样说，就是在潜移默化中训练学生的表达能力，让孩子说话有理有据。以思促说，以说明理！学生用数学的语言表达着对世界的认识，这样的数学课堂是互动的、生动的。

六、实施多元评价，增强自我认知，让学生"乐动"

教师积极正面的激励性、发展性评价，是促进学生主动学习，获得自我肯定、自我体验、自我认知的有效途径，可以唤醒生命自觉，有效增强内驱力，让学生"乐动"。一是采取多样的评价语，激励诱导学生主动学习，勇于表达。比如"你真棒，学会了用转化的方法来思考""老师相信大家通过画图，会有不一样的发现""说得非常好，说清楚了计算的方法和背后的道理"等激励性、点拨性、诱导性语言评价学生，发挥评价的多重功能，点燃生命，推动学生主动学习。二是对个体注重过程评价。重点放在学生自身的纵向评价上，强调学生自己今天与昨天比，明天与今天比，增强学生学好数学的信心。三是对小组采用三结合评价方式。第一，自评与互评结合。先客观了解自我，找出自身的优、缺点，再用欣赏的眼光去看待同伴，去发现别人身上的闪光点，同时虚心听取他人的补充和纠正。第二，对小组成员的评价与对合作小组集体的评价相结合。第三，学习过程与学习结果的评价相结合。

"教育的艺术不在于传授本领而在于激励、唤醒和鼓舞"。在新的课程标准与教育变革中我们应不断转变观念，在数学教学中主动构建"生动的数学课堂"，关注学生情感态度的发展，激发学生的学习兴趣，保护学生的学习积极性、主动性，让他们感受到学习数学的乐趣与价值，获得自己终身学习的能力，让学生真正成为学习的主人。

"双减"背景下小学数学作业"四化"设计策略研究

唐 佳

作业是数学教学中的必要环节，可起到巩固知识、培养数学能力的作用。但是，当前小学数学作业设计中存在形式单一、容量过大、缺少针对性、缺少综合性等缺点，降低了学生作业的内驱力，不利于学生的全面健康发展。为落实"双减"政策，摒弃"题海战术"等旧方法，采取"层次化、精准化、多样化、综合化"的"四化"作业设计策略，帮助学生增强作业内驱力，解决实际问题，构建知识体系，发展数学"四基四能"，培养数学核心素养，成了作业设计必然的选择。

一、当前小学数学作业设计存在的问题

（一）作业形式单一

教师认为布置作业的目的是巩固知识，通常会让学生对课堂上所学的知识进行不断练习，作业内容都是围绕教材知识而设定，大多数是纸笔练习，题型通常是计算、判断、选择、解决问题，过于注重书面作业，忽略了对学生良好学习习惯和学习能力的培养，存在作业形式单一的问题。

（二）作业容量过大

每天的作业容量过大，忽略学生的学习能力以及情感态度，仅从知识出发，过分追求知识结构的面面俱到，采取题海战术，机械重复训练，课时作

业、单元作业、周检测作业、月检测作业，自以为遵循了刺激反应理论，符合记忆规律，却造成了学生作业时间长、负担重的问题，学生没有自主学习的时间。

（三）作业缺少针对性

作业设计"眼中无人"，对学情把握不准，缺乏分层次设计，用同样的教材，同样的教学方法，同样的作业布置去面向全体学生，缺乏针对性，层次性。

（四）作业设计缺乏综合性

教师设计作业通常见子打子，注重纸笔练习，缺少系统思维，需要进行单元整合，设计具有层次性、综合性的主题作业、实践作业、综合作业，达到减少作业量，提升作业的实效性的目的。

二、"双减"背景下小学数学作业"四化"设计策略

（一）设计层次化作业，满足学生的多样需求，增强学习内驱力

学生的知识发展水平和认知发展水平是不一样的。这就既需要设计基础性作业，让中差生能够得到发展；又需要设计提升性作业，让优等生能够适度挑战，提升数学能力；还要设计综合性实践性作业，让学生在生活实践中学习数学，体会数学与生活的联系。分层作业设计，让不同的人学不同的数学，获得不同程度的发展，培养学习兴趣，增强学习的内驱力。例如，在学习《时、分、秒》这节课相关内容时，教师可设计各种层次形式的作业。第一，促进家庭教育的开展，让学生回到家中向父母介绍在课堂上学习的内容，并说出相关的概念。第二，教师向学生布置相关练习题。第三，利用课余时间制作时钟，并能够根据指令准确地转动指针到达相应的位置。这样，

学生可以结合自己的兴趣自由选择作业形式，并保证高效完成，既可以提升学生的兴趣，又能够保证作业质量。

（二）设计精准化作业，解决学习的关键问题，增强思维力

教学必须立足学情，依据学生遇到的普遍性典型性问题采取精准的应对措施，灵活教学，帮助学生发展。这其中就包括设计精准的作业，加强作业的针对性，精准解决学生学习的关键问题，大面积提升学生的思维能力，提高作业练习的实效性。例如在学习数学广角集合圈（韦恩图）时，由于是三年级的学生，建立集合概念，从整体思考问题，用数形结合的方法思考问题，是学生学习的普遍性难点，也是学习的关键问题，需要发展的关键能力。我精准地设计了一个画一画，说一说，写一写的作业，让学生画图分析数量关系，说一说自己的计算方法，再结合算式，写一写其中的数量关系式，学生很快发现了"参加A的+参加B的−既参加A的又参加B的=总人数""A+B−重复的=AB总人数"等数量关系式，一道题，便解决了学生学习的关键问题，建立了直观的集合数学模型，发展了学生的数学思维能力，提高了作业的实效性。

（三）设计多样化作业，发展数学四基四能，增强学习力

通过多样化的作业设计发散学生的思维，发展学生的四基四能，增强学生的学习能力，可以达到事半功倍的效果。一是可以书本作业与动手作业相结合，达到巩固所学和锻炼动手能力的效果。二是让学生根据自己的实际需要来设计作业，发挥学生的学习主体性作用，设计联系生活实际、家庭实际、个人兴趣的作业，达到提高学生的学习兴趣的效果。三是设计具有特殊性的作业，如每家的用水用气量各不相同，通过计算自己家的用水用电量，就让学生不能去复制别人的答案，同时也能了解到自己的家里实际用水用电情况，将数学与实际生活联系。四是教师可以对题型进行变化，结合题目内

容，将其细化成多种作业形式，这样就可以根据学生的实际情况进行选择性辅导，改善原有的统一练习形式，引导学生从多个角度进行思考，提升学习的开放性，增强学生的学习能力。教学相通，知识也是相通的，利用作业设计使学生完成新旧知识的迁移，去解决实际问题，使所学知识真正地落到实处。遇到新问题，学生可以去想办法，将新问题转变为旧知识。

（四）设计综合化作业，培养数学核心素养，增强实践力

教师在进行作业设计时，要避免出现知识碎片化问题，应坚持作业内容的系统性和结构性，设计综合化作业，促进学生发现问题、提出问题、分析问题、解决问题等基本能力的发展，积累数学活动经验，发展数学思维能力，培养实践能力。

一是要对作业的内容进行整合，设计综合化作业，针对不同层次的学习水平，设计完整的作业体系，帮助学生构建完整的知识框架。教师要结合数学课程内容的规划，设计阶梯式螺旋上升的作业，促进学生循序渐进地提升自身的数学素养。如五年级《分数解决问题》整理复习教学时，核心模型是：单位1的量×分率=分量，源于二年级数学"求一个数的几倍是多少"数学模型。及时设计了变式练习，"求一个数的几分之几是多少""知道一个数的几分之几是多少，求这个数""求一个数是另一个数的几分之几"三种问题，在同一层级上丰富认知结构。并及时拓展，衍生到两步计算的"求比一个数多或少几分之几的数是多少""知道比一个数多或少几分之几的数是多少，求这个数""求一个数比另一个数多或少几分之几"三类分数问题，并衍生出"求一个数的几分之几的几分之几是多少"的问题。其核心模型是"单位1的量×分率（1±几分之几）=分量"。我设计了综合化作业，从一步变多步，遵循逐级分化的原则进行了更高层级的扩张，形成一个立体的分数问题认知结构体系。

二是设计主题式实践作业。通过主题式实践作业，可以调动学生相关主题的知识经验，综合运用，解决问题，完成学习任务，发展综合实践能力。例如在学习了《乘法的认识》后，我围绕乘法这一主题，设计了制作《图说乘法》绘本的综合化实践作业。让学生画出对乘法的意义的理解，乘法的生活运用，乘法的发展历史等数学文化，文学作品中的乘法等内容，加深了学生对乘法意义的理解，培养了学习兴趣，发展了综合实践能力。

总之，我们坚持学校慧生课堂"双向三助四环节五生"的课堂理念，采取"层次化、精准化、多样化、综合化"的"四化"作业设计策略，帮助学生增强作业内驱力，解决作业设计中的形式单一、容量过多、缺少针对性、缺少综合性等实际问题，帮助学生主动构建知识体系，发展数学"四基四能"，培养数学核心素养。

基于慧生课堂理念的小学数学互助学习策略研究

龙运芳

【摘要】 当前小学数学课堂教学实施互助学习时，存在内容不适宜、时机不适当、方法不适合三大问题，笔者立足学校慧生课堂理念，采取精心选择适宜的内容，抓住适当的时机，采用恰当的方法，结构化活动中适时点拨四大策略解决以上问题，落实立德树人目标，培养学生的思维能力、学习能力，发展数学核心素养。

【关键词】 慧生课堂；小学数学；互助学习；教学策略

新课程教学改革推出后，对当今小学数学课堂教学提出了更高的要求。新课程改革教育背景下的教学要立足于面向全体学生、面向学生未来，提高学生学习能力，倡导自主、合作、探究的学习方式。所以，互助学习成为重要的学习方式。小学数学教师在实施互助学习的过程中，却存在内容不宜，时机不对，方法不当等问题。笔者从本校慧生课堂强调"面向全体学生、面向学生未来"的育人理念，坚持"自助、互助、师助"的学习方式，按照"自助研学—互助探究—师助提高—反思发展"课堂教学"四环节"，采取四大策略实施互助学习，培育具有"认知智慧、文化智慧、实践智慧、身心智慧、审美智慧"的"五智慧生命"，落实立德树人目标，培养学生的自主学习能力和互助学习能力，提升小学生的数学综合素养。

一、当前小学数学互助学习存在的问题

（一）互助学习的内容不宜

学生在互助学习时，可以充分运用小组合作交流、探究、实验等，以解决自助学习时没有解决的问题，在这样的学习过程中学生才是课堂的主体，什么时候运用互助学习的方式呢？意见分歧时进行互助学习；内容难度大时进行小组互助学习；学有困难时进行互助学习……但是很多小学数学教师在运用互助学习模式的过程中，并没有做到对该模式的合理运用，而是为了互助而互助。例如，教师通常只关注小组活动的表现形式，却忽略了实际的教学内容，对于一些简单的问题、学生自主学习可以解决的问题，也让学生讨论交流，互助学习，存在互助学习的内容不宜的问题，导致互助学习流于形式，降低了小学数学课堂的效率。

（二）互助学习的方法不当

在小组互助学习模式下，学生可以更加积极主动地参与到数学学习的过程中。但是在实际的教学过程中，普遍存在互助学习的方法不当问题，导致学生参与度低。我们经常看到，在进行小组互助学习时，参与发言的人、交流的次数、交流的时间都被"优等生"包揽，中差生几乎没有机会，好像观众一样无法参与到交流中。有的学生信心满满，而有的学生则是一脸茫然。从教学过程来看，教师让全体学生参与讨论，但真正参与的主体只有少数优等学生。这样的互助学习学生参与度低，有群体参与之形，而无群体参与之实，究其原因是互助学习方法不当造成的。

（三）互助学习的时机不对

通常情况下，互助学习是在学生充分自主学习的基础上，将普遍性、共通性、典型性问题找出来，学生互助合作，探究解决，才是有效的互助学习。课堂上，互助学习时机不对的问题普遍存在。很多教师一提出问题就组织学生进行小组互助学习，其实学生可能连题目意思都还没有搞清楚，没有自己的独立思考，没有自己的想法，互助学习中又能交流出什么呢？

二、基于慧生课堂理念的小学数学互助学习策略

（一）建构内容适宜的策略，精心选择互助学习的内容

在教学中，并不是所有的教学内容都适合运用互助学习，教师应抓住教学重难点、易错点、关键点，选择学生遇到的普遍性、典型性问题作为互助学习的内容。并注意互助学习中问题的难易程度，使问题具有一定的层次性、针对性、延展性、挑战性。对于简单的、学生能独立解决的问题，用在合作小组中就调动不起学生的学习兴趣，只有那些有一定难度，需要同伴间思维碰撞和共同探究的问题，进行小组互助学习，才更能吸引学生参与。例如《百分数的认识》这一课，对于怎样读百分数、怎样写百分数这部分比较简单的内容就可以课前让学生自主学习，自助解决，对于理解百分数的意义，认识百分数的内涵和外延，这部分较难的内容，通过"互助、师助"让学生探索、发现规律，进而概括百分数的意义。可先展示三个材料，材料一：已充电20%；材料二：羊毛外套成分：面料，羊毛65.5%；材料三：爸爸的奖金相当于妈妈奖金的115%。设计几个互助学习问题：（1）想一想，这里的百分数是谁和谁比？表示谁是谁的百分之几？（2）引导学生选择自己喜欢的方式，如用画线段图、举例子或算式的方法来表示出对这个百分数的理解。在小组互助探究活动中，学生用线段图等方式直观感悟了百分数的内涵：百分数表示一个数是另一个数的百分之几。但要想学生对百分数的意义有一个准确、完整的构建，就要打破认知上的局限，理解百分数的外延，这时就需要老师引导点拨：（1）同样是画图，为什么这里的115%要用两条线

段呢？（2）仔细观察老师精心挑选出来的这几个百分数，谁能读懂其中的玄机？（3）分数与百分数的区别和联系。通过师助提升将学生对百分数的认识从外部现象逐步抽象、概括、提炼，深入百分数的内部属性，进一步深化百分数的意义。

（二）建构时机适当的策略，准确把握互助学习的时空

教师是合作学习的组织者、调控者，也是直接参与者，教师在组织学生互助学习时，要时机适当，科学调控，为学生的有效互助学习提供平台。一是要留足独立思考的时空。教师出示讨论题后，要留给学生看题审题的空间，让学生看清问题，明白题意，诱导学生联想、猜想，诱发对问题的思考，让学生做好小组合作学习的方法和心理的准备。二是要给足互助研讨的时空。互助学习的环节中，应发挥组长的职能，以小组为单位展开有序的讨论，充分的实践。教师既是组织者又是参与者，教师行间巡视，及时地给学生诱导，解难释疑，把握航向，以便了解掌握第一手信息，并及时调控。三是要留足交流的时空。各小组讨论后，有组长或其他成员向全班汇报讨论结果。让学生懂得在别人发言时，要集中精力细心地听，教师要鼓励学生大胆发表补充意见或不同见解，学会评价自己和他人。同时教师应常用鼓励性语言"孩子，别急，慢慢讲"等，让学生感受到老师的信任和期望，增强必胜的信心。

（三）建构方法适合的策略，建构互助学习的驱动机制

为了解决流于形式的、优等生主导的假互助学习的问题，需要采取合适的方法，建立科学有效互助学习的驱动机制。一是建立"组间同质，组内异质"的互助学习小组，合理分工，相互合作，解决学习问题。二是建立任务驱动机制，驱动学生共同参与，协同共进。学生发言汇报时中差生最先发言，然后优等生补充完善，组长进行梳理总结，最后中差生复述组长的话。

这样给中差生参与学习的机会，发言表达的机会，模仿学习的机会，合作学习不再是优等生的独角戏。三是建立互助学习的操作流程，指导学生按照"独立思考→小组讨论→交流汇报→总结提升"这几个环节进行小组互助学习，让每一个学生都能参与到学习的全过程。在进行互助学习时，教师要参与到学生学习中去，了解学生已经解决了哪些问题，还有哪些重点问题需要全班共同解决，鼓励小组成员积极思考、大胆发言，引导学生从不同角度去观察、思考，教师在巡视、指导过程中要及时了解不同层次学生的学习情况，并有意给那些性格内向的学生展示交流的机会，对学生的表现给予肯定和表扬，如"你真有数学家的头脑，抓住了问题的本质""这个小老师分析得真透彻""你的思路很独特"等。让每个学生都体验到互助学习的成功与快乐。这样既调动了学生的学习积极性，增强了他们互助学习的欲望，又培养了学生的沟通交流能力、互助学习能力。

（四）建构点拨适度的策略，科学设计互助学习的活动结构

学生的互助学习，是在自助学习基础上的，但也离不开教师的"师助"指导，及时进行适度点拨。教师要科学设计互助学习活动的结构，适度点拨，事半功倍。课堂上，当学生的认知停留在某一层面，不能深入探究，学习达不到预期效果，或者说，解决不了某个问题时，老师要对问题进行适度的点拨、提升、引导学生再深入探究，及时帮助学生解决问题，从而渡过学习难关。例如，在教学人教版四年级下册"平均数"时，当学生会用移多补少、先总后分这两种方法算出平均数后，学生对平均数的概念的理解还很模糊，为了让学生进一步理解平均数的意义，可设计以下4个关键问题适度地点拨，引导学生互助学习，思考探究：（1）平均数13是学生实际收集的矿泉水瓶个数吗？（2）平均数与每个同学收集的个数有什么关系？（3）假设小亮收集了27个矿泉水瓶，平均数会怎样变？假设小兰收集了4个，那平均数

又会怎么变？（4）平均数与平均分意义一样吗？你能举例说明吗？在老师一次次的引导追问下，使学生深刻地理解到平均数的意义。

在慧生课堂教学中，教师要做一只高飞的领头雁，当好一个组织者，当好学生学习的引路人。在互助学习中，教师要精心选择适宜的内容，抓住适当的时机，用恰当的方法，开展结构化活动，适度点拨，引导学生主动探究，从而解决问题，使学生的思维能力、学习能力得到提升。

基于慧生课堂理念的小学数学操作学习策略研究

唐红莉

【摘要】在新课程不断改革深入的今天，学校坚持慧生课堂"双向三助"的教学理念，运用操作学习让学生做课堂的主人动起来，课堂活起来，实施了"用操作建构隐性知识转化为显性知识的丰富经验，建构数学概念""用操作建立直观表象上升为抽象规律的多条路径，建构数学模型""用操作建构感性经验表达为符号系统的多种方式，建构认知结构"三大策略，激活学生已有经验，激发学习兴趣，建构数学概念，建构数学模型，发展认知结构，提高数学教学质量。

【关键词】慧生课堂；数学教学；操作学习；教学策略

操作学习就是学习者在操作中手脑结合进行学习。操作学习的理论基础是杜威的"做中学"学说，陶行知的"教学做合一"学说，以及缄默知识理论。英国著名物理化学家和思想家迈克尔·波兰尼的缄默知识理论认为，知识分为隐性知识和显性知识两类，隐性知识指我们知道但难以言述的知识。显性知识是能够被人类以一定符码系统（最典型的是语言，也包括数学公式、各类图表、盲文、手势语、旗语等诸种符号形式）加以完整表述的知识。在学习数学和运用数学的过程中，用剪拼、重叠、描绘、列表、言述、演示、画图等操作学习活动，经历直观感受，观察发现，动手操作，思考归纳等过程，将隐性知识转化为显性知识，将直观表象转化为抽象规律，将感性经验表达为理性认识，快速高效地理解并掌握数学知识，发展认知结构。现结合具体课例来探讨基于慧生课堂理念的小学数学操作学习策略。具体如下：

一、用操作建构隐性知识转化为显性知识的丰富经验，建构数学概念

隐性知识是我们在做某事的行动中所拥有的知识，是我们知道但难以言述的知识。显性知识是用书面文字或图表、数学公式来表达的知识。我们经常发现学生会做不会说。这说明学生已经具有丰富的隐性知识基础，需要教师营造宽松的操作情景，让学生经历操作过程，调动多感官参与学习，激活隐性知识经验，通过看一看，想一想，指一指，说一说，画一画，算一算等学习活动，积累把隐性知识转化为显性知识的丰富经验，建构数学概念，把握数学属性，理解数学规律，掌握数学知识。例如，在教学人教版三年级下册《认识面积》时，基于学生在学习之前，对面的大小已经有了一定的了解，可这样导入，如：将一块饼干分成两份，让学生选择，学生会选择大的那一份；再如发草稿本时，学生会选择大的作业本，因为写的东西要多一些，会用得久一些。只是他们还不知道他们比较的其实是面积的大小。于是在教学设计时，我先出示了5个板块，让学生随意选择一块，学生都会按着自己的喜好，选择自己喜欢的形状。接着我说，如果这是一个比赛，选择最大的那一块会取得胜利，你会怎么选？这时学生都不约而同地选择了①号，原因是①号最大，于是我马上追问：①号的什么最大？有学生就说到"面"最大。"你能上来摸一摸吗？"第一个学生上来摸的是①号图形的周长，下面马上就有学生反对："老师，他摸的是周长，不是面。"第二个学生上来摸了摸①号的面。"这次对了吗？""对了！"我顺势借这次机会让学生区分了周长

和面积。然后让学生摸了摸课桌，数学书，文具盒等物体的面。并引导学生明确像这些面的大小叫做面积。接下来，我出示了一个不是封闭图形的图形，让学生来说一说它的面积是大还是小。这时学生之间就出现了不同的声音。有的说它的面积很大，因为没有封口，所以图形外面的部分都是这个图形的面积；也有人说：它可能是凹进来的，面积只有一点点；还有人说：因为这个图形没有封口，面积可大可小，也可能没有面积。在学生思维的碰撞中，完善了面积的含义：物体表面或封闭图形的大小，叫做面积。让学生在选、摸、说的操作过程中，激活已有的隐性知识，转化为显性知识，理解面积的含义，建构数学概念，丰富学生的数学活动经验。

二、用操作建立直观表象上升为抽象规律的多条路径，建构数学模型

操作建立的是丰富的直观表象，还需要学生通过模仿、剪拼、重叠、描绘、列表、言述、演示、画图等路径去发现这些直观表象、直接经验之间的相同点、不同点以及联系，发现本质属性，总结出抽象规律，建构数学模型。例如，在教学人教版三年级下册《认识面积》时，在建立了面积的概念后，我又出示了三组图形，让学生依次比较每组图形的大小。第一组可以明显地看出谁的面积大，谁的面积小。可以用观察法，也可以用重叠法来比较。第二组图形需要学生转化思路，抛开相同的部分，比较多余的部分。部分学生在自助比较第二组图形时遇到了困难，于是展开了互助学习，大部分学生在互助中通过重叠法找出面积相同的部分后，剩下的部分换了一个方向，再用一次重叠法解决了困难，比较出两个图形面积的大小。学生展示时，能清楚地说出比较的方法，并展示出来。比较第三组图形时，学生遇到困难了，用重叠法把相同的部分找出来后，剩下的部分无法用重叠法比较出

大小了。这时该怎么办呢？同学们经过思考，得出：可以用同一个图形来量一量。于是我出示了四种图形——圆、三角形、长方形、正方形，供学生选择。于是学生选择不同图形作为测量面积单位，摆出了以下的几种情况。学生通过动手操作，观察比较，发现用正方形来作为测量面积的图形更为合适，因为它没有缝隙，很快就得出谁的面积更大。我问道：为什么要这样铺呢？这样铺你能看出一共有多少个小正方形吗？马上就有学生说道：可以看出来，一排有6个，有两排，一共就是2×6=12个小正方形。整节课，在学生的动手操作，学生自助，组内互助，生生互动，师生互动中，学生明确了面积的含义，区分了周长和面积的概念，知道了面积有大小，明确了用正方形作为面积单位去测量面积的大小更为合适，为本单元后续的面积单位、长方形面积公式学习做好了铺垫。在此案例中，运用了直接观察、重叠、拼摆等多种路径去发现、理解面积有大小、正方形做面积单位更合适等规律，发现本质属性，建构数学模型。

三、用操作建构感性经验转化为符号表达的多种方式，建构认知结构

显性知识是能够被人类以一定符码系统（最典型的是语言，也包括数学公式、各类图表、盲文、手势语、旗语等诸种符号形式）加以完整表述的知识。因此，教师要引导学生在操作基础上，将隐性知识用列表、画图、言说、写关系式、写字母表达式等多种方式，进行符号化的系统表达，形成丰富的符号系统，形成自己的数学知识结构体系，发展自己的认知结构。例如，在《小数的初步认识》中，我从人民币入手，借助学生已有的生活经验进入课堂。学生在生活中会逛超市，会花钱，已经知道了0.1元就是1角。

于是在教学设计中,我问道:将一元平均分成10份,每份是( )元?有学生先说1角,发现单位不对,又换成了0.1元,马上又有学生说是0.10元。引导学生明确:0.1元和0.10元都是1角,所以是相等的。让学生在助学单上用画图的方式表示出0.1元,并用语言表示出来:把1元平均分成10份,1份是十分之一元,也就是0.1元。学生通过操作建立了一个直条是0.1的表象,理解了十分之一就是0.1的道理,自然地掌握了分数与小数的联系。一个学生高1米3分米,如果用米做单位是多少米?接着拓展领域,将1米平均分成10份,其中的一份是十分之一米,也是0.1米来丰富小数的认识。进而让学生在助学单上表示出0.1—0.9米,在学生展示中,学生不但找到了0.1米,还找出了其他的零点几米,并能准确地说出:几分米,十分之几米,零点几米。在找出零点几米后追问,你觉得1.3米在什么位置?他站起来毫不犹豫地说道:在1至2米之间。他一说完,马上有人补充道:在1至2米之间,但更靠近1米的位置。于是,我直接让学生自己在助学单上画出1.3米。经过前面的学习,大多数学生自己画出了1.3米,有的学生还写出来了1.3米就是1米3分米,并能完整地说出画的过程。我想既然学生能够清楚地表述出1.3米是怎么来的,自然对0.1米的来历是理解得比较透彻的。最后,再从0.1元、0.1米的含意中抽象到0.1的含义,大多数学生能明确将一个整体平均分成10份,取其中的1份就是0.1。在练习中,我出示了0.1千米=( )米,0.1平方分米=( )平方厘米的问题。学生在理解0.1的含义后能快速地得出答案。整个教学采用画图的方式,建立直观表象,帮助学生理解"把1平均分成10份,其中一份表达为分数是十分之一,表达为小数是0.1,十分之几就是零点几,几加零点几就是几点几",沟通了数的运算不同板块知识之间的联系,形成了数的多种表达方式,构建丰富的符号系统,形成数学知识结构体系,发展了学生的认知结构。

小学数学教学要充分利用学生已有的生活经验，充分运用操作教学，让学生动起来，在"自助，互助，师助"中，激活隐性知识，化抽象为直观，将直观表象转化为抽象知识，获得、理解、掌握新知识。

基于慧生课堂理念的小学科学"四环节"学习策略

谭 佳

【摘要】 新课改提出在教学中要尊重学生的主体地位，将学生定位为课堂的主体，提倡以学生为中心，让学生通过主动学习，实现自我的发展。基于慧生课堂理念的小学科学"四环节"学习策略，依照"自助研学→互助探究→师助提高→反思发展"四环节，采取"自助研学，采用助学单前置学习""互助探究，设计结构化的探究活动""师助提高，构建多层级的验证活动""反思发展，开展多角度的反思活动"，让小学科学课堂打上自主学习的底色、铆足结构化学习的主色、增加深度学习的成色、浸润反思性学习的亮色，促进学生科学素养的全面发展，提高小学科学课堂教学的实效。

【关键词】 慧生课堂；小学科学；教学策略

2022年发布的《义务教育小学课程标准》指出："面向全体学生，立足素养发展；聚焦核心概念，精选课程内容；科学安排进阶，形成有序结构；激发学习动机，加强探究实践；重视综合评价，促进学生发展"五大理念，是慧生课堂理念的小学科学课堂教学的方法指导。基于慧生课堂理念的小学科学"四环节"教学模式，是秉承慧生课堂"面向学生、面向未来"理念，坚持以生为本的理念，坚持小学科学课程标准五大理念，采取"自助、互助、师助"的学习方式，是慧生课堂"自助研学—互助探究—师助提高—反思发展"四环节课堂教学模式在小学科学教学的改造运用，以"自助研学激趣质疑→互助探究猜想验证→师助提高总结拓展→反思发展生活实践"四环节为基本流程，采取结构化的探究活动，着力发展学生科学观念、科学思维、探究实践、态度责任四大科学核心素养，培育"五智慧生命"的一种教学模式。基于慧生课堂理念的小学科学"四环节"学习策略具体如下。

一、自助研学，采用助学单前置学习，打上自主学习的底色

自助研学环节就是在开课导入时，在教师科学的指导下，用助学单引导学生独立进行前置性学习，在课中检查汇报交流的教学环节。自助研学时的前置性学习活动，可以采取有结构的活动，引起学生新旧认知之间的冲突，引出探究的问题，了解基本知识，激发学习兴趣，让学生兴趣卷入，经验卷入，思维卷入，打上自主学习的底色。想要发挥学生主体作用，教师就要想办法把时间留给学生，给予学生自主权，让学生成为主动的学习者。一是任务驱动落实自助研学。教师可以根据本节课的内容，结合学生的生活经验，设置具体的教学目标，让学生独立自主地学习思考，培养学生的独立思考能力。二是自主阅读促进自助研学。学生通过自主阅读相应内容后对所学内容有初步的了解，促进学生的思考，建立科学知识与生活的连接，对科学学习产生兴趣，变被动学习为主动学习。

例如在学习四年级下册《人类对生物的影响》一课时，本课内容较简单，在以前的教学中用得更多的是讲授法、讨论法，学生学习兴趣较差。在上这一课的内容时，我尝试了改变教学方法为任务驱动式进行自主学习。让学生自主完成"自助研学"助学单的内容，开课时，先让学生小组交流对本课内容进行梳理，再由小组成员汇报补充，在这个过程中学生除了补充资料上的内容还提到了很多相关的知识，极大地激发了他们学习的兴趣，落实了

自主学习，也充分体现了学生的主体地位，教学效果较好。

又如，在五年级上册《四季的形成》一课中，在探究四季成因前，需要学生了解地球的运动特点，对于地球的自转运动和公转运动在前两课知识中有涉及但未系统介绍。故上课伊始就给学生布置了自学任务，通过任务驱动式让学生自主阅读书本，了解地球运动的特点，学生在阅读中初步了解地球自转以及公转的特点，并通过检查汇报，补充完善，推进自主学习，提高了学习效果。

二、互助探究，设计结构化的探究活动，铆足结构化学习的主色

互助探究猜想验证环节，就是学生根据已有学习中的困惑、问题、主题，根据自己的猜想，小组合作，操作实验，验证猜想，及时互动交流，展示各小组的探究情况，互助分享，总结科学规律的教学环节。本环节一是要合理筛选和设计问题，提供结构化的对比探究活动，铆足结构化学习的主色。科学探究中学生往往会提出很多的猜想，学生互助交流前要进行合理的筛选。在充分肯定学生提出问题的前提下，也要选择有探究价值的问题，在小组内开展结构化的对比验证，交流解决问题。二是小组内的共同意见在全班展示时，其余小组可以提出不同意见或补充内容，这样可以相互启迪、相互质疑，铆足结构化学习的主色，实现课堂多维互动，开发学生的智能，展示学生的个性、创造性以及能动性，从而提升学生综合素质的发展。

例如在上五年级上册《电池》一课时，互助探究猜想验证阶段，学生利用自学所获得的经验初步尝试用水果电池点亮发光二极管，并分析成功的秘诀，在其他小组的质疑和补充中，促进了学生思维的碰撞，锻炼了学生的整合分析、表达交流、独立思考以及思维能力，铆足了结构化学习的主色；通

过试错让学生发现问题，寻求解决的办法，通过生生互助，想办法帮没有点亮发光二极管的小组成功点亮发光二极管，推进结构化学习，培养了合作学习能力，坚持不懈的科学精神，达到一定的育人效果。

三、师助提高，构建多层级的验证活动，增加深度学习的成色

师助提高总结拓展是指在教师帮助下及时根据各小组展示验证情况，交流的不同意见，总结规律，得出结论的教学环节。本环节通过构建多层级的验证活动，增加难度，拓展范围，变换条件，迁移运用，解决更高难度新问题，让学生兴趣卷入、经验卷入、思维卷入，把学生的认知从单点结构转化为多点结构、综合结构，形成立体的认知结构，增加深度学习的成色。在多层次的验证活动中，学生思维碰撞，有些意见会得不到统一，还会存在一些解决不了的问题，这时候就需要教师发挥主导作用，及时引导点拨，帮助学生解决问题，从而培养学生的总结归纳能力，形成立体的认知结构。

例如在五年级下册《四季的形成》这一课中，通过模拟实验探究四季成因对五年级的学生来说难度太大，这时候就需要教师适时帮扶，于是我设置了多层级的验证活动，让学生小组合作探究。第一层级，怎么验证？做好验证活动的设计。围绕"1.用什么材料模拟地球和太阳？""2.怎样模拟'地轴'倾斜和不倾斜的情况？""3.'地球'该怎样运动？""4.怎样观察'地面'上接受'太阳'照射的情况？"四个问题进行验证活动设计。第二层级，验证了什么？通过四个问题引导学生观察、分析、总结、归纳得出结论。让学生明白季节与地球表面接受太阳照射情况存在关联。第三层级，验证的结论有什么用？联系影子的长度可以帮我们直观地看到地面上接受太阳照射情况从而判断季节。通过验证的结论理解四季的成因，掌握判断四季的方法，理

解年月日的相关知识。三个层级的验证活动，把学生的认知从单点结构转化为多点结构、综合结构，形成立体的认知结构，增加深度学习的成色。

四、反思发展，开展多角度的反思活动，浸润反思性学习的亮色

反思发展就是教师在本节课结束前要组织学生对本节课内容进行归纳、梳理、反思、总结，从而形成知识网络结构，并根据得出的结论，掌握科学知识和规律，解决生活问题，及时练习检测的教学环节。本环节教师除了总结反思本节课所学知识外，还要提出更具有挑战性的问题或者举出生活中的现象引导学生利用所学知识进行解释，开展多角度的反思活动，从而让学生变换角度，扩散思维，不断反思，连续追问，培养反思意识与反思能力，给课堂浸润反思性学习的亮色。

例如在五年级下册《光的传播》一课中，学生在固体、液体、气体的验证活动中，第一次反思归纳"光是沿直线传播"后，教师通过多媒体展示一幅图片，光从空气进入了水中发生了弯折，让学生进行第二次反思，并提出新问题，与学生原有认知产生冲突，用反思引导学生提出问题、分析问题、解决问题，推进教学进程，发展学生的认知能力，给课堂浸润了反思性学习的亮色。

又如在五年级上册《点亮小灯泡》一课中，通过生生互助的结构化活动，进行对比探究，进行第一次反思，学生总结出点亮小灯泡必须要使电池、导线、小灯泡形成闭合回路，电流经过灯丝，小灯泡才会被点亮。在学生学习氛围正浓厚的当下，教师又提出新的问题，如何点亮两个小灯泡甚至更多的小灯泡，发展学生的认知，让学生能积极地思考，尝试，应用所学知识。对比多种成功案例后，进行第二次反思，只要让电池、小灯泡、导线形

成闭合回路就能点亮小灯泡。多角度，多轮次的反思，推动学生主体主动探究，不断反思，连续追问，培养反思意识与反思能力，给课堂浸润了反思性学习的亮色。

小学科学教学对学生有着重要的科学启蒙作用，对学生今后的学习和发展有着重要的影响。"以学生为主体，以学生为中心"也是永恒的教学话题，我们也要不断地更新教学理念，优化教学方法，以"自助研学""互助探究""师助提高""反思发展"为抓手，让学生带着兴趣、主动、好奇、思考去学习，确保学生站在课堂的中心，让学生的探究能力与学习能力得到真正的发展与提升。

基于单元整体教学理念的小学英语词汇教学策略研究

姜小川

词汇教学板块是小学英语教材中的重要内容，这一板块集中了整个单元的核心句型和词汇。在实际的教学中，如果教师缺乏单元整体教学理念，没有主题和语篇意识，以依次呈现和操练词汇为主要教学方式，单一地进行听、说、读、写等技能的训练，就容易导致教学过程碎片化，不利于学生英语学科核心素养的培养。这就需要教师从单元整体的角度出发，以单元话题为统整，深入挖掘教材，准确捕捉各板块之间存在着的显性或隐性的关联，并系统地整合各板块间的内容，采取以主题为引领，在单元整体中学习词汇；以语篇为依托，在具体语境中学习词汇；以活动为载体，运用多种方法学习词汇等策略，优化小学英语词汇教学，培养学生语言能力、思维能力、文化意识、学习能力等核心素养。

一、以主题为引领，在单元整体中学习词汇

单元整体教学是指教师基于课程标准，围绕特定主题，对教材等教学资源进行深入解读、分析、整合和重组后，结合学习主体的需求，搭建起的一个由单元大主题统领、各语篇次主题相互关联、逻辑清晰的完整教学单元，使教学能够围绕一个完整的主题设定单元目标，引导学生基于对各单独语篇小观念的学习和提炼，逐步建构基于该单元主题的大观念。这就需要教师从单元整体的角度出发，以单元话题为统整，深入挖掘教材，准确捕捉各板块

之间存在着的显性或隐性的关联，并系统地整合各板块间的内容，设定契合单元主题的分课时话题，创设有趣的语言学习情境，从而设计出循序渐进的教学活动，帮助学生形成连贯系统的知识体系，促进学生语言能力、思维能力、文化意识、学习能力的持续发展和提升。

（一）单元整体分析，提炼主题意义

例如三年级下册第四单元，where is my car？其主题为 have a good habit。根据新课标的主题范畴，本单元包括了人与自我，人与社会。主要呈现了孩子们的学校生活、家庭生活，让学生在问答中去联系运用知识，意识到养成收拾物品好习惯的重要性，提升收拾物品的小技能，逐步养成爱收拾的好习惯。本单元共分为六个课时，第一课时创设的 Zhang Peng 放学找文具的情景，练习句型 Where is my....？第二课时帮助 Mike 找文具呈现新单词 desk、chair、Where is the...？ It's on/in/under... 第三课时 Mike 露营前，找不到帽子，和妈妈的对话，运用句型 Is it...？并回答。第四课时帮助 Zoom 找玩具，练习目标句型。第五课时小朋友们玩捉迷藏，进一步练习本单元句型。第六课时是综合语用课。通过视频、图片等方式，帮助学生达成爱整理、不丢三落四的主题意义。我们以"寻找物体"这一话题，展开"where"的问答活动，引出表示方位关系的介词"in，on，under"和表示家庭中常见物品的单词。教学时，教师要创设符合生活实际的情景，利用生活的实物，辅以歌谣、趣味性较强的小游戏等活动，将 have a good habit 这一主题贯穿在各课时的教学之中，围绕主题学习词汇，培养学生的语言运用能力。

（二）依据单元主题和内容，确定单元学习的主线

一是确定各篇课文的目标线。包括核心词、核心句型、技能与策略学习要点三个方面的目标。三年级下册第四单元，where is my car? 的目标线如下：

语篇	核心短语、词汇	核心句子	技能与策略学习要点
Careless Zoom	方位介词：in, on, under 物品名称：chair, desk	询问介绍物品位置： Where is the ruler? It's under the chair.	根据图片和标题，推测对话的主题、语境及主要信息 在语境中，根据单词的音、形、义学习词汇
Careless Zhang Peng	物主代词：my, your 物品位置：in your desk, under your book, under the desk	询问介绍物品位置： Where is my pencil box? It's in your desk.	询问和应答有关个人物品位置的信息
Ready for camping	野营物品名称： cap, ball, car, boat, map	猜测物品位置及回答： Is it in your toy box? Yes, it is./No, it isn't.	在语境中，根据单词的音、形、义学习词汇 根据图片和标题，推测对话的主题、语境及主要信息
Going camping	个人活动： Row a boat. Bounce a ball. Drive a car. Put on a cap. Read a map.	询问物品在哪里，猜测物品位置及回答： Where is my cap? It's in your toy box. Is it in your bag? Yes, it is./No, it isn't.	借助语言输出框架（询问物品位置-猜测物品的位置-回答）和语言提示，进行找物品的对话
Hide and seek	个人活动：hide, play, seek, find 方位介词：behind	询问猜测位置：Where are you? I'm behind you. 描述玩游戏的句子： Let's play hide and seek. Are you ready?	根据图片和标题猜测故事的主要信息； 推断故事的画面、色彩、声音等传递的意义； 借助图片和核心语言讲述故事的主要内容

二是确定好人物线。三年级下册第四单元，where is my car? 的人物线如下：Miss white——children // Zhang Peng——John // Zip——Zoom// Mike——mum// Zoom——mum

三是确定好地点线。三年级下册第四单元，where is my car? 的人地点线如下：学校——Zoom家里——Mike家里——Zoom家里——学校——Zip家里。

四是设计好活动情境线。三年级下册第四单元，where is my car? 的活动情境线如下：①孩子们蒙上眼睛猜物品位置、Zoom和Zip捉迷藏的活动呈现本单元的核心词汇和句型及其语用情景。②Zhang Peng，John放学后收拾书包，寻找文具的情境让学生感知新句型的语义及语用情景。③Zip寻找尺子，窗外的小鸟告诉Zip尺子的位置的情景呈现要学习的三个方位介词和desk，chair这两个单词。④Mike去露营前，在家询问妈妈寻找帽子的语境呈现核心句型。⑤寻找Zip的情境中运用核心词汇和句型。⑥Zoom和Zip捉迷藏的情景有机整合和拓展了主要词汇和句型。

（三）依据单元主题主线，建构单元词汇教学结构

从单元整体的角度出发，以单元主题为统整，以目标线、人物线、地点线、活动情境线为指导，建构单元词汇教学结构，创设有趣的语言学习情境，开展循序渐进的英语词汇教学活动，帮助学生形成连贯系统的知识体系，促进学生语言运用能力的综合发展。

例如，三年级下册第四单元，where is my car? 设计了单元结构图如下：

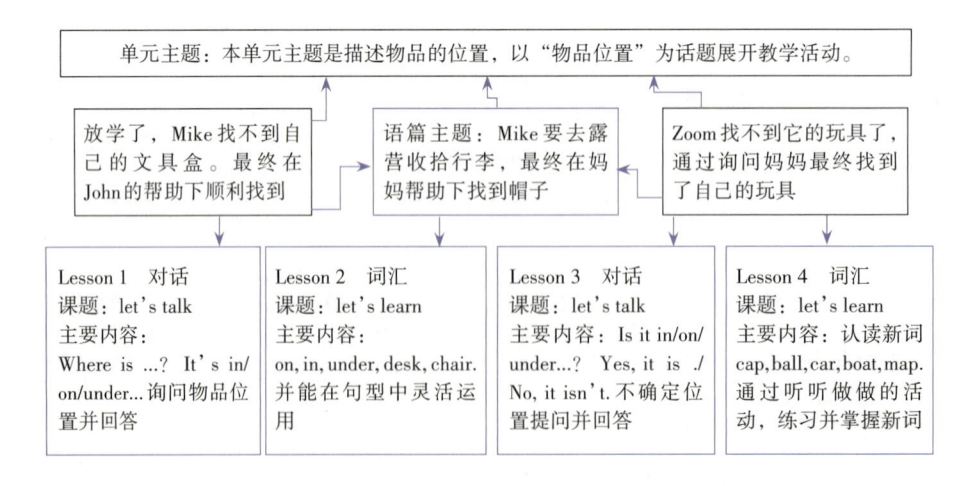

单元主题：本单元主题是描述物品的位置，以"物品位置"为话题展开教学活动。

| 放学了，Mike找不到自己的文具盒。最终在John的帮助下顺利找到 | 语篇主题：Mike要去露营收拾行李，最终在妈妈帮助下找到帽子 | Zoom找不到它的玩具了，通过询问妈妈最终找到了自己的玩具 |

| Lesson 1 对话
课题：let's talk
主要内容：
Where is ...? It's in/on/under... 询问物品位置并回答 | Lesson 2 词汇
课题：let's learn
主要内容：
on, in, under, desk, chair. 并能在句型中灵活运用 | Lesson 3 对话
课题：let's talk
主要内容：Is it in/on/under...? Yes, it is ./No, it isn't. 不确定位置提问并回答 | Lesson 4 词汇
课题：let's learn
主要内容：认读新词cap,ball,car,boat,map. 通过听听做做的活动，练习并掌握新词 |

二、以语篇为依托，在具体语境中学习词汇

基于语篇的词汇教学要将词汇融合到句子和语篇中，在语境中学习词汇，发展语言能力、思维能力、文化意识和学习能力。可通过直观形象的出示（初次学习阶段）、场景的再现模拟（巩固运用阶段）等方式创设情境。

初次学习阶段的情景创设，一是可以采用实物，图片创设。如我在执教《快乐英语》第二册中的表示动物的词 cat、pig、graffe 等和表示水果、饮料的词 apple、banana、tea、coke 等词汇时，课前发动学生准备，把实物拿到课堂上，让人人手里有东西，然后再把这些词与句型结合起来，师生间可以用实物和图片进行师生互动、生生互动。手拿实物进行一问一答的连锁练习：What's this /that in English？ It's a banana/coke / pig. 教师手举实物可问 "Is this a banana/pig /coke？ Yes，It's a banana/pig /coke." "Show me your banana/pig /coke." 课堂上每一个孩子都处于主动状态，都积极地参与到课堂教学中来，学生的兴趣大增，热情高涨，使学生有了成功的体验，尝到了学习英语的乐趣，为他们以后的英语学习奠定了坚实基础。二是采用多媒体课件等方式创设活动场景。三是肢体创设。英语中有许多动词，我们可通过手势、动作、表情、口型，使学生易于领会。如 dance，swim，run，fly a kite 等，教师可以边做动作边说出英语单词，也可以老师说单词，学生按教师所示边说单词边做动作。

巩固运用阶段的情景创设，可用对话（问候、交换信息），角色表演，看图讲故事，多媒体课件创设综合运用活动情景，激发学生运用词汇的兴趣和欲望，创造实践运用的机会，培养词汇的综合运用能力。例如，针对三年级下册第四单元，where is my car？设计了在找东西的语境中创编新对话；在 Camping 中不同人物的表现的语境中创编新对话，陈述新语篇；给 Zoom 整理

物品的小建议；在找 Camping list 所需要的物品的语境中创编新对话；在 Hide and seek 的语境中，激活思维，创编新故事等5个综合运用活动情境，借助语言输出框架（询问物品位置—猜测物品的位置—回答）和语言提示，进行找物品的对话，发展词汇的综合运用能力。

三、以活动为载体，运用多种方法学习词汇

活动是英语学习的基本形式，是学习者学习和尝试运用语言、理解与表达意义，发展多元思维，形成文化意识，形成学习能力的主要途径。在英语词汇学习时，运用多种方法，开展多样的词汇学习、记忆、理解、运用活动，可以激发学生的词汇学习兴趣，提高学生的语言能力、思维能力、文化意识、学习能力等核心素养。

方法一，整体学习教学法，是指小学英语词汇教学要从音、形、义、用四个方面整体教学，对单词建立一个整体的认识，以培养学生语言综合运用能力为目标的教学方法。教师在课堂上采用同时出示实物图片和词形的方法，使学生理解词义，认识词形，并同时学习读音，进而在句型中运用词语，通过整体学习英语词汇的方法达到同时发展语言能力、思维能力、文化意识和学习能力的目的。

方法二，活动化教学法，是指在小学英语词汇教学中采取丰富多彩的、形式多样的活动激发学生的学习兴趣，调动学习积极性，增加有意记忆，调动多感官参与学习，提高词汇学习效果。分两个方面，课堂词汇教学活动化（词语接龙、比赛、猜谜语、对话、唱歌游戏等活动），课外词汇学习活动化（看英语电影，唱英语歌曲，英语剧本表演，办英语手抄报，记英语格言，记忆英语标识，英语演讲比赛，英语词汇晋级比赛等等）。

方法三，情景化教学法，就是根据"词不离句，句不离文"的原则，将

词汇融合到句子和语篇中，在语境中学习词汇，实现语言的交际功能的教学方法。可通过直观形象的实物出示、多媒体场景的再现模拟、肢体等方式创设情境。

方法四，迁移运用教学法，是指学生在学习积累一定词汇量的基础上，在教师指导下利用旧知和新知之间的联系，利用已有的学习经验和方法，进行知识迁移，学习新词，构建自己的知识体系的一种教学方法。读音迁移。如：学生已学过car，在学习farm，hard这些词时，先让学生复习car，然后用类推的方法，让学生尝试读farm，hard这些词。词形迁移。如，将某个预定的单词通过更换字母（每次只换一个）变成另一个单词，如short→shirt→skirt。运用迁移。如，在学习颜色的词汇后，我给裙子涂上红色问学生"What colour is it？"学生答It's red。涂成黄色、绿色、蓝色，学生能很好地迁移运用，进行对话交流。

方法五，多感官教学法。调动越多的感官，就可以利用越多的大脑通络，从而建立起更多的神经连接，刺激多感官，可以建立对英语词汇学习的深刻记忆，更多的记忆能被轻松地存储下来。多感官教学法就是指在英语词汇教学中采取看、听、读、说、唱、做、演、玩等方式尽可能多地调动视觉、听觉、触觉等感官，增强记忆效果，提高学习效率，同时又培养学生学习兴趣的教学方法。

小学英语自主学习能力培养策略研究

杨天平

【摘要】小学英语自主学习能力是指积极运用和主动调试英语学习策略、拓展英语学习渠道、努力提升英语学习效率的意识和能力。而要提高学生英语自主学习能力，就要求学生能主动参与语言实践活动，学会自主探究，学会自我管理，做到愿学、乐学、善学、好学，学生只有增强自主学习的兴趣，掌握自主学习的方法，建构自主学习的规范，体验自主学习的乐趣，才能发展自主学习能力，为终身发展奠定良好的基础。

【关键词】小学英语；自主学习；学习能力；教学策略

目前，在课改的大背景下，仍然有部分小学英语教师墨守成规，不敢放手，大包大揽，坚守"填鸭式，满堂灌"的教学模式，机械记忆，重复训练，虽然英语考试获得了高分，但却是以丧失学生的学习兴趣，缺少独立思考的习惯，弱化学生自主学习能力，降低学生综合能力为代价的，最终出现英语学科的"高分低能儿"。针对以上现象，教师可授之以欲，立足学生的认知水平、生活经验和教材内容及主题，激发学生自主学习兴趣；授之以渔，重视学法指导，积极参与课堂问题探究，有效指导学生课前自主预习；授之以鱼，创造性地进行课后反思和总结，建构自主学习规范；授之以愉，使学生愉快练习，提升教学效果。

一、授之以欲，立足学生的认知水平、生活经验和教材内容及主题，激发学生自主学习兴趣

俗话说"兴趣是学习的第一任老师"，兴趣是推动学生自主学习的内在动力。需要授之以欲，激发自主学习的内驱力。《义务教育英语课程标准（2022年版）》明确指出：英语教学不仅要重视"学什么"，更要关注学生是否"喜欢学"。

（一）立足学生的认知水平，设计多感官参与的语言实践活动，激发学生自主学习兴趣

为了培养学生的学习兴趣，教师应有的放矢，根据教学内容，创设不同层次的情景，通过问答、对话、采访、表演、唱英文歌曲等形式，实施情景教学。在教学 pep 小学英语六年级上册 Unit 2 "Ways to go to school" Part A Let's learn 这一课时，采用相关歌曲引入主题，操练时，利用课前布置学生制作简易的"traffic lights"在小组中展开"Role-play"，使学生乐于参与、乐于争先、乐于学习，进而把抽象枯燥的英语知识寓于生动鲜明的形象之中。加深了学生对内容的理解，使学生学习由抽象到具体，由枯燥到形象直观，不但激发了学生的学习兴趣，还提高了学生的听说水平。

（二）巧妙利用学生生活经验，合理结合教材内容及主题，激发学生自主学习兴趣

语言来源于生活，是人们表达和交流思想的工具。语言只有与生活相联系，才变得鲜活、真实，才能激起学生学习的欲望（孙秀梅，2021）。在教学 pep 小学英语六年级下册 Unit 1 "How tall are you" Part A Let's learn 这一课时，根据学生的实际身高、体重进行调查问卷，提问如下：

S1：How old are you？ S2：I'm...years old.

S1: How tall are you? S2: I'm...meters.

S1: How heavy are you? S2: I'm...kilograms.

学生根据小组成员的回答，得出结论 Who is older/taller/heavier？学生在真实语境的交流中，运用已有的生活经验，解决英语学习问题，从而加深了对形容词比较级的理解和运用。学生在不知不觉中主动习得了语言知识，学生有了成就感，激发了学生自主学习的兴趣，更能促进其积极有效地进行自主学习。

二、授之以渔，有效指导学生课前自主预习，教给学生自主学习的方法

古语云"授之以鱼，不如授之以渔"。新时代要求教学不仅要让学生学会，更要会学，具有终身学习的能力、自主学习的能力。在教学过程中有机融入对学习方法的指导，帮助学生学会根据实际需求选择恰当的学习方法完成学习任务，解决学习问题，逐步形成适合自己的学习策略，而指导学生做好课前预习，是必要的指导之一。

（一）根据课型设计不同的预习任务，教给学生自主学习的方法

词汇教学（图1），引导学生依据旧词拼读新词，运用拼读规则拼读并记忆单词；对话教学（图2），按阅读理解的层次，设置不同的问题和任务，引导学生一步步理解对话，对主要功能句进行初步的运用；阅读课文（图3），鼓励学生借助词典、网络等工具认识新词，遇到问题主动向他人请教。

```
Unit 2 seasons
一、拼读先锋，按照规律尝试拼读一下新单词并写出意思！

1. window → win → winter ____
2. picture → pic → nic → picnic ____
3. clock → ck → pick ____
4. snowy → snow → snowman ____
5. swim → swimming ____
```

图1

```
1. 照样子，写句子。例：the party + May 2nd ⇒ The party is on May 2nd.
  (1) National Day + October ⇒ ____
  (2) Teacher's Day + September 10th ⇒ ____
  (3) the party + 8 p.m. ⇒ ____
2. 初读感知，根据短文内容，填一填下面的表格。

| when  |  |
| why   |  |
| where |  |

3. 精读课文。
What will they do in the party? ____

4. 词汇积累，将下列短语不错完整。
___ Easter eggs  ___ chocolate eggs  ___ many games
___ to the party  ___ an email
```

图2

```
Unit 5 lesson 6 Read and write (p53)
一、前情提要，（读一读，并写出它们的汉语意思。）。
1. 我知道的名词性物主代词有：
mine____ yours____ his____ hers____ theirs____ ours____
我知道的动词-ing形式：
climbing____ eating____ playing____ jumping____ drinking
____sleeping____
2. 我能从上述单词中选一个说一句话。
如：The book is mine. The dog is drinking.
_____
二、自读先知
1. 初读感知
(1) The bear is ___ (2) The rabbits are ___
(3) The tiger is ___ (4) The elephant is ___
2. 精读课文
(1) Where are Sarah and Robin? _____ (2) What is Robin doing here? ____
(3) Does Robin want to swim like a fish? _____
※三、自主探究，提升。
仿照课文中的表达，写一写Robin在公园的所见所闻，并向同伴讲述这个故事。
故事的开头已给出：
```

图3

（二）小组互评检测预习效果，教给学生自主学习的方法

在《义务教育英语课程标准（2022年版）》中提到：教师要引导学生成为各类评价活动的设计者、参与者和合作者，帮助学生学会开展自我评价和互相评价，并在互相评价中取长补短，获得经验。同时同伴之间的良性竞争、比较，进一步增强学生们的竞争意识，为学习提供动力。在教学中，教

221

给学生小组互评检测预习效果的基本方法，让学生相互检查，共同促进，养成按时预习的习惯，掌握预习的要点、方法，发展英语语言能力的同时，发展学生的自主学习能力。

三、授之以鱼，创造性地引导学生进行课后反思和总结，建构自主学习的教学规范

元认知学习策略有助于学生反思和调整学习过程，提升自主学习能力。授之以鱼，创造性地建立分层复习规范，引导学生对所学知识主动复习、归纳、反思、总结，大大提高学习效率，提升英语思维能力。

世界万物没有哪两个是完全相同的，学生亦是如此，学生不同，能力也就有差别，有的能力强，反应快，一点就通，有的能力弱，反应慢，需要反复练习，有的孩子擅长空间想象，有的孩子擅长动手实践，有的又擅长口语表达等等，所以能引起他们兴趣的不一定就是完全相同的事情，这就要求老师要不断发现和思考，怎么做才能尽量让每个孩子都能投入学习活动中，都能学有所获，都能获得成就感，增强自信心。我认为就是要分层要求，把主动权交给孩子们，鼓励他们选择适合自己的学习方式进行课后总结。在高年级的每一周，我都要安排学生对知识进行归纳和总结，我一般会安排不同层次的任务，比如复习一般现在时、将来时和过去时态时，我分别列举了四个不同层次的复习的方式：

方式1：将教材中相关的句子抄一遍。

方式2：仿照书中的相关句型造句。

方式3：利用相关知识写一段话，并配上插图。

方式4：制作思维导图，并进行讲解。

学生按照分层复习规范，可以根据自己的能力，自由选择一种方式，不必担心自己完成不好作业，学生积极性较高，极大地提高了学生的自主学习能力。

四、授之以愉，优化作业设计，体验自主练习的乐趣

作业是学生学习英语的重要部分，承担着对知识的巩固、消化、综合运用的任务，是对教学效果的直接反馈，是老师检验学生的必要手段。若学生对作业失去兴趣，甚至厌恶反感，这种情况就会严重影响学生的学习效果，为了减少这种情况的出现，我认为就要授之以愉，优化作业设计，丰富作业形式，让学生体验自主练习的乐趣，改变随意、低效、单一、机械等毫无生命活力的作业，将"要你做作业"变成"我要做作业"。针对这一点，我做了以下一些尝试：

（一）根据单元主题，设计系列化作业，体验自主练习的乐趣

如人教版六年级上册"How can I get there?"第一次作业，学生创编对话并和同伴进行角色扮演，评出最佳演员。第二次作业，学生根据教材内容，设计城市地图，并介绍：There is a...in my city.第三次作业，根据本地城市布局，画出家乡的城市地图，并扮演导游介绍展示。丰富多彩的作业形式和内容，让学生体验了作业的乐趣，培养了动手动脑能力，还锻炼了口语表达能力。

（二）根据学生生活经验，设计探究性、合作性作业，体验自主练习的乐趣

pep 小学英语六年级下册 Unit 1 "How tall are you" Read and write 部分，课后，学生通过查阅资料，结合科学知识对"Why is the shadow longer when the sun gets down"进行了探究，并利用图画进行了说明，图文并茂，学生兴

趣浓厚。另外，学生可以合作完成同一个作业，如英语小报、英语调查问卷、英语对话表演等，学生综合运用知识进行个性化表达，体验了语言运用的乐趣，也培养了他们的合作意识。

综上所述，英语教学首要任务是激发学生兴趣，除了点燃学生的求知欲，还要促进学生产生学习的内驱力，内驱力就像汽车的发动机一样，引导学生不断向前迈进。教育家叶圣陶说："教是为了不教。""不教就是为了使学生有一定的自主学习能力。"因此，无论是课前预习，课堂学习，还是课后复习，作业练习，都需要学生自主地参与其中，只有这样，学生的自主学习能力才能逐步提高，从而更好地适应现代社会的发展。

第四编

慧生课堂实践研究之术：
教学模式篇

"怎么教"是课堂革命的重要着力点。慧生课堂实践研究课题组，立足培育"五智慧生命"核心素养目标，课堂育人，系统建构，实施模式创新，依据"双向三助"课堂教学理念，"五生"教学准则，在"三类课堂"场域中，对学校原有的"四环节"教学流程进行迭代发展，总结出新的以"自助研学→互助探究→师助提高→反思发展"为基本流程的"四环节"教学模式。教师在不同学科，不同年段，不同课型中，对"四环节"教学模式加以灵活运用，增添删减，加工改造，总结了"小学语文口语交际'五交际'教学模式、小学古诗'五学'课堂教学模式、小学低段童话'五学'教学模式、小学语文阅读教学'五读'模式，小学数学新授课'五学'教学模式、小学英语阅读'四活动'教学模式、小学科学'四环节'教学模式、小学体育'四游戏'教学模式、小学美术'五美'教学模式等教学模式"，形成了丰富的在三类课堂场域中运用的"四环节"教学模式群。"1+3+N"的教学模式群体系彰显了"教学做合一""助学为要"的教学理念，契合了陶行知先生倡导的"事怎样做就怎样学，怎样学就怎样教；教的法子要根据学的法子，学的法子要根据做的法子"的教学原理，形成了自助学习、互助学习、师助学习三种学习方式，探索出了培养"智慧生命"的课堂行动路径和策略，回答了慧生课堂"怎么教"的根本性问题。

基于慧生课堂理念的小学语文口语交际"五交际"教学模式

郑秋怡

一、模式的界定及特征

《小学语文新课程标准（2022年版）》中指出：口语交际能力是现代公民的必备能力，应培养学生倾听、表达和应对的能力，使学生具有文明和谐地进行人际交流的素养。立足学生核心素养发展的需求，口语交际对学生语言表达能力、逻辑思维能力有着重要的促进作用，是小学语文教学不可忽视的重要板块。在口语交际中融合慧生课堂理念教学可有效打破单调、呆板的学习模式，转变"满堂灌"的"师本"课堂教学方式，落实学生主体地位，使情景教学、语用训练和能力培养三者有机地结合，相得益彰。

基于慧生课堂理念的小学口语交际"五交际"教学模式，是以慧生课堂"双向三助"理念为指导，是慧生课堂"自助研学—互助探究—师助提高—反思发展"四环节课堂教学模式在语文学科口语交际课型的改造运用，以导入交际情境、试说交际内容、组内交际分享、全班交际展评、拓展交际运用五大环节为基本流程，以发展语言文字能力、思维能力、文化底蕴等语文核心素养培养为目标，培养"五智慧生命"的一种课堂教学模式。它的核心是以学为本，以生为本，突出"面向学生、面向未来"的理念，强调"自助、互助、师助"学习方式的语用，整个教学过程是在教师的引导下，充分发挥学生的主体性,引导学生主动学习、创造性学习,强调在"真实情境"中发展交际能力和语言表达能力,因此基于慧生课堂的口语交际教学模式具有以下四个方面的特征:

(一)基于慧生课堂理念的小学口语交际"五交际"教学模式具有趣味性特征

兴趣是最好的老师。心理学家布鲁诺说过:"学习的最好刺激是对学习材料的兴趣。"小学阶段的孩子活泼好动,具体的情境会引起他们的注意,令他们产生浓厚的兴趣。学生的兴趣一旦被激发出来,会让学生有无尽的求知欲,这就要求教师运用慧生课堂教学模式时,能有效地将学生的注意力吸引到课堂上来,让学生产生浓厚的学习兴趣。

(二)基于慧生课堂理念的小学口语交际"五交际"教学模式具有自主性特征

基于慧生课堂理念的小学口语交际"五交际"教学模式,强调"自助、互助、师助"学习方式的运用,以学生为主体,充分发挥学生的主体作用开展自主、合作、探究学习。认知建构主义认为,自主性学习实际就是无认知监控的学习,是学习者能够根据自己的学习能力、学习任务的要求,积极主动地调整自己的学习策略和努力程度的过程。在口语交际的过程中,传统的教学法是针对文本单一的讲授,建立在教师"教"的基础之上,而没有真正从"学"的角度,从学生独立自主思考和表达的目标去建构。慧生课堂教学模式是在教师相应的指导方法下自主地阅读、观察、感悟、表达,有利于培养学生的全面发展能力。

（三）基于慧生课堂理念的小学口语交际"五交际"教学模式具有实践性特征

口语交际的主题与生活密切相关，其实施的前提便是需从生活中去体验，最终又帮助人在生活中用合适、正确的表达解决实际问题。在慧生课堂口语交际教学模式实施过程中，需要学生调动自己平时的学习经验和生活实践参与学习，在"试说交际内容、组内交际分享、全班交际展评"环节时，实际生活体验给表达带来的成功体验会激发学生更加关注生活，参与实践。

（四）基于慧生课堂理念的小学口语交际"五交际"教学模式具有思维性特征

基于慧生课堂理念的小学口语交际"五交际"教学模式在口语交际教学中融入了思维的训练，特别是拓展性思维能力的培养，不仅基于一种现实情况发表自己的观点和看法，还能在"拓展交际运用"环节变换角度、拓展思维，培养学生思维的广阔性和灵活性，切实提高小学生的语言表达能力和交际能力，进而增强其语文核心素养。

二、理论依据

（一）兴趣心理学理论

爱因斯坦提出了"兴趣是最好的老师"的著名论断。人格心理学家阿尔波特认为人类有一种"自主性功能"，就是兴趣，兴趣是感情状态，而且处于动机的最深水平，它可以驱策人去行动。

（二）参与教学理论

参与式教学法是一种合作式或协作式的教学法，这种方法以学习者为中心，充分应用灵活多样、直观形象的教学手段，鼓励学习者积极参与教学过程，成为其中的积极分子，加强教学者与学习者之间以及学习者与学习者之间的信息交流和反馈，使学习者能深刻地领会和掌握所学知识，并能将这种知识运用到实践中去，基于慧生课堂理念的小学口语交际"五交际"教学模式的"试说交际内容、组内交际分享、全班交际展评、拓展交际运用"四个环节就充分地运用了这个理论。

（三）情景教学理论

情境教学法是指在教学过程中，教师有目的地引入或创设具有一定情绪色彩的、以形象为主体的生动具体的场景，以引起学生一定的态度体验，从而帮助学生理解教材，并使学生的心理机能得到发展的教学方法。捷克教育家夸美纽斯在《大教学论》中写道："一切知识都是从感官开始的。"强调了学生认识的直观规律：直观可以使抽象的知识具体化、形象化，有助于学生感性知识的形成。情境教学法使学生身临其境或如临其境，就是通过给学生展示鲜明具体的形象（包括直接和间接形象），一则使学生从形象的感知达到抽象的理性的顿悟，二则激发学生的学习情绪和学习兴趣，使学习活动成为学生主动的、自觉的活动。在小学语文口语交际教学过程中，情景导入是成功的重要因素。

三、模式流程

基于慧生课堂理念的小学口语交际"五交际"教学模式是以具体的语言交际情景为引导、以体验为过程、以表达为目的的教学模式，具体操作过程主要包括五个环节："导入交际情境、试说交际内容、组内交际分享、全班交际展评、拓展交际运用。"它是以慧生课堂"双向三助"理念为指导，对慧生课堂"自助研学—互助探究—师助提高—反思发展"四环节课堂教学模式在语文学科口语交际课型的改造运用，其关系如图1。

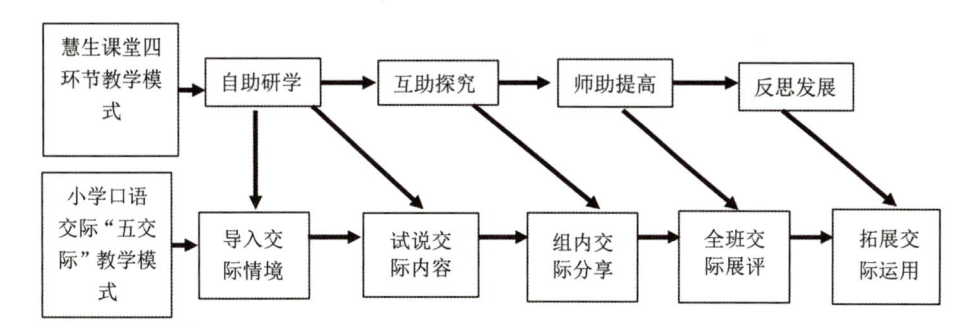

```
┌──────────┐    ┌──────┐   ┌──────┐   ┌──────┐   ┌──────┐
│慧生课堂四│───▶│自助研学│──▶│互助探究│──▶│师助提高│──▶│反思发展│
│环节教学模│    └──┬───┘   └──┬───┘   └──┬───┘   └──┬───┘
│    式    │       │          │          │          │
└──────────┘       ▼          ▼          ▼          ▼
┌──────────┐   ┌──────┐   ┌──────┐   ┌──────┐   ┌──────┐   ┌──────┐
│小学口语  │   │导入交│   │试说交│   │组内交│   │全班交│   │拓展交│
│交际"五   │──▶│际情境│──▶│际内容│──▶│际分享│──▶│际展评│──▶│际运用│
│交际"教学 │   └──────┘   └──────┘   └──────┘   └──────┘   └──────┘
│  模式    │
└──────────┘
```

图1：基于慧生课堂理念的小学口语交际"五交际"教学模式图

（一）导入交际情境（自助研学）

导入交际情境是指口语交际课的开课引入，创设情境，导入学习主题，明确学习目标的课堂教学环节。属于慧生课堂"自助研学—互助探究—师助提高—反思发展"四环节课堂教学模式中的"自助研学"部分。课堂里的口语交际情境，是在特定的环境中进行的，与日常生活中自然的、原生态的交际活动相比较，是有限制的。因此，教师需要经过精心设计，在特定的交际情境中让学生自然而然地过渡和联系。在创设情境过程中，要充分关注学生的学情需要，针对小学生活泼好动的特点，生动有趣的语言材料和语言情境等往往会引起他们的注意，令他们产生浓厚的兴趣。因此，在教学中可以采用的方法有：1.采用声画结合的语言材料引入。2.用多媒体创设学生熟悉的生活情境或感兴趣的事物、图片激发学生的学习兴趣。3.教师有表演性地讲故事激发学生学习兴趣。4.小游戏激发学生学习兴趣。

（二）试说交际内容（自助研学）

试说交际内容是指在口语交际课中学生在教师指导下，按要求，独立思考，选定主题内容，组织好语言，自主尝试说一说交际的内容的教学环节。属于慧生课堂"自助研学—互助探究—师助提高—反思发展"四环节课堂教学模式中的"自助研学"部分。独立思考、自主尝试是合作学习、交流展示的基础，只有在充分"自助"学习的基础上，才能"他助"，实现更好地"互助"学习、"师助"学习，避免出现"浅学""假学"的现象。

（三）组内交际分享（互助探究）

组内交际分享是指在小组内交流分享自己想好的交际内容，相互启发借鉴，相互帮助，改进自己交际表达的能力的教学环节。属于慧生课堂"自助研学—互助探究—师助提高—反思发展"四环节课堂教学模式中的"互助探究"部分。教育学家第斯多惠说："不好的教师传授真理，好的教师让学生发现真理。"在这种教学模式中，教师应由传统集体教学的"权威"角色向"顾问""同伴"角色转化，教师与学生之间形成平等、合作和民主的和谐关系，为学生提供展示与表现自己能力、人性的机会与场所，使学生变为教学活动的积极参与者。立足口语交际的内容特色，引导学生通过在小组内分享、班级内展示这两条线路的"互助"，在你说我听中相互评价、质疑、补充，最终提高。这种教学模式下的口语交际，既保证了学生在有效的时间内得到了大量的实践机会，又使学生学习的主观能动性得到充分发挥。

（四）全班交际展评（师助提高）

全班交际展评是指小组推选出代表或者整个小组一起展示口语交际内容，进行全班展示评比，教师及时点拨引导，发现方法，建构思维支架，发展交际能力和表达能力的教学环节。属于慧生课堂"自助研学—互助探究—师助提高—反思发展"四环节课堂教学模式中的"师助提高"部分。张志公先生曾说："过去语文，往往忽视口耳，只注重手眼，这是砍掉植物的根，而希望它开花的方法。"在这句话中，就直接指出我们所熟知的口语交际不是简单的"说话"和"听话"，而是一个互动的，充满变数的应对技巧的过程。在慧生课堂的指引下，教师是学生的忠实聆听者和巧妙点拨者，对于学生在口语交际中所存在的问题，不再"独裁式"地直接肯定或全盘否定，而是先把评价的话语权交由学生，让学生充分去听、说、评、选，最终师生共同小结知识要点。

（五）拓展交际运用（反思发展）

拓展交际运用是指及时运用口语交际思维支架、表达方法和经验，回归生活，迁移拓展表达主题，创新表达方式的教学环节。属于慧生课堂"自助研学—互助探究—师助提高—反思发展"四环节课堂教学模式中的"反思发展"部分。语文处处有生活，生活处处有语文。生活的外延有多大，语文学习的外延就有多大。因此，教师在口语交际的把握中，不仅要关注课本上的知识要点，更要紧紧与生活实际相联系，引导学生走进生活、观察生活、感悟生活，发现生活中口语交际话题，恰当运用方法解决生活中的交际问题，让口语交际自然而然发生在课堂上，把口语交际训练真正地落到实处。

四、效果评述

（一）基于慧生课堂理念的小学口语交际"五交际"教学模式，对于小学生来说，创设丰富多彩的教学情境，可以弥补他们生活经验的不足，诱发他们学习新知识的饱满热情，打开思维的闸门。

（二）基于慧生课堂理念的小学口语交际"五交际"教学模式，既培养学生独立思考能力，又切实提高表达与倾听的能力，引导学生在生活实际的交际中敢说话、乐表达，发展交际能力和表达能力。

（三）基于慧生课堂理念的小学口语交际"五交际"教学模式，可以促使学生整合自己在语言组织中所得和所惑，从而在全班交流中相互帮助、质疑、提升，逐步培养学生独立思考、整合分析和逻辑判断的能力。

五、精品课例

部编版小学语文三年级下册《春游去哪儿玩》

教学目标：

第一，激发学生口语交际的欲望，乐意介绍自己去过的地方或最想去的地方，并且尽量围绕一个地方说清楚想法和理由，使听的人想去。

第二，培养认真倾听的能力，与别人交流时耐心听别人把话说完，尽量不打断、叫停别人。

第三，鼓励学生梳理交际的自信心，敢于表达自己的内心感受，并且积极参与交际。

教学重点： 培养学生搜集资料的能力及与别人交流时真诚有礼、认真倾听的态度和习惯。

教学难点： 运用清晰、准确的语言介绍收集到的信息资料，表达有条理，语气、语调适当。

教学方法： 教法（充分运用有效媒体和手段，设置情境，营造口语交际氛围）

学法（自助研学、互助交流、反思发展）

教学准备： 多媒体课件

教学过程：

1.导入交际情境（自助研学）

第一，课件出示描写春天的诗句，请生读诗句。

第二，说一说：你发现了怎样的共同点？

第三，师生交流：引导学生联系生活说春天——是啊！漫长的、寒冷的冬天终于过去了，春天来了！你能说说你眼中的春天吗？

第四，创设情境：春天，蕴含着无限生机与希望，是人们最喜爱的季节。在这春意盎然的时节，学校将开展"小导游评选会"，邀请同学们一起参与《春游去哪儿玩》推荐大会，最终推选出的"优秀导游"将获得一份丰厚礼物哦！坐好啰，旅行列车现在出发！

第五，齐读口语交际主题《春游去哪儿玩》。

2.试说交际内容（自助研学）

第一，课件出示相应内容，学生自读口语交际要求。

第二，围绕要求，开展自助学习活动：

选择所要推荐的好地方；

简单概括要推荐的理由。

第三，借助视频，请生自由评价"优"与"缺"（师随机板书）。

第四，对照"优""缺"，开展"导游自说"活动——组织好语言，在心里悄悄说给自己听。

3.组内交际分享（互助交流）

第一，师过渡：同学们闪亮的眼睛，仿佛在告诉老师想要迫不及待分享了呢！不着急，我们一起来看看此次口语交际的评星细则。

第二，师引导：明确细则后，"小导游评选会"小组初赛就开始啦！看谁能脱颖而出，角逐我们的班级决赛！

第三，围绕细则，开展互助交流活动——小组内四人轮流分享，师巡视倾听。

4.全班交际展评（师助提高）

第一，各小组推选最佳代表参与班级角逐（为充分营造仪式感，教师借助多媒体随机抽号，决定各参赛选手的出场顺序。）

第二，师过渡："小导游评选会"班级决赛即将拉开帷幕！在场的所有小观众,请仔细聆听,在每位选手推荐结束后,有两次"听众点评"机会,注意把握哦!

第三,紧扣要求,开展汇报展示活动——每组代表依次上台,轮流展示。

第四,投票选出"最佳导游",同时确定最佳春游地点,请生畅所欲言——获胜选手的厉害之处是什么?

5.拓展交际运用(反思发展)

第一,师生小结本次口语交际的知识要点。

第二,请你运用本节课学到的方法,另外选择一个你想推荐的好地方,概括要推荐的理由,先介绍给父母听,明天再介绍给同学们听。

六、教学反思

《春游去哪儿玩》是统编教材三年级第一单元的"口语交际"内容。这个单元的主题是"可爱的生灵",通过多篇课文、古诗来描写春天美好的动、植物,表达作者对春的喜爱,激发学生对春天、大自然和生命的热爱。

针对这样的人文主题,在设计《春游去哪儿玩》时,格外注意对孩子们眼中春之美的发掘以及对学生思想情感的引导。因此,教学一是引导学生观察春天,了解春天特点;二是引导学生在具体的口语交际过程中,学习用恰当的语言表现春天的美,进而引发学生想去欣赏春、探索春的欲望。除此之外,结合教材中的"口语交际"提示——同学们要能向其他人推荐春游值得去的地方,说清楚好玩之处和可以开展哪些活动,还要在口语交际中,能耐心听别人把话讲完,尽量不打断别人。

(一)妙用导学激发交际兴趣

在本课导入环节,选取描写春天的诗歌激发学生对春的向往之情,同时联系生活实际，引导学生畅所欲言表达自己眼中的春天，打开思维的闸门。

（二）巧设情境营造表达环境

本课教学的亮点之一在于情境的创设，由"导游评选会"活动贯穿课堂的始终，并巧妙结合慧生课堂中的互助环节开展"小组初赛""班级决赛"，为学生积极搭建表达舞台，充分营造仪式感，从而激发学生的语言表达欲望。

（三）善用"三助"学习方式培养学生交际能力和语言表达能力

本课教学中，教师善于运用"自助、互助、师助"的学习方式，设计了"导入交际情境、试说交际内容、组内交际分享、全班交际展评、拓展交际运用"五大环节，引导学生在自助学习，互助学习，师助点拨的学习方式中，经历自选地点、自拟理由、自由评价、自我演说、自主运用五个环节层层递进，阶梯式发展学生的口语交际能力，同时培养学生的独立思考能力、自主学习能力。在组内交际分享活动，在讨论和轮流分享的过程中，充分运用了"自助、互助"的学习方式，进一步培养了学生的语言表达能力，锻炼了学生倾听能力，培养了合作学习能力；在全班交际展评活动中，充分运用了"互助、师助"的学习方式，充分让学生动眼看、动耳听、动脑想、动手做，积极参与探索，让学生真正成为课堂学习的主人，形成了初步的口语交际的思维支架，获得了口语交际的活动经验，发展了交际能力和语言表达能力。在拓展交际运用环节中，运用"请你运用本节课学到的方法，另外选择一个你想推荐的好地方，概括要推荐的理由，先介绍给父母听，明天再介绍给同学们听"的任务驱动，及时反思，运用经验，拓展运用，在更广阔的生活中去发展提高学生的交际能力和语言表达能力。

总之，口语交际课要以学生的发展为本，从学生实际出发、从学习的效果出发，搭建思维支架、教给学生科学的方法之后，鼓励学生"自助、互助"学习，采用自己适用的方法主动地进行学习交流，并形成良好的学习习惯，教师及时"师助"，点拨引导，鼓励学生独立思考、敢于探索，主动参与。同时，教师在平时的学习生活中也要注意和学生有意无意地进行交际训练，从而达到随风潜入夜、润物细无声的作用。

基于核心素养下的小学古诗"五学"课堂教学模式

李　爽

一、模式的界定及特征

《义务教育语文课程标准（2022年版）》指出"课程核心素养是学生通过课程学习逐步形成的正确价值观、必备品格和关键能力，是课程育人价值的集中体现。""义务教育语文课程培养的核心素养是学生在积极的语文实践活动中积累、建构并在真实的语言运用情境中表现出来的，是文化自信和语言运用、思维能力、审美创造的综合体现。"在1—3学段，"阅读"中要求，背诵110篇古诗文，"诵读优秀诗文，注意在诵读过程中体验情感，展开想象，领悟诗文大意""诵读优秀诗文，注意通过诗文的语调、韵律、节奏等体味作品的内容和情感"。可见，加强小学古诗文教学有利于"文化自信和语言运用、思维能力、审美创造"语文核心素养的培养。

基于核心素养的小学古诗"五学"课堂教学模式，是以慧生课堂"双向三助"理念为指导，是慧生课堂"自助研学—互助探究—师助提高—反思发展"四环节课堂教学模式在语文学科古诗文课型的改造运用，是以导学明诗题、自学晓诗意、互学想诗景、展学悟诗情、拓学解诗理五个环节为基本流程，以培养文化自信和语言运用、思维能力、审美创造等语文核心素养为目标，培养"五智慧生命"的一种课堂教学模式。

以"慧生课堂"教学理念为指导，突出"面向学生、面向未来"的理念，强调"自助、互助、师助"学习方式的语用，强调以民主的师生关系为基础，以学生的学习活动为主线，充分激发学生的兴趣，实现学生的自主思维能力和语言文字能力的协调发展。因此基于核心素养下的"五学"古诗教学模式的五个部分密不可分，具有以下五个方面的特征：

（一）基于核心素养的小学古诗"五学"课堂教学模式具有趣味性特征

兴趣是最好的老师。心理学家布鲁诺说过："学习的最好刺激是对学习材料的兴趣。"低年级的孩子活泼好动，具体的情境会引起他们的注意，令他们产生浓厚的兴趣。学生的兴趣一旦被激发出来，会让学生有无尽的求知欲，这就要求教师运用小学古诗"五学"教学模式时，能有效地将学生的注意力吸引到课堂上来，让学生产生浓厚的学习兴趣。

（二）基于核心素养的小学古诗"五学"课堂教学模式具有自主性特征

小学古诗"五学"教学模式以自主研学、互助探究为抓手，必须充分发挥学生的主体作用。"五学"的古诗教学模式是教师引导学生学习古诗的时候，借助插图、注释、背景资料、语言情境等方法，让学生主动参与学习全程，经历"导学明诗题、自学晓诗意、互学想诗景、展学悟诗情、拓学解诗理"的学习过程，发展"文化自信和语言运用、思维能力、审美创造"等语文核心素养。

（三）基于核心素养的小学古诗"五学"课堂教学模式具有生活性特征

小学古诗"五学"教学模式实施过程中，写景诗来源于祖国大好河山，引导学生关注生活，需要学生调动自己平时的学习和生活经验参与学习，在

"自学晓诗意、互学想诗景、展学悟诗情、拓学解诗理"等环节时，引导学生结合生活情境晓诗意，想诗景，悟诗情，解诗理，结合生活谈感受，积累文化底蕴，而不是枯燥说教，凭空想象，具有鲜明的生活性特征。

（四）基于核心素养的小学古诗"五学"课堂教学模式具有生长性特征

小学古诗"五学"教学模式，在古诗教学中融入了读、写、说、画、演等跨学科的训练，特别是发散性思维能力的培养。教育家裴斯泰洛奇说"教学的主要任务不是积累知识，而是发展思维"。会读诗，不仅是会读通读懂，还要在展学悟诗情、拓学解诗理等环节变换角度，扩散思维，培养学生思维的广阔性和灵活性，通过促进思维生长来促进知识生长，促进生命体验的生长，具有生长性特征。

（五）基于核心素养的小学古诗"五学"课堂教学模式具有生成性特征

小学古诗"五学"教学模式，主要是采用学生"自助、互助、师助"的学习方式，学生的成功的经验，存有的疑惑都是课堂生成的教学资源，教师灵活抓住这些资源，及时分享点拨，总结归纳，提出疑惑全班来解决，及时提出挑战性的问题，形成"生生互动、师生互动"的氛围，推动教与学的融合，培养了学生的质疑能力、学习能力，具有生成性特征。

二、理论依据

（一）建构主义理论

建构主义学说的代表人物奥苏贝儿认为："当学生把教学内容与自己的认知结构联系起来，意义学习便发生了。"这给小学古诗文教学要从生活出发，运用已有经验，自主学习，指明了方法。

（二）主体性教育理论

"以学生为主体，以教师为主导"的"双主体论"认为，在教育活动中，教师是教育行为的主体，而学生则是自身生活、学习和发展的主体；"教师启发引导、学生主动参与、师生平等互动"是教育活动的基本模式。叶澜认为："教育应当使每个人成为充满个性、充满生命活力的生命主体。"这为小学古诗文教学必须引导学生主体主动学习指出了方向。

（三）参与教学理论

参与式教学法是一种合作式或协作式的教学法，它以学习者为中心，充分应用灵活多样、直观形象的教学手段，鼓励学习者积极参与教学过程，成为其中的积极分子，加强教学者与学习者之间以及学习者与学习者之间的信息交流和反馈，使学习者能深刻地领会和掌握所学知识，并能将这种知识运用到实践中去。这为小学古诗文"五学"教学模式充分运用"自助、互助、师助"的学习方式，经历"导学明诗题、自学晓诗意、互学想诗景、展学悟诗情、拓学解诗理"的学习过程，发展文化自信和语言运用、思维能力、审美创造等语文核心素养提供了方法论指导。

（四）情景教学理论

情境教学法是指在教学过程中，教师有目的地引入或创设具有一定情绪色彩的、以形象为主体的生动具体的场景，以引起学生一定的态度体验，从而帮助学生理解知识，并使学生的心理机能得到发展的教学方法。夸美纽斯认为："一切知识都是从感官开始的。"直观情境可以使抽象的知识具体化、形象化，有助于学生从感性认识上升到理性认知。在小学古诗教学过程中，成功的情景运用，可有效引导学生"晓诗意、想诗景，悟诗情，解诗理"，会让教学的效果倍增。

三、模式流程

基于核心素养下的小学古诗"五学"教学模式是以古诗文为载体，具体的语言情景为引导，运用"自助、互助、师助"的学习方式，以培养文化自信和语言运用、思维能力、审美创造等语文核心素养为目标，培养"五智慧生命"的一种课堂教学模式。具体实施流程包括导学明诗题、自学晓诗意、互学想诗景、展学悟诗情、拓学解诗理五个环节。它是对慧生课堂"自助研学—互助探究—师助提高—反思发展"四环节课堂教学模式在语文学科古诗文课型的课中教学环节的改造运用，其关系如图1：

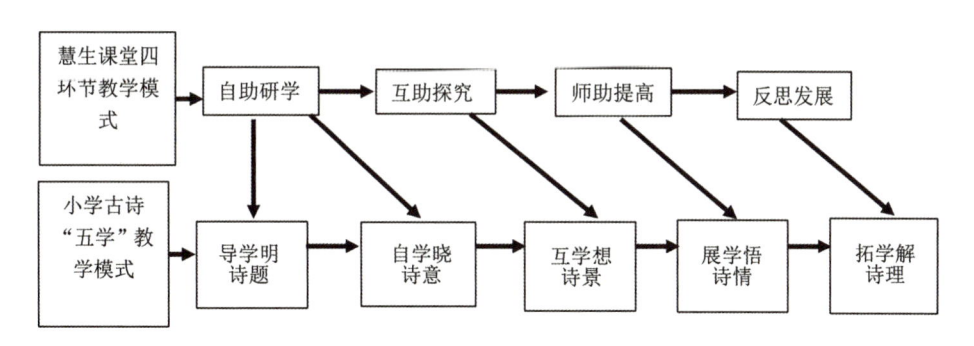

图1：基于"慧生课堂"理念的小学低段古诗"五学"教学模式图

它的操作如下：

（一）导学明诗题

本环节是教学中导入新课，引出诗文题目，了解作者，猜想诗意，确立目标的教学环节。属于慧生课堂"自助研学—互助探究—师助提高—反思发展"四环节课堂教学模式中的"自助研学"部分。导学明诗题的方法有：一是用诗意化的语言创设意韵悠然的氛围，牢牢地吸引住学生，带领他们自然地进入学习状态。二是用视频导入更加直观，容易让学生掌握内容，引起学生学习兴趣，但是时间不宜过长。三是由简短的故事导入，巧妙运用故事可以吸引学生学习古诗文的兴趣，让学生对所学的课文更感兴趣。四是古诗词都是可以配乐演唱的，而且很多诗歌都被广泛传唱，上课时可以从歌曲导入，既让学生耳目一新，又可以增强记忆背诵能力。五是图画也可以直观地进行导入，引出课文学习，激发学生对课文的兴趣。

（二）自学晓诗意

本环节是教学中给学生提供一定方法自学，根据注释、借助插图等方法初步理解诗意的教学环节。属于慧生课堂"自助研学—互助探究—师助提高—反思发展"四环节课堂教学模式中的"自助研学"部分。自学晓诗意时注意引导学生"三读"，一读正字音；二读出节奏；三读初体悟。一读正字音，就是让学生初读古诗，自读互学本课生字词语，正确朗读、字正腔圆。二读出节奏，在自画勾画、师生交流诵读诗句节奏的过程中，感知古诗词的韵律美，读得通顺流利、朗朗上口，有板有眼。三读初体悟，让学生结合书侧注释、日常积累，尝试简述诗歌内容，初悟诗人情感，通过再次朗读，用声音表达、传递自己的体悟。

（三）互学想诗景

互学想诗景是指在自学晓诗意的基础上，梳理出共学问题，由学生小组合作，按照"读诗文、想画面、谈感受"的过程合作互助，欣赏古诗的教学环节。属于慧生课堂"自助研学—互助探究—师助提高—反思发展"四环节课堂教学模式中的"互助探究"部分。互学想诗景可以这样实施：1.以小组为单位，小组长分工理解诗句，其余组员相机补充质疑，并讨论用哪些方法来理解诗意。2.如果还有组内解决不了的问题，待会儿提出来，师生共同解决。老师引导点拨，渗透多种理解诗意的方法，如借助注释、查字典、联系上下句诗、想画面、借助插图等方法。3.抽小组汇报交流。

（四）展学悟诗情

展学悟诗情是指在想象画面，理解诗意的基础上体会诗文表达的情感的教学环节。属于慧生课堂"自助研学—互助探究—师助提高—反思发展"四环节课堂教学模式中的"师助提高"部分。语文新课标"诵读的评价"中指出："诵读的评价，重在提高学生的诵读兴趣，增加积累，发展语感，加深体验和领悟。"在想象画面，理解诗意的基础上，诗词中最能表达意境、传递情感的关键字、关键词都已经转化成了生动直观的图像，引导学生当诗人，对图文、悟诗情、入诗境、诵诗词，可以通过配乐读、表演读、小组比赛读、同桌互读、师生对诗、教师引读等形式，加深理解和体验，感悟古诗词的语言美、韵律美、情感美，学生的情感体验便自然水到渠成。

（五）拓学解诗理

拓学解诗理是指在拓展运用中，运用多种方法理解表达诗意诗情诗境，拓展勾连相关主题、作者、写法的诗文，多篇整合，跨学科融合，提高学生对古诗文的阅读理解、表达运用能力的教学环节。属于慧生课堂"自助研学—互助探究—师助提高—反思发展"四环节课堂教学模式中的"反思发展"部分。

古诗教学的重要任务，除了诵读，展开想象，领悟诗文大意，还要将学过的方法迁移学习更多的中华诗词瑰宝，培养学生文化自信，丰富课外积累。拓学解诗理这一环节就是把学诗词的方法进行拓展延伸，达到灵活运用的目的。在操作中可以进行两方面的拓展：一是从同类型诗的角度拓展延伸：教学时可以引导学生搜集同类型的古诗进行积累诵读，信息整合，思维训练。二是从跨学科融合的角度拓展延伸：以跨学科的视角变换角度、扩散思维，培养学生"文化自信、语言运用、思维能力、审美创造"。比如把古诗和美术结合起来，在理解诗意的基础上来进行绘画，诗中有画，画中有诗；与另一项传统文化书法结合起来，激发学生对文化知识的热爱；诗歌与音乐的结合，将诗用来吟唱，使学生学习古诗的趣味更浓。

四、效果评述

第一，小学古诗"五学"教学模式，对于学生来说，创设丰富多彩的教学情境，可以弥补他们生活经验的不足，诱发他们学习新知识的饱满热情，打开思维的闸门。

第二，小学古诗"五学"教学模式，可有效培养学生独立学习能力，提高学习效率，培养学生从发现问题和解决问题中获得思维能力。

第三，小学古诗"五学"教学模式，可以促使学生整合自己在理解诗意过程中的所得和疑惑在全班交流，在学习古诗中有效发展语言表达能力和思维能力。

第四，小学古诗"五学"教学模式，让学生在学习古诗后，运用一定的方法对课外古诗进行拓展延伸，可有效达到丰富积累的目的。在跨学科融合中，可有效感悟经典文化，激发对古诗词的热爱，自觉传承民族优秀文化。

五、精品课例

部编版小学语文第五册第17课《望天门山》

【教学目标】1.能正确、流利、有感情地朗读古诗，背诵古诗。2.能借助注释、课文插图等，想象诗中描绘的景色，用自己的话说出诗句的意思，体会作者热爱大自然、热爱祖国山河的思想感情。3.激发学生对中国传统文化的热爱之情，初步树立文化自信。

【教学重难点】教学重点：能正确、流利、有感情地朗读古诗，背诵古诗。教学难点：能借助注释、课文插图等，想象诗中描绘的景色，用自己的话说出诗句的意思，体会作者热爱大自然、热爱祖国山河的思想感情。激发学生对中国传统文化的热爱之情，初步树立文化自信。

【教法与学法】教法：情境教学法、朗读想象法。学法：自助学习、互助探究

【教学准备】：PPT、助学单、生搜集有关天门山和诗人李白的资料。

【教学过程】

(一) 导学明诗题

师：1.同学们，我们的祖国幅员辽阔，山河壮丽。大家看——（课件播放天门山图片）大家知道这是哪里吗？这就是位于安徽和县与当涂县西南的长江两岸。两山隔江相对，形同门户，所以被叫作"天门山"，谁来说说自己看了这些图片之后有什么感受？

2.自助检测，知诗人：今天我们要学习的这首诗的作者是李白，谁来把课前预习的资料和同学们分享一下？

3.引入课文学习，引出文字材料：今天，我们跟着唐代大诗人李白一起去领略天门山的美景！

4.学生齐读课题《望天门山》。

(二) 自学晓诗意

1.出示学习提示，学生自读古诗。

（学习提示：①自由朗读古诗，读准字音，读通诗句。

②借助插图和注释，同桌之间说一说古诗的大概意思。）

2.检测读，引导学生对照学习提示第一条进行点评。

①指名读，试着读出节奏。

②相机引导学生评价或者分享朗读经验。

师相机点拨：这首七言绝句我们就可以按照四三的节奏来停顿，停顿的时候做到声断气不断，诗歌的韵味就出来了。

3.全班齐读：读出节奏。

课件出示：

望天门山[唐]李白

天门中断/楚江开，碧水东流/至此/回。两岸/青山/相对出，孤帆/一片/日边来。

4.借助注释理解"天门山""楚江"。

5.指名反馈：用自己的话说一说古诗的大概意思。

6.小结学法：看注释是帮助我们理解诗意的重要方法。

（三）互学想诗景

1.学生自主标注诗句中的景物。

2.指名反馈，教师相机板画。

3.小结：这首诗描写了天门山的山景和江景。

4.指导朗读：美美地读一读这像画一样的诗。

5.四人小组合作学习。

（学习提示：①默读古诗，想一想：诗中的景物有什么特点？你从哪里体会到的？圈出关键字词。②四人小组交流感受。）

6.小组交流，品悟景物特点，相机指导学生想象着画面朗读诗句。

7.师生共评价，相机小结。

8.师助提升，指导朗读：师范读，学生一边闭目听读，一边想象画面。

9.引导学生用自己的话完整地描述画面。

10.小结：通过想象，我们每个人都望到了自己心目中的天门山。

（四）展学悟诗情

1.分角色读。

师：此刻，李白的小船由西向东行驶，夕阳西下，余晖普照着江面，山色水光融合在一起。远远望去，仿佛来自日边，多么美的诗情画意呀！山水相映，山水如画，让人回味无穷。李白人畅游在这美景之中，心情是多么欢喜！

同学们，假如你是寄情山水的李白（女生读）

假如你是广博胸襟的李白（男生读）

假如你是豪情万丈的李白（全班读）

师：同学们朗读得真好，李白的这首诗，诗中有画，画中有诗，多么美的画面，那表达了什么样的情感呢？（对大自然的喜爱和对祖国山河的热爱之情）

请同学们带着李白对祖国山河满腔的爱一起朗读这首诗，能不能背诵下来呢？

2.补文引读，拓情思。

①引入写景诗句。飞流直下三千尺，疑是银河落九天。白日依山尽，黄河入海流。毕竟西湖六月中，风光不与四时同。②引读写景名句。③升华主题。

（五）拓学解诗理

一是积累写景诗，并归类摘抄下来。

二是好的诗句，配上好的诵读，就是优秀的朗诵作品；好的诗句，配上好的插画，就是优秀的图画作品；好的诗句，配上好的书写，就是优秀的书法作品！今天的任务有这样几项桂冠，等着你们去摘取！（选做一项）①小小朗诵家：背诵《望天门山》。②小小书法家：写书法作品《望天门山》。③

小小绘画家：给《望天门山》配一幅画。④小小歌唱家：古诗新唱《望天门山》。

六、教学反思

本次课例选取的是部编教材三年级上册第六单元的第17课《望天门山》，《望天门山》是唐朝诗人李白第一次经过天门山时所作，通过描绘长江流经天门山时的壮观景象及内心体验，赞美了大自然的神奇壮丽，表达了诗人乐观豪迈的情感。

（一）创设情境导学明诗题，师助引导，激发古诗学习兴趣

在本课导学环节，采用了孩子感兴趣的图片引出天门山，这样的图片引入，从感官上刺激了儿童的兴趣基因，生动有趣的语言材料和语言情境等都会引起他们的注意，令他们产生浓厚的兴趣。丰富多彩的教学情境，并汇报搜集到的李白的资料，进一步培养了学生的搜集信息的能力和语言表达能力。

（二）引导方法自学明诗意，自助探究，培养古诗理解能力

自助学习是一节课的重要环节，在自学环节，让学生自由读诗，读准字音，读出节奏，引导学生借助注释、联系上下文、结合生活实际，自助理解诗意，调动了学生已有的生活和实践经验，培养学生的独立思考能力，遇到不理解的知识圈画出来，以增强学生对古诗的阅读理解能力。

（三）想象画面互学想诗景，互助探究，培养语言运用能力

小组互学想诗景环节中，教师让同桌互论，调动学生日常的生活经验，对古诗产生相应的画面感。引导学生一边读，一边想象画面，并用自己的话完整地描述画面，在理解的基础上表达感受见解，发展学生语言文字运用

能力。

（四）精彩表演展学悟诗情，师助提高，培养审美创造能力

课中教师让学生分角色读，及时引入写景诗句"飞流直下三千尺，疑是银河落九天""白日依山尽，黄河入海流""毕竟西湖六月中，风光不与四时同"等等，激发了学习兴趣，又让学生体会诗歌表达的情感，体会不同诗文表达的相同的主题或情感，形成通感，发展学生的审美创造能力。教学中学生对诗情的感悟不够深时，老师就采用引导学生当诗人，对图文、悟诗情、入诗境、老师引读诗词等形式，加深其理解和体验，感悟古诗词的语言美、韵律美、情感美，学生的情感体验便自然水到渠成。

（五）及时整合，拓学悟诗理，培养思维能力

拓学解诗理环节，教师让学生积累写景诗，并归类摘抄，采用背诵、绘画、歌唱、书法等多种方式表达诗意诗境，理解诗歌表达的通性通法，理解不同表达形式的共性，发展了学生的思维能力。教师以课标中积累和跨学科融合为目标，立足文本，进行了学习任务的延伸，目的就是面向全体学生，面向全体学生的未来，树立学生的文化自信，浸润爱国意识，发展语言运用能力，发展审美创造能力，发展思维能力，培养学生的语文核心素养。

基于"慧生课堂"理念的小学低段童话"五学"教学模式

朱 彦

一、模式的界定及特征

童话教学是小学语文教学的一个重要内容。《小学语文新课程标准（2022年版）》在第一学段（1—2年级）阅读目标中就提出：阅读浅近的童话、寓言、故事，向往美好的情境，关心自然和生命，对感兴趣的人物和事件有自己的感受和想法，并乐于与人交流。小学低段学生对童话故事十分感兴趣，但对童话故事中所蕴含的道理往往不能自主体会。因此，我们应该要充分重视童话故事的教学，改进童话教学方式，培养学生文化自信和语言运用、思维能力、审美创造四方面的语文核心素养。

基于"慧生课堂"理念的小学低段童话"五学"教学模式，是以慧生课堂"双向三助"理念为指导，是对慧生课堂"自助研学—互助探究—师助提高—反思发展"四环节课堂教学模式在语文学科童话寓言课型的改造运用，是以引学导趣—自学明意—互学启思—导学悟理—拓学练能五个环节为基本流程，以培养文化自信和语言运用、思维能力、审美创造等语文核心素养为目标，培养"五智慧生命"的一种课堂教学模式。

它的核心是教为主导，学生为主体，整个教学过程是在教师的引导下，充分发挥学生的主体性，引导学生主动学习，创造性学习，改变了过去单调、呆板的教学模式，使童话教学、思维训练和能力培养三者有机地结合。因此基于"慧生课堂"理念的小学低段童话"五学"教学模式，具有以下三个方面的特征：

（一）基于"慧生课堂"理念的小学低段童话"五学"教学模式具有趣味性特征

低年级学生喜欢听故事，富有童话色彩的故事常常吸引着孩子的注意力，激活思维，使学生很快进入课文所描写的故事中。教师恰如其分地运用多媒体，在学生面前显现栩栩如生的画面和情境，增加教学的情境性，学生便有身临其境的感觉。引领学生进入情境，充当角色，把童话中的情感有效地融入自己的阅读中。表演童话故事，需要熟读课文，认真准备，揣摩情绪，在表演中学生会不知不觉地走进童话世界，融入童话之中，成为童话故事中的一员，体验到童话的形象之美。

（二）基于"慧生课堂"理念的小学低段童话"五学"教学模式具有自主性特征

在童话教学的过程中，传统的童话教学是建立在教师"教"的基础之上，而没有真正从"学"的角度，从学生独立自主学习童话内容的目标去建构。"慧生课堂"的童话教学模式强调"自助、互助、师助"学习方式的运用，以学生为主体，充分发挥学生的主体作用开展自主、合作、探究学习，既提高了学生的自主学习能力，又培养了学生思维能力。

（三）基于"慧生课堂"理念的小学低段童话"五学"教学模式具有文道统一的特征

童话故事通俗易懂，语言简练深刻，充满幻想色彩，是儿童学习语言文字的范本。老师和学生要进入童话文本的语言文字中，通过阅读理解知道

"写什么""怎么写""为什么这么写"，及时复述创编发展学生的语言文字理解和表达能力，具有突出的工具性。童话故事用生动的故事来诠释人世间的真善美，每一篇童话都折射出某种童话精神，进行"随风潜入夜，润物细无声"的"传道"，具有突出的人文性。入选统编教材的童话作品注重传承中华民族的传统美德和民族智慧的传统情怀。在教学时，我们要引导学生在品味童话语言文字特点，品鉴人物性格的同时，联系现实，在自我比较感悟中实现工具性与人文性和谐统一。

二、理论依据

（一）兴趣心理学理论

人的兴趣是以需要为基础的。当个体进行感兴趣的活动时，能从其中体验到某种需要得到满足而带来的愉快、欣喜和幸福等情绪。这种内心体验能调动个体的积极性和创造性。孔子认为："知之者不如好之者。"教育家陶行知认为："学生有了兴味，就肯用全副精神去做事，学与乐不可分。"这都表明，学习兴趣在学习中具有十分重要的意义，学生的学习兴趣是学习的内驱力，学习兴趣的激发必然有助于其认知水平的提高。

（二）情景教学理论

情境之于知识，犹如汤之于盐。盐需溶入汤中才能被吸收，知识也需要融入情境之中，才能显示出活力和美感，才容易被学生理解、消化、吸收，这就是情境的价值。正如赞科夫所言："教学法一旦能触及学生的情绪和意志领域，触及学生的精神需要，这种教学法就能发挥高度有效的作用。"创设教学情境一是激发学生的学习兴趣；二是唤起学生的探究欲望；三是为新知识与旧知识搭建桥梁。

三、模式流程

基于"慧生课堂"理念的小学低段童话"五学"教学模式，是采用"自助、互助、师助"学习方式，以具体的语言情景为引导，以体验为过程，以感悟道理为目的的教学模式，以培养文化自信和语言运用、思维能力、审美创造等语文核心素养，培养"五智慧生命"为目标的一种课堂教学模式。具体实施流程包括引学导趣—自学明意—互学启思—导学悟理—拓学练能五个环节。它是对慧生课堂"自助研学—互助探究—师助提高—反思发展"四环节课堂教学模式在语文学科童话寓言课型的改造运用，其关系如图1：

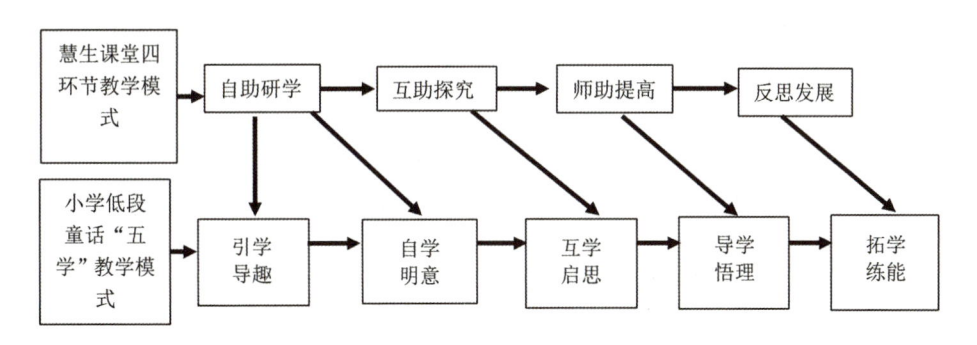

图1：基于"慧生课堂"理念的小学低段童话"五学"教学模式图

它的操作如下：

（一）引学导趣

引学导趣环节是指开课导入新课，揭示课题，激发学习兴趣，确立学习目标的教学环节。主要采取自助学习的方式进行，可以使用助学单的形式，提前预习，课前或课中检查，学生依据助学单提供的任务，独立学习文本。在教学中可以这样进行教学：1.完成助学单。解决生字词，初知文本内容。2.以借助工具书，或者向别人请教等方式理解文本内容。3.梳理不懂的问题。让学生带着问题、经验、思考、兴趣参加学习。

（二）自学明意

自学明意环节，就是采用"自助、互助、师助"的学习方式，自主学习，在小组内交流所得所感，理解童话内容，概括大意的学习环节。让学生在小组内互相讨论童话人物有哪些，事件的起因、经过、结果，整理出人物和事件变化或者改变的原因，并讨论还有可能发生什么事情，利用童话结构的反复性，理解童话的意思。

（三）互学启思

互学启思环节，是生生互助，相互分享，相互启发，相互借鉴，相互补充，把握内容结构，理解大意的环节。此环节可以运用多种理解童话故事的方法，如：创造留白、依托文本"讲"、想象延伸、续编"讲"、聚焦角色、表演"讲"，这许许多多有趣的方法，让童话课堂教学变得丰富，充满情趣。利用简洁明了的图表，既帮助学生很快厘清童话内容，把握故事要点，也能引发学生对文章内容的思考。如：二年级下册《青蛙卖泥塘》助学单表格梳理为学生复述故事搭建了学习支架，学生借助表格提取关键信息，用自己的语言将信息串联起来，因为这是一个重复结构的童话，学生容易把握人物性格，在有序、有趣中复述故事，达成目标。

（四）导学悟理

导学悟理是指教师及时点拨指导，引导学生梳理总结，感悟童话故事蕴含的道理、价值观的教学环节。教师要把握单元学习要素、感知童话道理，讲好童话故事。在此环节通过对儿童童话结构的指导，引导他们把握整个故事的结构和发展顺序，让孩子们能够完整地展现整个的认知过程，并培养文化自信和语言运用、思维能力、审美创造等语文核心素养。可以采用"借助文本插图，让故事形象化""智用故事反复性，让故事细节化""善用关键词，让故事简单化"等方法，感悟道理，树立正确的价值观。

（五）拓学练能

拓学练能环节就是把感知故事内容、明白道理、写作方法拓展延伸到生活实际，复述讲述、续编创编童话故事，发展语言文字运用能力的教学环节。在操作中可以进行两方面的拓展：一是从讲故事的角度拓展延伸。基于童话课文编排特点和课程标准指向，将"讲故事"作为童话教学的重要策略进行尝试。通过感知童话内容，找准支点；巧用童话"图式"，搭建支架；延伸童话空间，丰满枝叶这三个路径，指导学生在"讲故事"中学习童话故事，把文本语言转化为表达语言，使学生语言实践运用能力得到提升。二是从创编童话故事的角度拓展延伸。荣维东教授指出：作文应该成为一种"真实世界里的写作"。作文教学应该模拟或还原成现实生活中各式各样、功能各异、目的不同的写的活动。这个环节要通过创设语境，激发学生表达的动机。做到读写结合，利用课文的反复结构让学生进行童话的续编创编，为童话改变结局。搭建创编的思维框架，为接下来的三年级童话写作奠定良好的基础。

四、效果评述

一是自学明意环节的"自助"学习有利于培养学生的良好习惯。如：学习知识的预习习惯，理解问题、勤于思考的习惯。激发他们学习新知识的欲望，打开思维的闸门。

二是互学启思环节的"互助、师助"探究有利于学生合作学习，相互启发，培养学习能力和语文核心素养。民主平等的生生互动交流，让学生学会倾听他人意见、敢于表达自己的意见。在学习中进行思维的碰撞，提高思维能力，及时语用，达到语文的工具性与人文性的统一，让语文核心素养落地生根。

三是导学悟理环节多样的归纳方法让学生有效感悟童话故事的道理。"借助文本插图，让故事形象化""智用故事反复性，让故事细节化""善用关键词，让故事简单化"等方法能够使学生快速理解童话中的道理。

四是拓学练能、复述讲述、续编创编童话故事，能够有效发展学生的语言文字运用能力。

五是童话"五学"教学模式彰显了童话的想象特征，有利于学生培养学习兴趣。童话故事中的想象故事，具有一种自由而神奇的力量，可以满足人类对更好的生活的期望与渴望。童话教育在读、说、演、写等环节教出童话的味道，这样的道理也会自然而然地被儿童所感受，而不会降低他们对童话故事的兴趣。

五、精品课例

部编版小学语文第四册第21课《青蛙卖泥塘》

教学目标：1.理解课文内容，了解青蛙为卖泥塘做了哪些事。2.联系课文内容，多种形式朗读，体会角色语气。3.通过合作探究方法，培养学生的想象能力以及语言的运用能力。4.感受泥塘发生的变化，懂得通过劳动可以创造美好的道理。

教学重点：理解课文，了解最后青蛙为什么不卖泥塘了。

教学难点：感受泥塘发生的变化，懂得通过劳动可以创造美好的道理。

教学准备：PPT、图片、动物头饰、词条。

教学方法：情景教学、表演法、自主学习、合作学习、探究学习。

教学过程：

一、引学导趣

师：通过观察图片，回顾青蛙要卖泥塘的原因。

生：不喜欢自己的烂泥塘，所以卖掉。

师：泥塘周围光秃秃的，难怪要卖掉它。

过渡：青蛙为卖泥塘都做了哪些事呢？它那么想卖泥塘，最后又为什么不卖了呢？走进今天的学习。

师：请同学们读一读课文，青蛙在泥塘旁竖起了一块牌子，牌子上写着什么呢？

生1：上面写着"卖泥塘"三个字。"卖泥塘咯，卖泥塘"，青蛙站在牌子边大声吆喝。

师：请同学们思考"吆喝"是什么意思，你在什么时候听过？

生1：联系文本就是大声喊。

生2：结合生活实际大声喊才能卖出东西。

师：那你们看看牌子上有哪个生字宝宝呢？

生：卖。

师：那你会怎么识记这个生字呢？

生：卖与买是反义词。

师：那让我们像小青蛙一样吆喝起来吧。

女：读（师：要想把泥塘卖出去，那可得大声呢）

男：读（生：声音够大）

师：你就是这只卖泥塘的青蛙，你特别想吸引顾客。

过渡：这么大的吆喝声吸引来了哪些顾客？他们说了什么？请同学们自主朗读第3—8自然段，思考青蛙卖泥塘遇到谁，卖出去没有。

二、自学明义

自主学习第3—8自然段（助学单）

自由朗读第3—5自然段，按助学单要求完成练习。（生上台展示）

生1：我从"不过"和"要是周围有些草就更好了"，读出来了老牛的不满意。

生2：我读出了老牛还是有点喜欢的，打滚舒服。老牛最喜欢吃青草，如果让他住在远离青草的地方肯定会不满意的。

师：你们真是会抓住文本与联系人物心理进行体会，那请你们一起来读读老牛说的话吧。（男：青蛙 女：老牛 展示：旁白）

生读。（师评：你真会学以致用，抓住老牛的心理读出了重音）

师：这老牛不满意，并给小青蛙提了建议，小青蛙听了后便去采集草籽，你能想象他采集时的样子吗？

生1：草籽很小，他一定特别仔细，需要的草籽很多，他一定需要大袋子装起来。

生2：他一定花了很多时间，从早到晚。

师：青蛙好努力呀，不仅采集草籽还播撒草籽，播撒就是将草籽均匀地撒在地里，你能想象小青蛙是怎样播撒的吗？

生：在田地里撒满了密密麻麻的草籽，生怕有遗漏的地方，每天都盼望草籽快点发芽。

师：听了老牛的建议后，"到了春天，泥塘周围长出了绿茵茵的小草"。说到"绿茵茵"你眼前浮现出怎样的画面？

生1：汇报

生：绿绿的、厚厚的，像一片柔软的地毯。

师：我们除了能用"绿茵茵"形容草地，看看还能换成什么词语。

生：绿油油等。

师：真是一只细心、勤劳的小青蛙呀，听了老牛的话，就努力做了。

师：小青蛙一开始想要是在泥塘周围种些草就能卖出了，可是吸引来的野鸭也没有买。野鸭说了什么呢？（生上台展示）

生1读第6段：青蛙又站在泥塘旁吆喝着：卖泥塘咯，卖泥塘，野鸭看到后说好是好，就是塘里的水太少。

生2朗读第7段。

师：分工朗读总结都很到位，泥塘里引了水，看这些竹子，你能想象小青蛙当时的情景吗？

生：这些竹子这么高、这么粗、这么硬。小青蛙一定很费力。

师：你不仅运用了连续形容词，还运用了表示顺序的词语描述小青蛙的辛苦与勤劳，真会学习，在今后的写话中我们也可以运用。

师：那请你们在朗读中进行体会。（1—4读青蛙，5—8读野鸭，师：旁白）

生：朗读。

师：那听的同学们你们感受到青蛙怎么样？

生1：很辛苦，做那么多事，每一步都很不容易。但是他不怕苦，真是一只勤劳的小青蛙。

生2：他特别想把泥塘卖出去。

师：十分想卖出泥塘，所以听了野鸭的建议就马上行动，那老牛和野鸭的建议你更喜欢谁的呢？

生：老牛，因为老牛先说了优点再提了建议，所以我更喜欢老牛的说话艺术。

师：所以我们在生活中对他人提出建议的时候，也要像老牛一样，先说了优点再提建议，他人会更乐于接受。

三、互学启思

过渡：你真会阅读文本，那接下来青蛙又做了什么呢？请小组合作学习9—10自然段，找一找还有哪些动物来给青蛙提建议，他们是怎么说的，用横线勾画。

学习要求：

1.用喜欢的方式朗读9—11自然段。

2.在助学单上每个人选择喜欢的动物续写，先写再与组内交流。

3.全组合作演一演。

师：那你们像老牛、野鸭这样，选择喜欢的一种动物给小青蛙提提什么意见呢？

（边说边表演）

生1：我可以在池塘里洗澡，可是没有树，我怎么站在枝头唱歌呢？要是有棵葱郁的大树就好了。于是小青蛙就买树苗挖坑移入树坑、填土浇水。

生2：这里有草、有树，可是我最喜欢在花丛中跳舞了，要是有五颜六色的鲜花就更好了。于是小青蛙去市场买花籽，播撒在泥塘的周围，待到春天开满了五颜六色的鲜花。

生3：这里有花、有树，可我喜欢在马路上蹦跳，要是有一条笔直的大马路就好了。

生4：这里风景如画、交通便利，可我喜欢串门，要是有一座房子就好了。于是青蛙又去请了很多小动物帮助他建造房子。

师：别的动物也来提意见了。一只小鸟飞过来，看了看泥塘，说（　　）。一只蝴蝶飞过来，看了看泥塘，说（　　）。（生及时补充）

师：动物的不满意、小青蛙尽情的吆喝都演出来了。你真会学习的迁移,联系学过的《邓小平爷爷植树》中的植树过程。

生演出了小青蛙的辛苦。

四、导学悟理

过渡:小动物们诚恳地为小青蛙建议,小青蛙都一一地去做了。栽了树、种了花、修路、盖房子,看起来简单的词组,背后一定有小青蛙付出的巨大努力,像种草那样、像引水那样,一桩一件、一点一滴,最后汇聚成了什么呢,请听听他最后的吆喝吧。

问题:最后青蛙为什么不卖泥塘了?从最后一次吆喝中提到"多好的地方!"你从哪些地方看出这儿多好?读一读。

生朗读。

师:最后一次小青蛙是如何吆喝的?你能来吆喝一下吗?

生:这里有树等,可以看蝴蝶在花丛中飞舞等。

生点评。读出泥塘的美。(先说有什么,再说具体的好处)

师总结方法。(先说有什么,再说具体的好处)

师:那现在让我们带着自己的感受与想象随着青蛙再一次吆喝吧。(配乐)

师:小青蛙改造了烂泥塘,最后收获了个好地方,你还记得小青蛙开始怎么看待他的烂泥塘吗?

生回顾(师:现在呢?)

生描述现在的美景。(师:他最后想……)

生回答。(劳动创造了美丽的泥塘)

师:从烂泥塘变成了好地方,于是青蛙不再卖泥塘了,从中你收获了什么?(追问:那你在生活中或学习中会怎么做?)

生:劳动、听建议、坚持不懈、努力。

师：最终就是劳动创造美，老师希望你们在今后的学习和生活中像青蛙一样通过自己的劳动创造美好。

五、拓学练能

师：1.请同学们联系生活实际向同学吆喝卖自己喜欢的物品，采用小青蛙的方法。2.与父母分享青蛙卖泥塘这个有趣的童话故事。3.画一画青蛙美丽的家。以上作业选择自己喜欢的两样完成。

板书：　　　　　　　　青蛙卖泥塘

先说优点再说建议　　　　　老牛　没有草　小鸡　缺点水

先说有什么再说具体的好处　野鸭　没有水　蝴蝶　缺点花　劳动创造美好

六、教学反思

本次课例选取的是部编教材二年级下册第七单元的第三课《青蛙卖泥塘》，这个单元的主题是"童话"，这篇课文是一篇有趣的童话故事，讲述了青蛙为了把烂泥塘卖掉搬到城里去住，根据小动物们指出的问题，一次又一次改造着烂泥塘，烂泥塘渐渐变成了有花有草、鸟飞蝶舞的好地方。最后，青蛙决定留在这个"好地方"，不再卖泥塘了。

（一）联系生活实际，指导朗读，充分"自助、互助、师助"学习

积极创设学生熟悉的生活情景进行教学。例如：在青蛙吆喝"卖泥塘"时，学生的吆喝不到位，我结合生活的场景，联系生活实际要他们大声吆喝，有了生活资源的经验理解，孩子们吆喝就不再胆怯和不自信了。这样的教学不仅有效地利用生活资源在课堂上营造了浓厚的生活氛围，而且把学习语文与认识事物相联系结合起来。

（二）挖掘文本，设计语言训练点，有效拓学练能

在教学中，我关注到了老牛和野鸭的说话方式上的共同特点，发现两者在说话的时候都是先说优点再说缺点，中间通过转折关联词"不过""就是"进行连接。我引导学生在反复朗读中体会语言的特点，并出示小兔、蝴蝶、小鸟、小狐狸让学生进行说话训练。最后让学生理解省略号的作用，并让他们想象还会有哪些小动物来，他们都会说些什么。学生的想象力很丰富，说得很精彩。

（三）创设情境，让低段课堂教学充满童趣，巧妙导学悟理

本篇课文属于低段的课文，于是我在板书设计上花了很多心思。通过简笔画让学生体会"烂泥塘"什么也没有的景象，再引导学生读11段，体会泥塘的变化。在学生的描述过程中，不断地用彩色的板贴把学生想象中的"好地方"进行完善，呈现出了一个风景优美的泥塘。学生通过读图，理解"青蛙为什么不卖泥塘"，明白童话的道理，教学简单有效。

基于慧生课堂理念的小学语文阅读教学"五读"模式

李永春

一、模式界定及特征

基于慧生课堂理念的小学语文阅读教学"五读"模式，是以培养学生的语言运用、思维能力、文化自信、审美创造等学科核心素养为目标，采取"以读为本"的教学方法，按照"初读激趣、自读读通、互读读懂、品读升华、用读拓展"教学流程，运用多种教学手段，实施以学生为主体的一种阅读课堂教学范式。该模式遵循由浅入深，由表及里的认知规律，从初读质疑感知到探究性阅读，再到拓展阅读研学的分层次朗读为教学基本流程，采用聚焦朗读，逐步提高朗读要求的方法，来实现理解文意，体会情感，感受意境的教学目标。

其特征有四：

（一）启发性

本模式强调"以读为本"，启发学生带着问题读，边读边思考，边读边探究。比如，读课文题目引导学生质疑，大胆猜测课文的内容，激发孩子学习的兴趣和潜力。每一个阶段的阅读，都有着各自的目标，要求学生带着自己的思考，在反复阅读中寻找答案，解决心中的困惑。

（二）参与性

本模式强调"以生为本"，课堂教学引导学生参与到朗读中来，调动多种感官参与学习。手捧书本，看着一个个汉字，眼观其形，口诵其声，耳闻其音，心通其意，各种感觉器官协调活动，相互促进，出现感觉器官"联通""互动"现象，使理解逐渐深化，甚至会产生认识上的飞跃。

（三）循序渐进性

本模式强调"螺旋上升"，"以读为本"的过程中，每次的读又有不同的要求，从"初读—再读—品读—诵读—广读"，呈现的是一种阶梯上升的方式，每一个阶段的朗读都会让学生的理解感悟能力有所提升，激发他们更上一层楼的求知欲望。

（四）延伸性

本模式强调"课内外结合""读写结合"，落脚点在学生的语言文字理解和运用能力上。教育家赞可夫提出"要把发展作为教学的出发点和落脚点，以最好的教学效果来促进学生的发展"。由课内到课外的延伸阅读，能够充分地发挥他们自主学习的潜力，丰富语文知识的积累。

二、理论依据

（一）语文课程标准的要求

《小学语文新课程标准（2022年版）》指出："阅读是学生个性化行为，不应以教师的分析来代替学生的阅读实践。应让学生在积极主动的思维和情感活动中，加深理解和体验，有所感悟和思考，受到情感熏陶，获得思维启迪，享受审美乐趣。要珍视学生的独特感受、体验和理解。"新课程这样提出的目的主要是鼓励学生有自己的独到体验和见解，发展学生的批判思维，培养学生独立地、创造性地进行阅读的能力，为学生的终身发展打下基础。

（二）兴趣心理学理论

爱因斯坦提出了"兴趣是最好的老师"。人格心理学家阿尔波特认为兴趣具有"自主性功能"，可以驱策人去行动。在阅读教学中，教师利用多媒体课件，让学生观看微课、图片，深化对课文的理解，营造出一种学习课文的氛围，激发学生学习的兴趣。

（三）参与教学理论

参与式教学理论强调以学习者为中心，充分应用灵活多样、直观形象的教学手段，鼓励学习者积极参与教学过程，成为其中的积极分子，加强教学者与学习者之间以及学习者与学习者之间的信息交流和反馈，使学习者能深刻地领会和掌握所学知识，并能将这种知识运用到实践中去。在阅读教学中，学生参与阅读感悟活动是贯穿始终的，牢牢聚焦在"读"，让学生真正成为了课堂的主体，改变了传统阅读教学中，教师逐词逐句逐段地指导学生理解分析串讲课文的教学模式。

（四）情景教学理论

情境教学法是指在教学过程中，教师有目的地引入或创设具有一定情绪色彩的、以形象为主体的生动具体的场景，以引起学生一定的态度体验，从而帮助学生理解教材，并使学生的心理机能得到发展的教学方法。捷克教育家夸美纽斯在《大教学论》中写道："一切知识都是从感官开始的。"强调了学生认识的直观规律：直观可以使抽象的知识具体化、形象化，有助于学生感性知识的形成。情境教学法使学生身临其境或如临其境，就是通过给学生展示鲜明具体的形象（包括直接和间接形象），在小学语文"慧生课堂"教学中，创设情景进行阅读教学，学生在真实语境中对话文本，不仅能使学生在体验活动中学习，还能进一步提高学生的学习兴趣。

三、模式流程

基于慧生课堂理念的小学语文阅读教学"五读"模式，坚持"双向三助"慧生课堂理念，坚持"以读为本"的教学方式，运用"自助、互助、师助"的学习方式，是以具体的语言情景为引导，以培养文化自信和语言运用、思维能力、审美创造等语文核心素养为目标，培养"五智慧生命"的一种课堂教学模式。具体实施流程包括初读激趣、自读读通、互读读懂、品读升华、用读拓展五个环节。它是对慧生课堂"自助研学—互助探究—师助提高—反思发展"四环节课堂教学模式在语文学科阅读课型的课中教学环节的改造运用，其关系如图1：

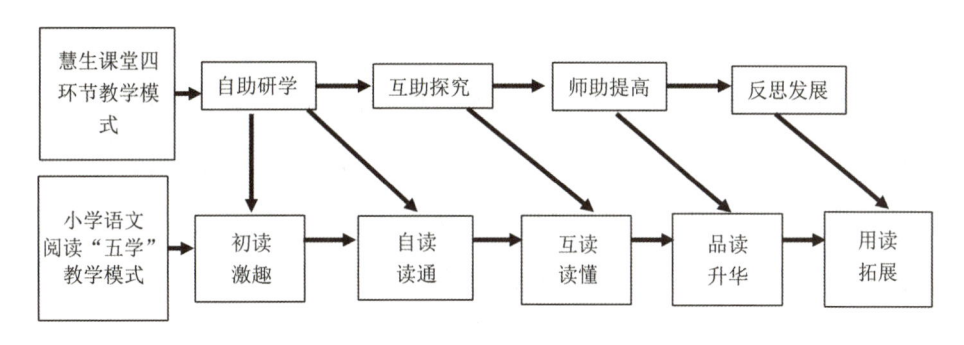

图1：基于慧生课堂理念的小学语文阅读教学"五读"模式

它的操作如下：

（一）初读激趣

初读激趣是初读课文的环节，教师可以抓住关键词对比质疑，或者创设情境，导入新课。精彩的导入可以激发学生的学习兴趣，使得课堂氛围轻松、融洽，使得学生产生浓厚的学习兴趣，快速进入最佳的学习状态。

（二）自读读通

自读读通是再读课文，把课文读通顺的环节。通过读准字音，读出节奏这些初读要求，由老师范读，课文可以配上相适应的音乐和画面，再让学生自由放声练读。让学生首先通过个性化的阅读参与实践，一方面解决生字词的读音问题，读正确，读流畅；另一方面初步感知课文的语言美。

（三）互读读懂

互读读懂是指，通过用"自助、互助、师助"的学习方式帮助学生读懂课文的意思的教学环节。可以用学习提示提出要求，任务驱动，抓住关键读课文，让学生相互说说自己的理解，大胆交流发表自己的看法。注意引导学生揣摩课文的大意，主动提出质疑。培养学生个性化阅读能力，尊重学生独特的阅读体验，培养学生的表达能力和合作学习能力。

（四）品读升华

品读升华是指通过对比课文，分角色读，抓关键读，让学生升华情感，体悟道理，积淀文化，树立正确价值观的教学环节。教师采用恰当的教学手段，抓关键进行点拨，会使孩子们有一种茅塞顿开的感觉，让孩子想象感悟，走进文本之中，升华情感，体悟道理。

（五）用读拓展

用读拓展是指在读懂古诗大意之后，背诵古诗，引导学生课外搜集与主题相关的古诗，布置学生去读一读，实现阅读由课内向课外的延伸的教学环节。

四、效果评价

基于慧生课堂理念的小学语文阅读教学"五读"模式"以读为本""以生为本"，采取"自助、互助、师助"的学习方式，可以充分调动学生学习的积极性，达到学生人人主动参与学习、乐于学习的目的。"以读为本""螺旋上升"关注学生语言能力的发展的过程性、实效性，可以达到很好的效果。强调"课内外结合""读写结合"，破除了传统单一的教师讲授学生听取的教学模式，降低了阅读教学的枯燥和单调，使学生在愉悦的氛围中进行学习。

五、精品课例

小学语文五年级上册第20课《"精彩极了"和"糟糕透了"》

【教学目标】

1.认识"誉""励"等6个生字。

2.用较快的速度默读课文，理清课文脉络，了解父母会对同一首诗有不同评价的原因，借助关键词、句梳理巴迪对父母不同评价的情感变化。

3.能联系生活实际，说出对巴迪父母表达爱的方式的看法，感受母亲的慈爱、父亲的严厉。

【教学重难点】

1.教学重点

作者怎样逐步理解了父母两种不同评价中饱含的爱。

2.教学难点

能联系生活实际，结合自身经历说出对巴迪父母表达爱的方式的看法。

【教学方法】教法：分角色朗读法、图表分析法。学法：自助学习法、合作探究法

【教学准备】多媒体课件、助学单

【教学过程】

一、初读激趣

问题1：一个人的童年往往会对他的一生起到很大的影响，一个人最后会成为一个什么样的人，童年的教育起了很大的作用。今天我们走进第20课《"精彩极了"和"糟糕透了"》，看看巴迪的童年对他有着怎样的影响。

问题2：仔细观察课题，你发现了什么？

预设：题目用了引号，引用了文章中的话。

预设："极了"和"透了"表示达到了极点。

预设："精彩"和"糟糕"是一对反义词。

问题3：题目是文章的眼睛，你们觉得应该怎样读才能读好这个题目？

预设："精彩极了"读得特别响亮而自豪，"糟糕透了"读得缓慢而低沉。

全班有感情齐读课题

问题4：过渡：两个截然相反的评价都针对巴迪写的同一首诗。也就是说本篇文章的作者巴德·舒尔伯格，你们对他有什么了解吗？

二、自读读通

1.介绍作者

巴德·舒尔伯格，美国著名畅销书作家、编剧。主要作品：《在滨水区》《码头风云》《什么使萨米逃走》《醒着的梦》等。

2.指名检测自助学习生字词的情况，师生互助理解不懂的词语

3.带字入文，快速默读课文，指名说说课文主要讲了什么内容，师相机点拨

预设：本文按照时间顺序，先讲了童年时母亲和父亲对"我"的第一首诗的不同评价；再讲几年后"我"对这首诗的认识；最后讲"我"成年取得成就后，越来越体会到"精彩极了"和"糟糕透了"这两种不同评价对"我"成长的重要作用。

三、互读读懂

1.自助学习

用较快的速度浏览课文，找出父母对巴迪作品的不同看法，勾画出相关

词句。用心读一读，说说你从中体会到巴迪有怎样的情感变化。

2.互助学习

小组合作交流提炼出关键词填入表格，小组代表汇报。

	母亲的态度	父亲的态度
八九岁时第一次写诗		
"我"的感受		
几年后写短篇小说		

3.小组代表上台展示分享

问题1：说一说母亲在"我"八九岁第一次写诗时态度怎样；得到母亲的表扬后，"我"的感受是怎样的。

预设：母亲对"我"第一次写诗的态度是"精彩极了"。

一是抓关键字"嚷"，体会母亲表扬巴迪时的兴奋。

二是指导学生带感情读母亲对巴迪诗赞扬的句子。

预设：巴迪感到既腼腆又得意扬扬。

一是随文解释"腼腆"的意思。

二是学生模仿巴迪腼腆的表情。

问题2：得到母亲的赞扬后，巴迪还期望着父亲也能赞扬他。此时父亲回来了，父亲对他写诗的态度又如何呢？父亲对诗的评价，给我带来了怎样的感受？请另外的小组代表分享。

预设：父亲认为巴迪的诗糟糕透了。

①抓关键字"扔"想象父亲说话时严肃的神情。

②指导学生带感情读父亲对巴迪的评价。

③介绍巴迪父亲本杰明·舒尔伯格：派拉蒙影片公司的老板，后来在派拉蒙担任编剧。

④全班齐读，读出巴迪父亲的生气

预设：巴迪感到沮丧、伤心、失声痛哭、难以接受……

4.学生分角色朗读父母对话

他们的观点截然不同，父母亲为这首诗歌吵了起来。男生读蓝色部分是父亲说的话，女生读红色部分是母亲说的话，老师读黑色的提示语。

5.母亲、父亲在"我"几年后写短篇小说时态度怎样？你是从哪里发现的？

过渡：几年后，当我再拿起那首诗，不得不承认父亲是对的，那的确是一首相当糟糕的诗，后来，"我"写短篇小说了，父母态度又有哪里不同？继续完善表格。

预设：母亲的态度：一如既往地鼓励。

预设：父亲的态度，父亲给我写了评语。

追问：相同的作品，父母的看法完全不同，你知道是什么原因吗？

四、品读升华

1.感受父母之爱的不同方式

（1）仔细观察表格，你从中发现了什么？

	母亲的态度	父亲的态度
八九岁时第一次写诗	精彩极了	糟糕透了
"我"的感受	既腼腆又得意扬扬	沮丧、难以接受
几年后写短篇小说	一如既往地鼓励	一直严格要求

预设：文章把父亲和母亲的态度进行了对比，写出了父母对诗评价不同。

预设：从时间的角度写出了母亲对我一如既往地鼓励，父亲对我总是批评。

面对母亲一如既往的鼓励和父亲严厉的要求,长大后的巴迪是怎样看待这件事情的?(提示:可以根据课文中巴迪长大后取得成绩的语句,体会父母不同的评价对作者产生的重要影响。)

预设:我越来越体会到我当初是多么幸运。我有个慈祥的母亲,她常常说:"巴迪,这是你的吗?精彩极了。"这是来自母亲的力量,这种爱的力量是灵感和创作的源泉。

预设:我越来越体会到我当初是多么幸运,我还有个严厉的父亲,担心母亲会把人引入歧途,所以他用警告的力量来平衡,时常提醒我小心注意,总结提高。

(2)师引读

师:是呀,我越来越体会到我当初是多么幸运,要是没有慈祥母亲的鼓励,现在我会有很多作品吗?会出版了一部部小说、戏剧和电影剧本吗?

预设:不会。

师:是呀,不可能。因此,这些年来——

学生齐读第17自然段

过渡:我从心底里知道,"精彩极了"也好,"糟糕透了"也好,这两个极端的断言有一个共同的出发点。那就是爱,是父母对我的爱。父母对我有两方面的爱,这两方面的爱是冲突的,是矛盾的,是不一样的。

2.联系实际生活,同桌交流对巴迪父母表达爱的方式的看法

(1)教师点拨可以从以下两个方面谈:

一是对巴迪父母表达爱的方式要客观分析。

二是要联系生活说说自己的见解。

(2)学生交流,展示分享

预设:我觉得鼓励的爱更好一些。在生活中,我的妈妈就总是鼓励我,

当我做错事或成绩不理想时，妈妈总是帮我分析问题，鼓励我勇敢面对问题和挫折，而我也特别信任妈妈，同时也特别感谢妈妈对我的包容。

预设：我觉得这两种爱都需要，但是对我来说，严厉的爱多一些会更好。因为我自制力特别差，还特别容易骄傲，我的爸爸妈妈就对我特别严厉，也正是因为他们的要求严格，我才在学习中没有放松，不断进步。

师小结：严爱和慈爱并无好坏之分，鼓励能给我们带来信心，批评和警告能让我们认识到自身的不足，鼓励加提醒，我们的进步会更大。

五、用读拓展

1. 爱有两种表现形式，你在生活中有过类似的感受吗？和好朋友说一说。

2. 生活中父母对你的爱数不胜数，你想对他们说些什么呢？请把它写下来。

3. 和父母讲一讲这个故事，交流一下各自的看法。

六、教学反思

（一）在课题处巧质疑启发思维。

"学起于思，思源于疑"。疑是思维的火花，思维是从发现问题开始到解决问题告终。抓住课题"精彩极了"和"糟糕透了"进行质疑，有效地调动了学生思维的积极性，营造一种带着问题去阅读的学习氛围，让全体学生都能参与到其中。

（二）以读为本，提高语言理解能力。

教师在互读读懂，品读升华的过程中，始终引导学生"自主、互助、师助"学习，紧紧围绕"精彩极了"和"糟糕透了"，提供助学单，抓父母、"我"、作者、读者角色体会，抓八岁时、三十年后的对比，抓住人物动作、语言、心理活动描写的语句去理解和感悟"父母之爱"，学法指导落实，单元训练重点落实，提高了学生的语言理解能力。

（三）及时语用，发展语言文字运用能力

《"精彩极了"和"糟糕透了"》这篇课文是一篇略读课文，课文的内容与学生的日常生活比较接近，学生可以自行或在教师的引导下体会和领悟到作者的心理和感悟。因此，本节课中我重在让学生自助、互助学习，抓住人物动作、语言、心理活动描写的语句去理解和感悟。并及时通过"1.爱有两种表现形式，你在生活中有过类似的感受吗？和好朋友说一说。""2.生活中父母对你的爱数不胜数，你想对他们说些什么呢？请把它写下来"两个任务，用读拓展，搭建"抓住人物动作、语言、心理活动描写"的思维支架，及时训练提高学生语言文字运用能力。

基于慧生课堂理念的小学数学计算"五学"教学模式

唐 佳

一、模式的界定及特征

《小学数学新课程标准（2022年版）》指出：会用数学的眼光观察现实世界，用数学的思维思考现实世界，用数学的语言表达现实世界。就是让数学回归现实世界，回归实际应用，让数学和生活更贴近，让孩子能够直观地感受数学。着重培养学生的空间想象、抽象概括、推理论证、运算求解和数据处理五大能力。让孩子知道数学可以解决身边的问题，增强孩子对数学的好奇心和求知欲。

基于慧生课堂理念的小学数学计算"五学"教学模式，是以慧生课堂的"双向三助"课堂理念为指导，慧生课堂"四环节"为实践基础，以"会用数学的眼光观察现实世界，用数学的思维思考现实世界，用数学的语言表达现实世界"的"三会"核心素养为导向，按照"自学质疑、互学建模、导学拓展、练学强能、结学梳理"的"五学"环节为基本实施流程，以培养学生的观察能力、思维能力、推力论证能力、表达概括能力等数学核心素养的一种小学数学计算课的课堂教学模式。它的核心是教师为主导，学生为主体，整个教学过程是在教师的引导下，充分发挥学生的主体性，引导学生主动学习，创造性学习，改变了过去单调、呆板的教学方式，使数学教学、思维训练和数学语言表达能力的综合。因此基于慧生课堂理念的小学数学计算教学模式，具有以下几个特征：

（一）基于慧生课堂理念的小学数学计算"五学"教学模式，具有进阶性特征

低段数学核心素养的培养应偏于具体，更加侧重于数学意识培养。高段数学的核心素养培养则更加抽象，侧重于能力方面的培养。基于这样的思想，小学数学的教学应该具有针对性和进阶性。

（二）基于慧生课堂理念的小学数学计算"五学"教学模式，具有自主性特征

计算"五学"教学模式以导学为核心，以自学为主体，必须充分发挥学生的主体作用。认知建构主义原理认为，自主性学习实际就是无认知监控的学习，是学习者能够根据自己的学习能力、学习任务的要求，积极主动地调整自己的学习策略和努力程度的过程。计算"五学"教学模式从学生独立自主学习和思考的目标去建构，是在教师相应的指导方法下自主性地学习，既提高了学生的语言表达能力，又培养了学生思维能力。

（三）基于慧生课堂理念的小学数学计算"五学"教学模式，具有实践性特征

在计算"五学"教学模式实施过程中，需要学生调动自己平时的学习和生活实践参与学习，获得成功的体验，会激发学生更加关注生活，参与实践。让学生体会到数学思维来源于生活，应用于生活。

（四）基于慧生课堂理念的小学数学计算"五学"教学模式，具有思维性特征

"五学"教学模式，在整个数学教学中融入了思维的训练，特别是发散

性思维能力的培养，以及推理论证能力的培养。算法掌握，算理理解，算法迁移运用，还要变换角度，发散思维，培养学生数学思维的广阔性和灵活性，会对同类的数学运算方法进行灵活运用。

二、理论依据

（一）建构主义学习理论

皮亚杰认为学习是能动发展认知的过程；认知发展包括同化、顺应、平衡三条路径。奥苏贝尔认为：当学生把教学内容与自己的认知结构联系起来，意义学习便发生了。

（二）参与教学理论

参与式教学法是一种合作式或协作式的教学法，这种方法以学习者为中心，充分应用灵活多样、直观形象的教学手段，鼓励学习者积极参与教学过程，成为其中的积极分子，加强教学者与学习者之间以及学习者与学习者之间的信息交流和反馈，使学习者能深刻地领会和掌握所学知识，并能将这种知识运用到实践中去，在数学计算"五学"教学模式的自学、互助、导学、练学各个环节就充分地运用了这个理论。

（三）情景教学理论

情境教学法是指在教学过程中，教师有目的地引入或创设具有一定情绪色彩的、以形象为主体的生动具体的场景，以引起学生一定的态度体验，从而帮助学生理解教材，并使学生的心理机能得到发展的教学方法。捷克教育家夸美纽斯在《大教学论》中写道："一切知识都是从感官开始的。"强调了学生认识的直观规律：直观可以使抽象的知识具体化、形象化，有助于学生感性知识的形成。情境教学法使学生身临其境或如临其境，就是通过给学生展示鲜明具体的形象（包括直接和间接形象），一则使学生从形象的感知达到抽象的理性的顿悟，二则激发学生的学习情绪和学习兴趣，使学习活动成为学生主动的、自觉的活动。

三、模式流程

基于慧生课堂理念的小学数学计算"五学"教学模式，以具体的数学算法模型为引导，是以慧生课堂的"双向三助"课堂理念为指导，数学"三会"核心素养为导向，按照"自学质疑、互学建模、导学拓展、练学强能、结学梳理"的"五学"环节为基本实施流程，它是以慧生课堂"自助研学—互助探究—师助提高—反思发展""四环节"课堂教学模式为实践基础，进行下位的具体学科、具体课型的改造运用，其关系如图1。

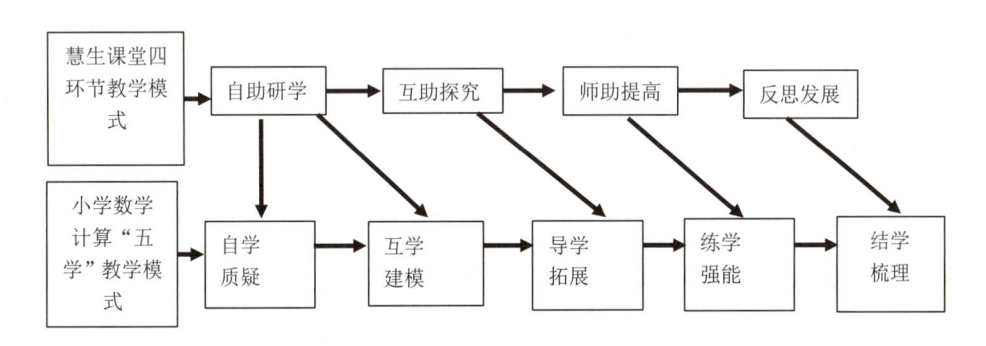

图1：基于慧生课堂理念的小学数学计算"五学"教学模式图

它的操作如下：

（一）自学质疑

自学质疑是指学生课前按照助学单进行预习，尝试进行计算，了解算法，提出自己不懂的问题，在开课时汇报梳理问题，确立教学目标的教学环节。

（二）互学建模

互学建模是指教师引导学生用"自助、互助、师助"的学习方式，尝试计算，掌握算法，相互交流，展示评价，理解算理，建立计算模型的教学环节。

（三）导学拓展

导学拓展是指学生掌握初步的计算方法后，进行变式，迁移到新情境，新范围，进行情境拓展、形式拓展、方法拓展、范围拓展，透彻理解算理，逐级分化，形成立体的多点结构的算法模型的教学环节。在导学环节，学生要把自己在计算学习中的所得和疑惑在全班交流，归纳计算方法和算理，养成独立思考的能力。

（四）练学强能

练学强能是指进行计算练习，巩固计算方法，理解算理，提高计算能力的教学环节。教师要善于设计有层次的、有针对性的练习题，抓住学生易错点、易混点进行判断、改错、竞赛等方式的练习。

（五）结学梳理

结学梳理是指课堂结束时，引导学生总结学习内容，总结算法，再梳理学习内容形成立体的认知结构的教学环节。

四、效果评述

一是小学数学计算"五学"教学模式，对不同阶段的学生来说，创设丰富多彩的教学情境，可以弥补他们生活经验的不足，诱发他们学习新知识的饱满热情，打开思维的闸门。

二是小学数学计算"五学"教学模式，既培养学生独立思考能力，提高学习效率，又能培养学生从发现问题和解决问题中获得思维能力。

三是小学数学计算"五学"教学模式，可以促使学生将自主学习过程中的所得和疑惑在全班交流，引导学生理解算理、掌握算法，发展语言表达能力、思维能力。

四是小学数学计算"五学"教学模式，让学生在学习基本数学知识后，运用一定的方法对所学知识拓展延伸，达到灵活运用的目的。让学生悟出：思考问题时如果变换一下角度将会得到更丰富更完美的答案，原来思维也可以如此灵活！

五、精品课例

人教版小学数学"口算除法"

教学目标：

掌握整十数和几百几十数除以整十数的口算方法，能灵活运用"四舍五入"法进行除数是两位数的除法的估算。

通过自主学习、互助交流，利用已有的口算经验理解整十数和几百几十数除以整十数的口算算理。

培养学生养成认真计算的良好学习习惯，在学生经历探索口算方法的过程中，提高学生类推迁移和解决问题的能力。

教学重点： 掌握并理解整十数除整十数或几百几十数的口算方法。

教学难点： 理解口算算理，灵活运用"四舍五入"法进行估算。

教学过程： 自学质疑、互学建模、导学拓展、练学强能、结学梳理。

（一）自学质疑

师：今天我们一起探究除数是两位数的口算除法，请说一说通过课前预习，你学到了什么？

师：同学们有什么不明白的吗？（将疑惑板书在黑板上）

预设1：为什么要去掉0？

预设2：为什么去掉相同的0后商不变？

师：相信这个疑惑待会儿你能解答。

（二）互学建模

1.分析题意，列出算式。

师：带着这些疑问，我们一起开始今天的探索吧！激动人心的体育艺术节结束后，有同学提出了与数学相关的问题。

东序小学第四届体育艺术节开幕式里，彩旗队出场有80面彩旗，每班分20面，可以分给几个班？

学生列式。

师：为什么用除法？

生：求80里面有几个20，所以用除法计算。

师：是的，平均分问题可以用除法解决。

师：请观察这个算式与以前的除法算式有什么不同？（除数是两位数。）像这样的除数是两位数的整十数除整十数该如何口算呢？

2.自主学习，合作探究。

抽1名学生读。

任务1：独立在助学单上画一画、写一写你的计算思路，看谁的方法又多又好。

任务2：在小组内分享你的方法并共同整理，用简短的语言总结。

任务3：小老师汇报展示，再同桌回顾。

汇报展示：抽2名学生上台板书并分别讲解方法，边说教师边出示课件，黑板上贴出小棒图。

生1：先圈小棒再讲解。

师抽生追问：为什么要这样圈？

因为4个20是80，所以80÷20等于4。

师追问：4个20用算式如何表示？

师：能给你的方法取个简单易懂的名字吗？出示：想乘法算除法。

抽生说原因。

师：他为什么这样取名？

生2：因为8÷2=4，所以80÷20=4。

先鼓励学生提问小老师解答，如没问到，师追问：8表示什么意思？2表示什么意思？

生：80是8个十，20是2个十，我们可以看作是8个十除以2个十。8÷2=4，所以80÷20=4。

师：谁能给他们的方法取一个简单易懂的名称吗？（也可请同学帮助。）

抽生说原因，师：他为什么这样取名？

出示：转化为表内除法

师：还有其他方法吗？

师：口算的方法不唯一，请用你喜欢的方法再一次给同桌说一说你的计算思路。

同桌互说算理。

(三)导学拓展

师助点拨。

师：整十数除整十数你们会了，老师要变魔术了，将80÷20变、变、变！

800÷200、8000÷2000、80000÷20000、80000÷2000

180÷20、1800÷200、1800÷20

（分别抽生说算理。）

师：同学们很厉害，学会了知识的迁移运用，也就是说他们的方法都一样！

想一想：83÷20≈、80÷19≈、122÷30≈、120÷28≈

师：如果彩旗和班级不是整十数、整百数时，你能利用刚才的方法解决相应的估算吗？

抽生说估算过程。

师：四位同学都说清楚了他们的算理，谁来总结一下他们的估算方法。

把算式中不是整十、整百的数用"四舍五入"法看成与它接近的整十数，再口算出结果。

125÷30≈   255÷48≈

师：刚才提到利用"四舍五入"法估算，那这两道题还适合用四舍五入法吗？

提出估算的方法不唯一，应根据题目特点灵活运用。

（四）练学强能

师：通过刚才的学习，同学们掌握了多种口算方法，请独立完成助学单3道分层练习。

1.基础练习，给小动物们找到家

90÷30=、184÷20≈、120÷60=、210÷30=、240÷29≈、100÷20=

2.变式练习，请你帮忙找朋友

240÷（ ）=4、420÷（ ）=7、757÷（ ）≈3、（ ）÷60≈6

1、2题以开小火车的形式由学生汇报，重点分析（ ）÷60≈6，拓展学生思维。

3.拓展延伸，帮助小马虎

小马虎在计算一道除法算式时，把除数20末尾的"0"漏掉，抄成了2，结果得到的商是60，你知道正确的商是多少吗？

独立完成后两名学生分析思路，强调将错就错法。

师：帮助小马虎解决问题后，你想告诉同学们什么？

（五）结学梳理

1.解决疑惑：抽提出疑惑的学生，解决疑问

师：刚才××同学提出的疑惑，你能解答了吗？

2.说一说你的收获

今天同学们学习了什么？你有什么收获？

六、教学反思

本课时针对小学数学人教版四年级上册第71页例（1）（2），是在学生学习了多位数乘一位数、除数是一位数的除法的基础上进行教学的。主要内容是除数是两位数除法的口算除法，有关整十、整百数除以整十数的口算除法，也是学习笔算除法的基础。我根据学生现阶段的认知和理论基础，重点探讨想乘算除和转化为表内除法的方法。对本单元第8课时被除数、除数同时扩大或缩小相同倍数（0除外），商不变的规律，让学生有初步感受，这一方法在第8课时将重点探究。

（一）妙用助学单引导学生质疑，深度学习

在本课导学环节，采用了助学单预习，及时检查汇报学生的疑问，学生带着"为什么末尾可以去掉0再计算"等问题，带着课前预习的经验，参加学习，有期待，有兴趣，正是"兴趣卷入、经验卷入、思维卷入"的深度学习的表现。

（二）善用互学建模，培养自主学习能力

本课设计了学生自主学习，生生互助学习，同桌互论等环节。让学生自

由地提出问题，引发猜想，并用自主学习单将学生思维的过程显性化，在汇报交流中展示不同算法，理解算理，建构计算模型。教师充分调动了学生已有的生活和实践经验，培养学生的独立思考能力。生生互助，培养学生的理解力和分析力。同桌互论，可以调动数学语言来讲解和分析算法算理。在一边讨论和一边讲解的过程中，培养了学生发散的数学思维能力。让学生自主参与学习的全过程，动眼看，动耳听，动脑想，动手做，积极参与探索，才能让学生真正成为课堂学习的主人。

（三）巧用导学拓展，促进灵活运用

在导学拓展环节，有针对地设计了"80÷20变、变、变！800÷200、8000÷2000、80000÷20000、80000÷2000、180÷20、1800÷200、1800÷20"的题目进行形式变换，拓展迁移，深化对算法的理解，丰富计算模型，设计了"83÷20≈ 80÷19≈ 122÷30≈ 120÷28≈"的题目，进行了新的计算领域的拓展延伸，把本节课里面的重难点和一些关键的题目类型进行串联，引导学生进行思维拓展，发挥想象，学会用自己的学习方法来解决不同的计算，让学生明白数学计算模型的建构不仅仅是一道题或者一类型题，要学会用数学眼光看世界，用数学的语言表达世界。这样的拓展有层次，有深度，并促进了学生对计算模型的灵活运用。

（四）活用练学强能，提高计算能力

在练学强能环节，学生把前面所学的计算模型，及时运用到了"给小动物找到家""240÷（ ）=4"等题目提高计算能力，重点分析"（ ）÷60≈6"，拓展学生思维，教师在交流中抓住主要的内容进行总结，引导学生总结规律，类比学习，分类呈现，引导学生感受和学会数学计算的多种方法。

基于慧生课堂理念的小学数学概念课"五环"教学模式

罗高莉

一、模式的界定及特征

《小学数学新课程标准（2022年版）》提出："数学课程应致力于实现义务教育阶段的培养目标，要面向全体学生，适应学生个性发展的需要，使得人人都能获得良好的数学教育，不同的人在数学上得到不同的发展。""不同的人在数学上得到不同的发展"是对人的主体性地位的回归与尊重，不仅需要正视学生的差异，尊重学生的个性，而且应注重学生自主发展。慧生课堂提出的"双向三助"课堂理念与之非常契合。慧生课堂坚持"面向全体学生，面向学生未来"的课堂理念，培养具有"认知智慧、文化智慧、实践智慧、身心智慧、审美智慧"德智体美劳全面发展的人，达到"十会"育人目标。

基于慧生课堂理念的小学数学概念课"五环"教学模式，是以慧生课堂"面向学生、面向未来"的理念，采取"自助、互助、师助"的学习方式，是慧生课堂"自助研学—互助探究—师助提高—反思发展"四环节课堂教学模式在数学学科概念课型的改造运用，以"以趣导学—自助研学—互助展学—师助拓学—反思发展"为基本流程，培养具有"认知智慧、文化智慧、实践智慧、身心智慧、审美智慧"德智体美劳全面发展的人的一种教学模式。该教学模式，具有以下四个方面的特征：

（一）基于慧生课堂理念的小学数学概念课"五环"教学模式具有趣味性特征

兴趣是学习的"原动力",兴趣是学习的"催化剂",它对孩子的学习有着神奇的内驱动作用,能变无效为有效,化低效为高效。小学数学概念课"五环"教学模式始终坚持把学生作为学习的主体,旨在通过有效的教学设计激发学生的学习兴趣,引导学生积极主动地参与学习,从而撬动学习力,让其愿意学、乐于学、主动学。

（二）基于慧生课堂理念的小学数学概念课"五环"教学模式具有自主性特征

学生是数学课堂的主人,教师只是数学课堂的组织者、引导者与合作者。小学数学概念课"五环"教学模式始终以学生为中心展开学习,为学生创造一种平等和谐、友好竞争的学习氛围,唤醒学生学习的内驱力,使课堂散发出生命的活力。

（三）基于慧生课堂理念的小学数学概念课"五环"教学模式具有实践性特征

立足城南教育集团"面向学生未来,培养全人格的人,培养学生适应时代发展,学会终身学习的能力"的总目标。在慧生课堂教学中,可在实践操作中培养学生的学习能力,以学生"亲身经历"的方式来完成教学任务。让学生在操作中感知知识的形成过程,使其知其然并知其所以然,从而突破教学的难点。

（四）基于慧生课堂理念的小学数学概念课"五环"教学模式具有思维性特征

小学数学概念课"五环"教学模式,通过自助研学、互助探究培养学生的思维能力,在课堂上学生通过自学后,还有不懂的问题就在小组内互助交流、合作探究，然后展示汇报。在展示的过程中与别的同学进行互动，对彼此的学习方法进行分析和比较，教师抓住生成性的资源，适时点拨，形成有效的师生互动、生生互动，激起学生思维的火花，发展其思维能力。

二、理论依据

（一）义务教育数学课程标准

"模型意识"是《小学数学新课程标准（2022年版）》要在小学阶段落实的11个数学核心素养之一。新课标强调"要在呈现作为知识与技能的数学结果的同时，重视学生已有的经验，让学生经历从实际背景中抽象出数学问题、构建数学模型、寻求结果、解决问题的过程"。数学概念本质上就是一个个的数学模型。

（二）参与教学理论

参与式教学法是一种合作式或协作式的教学法，这种方法以学习者为中心，充分应用灵活多样、直观形象的教学手段，鼓励学习者积极参与教学过程，成为其中的积极分子，加强教学者与学习者之间以及学习者与学习者之间的信息交流和反馈，使学习者能深刻地领会和掌握所学知识，并能将这种知识运用到实践中去，在"四学"教学模式的"自学"和"展学"环节就充分地运用了这个理论。

（三）建构主义理论

建构主义教学观认为，模型的建构需经多次反复，经历"建构—解构—重构"的过程。

（四）孔子的教育思想

孔子的教育思想一是"有教无类"，全纳教育。二是"因材施教"，强调顺性、适性教育。三是"终身学习"，"学而不厌，诲人不倦"，倡导教师和学生都要终身学习，认为"学"与"教"是一个长期熏陶的过程，强调"学而时习之""温故知新""吾日三省吾身"。四是"全面教育"思想，推行"子以四教：文、行、忠、信"，培养学识和德行，主张"志于道，据于德，依于仁，游于艺"，要求学习"六艺"。五是"学思并重"思想，认为"学而不思则罔，思而不学则殆"，应当采取启发式教学，"不愤不启，不悱不发，举一隅而不以三隅反，则不复也"。为慧生课堂数学概念课"五环"教学模式的实施提供了方法论。

三、模式流程

基于慧生课堂理念的小学数学概念课"五环"教学模式，是以慧生课堂"面向学生、面向未来"的理念，采取"自助、互助、师助"的学习方式，对慧生课堂"自助研学—互助探究—师助提高—反思发展"四环节课堂教学模式在数学学科概念课型的改造运用，包括以趣导学——创设情景，激发兴趣；自助研学——自主学习，发现问题；互助展学——互助探究，展示汇报；师助拓学——师助点拨，拓展延伸；反思发展——反思策略，发展认知五个基本流程，与慧生课堂四环节教学模式的关系如图1。

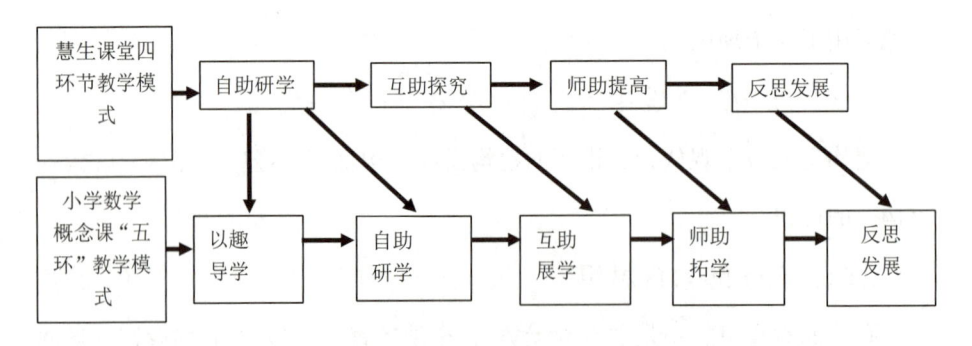

图1：基于慧生课堂理念的小学数学概念课"五环"教学模式图

具体操作如下：

（一）以趣导学——创设情景，激发兴趣

以趣导学是指开课时创设情景，激发兴趣的教学环节。在教学中可以采用的方法有：用小游戏激发兴趣、用讲故事的方式吸引学生的注意力、创设学生熟悉的生活情景激发兴趣等等。

（二）自助研学——自主学习，发现问题

自助研学是指课中对前置性学习的汇报交流，检查梳理，引导自主学习，发现问题，确立教学目标的教学环节。即通过前置性学习，学生在"助学单"的引导下，以读、查、圈、思、问、算等方式独立预习，课中通过对学生助学单检查汇报，教师了解学生学习需要，寻找学生学习的最近发展区，也使学生带着问题进入课堂，实现经验卷入、兴趣卷入、思维卷入的深度学习。自助研学时，要求学生初步了解学习内容，初步理解新概念，初步理清学习思路，将不懂的地方做上记号，并记录自己的疑问，为课堂上提问、交流做好充分准备。这样，充分发挥学生的主观能动性，变"要我学"为"我要学"。

（三）互助展学——互助探究，展示汇报

互助展学是指课中学生在自学基础上，小组合作交流、探究、实验等，以解决自学时没有解决的问题的教学环节。互助展学既是聚集集体智慧的学习过程，也是学有余力的学生帮助学困生解决学习困难的过程。互助展学时仍不能解决的问题，由小组提交到全班展示汇报时解决。互助展学，"展"即展示，是学习小组展现和汇报学习成果。此环节，学习小组应以口头、小黑板、绘画、表演等多种方式汇报本组的学习成果，说明本小组解决问题的途径、方法与结果，同时提出本组的疑难问题，通过展示交流产生思维碰撞。同时教师、学生进行多元评价。

（四）师助拓学——师助点拨，拓展延伸

师助拓学是指在小组互助学习、汇报交流的基础上，教师及时点拨导学的环节。对于学生不能解决的问题教师通过搭建支架，起到导向或画龙点睛的作用。教师对展示小组的学习效果、创新思路、概念理解等进行过程性、激励性评价。评价时，教师可采取多媒体课件、开放性事例、纠偏等方式，以评代讲，总结得失，提炼方法，拓展思维，引发深度思考。

（五）反思发展——反思策略，发展认知

反思发展是指一节课结束时教师引导学生总结本课所学，梳理形成知识结构体系，及时练习运用的教学环节。反思发展时，教师引导学生反思问题解决策略，共同总结方法，形成解决问题的策略，发展学生的认知能力。

四、效果评述

一是基于慧生课堂理念的小学数学概念课"五环"教学模式始终坚持把学生作为学习的主体，通过有效的教学设计激发学生的学习兴趣，引导学生积极主动地参与学习，从而撬动学习力，让其愿意学、乐于学、主动学。

二是基于慧生课堂理念的小学数学概念课"五环"教学模式可在操作实践中培养学生的学习能力，以学生"亲身经历"的方式来完成教学任务。让学生在操作中实践，感知知识的形成过程，使其知其然并知其所以然，从而突破教学的难点。

三是基于慧生课堂理念的小学数学概念课"五环"教学模式能通过自助研学、互助交流、合作探究，展示汇报等方式，促进学生间的互动，对彼此的学习方法进行分析和比较，培养学生的思维能力。

五、精品课例

人教版小学数学四年级上册《平行与垂直》

教学目标：

1.让学生结合生活情境，通过自助研学，初步认识平行线、垂线。

2.通过互助展学，使学生独立思考能力与合作精神得到和谐发展。

3.在比较分析、综合的思考过程中渗透分类的思想方法。

4.通过观察、操作学习活动，让学生经历认识垂直与平行线的过程，掌握其特征。

5.培养学生学以致用的习惯，体会数学的应用与美感，激发学生学习数学的兴趣，增强自信心。

教学重点和难点：

重点： 垂直与平行的概念，发展学生的空间想象能力。

难点： 理解"同一平面"的概念、相交与垂直的关系。

教学准备： 课件、助学单、卡纸、双面胶、魔方、铅笔两支。

教学过程：

（一）以趣导学——创设情景，激发兴趣

请同学们仔细观察大屏幕，老师要考考你的眼力如何。哪个图案出现在两个面上？哪个图案出现在一个面上？（出示有小羊和两条直线的正方体动态图。）小羊在两个不同的平面，而两条直线在同一个平面上。今天我们就一起来研究同一平面的两条直线的位置关系。（板书：在同一个平面的两条直线。）

（二）自助研学——自主学习，发现问题

1.画图感知平行与垂直

画一画：在纸上任意画两条直线，会有哪几种情况？请你用记号笔和尺子把它画在纸上，注意一张纸上只画一种情况，看谁画得与众不同。（教师巡视并让学生上台贴出作品。）

分一分：你能根据两条直线的位置特点把这些作品分分类吗？

学生上台分类，并说出分类的理由（相交与不相交），初步感知平行与相交，感知垂直。

2.自助研学：理解平行与垂直

出示自学要求：

什么叫做平行线，你怎么理解互相平行？如何正确判断两条直线是不是平行线？

什么叫做相交？相交只有垂直这一种情况吗？相交有什么特点？

什么叫做互相垂直？什么又叫垂线、垂足？如何正确判断两条直线是不是互相垂直呢？

说一说生活中还有哪些平行和垂直的现象。

学生带着这些问题、带着思考自学课本的65页，用笔把重要的地方勾一勾、画一画。不懂的地方打上问号，交流时提出来，教师巡视。

（三）互助展学——互助探究，展示汇报

1.揭示平行的概念

互助交流：通过刚才的自学你有什么收获？

揭示平行与垂直的概念。

圈出重点词："同一平面""不相交""互相"。

2.理解"不相交"

师：知道了平行线的概念，你能根据它的概念找一找黑板上的几幅图中的平行线吗？

在助学单上用延长的方法进行验证，重点探究延长后会相交的一组直线，明确判断一组直线是否平行最重要的依据是看它们是否相交。

3.理解"同一平面"

师出示长方体上的两条直线，问：这个长方体上有两条直线，这两条直线无限延伸后会相交吗？学生互助交流后发现：虽然这两条直线不能相交，但也不是平行线，因为它们没有在同一个平面。

4.理解"互相"

师：在同一平面内不相交的两条直线叫做平行线。也可以说这两条直线互相平行。假如我们称这条为直线a，另一条为直线b。那么我们可以怎么说？

（直线a是直线b的平行线，直线b是直线a的平行线，也可以说它们互相平行。）

5.当堂练习：以下哪组直线是平行线？

6.揭示相交的概念

什么叫做相交？相交只有垂直这一种情况吗？相交有什么特点？

两条直线相交，有一个交点，有四个角。

两条活动直线展示相交，变成垂直的情况，理解垂直是一种特殊的相交。

7.揭示垂直的概念

互助交流：根据互相垂直的概念，你觉得判断两条直线是不是互相垂直最关键的是什么？（相交成直角。）怎么去验证它们是否互相垂直呢？（用三角尺和量角器去量一量。）两条直线互相垂直时，它们的交点叫垂足。

哪组直线是互相垂直的？就请你标上直角符号，并且标出垂足。

其中一条直线叫做另一条直线的垂线，你怎么理解这句话？（抽生回答。）

（四）师助拓学——师助点拨，拓展延伸

通过以上学习你有什么收获呢？（教师根据学生的回答设计板书。）

实践运用：请你用一张长方形的纸折出两条平行或垂直的折痕。

师助提升：下面图形中哪两条线段互相平行？哪两条线段互相垂直？

（五）反思发展——反思策略，发展认知

今天学习了什么？你懂得了什么？

填集合图，理清相交、平行、垂直的关系。同一平面两条直线的位置关系只有平行、相交两种情况，垂直是一种特殊的相交。

说一说生活中还有哪些平行与垂直的现象。欣赏生活中的平行与垂直现象，你想说些什么？（有了垂直与平行，我们的生活就变得更加有序，更加美了！）

板书设计：

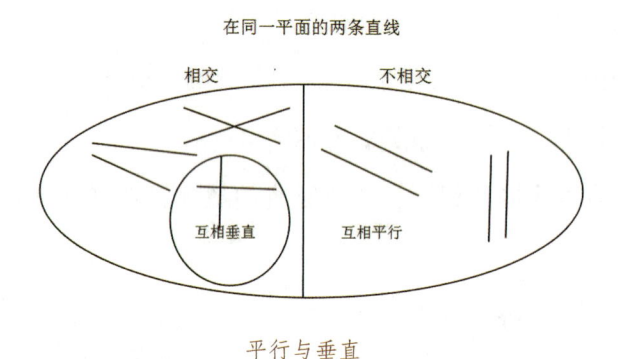

平行与垂直

六、教学反思

（一）以趣导学激发学习兴趣

在本课导学环节，用学生所喜欢的"考考你的眼力"引入课题，学生根据动态图，很快判断出哪个图案出现在两个面上，哪个图案出现在一个面上。(小羊在两个不同的平面，而两条直线在同一个平面上。)这样的引入，注重了新旧知识之间的联系，像磁石一样把学生牢牢地吸引住，使他们对新课的学习产生浓厚的兴趣，激发学生学习的内驱力。

（二）自助研学培养自主能力

学生是课堂学习的主人，对于中高年级的学生来说，培养其学习力尤为重要。在自助研学环节，学生根据老师提出的自学要求，独立学习教材，初步感知平行、相交、垂直现象，理解平行与垂直的概念，对重点词语进行勾画，在疑难之处做上记号，便于课堂上提出有价值的问题，为互助展学做好准备。像这样让学生自主参与学习的全过程，动眼看，动耳听，动脑想，动手做，积极参与探索，才能让学生真正成为课堂学习的主人。

（三）互助展学训练思维能力

互助展学环节，学生把自学环节的所学和所惑在全班交流，如："同一平面""不相交""互相平行""互相垂直"是什么意思等等。学生在展示的过程中与别的同学进行互动，对彼此的学习方法进行分析和比较，形成一种生生互动的模式。例如：延长之后才能相交的一组直线算不算是平行线？学生针对这一问题进行了精彩的辩论。通过师生互动、生生互动，充分调动学生参与学习的积极性，激起学生思维的火花。课堂上不断听到这样的声音："大家同意我们的看法吗？""你们有什么不同的意见吗？""你的建议非常好，谢谢你的补充"等等。在实施慧生课堂教学的过程中，通过学生自主学习不能解决的问题，可以通过小组互助交流去探究，更好地发挥学生的主体性，增强课堂的吸引力，从而能产生良好的教学效果。

（四）师助拓学促进灵活运用

师助拓学环节，教师及时通过活动直条展示相交的特点，建立概念，理解垂直是特殊的相交，突破难点，形成整体的认知结构。对于学生不能解决的问题教师通过搭建支架，起到导向或画龙点睛的作用。通过观察组合图形里的平行与垂直，引导学生进行思维拓展，发现"平行于同一条直线的两条直线互相平行""垂直于同一条直线的两条直线也互相平行"。这样的拓展有层次，有深度，有效促进了学生对知识的灵活运用，培养了学生举一反三的能力。

（五）反思发展，发展认知结构

反思发展环节，教师及时引导学生填集合图，理清相交、平行、垂直的关系，理解同一平面两条直线的位置关系只有平行、相交两种情况，垂直是一种特殊的相交，形成完整的认知结构体系。并联系生活中的平行与垂直现象，让学生体会到"数学来源于生活而用于生活"，从而发展学生的认知能力。

基于慧生课堂理念的小学数学新授课"五学"教学模式

龙运芳

一、模式的界定及特征

《小学数学新课程标准（2022年版）》中"确立核心素养导向的课程目标"的理念强调"义务教育数学课程应使学生通过数学的学习，形成和发展面向未来社会和个人发展所需要的核心素养"；"设计体现结构化特征的课程内容"的理念强调"对内容进行结构化整合，探索发展学生核心素养的路径"；"实施促进学生发展的教学活动"的理念强调"有效的教学活动是学生学和教师教的统一，学生是学习的主体，教师是学习的组织者、引导者与合作者"；"探索激励学习和改进教学的评价"的理念强调"通过学业质量标准的构建，融合'四基''四能'和核心素养的主要表现，形成阶段性评价的主要依据，采用多元的评价主体和多样的评价方式，鼓励学生自我监控学习的过程和结果"；"促进信息技术与数学课程融合"的理念强调"合理利用现代信息技术，提供丰富的学习资源，设计生动的教学活动，促进数学教学方式方法的变革"。"五大理念"与慧生课堂提出的"面向学生面向未来"的理念，采取"自助、互助、师助"的学习方式，培养"认知智慧、文化智慧、实践智慧、身心智慧、审美智慧"的智慧生命的教学形态相契合。

基于慧生课堂理念的小学数学新授课"五学"教学模式，是以慧生课堂

"面向学生、面向未来"的理念，采取"自助、互助、师助"的学习方式，遵循义务教育数学课程标准五大理念，靶向数学"三会"核心素养，对慧生课堂"自助研学—互助探究—师助提高—反思发展"四环节课堂教学模式在数学新授课型的改造运用，是以"引学导趣、自学导疑、互学导思、展学导法、拓学导用"为基本流程，培养具有"认知智慧、文化智慧、实践智慧、身心智慧、审美智慧"德智体美劳全面发展的社会主义建设者和接班人的一种教学模式。该教学模式，以学生为主体，把教材变成学材，把教案变成学案，要坚持教学相长，注重启发式，互动式，探究式教学，转变教师满堂灌、唱独角戏的教学方式，它具有以下四个方面的特征：

（一）具有过程性特征

本模式按照"引学导趣、自学导疑、互学导思、展学导法、拓学导用"的流程实施，引导学生经历观察、操作、猜想、验证、交流、归纳、建模、应用等数学学习过程，不断打破学生已有认知结构，突破已有生活经验、知识经验，螺旋式上升，进行有意义的建构，发展认知结构，培养核心素养，具有突出的过程性特征。

（二）具有生本性特征

本模式强调以生为本，以学为本，采用情境教学、主题教学、项目式、任务驱动式等教学方式，引导学生观察、发现、猜想、验证、归纳、应用、创新的学习过程，发展"四基四能"，具有鲜明的生本性特征。

（三）具有实践性特征

基于慧生课堂理念的小学数学新授课"五学"教学模式，以"三会"核心素养为导向，通过数学的眼光，可以从现实世界的客观现象中发现数量关系与空间形式，提出有意义的数学问题；能够抽象出现实生活中数学的研究对象及其属性，形成概念、关系与结构；能够理解自然现象背后的数学原理，感悟数学的审美价值；学习的内容具有实践性。在教学过程中，需要学生调动已有的生活实践经验参与到学习的各个环节，"源于生活、高于生活、用于生活"，解决生活实践问题，学习活动过程具有实践性。

（四）具有思维性特征

本模式让学生独立经历数学思维过程，学生能够理解数学基本概念和法则的发生与发展，数学基本概念之间、数学与现实世界之间的联系；能够合乎逻辑地解释或论证数学的基本方法与结论，分析、解决简单的数学问题和实际问题；能够探究自然现象或现实情境所蕴含的数学规律，经历数学"再发现"的过程；发展质疑问难的批判性思维，形成实事求是的科学态度，初步养成讲道理、有条理的思维品质和理性精神，具有思维性。

二、理论依据

（一）新课程标准理念

《义务教育数学新课程标准（2022年版）》强调确立核心素养导向的课程目标、设计体现结构化特征的课程内容、实施促进学生发展的教学活动、探索激励学习和改进教学的评价、促进信息技术与数学课程融合五大理念，给本模式"面向学生、面向未来"，采取"自助、互助、师助"的学习方式，培养学生的"四基四能"，将"三会"核心素养具体化为培养具有"认知智慧、文化智慧、实践智慧、身心智慧、审美智慧"的智慧生命，提供了理论支撑。

（二）参与教学理论

参与式教学法以学习者为中心，充分应用灵活多样、直观形象的教学手段，鼓励学习者积极参与教学过程，成为学习的主体，师生之间、生生之间的信息交流和反馈，帮助学生领会和掌握所学知识，并能将这种知识运用到实践中去，"慧生课堂"教学模式采取"自助、互助、师助"的学习方式，引导学生主动参与学习。

（三）情景教学理论

情境教学法是指在教学过程中，教师有目的地引入或创设具有一定情绪色彩的、以形象为主体的生动具体的场景，以引起学生一定的态度体验，从而帮助学生理解教材，并使学生的心理机能得到发展的教学方法。夸美纽斯在《大教学论》中认为："一切知识都是从感官开始的。"指出了学生认识的直观规律：直观可以使抽象的知识具体化、形象化，有助于学生感性知识的形成。一则使学生从形象的感知达到抽象的理性的顿悟，二则激发学生的学习情绪和学习兴趣，使学习活动成为学生主动的、自觉的活动。在小学数学"慧生课堂"教学中，创设情景导入新课，学生在真实语境中探究对话内容，不仅能使学生在体验活动中学习，还能进一步提高学生的学习兴趣。

三、模式流程

基于慧生课堂理念的小学数学新授课"五学"教学模式，是以慧生课堂"面向学生、面向未来"的理念，采取"自助、互助、师助"的学习方式，遵循义务教育数学课程标准五大理念，靶向数学"三会"核心素养，以自助学习为引导，以探究交流体验为过程，以灵活运用为目的的教学模式，是对慧生课堂"自助研学—互助探究—师助提高—反思发展"四环节课堂教学模式在数学新授课型的改造运用，是以引学导趣、自学导疑、互学导思、展学导法、拓学导用五个环节为基本流程，与慧生课堂四环节教学模式的关系如图1。

```
┌─────────┐     ┌──────┐    ┌──────┐    ┌──────┐    ┌──────┐
│慧生课堂四│────▶│自助研学│───▶│互助探究│───▶│师助提高│───▶│反思发展│
│环节教学 │     └──┬───┘    └──┬───┘    └──┬───┘    └──┬───┘
│模式     │        │           │           │           │
└─────────┘        ▼           ▼           ▼           ▼
┌─────────┐     ┌──────┐    ┌──────┐    ┌──────┐    ┌──────┐    ┌──────┐
│小学数学 │     │引学  │───▶│自学  │───▶│互学  │───▶│展学  │───▶│拓学  │
│新授课"五│────▶│导趣  │    │导疑  │    │导思  │    │导法  │    │导用  │
│环"教学  │     └──────┘    └──────┘    └──────┘    └──────┘    └──────┘
│模式     │
└─────────┘
```

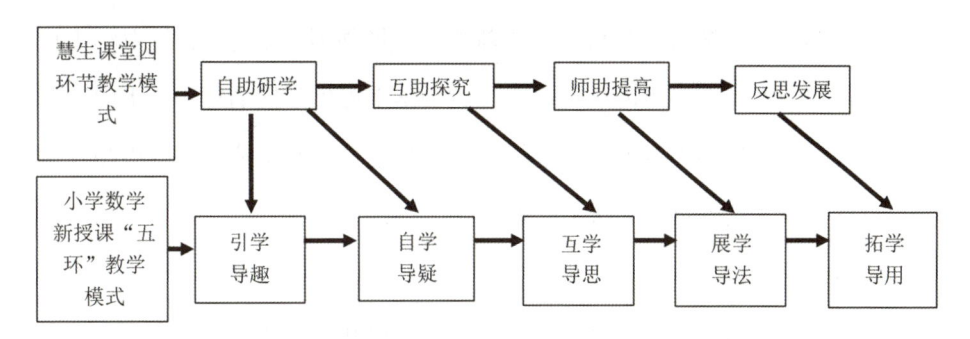

图1：基于慧生课堂理念的小学数学新授课"五环"教学模式图

它的操作如下：

（一）引学导趣

引学导趣是指开课时创设情景，激发兴趣的教学环节。真实的生活情境、优美的图片、表演、游戏、操作等都会引起学生的注意，令他们产生浓厚的兴趣。

（二）自学导疑

自学导疑是指课中对前置性学习的汇报交流，检查梳理，引导自主学习，提出问题，确立教学目标的教学环节。

（三）互学导思

互学导思是学生通过小组合作交流、探究、实验等，相互合作、相互启发，从而解决自助学习时没有解决的问题，掌握新知识的教学环节。互学导思可以采用学生问学生、学生教学生、学生帮学生、学生检查学生、学生影响学生、学生引领学生等形式。互助闪现着集体智慧的火花，也是学有余力的学生自我提高的过程，学困生努力提高的过程。互助的学习方式，它犹如春风，让生命得以迸发；它犹如星星之火，点燃了学生的学习的激情。在教学中可以这样进行教学：1.针对教学中的重点、难点部分开展小组互助学习，培养学生的理解力、分析力、创新能力，增强团队精神。2.针对学生提出的质疑和困难，在小组内进行探究，鼓励学生提出不同的想法，不同的解决方案。培养学生的思辨能力。这样，学生的思维得到碰撞，课堂中相互学习与支持，课堂氛围也就活跃了起来。

（四）展学导法

展学导法是指学生要把自己在小组交流所得和疑惑在全班交流，归纳方法和规律，发展学习能力的教学环节。学生在丰富交流展示中得出不同的解决问题的方法、规律、模型、结论，及时进行横向纵向的比较，归纳总结，加深对数学方法、规律、模型、结论的分析、评价、创新，把孤立的、互不联系的方法、规律、模型、结论，整合成立体的数学认知结构体系，实现深度学习。使教材中的数学知识转化成为学生头脑中的认识结构，也利于对知识的检索、提取和应用，促进知识的迁移，发展学生的数学能力。

（五）拓学导用

拓学导用是指及时将学生学到的方法、规律、模型、结论进行巩固练习，变换情境、形式、内容、领域，发展学生"四基四能"的教学环节。可以对小学数学教材上的教学内容进行扩充、开拓、扩展、延伸，通过创设问题情境，提供活动空间，让学生在动手操作、实践探究等活动中迁移运用知识，发现新知识，感悟数学的阶段性和一致性，提高数学素养。一是通过知识的发展历程，进行跨时空审视，拓展延伸。二是采取"一题多解、一题多变"的方法对课内知识延伸拓展。三是采取跨领域的迁移应用，培养实践能力。

四、效果评述

一是基于慧生课堂理念的小学数学新授课"五学"教学模式，对于小学生来说，不仅创设丰富多彩的教学情境，调动学生多感官参与学习活动，还激发了模仿创新的欲望。

二是基于慧生课堂理念的小学数学新授课"五学"教学模式，既培养学生合作学习能力，提高学习效率。又能培养学生善于发现问题、寻求合作解决问题、反思问题、总结方法的能力。

三是基于慧生课堂理念的小学数学新授课"五学"教学模式，学生在小组交流所得和疑惑在全班交流，归纳方法和规律，形成一定的学习能力，让学生理解和掌握学科知识内容并内化为能力和素质，培养学生的质疑能力、思考能力、解决问题的能力、合作能力，探究的精神，最后达到提高学生素养和教学质量的目的。

四是基于慧生课堂理念的小学数学新授课"五学"教学模式，生生互动，师生互动中，学生大胆发言，主动交流，促进学生养成阳光自信的良好性格，发展学生的认知智慧、文化智慧、实践智慧、身心智慧、审美智慧。

五、精品课例

六年级数学《百分数的认识》

【教学目标】

1.使学生初步认识百分数，结合解决实际问题的过程，理解百分数的意义，通过自助学习会正确读写百分数；通过互助学习明确百分数与分数的联系与区别。

2.通过质疑思考、比较分析，达到知识的内化，在具体情境中，解释百分数的意义。

3.感受数学在现实生活中的价值,激发学生学习数学的兴趣。

【教学重难点】经历探究的过程,理解百分数的意义。

【教学重难点】在具体情境中解释百分数的意义,明确百分数与分数的联系与区别。

【教学过程】引学导趣、自学导疑、互学导思、展学导法、拓学导用

(一)引学导趣——创设情境,激发兴趣

新冠疫苗全民接种工作里的70%至80%是数家族当中的一个新朋友,它叫什么?(百分数。)今天我们就一起来认识百分数。

师:关于数的学习,我们通常从哪些方面来研究?

生:读写、意义……

师:下面我们就从这几方面来进行研究。

(二)自学导疑——独立学习,发现问题

1.读百分数

2.写百分数

师:之前老师让大家去收集生活中的百分数,找到了吗?通过课前的预习你能写一写吗?(PPT展示自学要求,抽学生上台展示。)

(1)自学要求:根据自己的生活经验,先试着在学习单上写几个百分数。把你写的百分数读给同桌听一听。

(2)汇报交流

师:现在谁来展示一下你所写的百分数?(学生上台展示,我写的是……)

师:你是怎样写的?你想提醒同学们注意什么?(先写数,再写百分号。)那关于百分号的书写,你要提醒同学注意什么?

写百分数是有讲究的，要先写分子，再写百分号，写百分号时先写左上角的圆圈，再写斜杠，最后写右下角的圆圈，这两个圆圈要写小一些，以免和零混淆。你们听懂了吗？

师：下面请同学们在助学单上再规范地写一个百分数。

同学们，百分数会写了，那你们会读吗？大声地读一下吧。

PPT出示：1%、50%、100%、140%、7.5%、121.7%

那读百分数的时候，你要提醒大家注意什么地方呢？

生：百分数的读法是：先读百分号，再读数。

（三）互学导思——互助学习，质疑解疑

师：会读、会写百分数了，什么是百分数的意义呢？

1.互助学习，探究百分数的意义

明确任务要求。师：关于百分数的意义，你们准备怎样去研究呀？（抽生回答，学生可能说画线段图、举例子、列算式等。）请从三个材料中选择一个，用你喜欢的方式研究百分数的意义，然后汇报。

PPT展示：

材料一：已充电20%。

材料二：羊毛外套成分：面料，羊毛65.5%。

材料三：爸爸的奖金相当于妈妈奖金的115%。

互助要求：

想一想，这里的百分数是谁和谁比？表示谁是谁的百分之几？

选择你喜欢的方式，可以画一画，也可以举例子或用算式的方法来表示出你对这个百分数的理解。有序交流：组长主持，依次发言。

2.学生组内交流，总结梳理，推选汇报代表

(四)展学导法——分享交流,总结方法

1.学生汇报交流

2.师助提升,归纳百分数的意义

师：同样是画图,他的图有什么不同?为什么这里要用两条线段呢?他是用两条线段来表示这两个量的倍比关系。(板书：一个量与另一个量的关系。)前面是用一条线段表示部分与整体的关系。

师：那如果老师这件衣服是全羊毛的,那它的含毛量应该是多少?能超过100%吗?为什么?

师：请同学们看,不管是哪种想法,它们都有什么相同的地方?

生：它们都表达了它们所选择的百分数占它们的总量的多少。

师：也就是说它们都在表达量与量之间的关系。(板书。)

师：这几个百分数可是老师精心挑选出来的,谁能读懂其中的玄机?

生：百分数中百分号前面的数可以是整数,也可以是小数,但不能是分数。百分数的分子可以比分母小,也可以和分母相等,还可以比分母大。我们发现如果这个百分数用分数表示是一个分数,就是表示两个量的倍比关系。

师：数感真好,不仅发现了老师安排这几个百分数的特别用意,还发现了它们特别的关系。结合刚才的活动,你能说一说百分数的意义是什么吗?

生1：像这样表示一个数是另一个数的百分之几的数,叫做百分数。

生2：百分数表示一个数是另一个数的百分之几。(出示百分数的概念,齐读。)

师：这几位同学的理解对吗?我们看看书上是怎样写的。请同学们打开书第82页,看一看我们所学的内容,勾出你认为比较重要的地方。(理解百分率、百分比。)

3.生活中的百分数

师：理解了百分数，现在能说说你所收集的百分数表示什么意义吗？

学生说自己收集的百分数的意义。

4.百分数和分数的关系

师：同学们，对百分数的意义掌握得很好，现在请看（1）。出示：一根绳长23米，用去了40%。

师：这个句子中哪个数可以用百分数表示？圈出来。圈出来之后好好想想，百分数和分数到底有什么关系？想好之后同桌交流。

经过讨论后，学生得出结论：百分数只能表示关系，分数既可以表示关系，还可以表示具体的数量，百分数是分数的一部分。百分数不能带单位。

师：分数中除了百分数，还有一些"亲兄弟"，出示PPT。（千分数、万分数。）能试着说说千分数、万分数的意义吗？

5.百分数的作用

师：既然百分数能够做到事情，分数也能够做到，为什么还要百分数呢？我们一起来看看，你一定会有更多的启示。（出示PPT。）

师：（呈现百分数的结果。）此时此刻，你想说些什么？

学生：百分数的分母都是100，可以直接比较。

学生：用百分数，比较更方便。

（五）拓学导用——延伸拓展，灵活运用

1.恩格尔系数

师：百分数的用处还有很多，尤其是在统计学中，请看（PPT展示恩格尔系数，同时对学生进行爱国主义教育）。

师：恩格尔系数越大说明什么？越小说明什么？

师：老师像你们这么大的时候，那还是30年前的事儿，我根据我父母的回忆算出了我们家30年前的恩格尔系数和2020年的恩格尔系数。看到这两个百分数，你想说什么？

师：这都得感谢中国共产党，让人民过上了幸福生活，作为中国人，我很骄傲。

同学们，今天的知识都掌握了吗？我们一起来检测一下吧！

2.分层练习，巩固概念

（1）判断。（对的画"√"，错的画"×"。）

①35/100和35%的读法和意义都相同。（　）

②大足西山林场种了110棵树，110棵树全部成活了，成活率是110%。（　）

③100g的百分之四十五就是45g。（　）

④小红的身高是147%米。（　）

（2）猜一猜

"十拿九稳"用百分数表示是（　）

"百战百胜"用百分数表示是（　）

"一箭双雕"用百分数表示是（　）

"百里挑一"用百分数表示是（　）

（3）东序小学优秀教师人数占全校教师总人数的15%，创新小学优秀教师人数占全校教师总人数的15%，所以两所学校的优秀教师人数一样多。这种说法对吗？为什么？

3.总结梳理

师：同学们，通过今天的学习，你都有哪些收获呢？

师：关于百分数的学问还有很多，下节课我们继续研究。有句名言说得好，天才=99%的汗水+1%的灵感，希望大家在平时的学习中勤奋刻苦，积极思考，实现心中的理想。

六、教学反思

（一）生活引入，妙用导学激发学习兴趣

百分数在生活中有着广泛的应用，人们常用百分数对事物进行描述、分析、统计、比较，学生在日常生活中已经接触了大量的百分数，在本课导学环节，通过播报"新冠疫苗接种人数70%至80%"的新闻，联系学生生活，引入课题让学生充分体会到百分数与我们的生活实际的紧密联系，令他们产生浓厚的兴趣。

（二）充分放手，善用自学培养自主能力

在备课之前，我一直在思考"教什么""怎么教"的问题。根据慧生课堂理念，对于简单的学生会的，就让学生自学自助互助解决，如百分数的读写，我通过"自助"让学生自学课本，理解百分数的读、写法，发挥教科书的示范作用，让学生自主参与学习的全过程，真正成为课堂学习的主人。

（三）多样展示，活用展学训练思维能力

展学环节，学生把自学环节的所学和所惑在全班交流，如百分数的意义，我让学生通过想一想、画一画、算一算、说一说，观察、比较、归纳、概括等数学活动与数学思考，发现了百分数的意义，体现慧生课堂以生为本的理念。通过充分的互助活动，让学生初步理解百分数的意义，再通过师助提升，让学生充分理解到百分数的内涵是表示一个数是另一个数的百分之几，但是从外延上可以理解为两个层次：一个是部分和整体之间的关系，百分号前面的数一般不超过100，如出勤率，合格率，等等；另一个就是两个不同数量之间的关系，这时候，百分号前面的数一般可以超过100，通过画图、讨论等互助学习，打破认知上的局限，让学生感受百分数与实际生活之

间的联系，同时体会百分数概念的外延，进而概括百分数的意义。最后让学生分组讨论分数与百分数的区别，进一步深化百分数的意义。这样教学循序渐进，不仅使学生获得知识与技能，同时培养了学生的整合分析，逻辑判断的能力。

（四）回归生活，巧用拓学发展实践能力

拓学环节，有机地渗透情感、态度、价值观的教育。学生在进行百分数数据的分析比较中了解我国的国情；通过数学文化——恩格尔系数的变化对比，感受人民生活水平的提高，体会百分数的应用价值，同时对学生进行爱国主义教育，呼应开头的疫情，激发学生的爱国主义情怀；通过习题拓展"东序小学优秀教师人数占全校教师总人数的15%，创新小学优秀教师人数占全校教师总人数的15%，所以两所学校的优秀教师人数一样多。这种说法对吗？为什么？"让学生深入理解百分数的含义。这样的拓展有层次，有深度，并促进了学生对知识的灵活运用。

基于慧生课堂理念的小学英语阅读"四活动"教学模式

杨天平

一、模式的界定及特征

《小学英语新课程标准（2022年版）》中就指出：义务教育英语课程倡导以学生为中心、指向核心素养发展的英语学习活动观，英语课堂教学应秉持在体验中学习，在实践中运用，在迁移中创新的学习理念，坚持学思结合，学用结合，学创结合。慧生课堂提出的"双向三助"理念、"五智慧生命"育人目标与之非常契合。

基于慧生课堂理念的小学英语阅读"四活动"教学模式，是以慧生课堂"面向学生、面向未来"的理念，采取"自助、互助、师助"的学习方式，是对慧生课堂"自助研学—互助探究—师助提高—反思发展"四环节课堂教学模式在英语阅读课中的改造运用，以"活动热身引出主题→活动操练互学词句→活动展学多样对话→活动拓展创意表达"为基本流程，充分采取游戏、表演、对话等活动学习方式，在真实情境中学习语言，发展学生的语言能力、文化意识、思维品质和学习能力等英语核心素养的一种教学模式。课堂的主要活动以学生为主体，把课程变成学程，把教材变成学材，把教案变成学案，坚持教学相长，注重启发式、互动式、探究式教学，突出重点、难点，建构知识体系。运用小学英语"慧生课堂"教学模式，引导学生互动参与，积极分享，互助探究，改变教师满堂灌唱独角戏的不足。基于英语学习活动观的小学英语"慧生课堂"教学模式，具有以下四个方面的特征：

（一）基于慧生课堂理念的小学英语阅读"四活动"教学模式具有趣味性特征

兴趣是最好的老师。英语教学的首要任务是激发学生兴趣，除了点燃学生的求知欲，还要促进学生产生学习的内驱力，内驱力就像汽车的发动机一样，引导学生不断向前迈进。教育家叶圣陶说："教是为了不教。"学生的兴趣一旦被激发出来，会让学生有无尽的求知欲，这就要求教师运用小学英语"慧生课堂"教学模式时，能有效地将学生的注意力吸引到课堂上来，让学生产生浓厚的学习兴趣。

（二）基于慧生课堂理念的小学英语阅读"四活动"教学模式具有情境性特征

建构主义认为，学习总是与一定的社会文化背景即"情境"相联系，在实际情境中学习，学生能利用自己原有认知结构中的有关经验去同化索引当前学习的新知识，从而赋予新知识某种意义。"四活动"教学模式充分利用了与生活息息相关的教学情境，在真实的情境中学习语言，在情境中感知文本，在情境中运用语言。

（三）基于慧生课堂理念的小学英语阅读"四活动"教学模式具有主体性特征

新课改要求课堂以学生为主体，发挥学生的主观能动性，老师只扮演引导、辅助的角色。在图片环游教学模式中充分突出了学生的主体地位。

（四）基于慧生课堂理念的小学英语阅读"四活动"教学模式具有活动性特征

小学英语阅读"四活动"教学模式，在教学中立足学生的认知水平，设计多感官参与的语言实践活动。通过听、说、读、看、演等方式参与形式多样的"活动串"，学生在老师的引导和启发下，进行观察与辨析、判断与归纳、对话交流，发展学生的语言能力、文化意识、思维品质和学习能力等英语核心素养，具有鲜明的活动性特征。

二、理论依据

（一）交际语言教学（CLT）理论

交际语言教学法以培养语言学习者的交际能力为根本目标，主张交际性活动不仅是语言学习的手段同时也是目标。交际法注重语言的真实性、功能性，强调在真实的交际需求驱动下学习语言。在课堂上，教师模拟真实生活中的语境，设计各种交际任务来帮助学生训练语言。交际法以学生为主体，强调师生之间以及学生之间的互动。交际语言教学法的基本教学理念强调学以致用，能够更高效地促进外语能力的内化。

（二）参与教学理论

参与式教学法是一种合作式或协作式的教学法，这种方法以学习者为中心，充分应用灵活多样、形象直观的教学手段，鼓励学习者积极参与教学过程，成为其中的积极分子，加强教学者与学习者之间以及学习者与学习者之间的信息交流和反馈，使学习者能深刻地领会和掌握所学知识，并能将这种知识运用到实践中去，在小学英语"慧生课堂"教学模式的各个环节就充分地运用了这个理论。

（三）情景教学理论

情境教学法是指在教学过程中，教师有目的地引入或创设具有一定情绪色彩的、以形象为主体的生动具体的场景，以引起学生一定的态度体验，从而帮助学生理解教材，并使学生的心理机能得到发展的教学方法。夸美纽斯在《大教学论》中写道:"一切知识都是从感官开始的。"直观可以使抽象的知识具体化、形象化,有助于学生感性知识的形成。情境教学法使学生身临其境或如临其境,就是通过给学生展示鲜明具体的形象,一则使学生从形象的感知达到抽象的理性的顿悟,二则激发学生的学习情绪和学习兴趣,使学习活动成为学生主动的、自觉的活动。在小学英语"慧生课堂"教学中,创设情景导入新课,学生在真实语境中探究对话内容,不仅能使学生在体验活动中学习,还能进一步提高学生的学习兴趣。

三、模式流程

基于慧生课堂理念的小学英语阅读"四活动"教学模式,是以慧生课堂"面向学生、面向未来"的理念,采取"自助、互助、师助"的学习方式,是对慧生课堂"自助研学—互助探究—师助提高—反思发展"四环节课堂教学模式在英语阅读课中的改造运用,以"活动热身引出主题→活动操练互学词句→活动展学多样对话→活动拓展创意表达"为基本流程,其教学环节对应关系如图1。

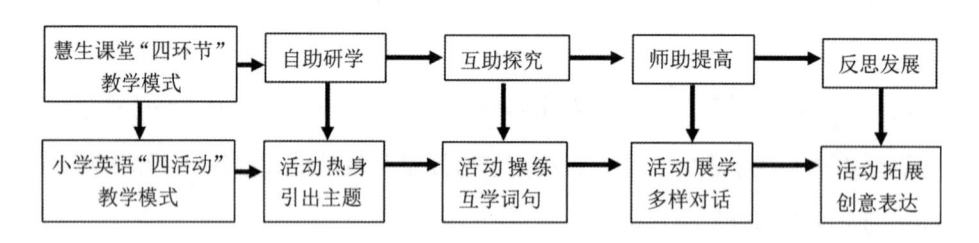

图1:基于慧生课堂理念的小学英语阅读"四活动"教学模式图

它的操作如下:

（一）活动热身引出主题

活动热身引出主题是指开课时通过热身活动，回忆旧知，激发兴趣，引出阅读主题，揭示课题的教学环节。在教学中可以采用的方法有：一是采用声画结合的语言材料引入。二是用多媒体创设学生熟悉的生活情境或感兴趣的事物、图片激发学生的学习兴趣。三是教师有表演性地讲故事激发学生学习兴趣。四是英语律动游戏热身激发兴趣等。

（二）活动操练互学词句

活动操练互学词句是指学生阅读英语课文，学习与主题有关的单词，并在句型中运用，整体学习操练单词的音形义用的教学环节。英语既是"学得"的也是"习得"的。它只有通过交流的方式进行感知、理解、运用，采取多种形式、多种方法的词句操练，相互交流、评价、指导及时互学操练，才能习得语言能力。在教学中可以这样进行教学：一是创设语境，学生在语境中展开对话交流，以学生已有的生活和实践经验为基础，培养学生的运用语言进行有效交际的能力。二是以课本为依托，在学生充分理解课文的基础上，开展分角色表演课本剧，或对课本进行合理改编。培养学生的理解力、分析力、创新能力，增强团队精神。三是针对学生提出的质疑和困难，在小组内进行探究，鼓励学生提出不同的想法，不同的解决方案。培养学生的思辨能力。这样，学生的思维得到碰撞，课堂中相互学习与支持，课堂氛围也就活跃了起来。

（三）活动展学多样对话

活动展学多样对话是指在熟练掌握词句的基础上，及时创设对话交流情境，发展语言阅读与表达能力的教学环节。学生要把自己在小组交流所得和疑惑在全班交流，归纳方法和规律，形成综合语言能力。一是实施小组内对话活动，让学生在小组内互相检查单词和主要句型的掌握情况，互相教读，互相检验，互相纠错，并提出小组内不能解决的困难和疑问。二是全班开展对话练习，角色扮演，创编，习题讲解等对话活动，群策群力，互为补充，有效发展语言能力。三是开展问题梳理解决活动，大家一起解决，针对学生的解决方式，老师做必要引导点拨，引导学生总结方法。如：以旧知学新知的方法，根据"goat"拼"coat"；总结易错相似单词法，将它们对比列举在一起；思维导图法，将相关联的词句联结在思维导图中，引导孩子在生活中积累学英语的方法、玩游戏的方法，唱歌谣，编chant的方法……这许许多多有趣的方法，让英语的课堂教学变得活泼，充满乐趣。四是主题对话活动，提供真实的语境、主题，将相关联的内容融合在一起，鼓励学生输出更多的语言。字不离词，词不离句，汇句成篇。引导学生将词汇运用于句型中，结合新旧知识，尽量将词汇或短语运用在所学过的句型中。

（四）活动拓展创意表达

活动拓展创意表达是指在阅读课结束部分及时跨文化渗透中华文化、英语文化，围绕主题，采用画、说、演等方式创意表达，发展学生的语言能力、文化意识、思维品质和学习能力等英语核心素养的教学环节。《小学英语新课程标准（2022）》提出：义务教育英语课程体现了工具性和人文性，具有基础性、实践性和综合性特征。小学英语"慧生课堂"教学的重要任务，除了听说、认读、识记以外还要在实践中进行灵活的运用。活动拓展创意表达这一环节就是把英语语言进行拓展延伸，达到灵活运用的目的。在操作中可以进行两方面的拓展：一是从口语交际拓展延伸：教师根据学生已有的知识储备和生活经验，利用相关情景图片、视频、实物等媒介，引导学生根据情景，运用课堂教学内容，结合相关内容，展开口语交际。如：教学PEP小学英语四年级下册Unit6 Go shopping时，模拟真实购物情景，教师课前准备了sunglasses、umbrella、gloves、scarf等实物，学生一边表演购物，一边用本单元的主要功能句：Can I help you？ Can I try...on？ How much...？进行口语交际，学生既能在语言实践中，灵活运用知识，又能丰富生活技能，一举两得。二是从阅读写作拓展延伸：学生在阅读中既可以培养英语语感，积累更多的语言知识，还可以为自己的写作打下坚实的基础。在拓学导用环节中，教师在指导学生阅读的同时，也可以补相关的新词新句子，引导学生写作。如教学"clothes"时，根据学生的生活实际和兴趣点，拓展了以下新词新句子：T-shirt、jeans、sneaker、slipper...I want wear my...with...等。学生不仅学习兴趣提升，还开阔了新视角和眼界。

四、效果评述

一是基于慧生课堂理念的小学英语阅读"四活动"教学模式，对于小学生来说，不仅创设丰富多彩的教学情境，多形式的活动，多类型的"热身活动、操练活动、对话活动、创意活动"，还调动学生多感官参与学习活动，发展语言能力、学习能力等英语核心素养。

二是基于慧生课堂理念的小学英语阅读"四活动"教学模式，多种活动引导学生"自助、互助、师助"学习，既培养学生合作学习能力，提高学习效率，又能培养学生善于发现问题、寻求合作解决问题、反思问题总结方法的能力。

三是基于慧生课堂理念的小学英语阅读"四活动"教学模式，活动化的学习方式，引导学生将小组交流所得和疑惑在全班交流，归纳方法和规律，发展语言能力的同时发展学习能力。

四是基于慧生课堂理念的小学英语阅读"四活动"教学模式，生生活动，师生活动中，学生大胆发言，主动交流，围绕社会生活中的主题展开对话交流，发展文化基础、自主发展、社会参与等核心素养。

五、精品课例

Face-changing 自编绘本教学设计

【教学内容】

词汇：情绪类：happy, sad, angry；性格类：loyal, honest, foxy, grumpy, brave；

句型：Sometimes he is.../ We should control emotions./ We should be...；

【教材分析】

川剧变脸是川剧表演的特技之一，用于揭示剧中人物的内心及思想感情的变化，即把不可见、不可感的抽象的情绪和性格状态变成可见、可感的具体形象——脸谱，川剧变脸是运用在川剧艺术中塑造人物的一种特技，是揭示剧中人物内心思想感情的一种浪漫主义手法。本文通过从人物情绪及性格两个方面的变化让学生体会川剧变脸艺术，文本材料简单易懂，图文并茂，符合六年级学生的认知水平，其核心词汇蕴含自然拼读的语音规则，从形式和内容上为学生提供了了解和掌握便利，为有效培养学生的语言能力、思维能力与创新能力奠定了基础。

【学情分析】

本课授课对象为小学六年级的学生。六年级的学生思维活跃，创造性强，对英语学习具有极大的好奇心和热情，具备一定的英语语言运用能力和基础的阅读能力，能通过图片、文字了解文本大意，但是学生的阅读技能，包括提取文章关键信息和分析推理的能力需要不断培养与提升。变脸作为川剧中最具特色的部分被大家熟知，但是对于六年级的学生来说，他们可能只知道变脸这一表演形式，要将其尽可能多地转换为英语语言具有一定难度，而六年级学生的英语词汇量与表达能力有限，教师需要尽可能多地创造良好的语言环境，不断搭建语言框架，给学生充足的语言习得机会并进行表达。本文中涵盖的生词和核心句型容量总体适中，学生通过自助、互助学习变脸的原因后，需要联系实际运用重点词汇和句型描述如何控制自己的情绪以及我们需要传承哪些精神品质。

【教学目标】

语言能力目标：能够听懂关于川剧变脸相关的人物情绪及人物性格变化内容。听、说、认读关于心情和性格的单词：happy, sad, angry, loyal, honest, foxy, grumpy, brave。能听、说、认读、理解并运用句型 sometimes he is.../ We should.../ We should be...

文化意识目标：理解川剧变脸中人物心情的变化，进一步懂得如何控制情绪。理解不同颜色的脸谱对应的人物性格，结合现实生活体会社会主义核心价值观。感受川剧的重要性，增强文化自信，向世界发扬并传承川剧文化。

思维品质目标：

（1）通过自主创编律动培养创新思维能力。

（2）通过自主阅读及连线活动培养归纳总结能力。

学习能力目标：

（1）通过观察图片、思维导图和小组活动等形式运用上述词句描述他人的心情和性格。

（2）通过互助活动，养成合作学习、主动分享的习惯，提升学习效率。

（3）运用不同的学习策略提高学习效率。

【教学重难点】

教学重点：能听、说、认读关于心情和性格的单词：happy, sad, angry, loyal, honest, foxy, grumpy, brave。能听、说、认读、理解并运用句

型 Sometimes he is.../ We should.../ We should be...

教学难点：对脸谱不同颜色对应的不同性格特征的描述。

【教法与学法】 教法：游戏教学法、TPR教学法、观察法、问答法。学法：自主学习、小组合作学习。

【教学准备】 希沃课件、单词卡、脸谱卡片、变脸道具、自编绘本、助学单、戏台及小脸谱硬卡纸

【教学过程】

一、活动热身引出主题

（一）Warm up

1. Greetings

T：Good afternoon, boys and girls.

T：How are you today?

2.Let's do and say.（自主复习检测：动词短语律动练习）

T：I can sing and dance. Can you？ Let's do and say.

Ss：Stand up, sit down, read a book, go for a walk, go shopping, play sports, listen to music, sing a song.

（二）Lead-in

Look and say

T：Are you happy?

Ss：Yes.

T：（PPT）Look at the face. How do you feel?

Ss：I'm happy、sad、angry.（师助引导学生拼读不会的新词）

T：Look at the face carefully. What can he do?

Ss：He can change face.（学习策略：自然拼读 China + orange——

change。）

T：I can change face（示范变脸）. Can you?

Let's play

T：I say face, touch your face. I say change, change your face.（介绍游戏规则。）

T：face...change...

Ss change faces.

T：Wow, I like your face-changing.（引出主题，并贴标题。）

Face-changing is the most special part of Sichuan Opera.

There is a show in my hometown, Yongxi.

Let's go and see.（播放雍溪戏台变脸视频。）

二、活动操练互学词句

Presentation

Watch and answer

T：It's amazing. But why does he change face?

Please watch and answer.

Q：Why does he change face?

Because he doesn't like the face?

Because his emotions change?（课前自助、课上互助学习新词并师助纠音，学法指导：emo + dictionary——emotions）

Because his characters change?（课前自助及课上互助学习新词并师助纠音，学法指导：cha /r+a+c /t+er/s——characters。）

T：Yes, because emotions and characters change.

Look and say

T: Look. What's his emotion?

Ss: Sometimes, he is_____. (happy、sad、angry)

T: Yes, sometimes he is angry. But some people are always angry or sad in our daily life. What should we do?

Ss: We should control emotions. (自助听音跟读短语并师助纠音。)

T: But how to control emotions?

If you are happy, you should_____. (图片 sing a song)

If you are sad, you should_____. (图片 listen to music)

If you are angry, you should_____. (图片 go for a walk)

Let's chant. (拍手试唱再跟音乐唱。)

If you are happy, sing a song.

If you are sad, listen to music.

If you are angry, go for a walk.

Group work (互助创编律动并组内练习。)

T: How do you control emotions?

Make you a new chant and practice in groups.

Group show (师生互评。)

Ss: (chant together in groups)

If you are happy, _____.

If you are sad, _____.

If you are angry, _____.

T: Nice work! You know how to control emotions.

Look and say

T: If I am angry, I will draw some pictures.

Look at the pictures, what colour are the faces?

Ss：red、blue...

T：Great, what do different colours mean? Read the picture book P3 by yourself and circle the key words.

Ss self-study.（自主阅读P2并圈出关键词。）

T：So different colours mean...?

Ss：B.

T：Yes, B. Different characters.

T：Look at this face, what colour is it?

Ss：It's red.

T：What's he like? Listen and answer.（听力材料：Guan Yu is loyal, he has a red face.）

Ss：He is loyal.（课前自助及互助学习新词，课上自助听音跟读及师助纠音。学法指导：lot+y+ tall——loyal。）

T：Who is loyal in our country?（师助引导：Yue Fei is loyal, Qian Xue-sen...）

Ss：× × is loyal.

Ss：We should be loyal like him.（师助引导输出。）

三、活动展学多样对话

Read and match

T：What about other colours? Please read and match on your worksheet.（2 mins）

T：Times up. Now let's check. Look at the black/ white/ ... face. What's he like?

Ss：He is honest/ foxy/ grumpy/ brave.（课前自助及互助学习新词，课上自助听音跟读并师助纠音，学法指导：ho/nest——honest、fox+y—foxy、green＋mum＋p+y—grumpy、bread+cave——brave。）

T：Who is honest/ foxy/ grumpy/ brave?

T：Wow, you know so many famous people in the past.

There are some heroes in our daily life, too. Look at them.

We should be loyal? foxy? honest? grumpy? brave?

Ss：We should be loyal, honest and brave.

Look and say

T：Face-changing comes from life. Someone's emotions change, someone's characters change. Look, What's his character?

Ss：Sometimes he is_____（loyal/ foxy/ honest/ grumpy/ brave）.

Group work and show out

T：That's the show on the stage, Let's enjoy this show.

T：Look at the face. It's red. He is _____.（结合自制变脸道具，师助示范规则。）Now you try.

Ss：Look at his face, it's red, he is...（结合变脸道具，组内变脸并互助运用句型。）

四、活动拓展创意表达

Extension

Write and say

T：Your face-changing is amazing. I like red face. Because I like Qian Xue-sen. He is loyal. We should be loyal like him. Who do you like? Please write on the worksheet and share in groups.

Group work and show（组内分享自己喜欢的人物。）

Ss：I like_____. He / She is_____. We should be_____ like him/ her.

T：Wow, excellent！ We should be_____ like _____.

（五） Summary

T：Today, we learn face-changing, the show comes from life.

Some people change emotions.

Ss：We should control emotions.

T：Some people change characters.

Ss：We should be loyal、honest and brave.

T：And we also should inherit the traditional cultures like them.（播放不同人不同地方及外国人学习川剧的视频。）

They are learning Sichuan Opera in Yongxi and other cities.

Even the five-year-old boy, and the foreigners.

I'm proud of Sichuan Opera.

（六） Homework

T：So after class, you can—

Draw a face of Sichuan Opera and introduce your face.（画一张脸谱并用英语解说。）

Find more information about Sichuan Opera on the internet.

Dub and make a face-changing video.（自己配音并制作介绍川剧的视频。）

The face-changing show is going to start.

Which group can go with me？ Let's count.

Congratulations！

Welcome to my hometown, Yongxi.

六、教学反思

（一）多样活动操练，增强互学词句的实效

学生阅读英语课文，学习与主题有关的单词，并在句型中运用，整体学习操练单词的音形义用。

（二）多法词汇呈现，挖掘词汇记忆深度

在新知学习时，在呈现"情绪类：happy, sad, angry；性格类：loyal, honest, foxy, grumpy, brave"单词的过程中运用多样化的新奇的词汇呈现模式，刺激学生对于词汇记忆的敏感强度，力争将瞬时记忆变成长时记忆。

（三）多轮互助交际，有效培养语言文字能力

通过创设生活化交际情境，围绕川剧脸谱主题，设计表演表情包对话、外国人学川剧对话、画一张脸谱并用英语解说等活动进行多轮次的对话交流，增强互动性，生动性，让孩子在游戏中学习。英语词汇生活化运用，激发了孩子对英语学习的浓厚兴趣。

（四）多彩拓展运用，有效发展学生的创新能力

让学生利用生活常识，将生活常识运用到课堂上，通过画一张脸谱并用英语解说、自己配音并制作介绍川剧的视频等多彩的实践活动，吸引学生主动参与，积极动脑，发散思维，大胆创新，并鼓励学生将自己的创意作品展示出来，在培养学生语言文字能力的同时发展创新能力。

基于慧生课堂理念的小学科学"四环节"教学模式

谭 佳

一、模式的界定及特征

新课改提出在教学中要尊重学生的主体地位，课堂不应是一味的灌输。除了要让学生掌握基本的知识，更重要的是培养学生的思维能力，面向学生未来，重视学生自主能力的培养。2022年发布的《义务教育小学课程标准》提出的面向全体学生，立足素养发展；聚焦核心概念，精选课程内容；科学安排进阶，形成有序结构；激发学习动机，加强探究实践；重视综合评价，促进学生发展五大理念，是慧生课堂理念的小学科学课堂教学的方法指导。

基于慧生课堂理念的小学科学"四环节"教学模式，是秉承慧生课堂"面向学生、面向未来"理念，坚持以生为本的理念，坚持小学科学课程标准五大理念，采取"自助、互助、师助"的学习方式，是对慧生课堂"自助研学—互助探究—师助提高—反思发展"四环节课堂教学模式在小学科学教学的改造运用，以"自助研学激趣质疑→互助探究猜想验证→师助提高总结拓展→反思发展生活实践"四环节为基本流程，采取结构化的探究活动，着力发展学生科学观念、科学思维、探究实践、态度责任四大科学核心素养，培育"五智慧生命"的一种教学模式。

基于慧生课堂理念的小学科学"四环节"教学模式，具有以下特征：

（一）具有人本性特征

慧生课堂小学科学"四环节"教学模式的育人目标是培育"五智慧生命"，从本质分析，主要是一种以人的发展为价值取向，追求学生全面发展与个性发展相结合的课堂；从发展脉络来看，是一种沿着生命课堂方向进行的构建新课堂生态的课堂体系。

（二）具有探究性特征

慧生课堂小学科学"四环节"教学模式强调以人为本，"面向学生、面向未来"，促进学生的全面发展。重结论更重过程，采取结构化的探究活动，让学生经历一系列质疑、比较、选择以及相应的分析、综合、概括等探究过程，经历思维的碰撞，着力发展学生科学观念、科学思维、探究实践、态度责任四大科学核心素养。

（三）具有过程性特征

慧生课堂小学科学"四环节"教学模式面向全体学生、面向学生未来，不单单是教会学生知识，更重要的是在教学过程中，让学生在自助学习、互助交流过程中经历可能遇到的问题、困惑和失败，从而锻炼学生各方面的能力，这也是一个人的学习、生存、生长、发展及创造必须经历的过程。

（四）具有和谐性特征

慧生课堂小学科学"四环节"教学模式中，教师从知识传授者转变为学生学习活动的组织者和促进者，教师应包容、大度、耐心，相互尊重，相互交流，促进学生智慧的生长，师生之间的对话是朋友般的，相互尊重与信任，是民主、平等、和谐的师生关系。

（五）具有自主性特征

慧生课堂小学科学"四环节"教学模式，关注学生学习过程中的自主建构，遵循知识生成的动态过程，根据学生的最近发展区把握知识的生长和节点；通过"自助、互助、师助"让学生主动获取知识，坚持把学生作为学习的主体。教师作为学习活动的引导者、组织者，基于尊重学生差异性和创造性的前提，积极为学生创造适宜的学习环境以及情境，在课堂学习中促进学生对知识的主动建构，智慧生长。

二、理论依据

（一）国家政策基础

2019年，中共中央国务院印发了《关于深化教育教学改革全面提高义务教育质量的意见》，文件指出要坚持全面发展，为学生的终身发展奠定基础；文件强调要优化教学方式，注重启发式、互动式、探究式的教学，教师要指导学生做好课前预习，引导学生主动思考、自主探究。利用现代化教学手段重视情景教学，开展合作式学习，这为构建"师生生命成长"的慧生课堂小学科学"四环节"教学模式提供了政策依据以及方法论指导。

（二）建构主义教学理论

皮亚杰的建构主义学习理论认为，知识不是通过教师传授得到的，而是学习者在一定情境以及文化背景下，利用必要的学习资源，借助他人的帮助通过意义建构获得。建构主义理论强调学习者的主体地位，但是也并不忽视教师的主导地位。教师不是知识的灌输者而是学生学习意义建构的引导者；学生是主动的意义建构者、是信息加工的主体而不是被灌输知识的对象。

（三）认知发展教学理论

布鲁纳的认知发展教学理论倡导发现式教学，认为教学的目标是让学生在教学过程中能成为自主且主动的思想家，在牢固掌握科学内容的同时培养学生的能力，使其日后能独立向前迈进。为了这一目标的实现，学生在学习中要积极主动地构建自己的知识结构，努力探索发现规律性知识，从而发展他们发现学习的能力。

（四）人本主义教学理论

马斯洛和罗杰斯的人本主义教学理论强调人的尊严、价值以及自我实现，对教师而言，教学过程不只是知识任务的完成，更应该是自己自身价值、生命价值的体现；对学生而言，学习过程不只是知识的接受，更应是展示自我、丰盈生命活力的过程。人本主义教学理论，为慧生课堂小学科学"四环节"教学模式培育"五智慧生命"，落实立德树人目标提供了方法论基础。

三、模式流程

慧生课堂"234"教学模式是指"双向三助四环节"。"双向"指两个面向，面向全体和面向未来。"三助"指三个帮助，一是自助，就是自主学习，培养学生的自学能力，也就是前置性学习，或者说是预习；二是互助，也是合作学习，共同探究，学生在课堂上通过自学后，有不懂的地方就在小组内交流请教；三是师助，课堂中出现了学生交流解决不了的问题，也就是当学生的学习停留在某一层面，不能再进一步深入探究，不能达到预期效果时，教师要引导、帮扶学生解决问题。"四环节"代表教学中的四个环节，第一是教师需要寻找学生学习的最近发展区，了解学生学习需要；第二是教师要提出具有挑战性的学习问题，从而开启新的学习航程；第三是教师引导、帮助学生解决所提出的问题，从而推动教与学的融合。第四是引导学生对解决问题的策略进行反思，从而发展学生的认知能力。

基于慧生课堂理念的小学科学"四环节"教学模式，是秉承慧生课堂"面向学生、面向未来"理念，坚持以生为本的理念，坚持小学科学课程标准五大理念，采取"自助、互助、师助"的学习方式，以"自助研学激趣质疑→互助探究猜想验证→师助提高总结拓展→反思发展生活实践"四环节为基本流程，采取结构化的探究活动，着力发展学生科学观念、科学思维、探究实践、态度责任四大科学核心素养，落实培育"五智慧生命"的育人目标的一种教学模式。它是对慧生课堂"自助研学—互助探究—师助提高—反思发展"四环节课堂教学模式在小学科学教学的改造运用，两者之间教学环节对应关系如下图1。

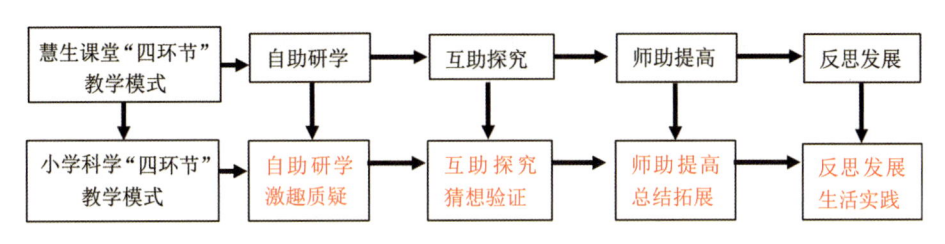

图1：基于慧生课堂理念的小学科学"四环节"教学模式图

它的操作如下：

①自助研学激趣质疑

自助研学激趣质疑环节就是在开课导入时，在教师科学的指导下，学生独立进行学习，采取有结构的活动，引起学生新旧认知之间的冲突，引出探究的问题，了解基本知识，激发学习兴趣的教学环节。该环节有两种方式：一是任务驱动落实自助研学。教师可以根据本节课的内容，结合学生的生活经验，设置具体的教学目标，培养学生的独立思考能力。二是自主阅读促进自主研学。学生通过自主阅读相应内容后对所学内容有初步的了解，促进学生的思考，建立科学知识与生活的连接，对科学学习产生兴趣，变被动学习为主动学习。

②互助探究猜想验证

互助探究猜想验证环节,就是学生根据已有学习中的困惑、问题、主题,根据自己的猜想,小组合作,操作实验,验证猜想,及时互动交流,展示各小组的探究情况,互助分享,总结科学规律的教学环节。本环节一是要合理筛选和设计问题,提供结构化的对比探究活动。科学探究中学生往往会提出很多的猜想,教师在学生互助交流前要进行合理的筛选。在充分肯定学生提出问题的前提下,要选择有探究价值的问题,在小组内开展结构化的对比验证,交流解决问题。二是小组内的共同意见在全班展示时,其余小组可以提出不同意见或补充,这样可以相互启迪、相互质疑,实现课堂多维互动,开发学生的智能,展示学生的个性、创造性以及能动性,从而提升学生综合素质的发展。

③师助提高总结拓展

师助提高总结拓展是指在教师帮助下及时根据各小组展示验证情况,交流的不同意见,总结规律,得出结论,并及时增加难度,拓展范围,变换条件,迁移运用,解决更高难度新问题,发展立体的认知结构的教学环节。在交流过程中学生思维碰撞,有些意见会得不到统一,还会存在一些解决不了的问题,这时候就需要教师发挥主导作用,及时引导,帮助学生解决问题,从而培养学生的总结归纳能力。

④反思发展生活实践

反思发展生活实践就是教师在本节课结束前要组织学生对本节课内容进行归纳、梳理、总结,从而形成知识网络结构,并根据得出的结论,掌握科学知识和规律,解决生活问题,及时练习检测的教学环节。本环节教师除了总结反思本节课所学知识外,还要提出更具有挑战性的问题或者举出生活中的现象引导学生利用所学知识进行解释,从而让学生变换角度、扩散思维,发展学生思维的广阔性和灵活性。

四、效果评述

一是基于慧生课堂理念的小学科学"四环节"教学模式培养了学生的独立思考能力，提高学生的学习效率，课堂中能够主动提出问题，从而培养学生的科学思维以及探究能力。

二是基于慧生课堂理念的小学科学"四环节"教学模式培养了学生的表达能力，学生在小组互助交流过程中勇敢表达并且在这个过程中独立思考、科学判断小组成员观点，在面向全班汇报时，各组间的质疑、补充、完善也促进了学生思维的碰撞以及整合分析能力，促进学生的全面发展。

三是基于慧生课堂理念的小学科学"四环节"教学模式促进学生核心素养的提升，在学生互助交流后又有新问题的产生，教师及时地引导，帮助学生掌握知识，建立科学知识与生活的连接，能发展学生的科学观念、科学思维、探究实践、态度责任四大科学核心素养。

四是基于慧生课堂理念的小学科学"四环节"教学模式促进学生对学习的思考，使其在课堂中通过练习检测及时反思本节课的学习，在新知识掌握后运用一定的方法及时拓展，让学生灵活运用，从而活跃学生的思维。

五、精品课例

小学《科学（湘科版）》五年级上册第四单元第一课《电池》

教学目标：

（一）科学观念

学习制作一个水果电池；了解发光二极管有正负极。

（二）科学思维

经历制作一个水果电池明白让发光二极管亮起来的原因。

（三）探究实践

探究发光二极管发光强度的影响因素，提出实验方案，并进行验证。

（四）态度责任

体验制作水果电池的乐趣；通过探究实验活动，培养学生自主探索创新精神。

教学重点：制作水果电池，让发光二极管亮起来；探究发光二极管发光强度的影响因素。

教学难点：探究发光二极管发光强度的影响因素，提出实验方案，并进行验证。

教学准备：分组材料：锌片、铜片、导线、柠檬、发光二极管等。

教学过程：

（一）自助研学激趣质疑

导入：出示亮着的节日小彩灯，提出问题"是什么点亮了小彩灯"引入电池。

师：用自己喜欢的方式阅读资料，了解伏打电池的结构。

生汇报最早的伏打电池的结构，教师板书从而明确电池产生电的原理。

（二）互助探究猜想验证

1.小组内初步尝试用水果电池点亮发光二极管

第一，教师出示水果电池的材料，让学生依据自学内容初步尝试点亮发光二极管。

第二，小组内说一说用水果电池点亮发光二极管的关键。

2.小组汇报交流

第一，成功点亮发光二极管的小组交流自己的秘诀，其余小组补充质疑。

第二，对没有成功点亮发光二极管的小组大家一起分析原因。

第三，实验失败的小组改变方法成功点亮二极管。

（三）师助提高总结拓展

1.难度升级，使发光二极管的光更强。

第一，小组交流让发光二极管发出的光更强的方法，并及时完成助学单。

第二，增补材料再次尝试点亮发光二极管。

第三，小组汇报成功的关键，其余组质疑补充。

2.师助引导：通过刚才的实验，你们有什么发现？

3.对学生的发现补充完善，让学生初步认识简单电路和闭合回路的概念。

4.通过"生活中电的发展历史、领域、价值"的微课，结合生活中电的使用，对学生进行安全教育。

（四）反思发展生活实践

1.谈谈本节课的收获。

2.结合生活提出新问题：

点亮一个220V，40W的日光灯，用水果电池可以实现吗？怎么实现？请同学们课后探究。

六、教学反思

《电池》是《科学（湘教版）》五年级上册第四单元第一课。是本单元的开始，也是本册培养学生实验探究能力、提升科学素质的重要实验。基于慧生课堂理念的小学科学"四环节"教学模式，让学生通过探究初步认识简单电路和建立回路的概念，在这个过程中训练了学生的自学能力、观察能力，锻炼了学生的思维能力以及动手操作能力。

（一）善用自助，培养自主能力

在新课导入时，通过"是什么点亮了小彩灯"引入课题《电池》，让学生通过对科技史的内容自助学习，了解科学真理，大大提高了课堂效率。自助学习伏打电池的结构，在此基础上促进思维的碰撞，促进问题的生成，让学生初步了解到电池产生电流的原理，培养了学生的思维能力，让学生自主参与学习，积极参与探索，成为课堂学习的主人。

（二）妙用互助，训练思维能力

互助探究猜想验证阶段，学生利用自学所获得的经验初步尝试用水果电池点亮发光二极管，并分析成功的秘诀，在其他小组的质疑和补充中，促进了学生思维的碰撞，锻炼了学生的整合分析、表达交流、独立思考以及思维能力；通过试错让学生发现问题，寻求解决的办法，通过生生互助想办法帮没有点亮发光二极管的小组成功点亮发光二极管，培养了合作学习能力，坚持不懈的科学精神，达到一定的育人效果。

（三）巧用师助，培养实践能力

师助提高总结拓展环节，教师升级难度，运用"使发光二极管的光更强"的任务驱动学生拓展探究，抓住学生交流中的主要问题进行适时引导，帮助学生总结科学规律，解决更高层次的问题，从而培养学生总结归纳、整合分析以及实践运用能力。并通过"生活中电发展历史、领域、价值"的微课，引导其建立科学知识与生活的连接，让学生感受到科学真理来源于生活也应用于生活，培养学生的实践应用意识。

(四）活用拓学，促进灵活运用

反思发展生活实践环节，让学生谈谈本节课的收获，通过生生间互评及时发现问题，反思自己的学习，教师通过不同难度问题的设置，分阶段对学生的学习进行检测；结合本节课知识联系生活提出"点亮一个220V、40W的日光灯，用水果电池可以实现吗？"这个有难度的新问题，促进学生思维的发展，引导学生及时应用所学知识解决问题。学生发挥想象，及时进行思维的拓展，也促进了学生对课堂知识的灵活运用。

基于慧生课堂理念的小学体育"四游戏"教学模式

古 苹

一、模式界定及特征

体育与健康教育是实现儿童青少年全面发展的重要途径，对于促进学生积极参与体育运动、养成健康生活方式、健全人格品质，提升国民综合素质，推动社会文明进步，建设健康中国和体育强国，实现中华民族伟大复兴具有重要的现实和长远意义。义务教育体育与健康课程倡导"坚持'健康第一'"，"落实'教会、勤练、常赛'"，"加强课程内容整体设计"，"注重教学方式改革"，"重视综合性学习评价"，"关注学生的个体差异"六大理念，以身体练习为主要手段，以体育与健康知识、技能和方法为主要学习内容，以发展学生核心素养和增进学生身心健康为主要目的，促进学生德智体美劳全面发展。

基于慧生课堂理念的小学体育"四游戏"教学模式，是秉承慧生课堂"面向学生、面向未来"理念，坚持小学体育与健康课程标准六大理念，采取"自助、互助、师助"的学习方式，将传统的教育教学活动与游戏有机结合在一起，利用游戏本身趣味性、竞争性的特点，激发学生参与体育教学活动的热情，使其掌握体育知识技能，培养运动能力、健康行为体育品德，培育"五智慧生命"的一种教学模式。它是对慧生课堂"自助研学—互助探究—师助提高—反思发展"四环节课堂教学模式在小学体育与健康教学的改造运用，以"热身游戏→训练游戏→拓展游戏→整理游戏"四大环节为基本流程。该模式具有以下特点：

（一）具有基础性

体育与健康教育是提升国民综合素质，推动社会文明进步，建设健康中国和体育强国的基础性工作；也是促进学生积极参与体育运动、养成健康生活方式、健全人格品质，实现儿童青少年全面发展的基本途径。

（二）具有健身性

苏霍姆林斯基认为"良好的健康状态和充沛旺盛的精力，是朝气蓬勃地感知世界、焕发乐观精神、产生战胜一切艰难险阻的意志的一个极重要的源泉"。在学校教育中坚持"健康第一"就是将关注与珍视学生生命、促进学生健康贯穿于体育与健康课程全过程；将育体与育心、体育与健康教育相融合，充分体现健身育人本质特征，引导学生形成健康行为与运动安全的意识以及良好的生活方式，促进学生身心健康、体魄强健和全面发展。

（三）具有实践性

体育与健康课程强调坚持"健康第一"、落实"教会、勤练、常赛"等六大理念，实施生命教育、生活教育，具有操作性、实践性特点。体育与健康课程的学习与其他课程的学习的最大区别在于：学习运动技能和健康技能不仅是要达到知道和弄懂，更为重要的是要会实际做出和熟练运用。无论是运动技能还是健康技能的形成、巩固、掌握和运用，只有经过大量的练习，才能逐渐熟练、精通和自动化。

（四）具有综合性

体育与健康的学科知识是实现课程学习目标的载体，以提高运动能力、形成健康行为、培养体育品德的核心素养为引领，并在此基础上对基本运动技能、体能、专项运动技能、健康教育、跨学科主题学习的目标性内容进行整体设计，整体实施，在运动知识学习、体能练习、运动技能掌握的过程中培养团队协作、拼搏精神、规则意识、人文关怀等体育道德，养成健康生活的健康行为，综合体现教育价值和育人价值，具有综合性。

二、理论依据

（一）活动学习学说

潘洪建认为"学习方式变革呼唤身体在场的教育，呼唤身心俱在的完整的人的教育。而身体在场的教育又要求学生身心整体投入学习过程，达致逻辑与直觉互补、理智与情感交融、动手与动脑结合的境界"。提出"活动学习是身体在场教育的基本方式，其具体方式有知觉学习、体验学习、交往学习、协商学习等"。活动学习则保持了学校教育的生活性、实践性的一面，延续了教育存在于生产、生活中的那种原初性、经验性，能实现学习与社会生活的沟通、与儿童经验的联系，让学习回归生活，焕发学习的生命活力。游戏化体育教学活动可以达成体育课程的目标，促进学生身心健康成长。

（二）生本教育学说

郭思乐强调教学要以生为本，主张"一切为了学生、高度尊重学生、全面依靠学生"的教育学说。这为我们落实学生主体地位，发挥教师主体作用提供了方法性指导。体育的一切活动都应当根据学生主体需要及特点来进行科学合理的安排，而学生也应当在教师的指导下，积极主动地参与到与教学相关的活动当中，从而发挥出学生应有的主体性，参与体育运动、养成健康生活方式、健全人格品质，构建出一套完善的游戏化体育教学模式。

（三）新课程标准理念

《义务教育体育与健康课程标准》当中就曾指出要转变教学方式，强调从"以知识技能为本"向"以学生发展为本"转变，创设丰富多彩的、生动有趣的教学情境，倡导将教师的动作示范、重点讲解与学生的自主学习、合作学习、探究学习有机结合，将集体学练、小组学练、个人学练有机结合，注重将健康教育理论讲授、交流互动与实践运用结合，激发学生学习热情，帮助学生理解掌握知识与技能，提高解决体育与健康实际问题的综合能力。这为我们立足学生身心发展特点、遵循教学规律和要求、创新教学方式、实施游戏化教学模式提供了方法论指导。

（四）智力最近发展区理论

维果茨基的"最近发展区理论"，认为学生的发展有两种水平：一种是学生的现有水平，指独立活动时所能达到的解决问题的水平；另一种是学生可能的发展水平，也就是通过教学所获得的潜力。两者之间的差异就是最近发展区。教学应着眼于学生的最近发展区，为学生提供带有难度的内容，调动学生的积极性，发挥其潜能，达成教学目标。在构建游戏化体育教学的模式当中必须实施"跳一跳，摘得到"的教学。

（五）核心素养理念

核心素养理念强调培养人终身发展适应未来社会生活需要的"关键能力、必备品格和正确的价值观"。体育与健康教育是实现儿童青少年全面发展的重要途径，对于促进学生积极参与体育运动、养成健康生活方式、健全人格品质，提升国民综合素质，推动社会文明进步，建设健康中国和体育强国，实现中华民族伟大复兴具有重要的现实和长远意义。通过游戏化体育教学模式增强趣味性，吸引学生的注意力，使学生愉悦地掌握运动技能，养成坚持锻炼的习惯，培养健康的生活方式，从而为学生的终身发展打下坚实的基础。

三、模式流程

基于慧生课堂理念的小学体育"四游戏"教学模式，是秉承慧生课堂"面向学生、面向未来"理念，坚持小学体育与健康课程标准六大理念，采取"自助、互助、师助"的学习方式，采取游戏教学的方法，培养运动能力、健康行为体育品德的一种教学模式，包括热身游戏→训练游戏→拓展游戏→整理游戏四大环节，它是对慧生课堂"自助研学—互助探究—师助提高—反思发展"四环节课堂教学模式在小学体育与健康教学的改造运用，两者关系如图1。

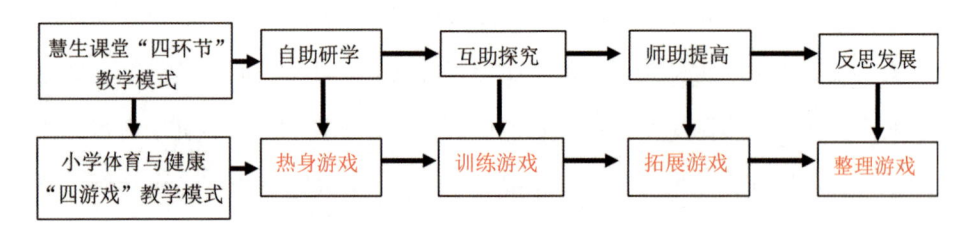

图1：基于慧生课堂理念的小学体育与健康"四游戏"教学模式图

它的操作流程如下：

（一）热身游戏

就是在体育课的准备部分，教师可以采用主题游戏、情景游戏、主题韵律操等游戏来引入开课，为新课教学做准备；通过韵律操游戏、行进间游戏等方法来做好热身准备，为学生基本部分的运动做准备。

（二）训练游戏

就是在体育课基本部分的讲解示范环节，采取学生熟知的生活、生产活动作为游戏，体验动作要点，领会动作技能的关键点。如接力跑中设置抓棍子游戏，领会交接棒的动作要领。在体育课的基本部分的体育技能训练中可以开展小组竞赛游戏，提高训练效果。

（三）拓展游戏

在体育课的基本部分的体育技能拓展训练中，采用循序渐进地改变游戏的要求、方法、规则等递进性游戏，逐步增强训练难度，提高运动能力。例如，对于接力跑，可以适当改变游戏的规则以及评价方式，如一个学生跑完后，需要到达规定的区域，从纸箱中抽取相应的接力条件和要求，如原地跳跃、倒退接力等，提升游戏的趣味性；然后，应该重视体育游戏创新，不仅是在既有游戏的基础上进行规则的改变，还需要根据教学要求设计全新的体育游戏，丰富体育游戏的方法，确保对学生注意力的持续吸引。

（四）整理游戏

在体育课的结束部分，开展韵律操游戏、广场舞游戏，以及结合教学内容的自编放松游戏，在游戏中、音乐中放松整理，总结全课学习情况，愉快地结束全课。

四、效果评述

基于慧生课堂理念的小学体育"四游戏"教学模式，将游戏引入体育教学，具有非常显著的育人作用，具体来讲主要体现在三个方面：一是能够启发学生的智力。通过创设游戏场景的方式，利用游戏本身的趣味性和竞技性，引导学生大胆思考，有助于启发学生的智力；二是可以促进学生的身心健康。体育游戏可能激发学生的兴趣和参与热情，培养学生的独立思考能力和团队协作能力，真正做到寓教于乐，对于学生的健康成长意义重大。例如，在对跑步、跳远等基本动作进行教学时，可以通过多样化的体育游戏，引导学生掌握相应的肢体动作，实现学生身心的同步发展；三是能够提升学生的合作意识。例如，在"老鹰抓小鸡"的游戏中，担任鸡妈妈的同学应该认识到自身的重要性，及时作出反应，而担任小鸡的学生则能够认识到团队合作的重要性，通过这样的形式，学生的合作意识得到了培养和提升。

五、精品课例

300—400米耐久跑课时计划

（一）教学内容

1.300—400米耐久跑

2.游戏：坐地起身

（二）教学目标

1.通过教学让学生掌握耐久跑的技术动作和呼吸方法。

2.通过比赛活动发展学生有氧耐力，增强学生的心肺功能。

3.通过游戏活动激发学生参加耐久跑运动的热情，培养终身体育的意识，培养学生不畏困难，顽强拼搏的意志品质。

（三）教学重难点

重点：呼吸均匀、步幅协调、动作轻快。

难点：呼吸节奏与跑步节奏的配合。

（四）教学过程

1.热身游戏（开始部分）

常规导入，体委集合整队，报告人数。检查着装排除安全隐患。宣布课的任务和要求。

导入游戏。师：同学们，我们的操场美吗？（美。）像不像一片大草原呢？（像。）现在让我们化身为大雁翱翔在这大草原的上空，去领略草原的风光。在飞行的过程如果你有一些累可以歇一歇，不过在歇息时请在队长的带领下摆出"八"字的造型，现在开始。老师带领学生成两路纵队绕田径场行进。

徒手操练习：

（1）头部运动4×8拍，（2）扩胸运动4×8拍，（3）体侧运动4×8拍，（4）弓步压腿4×8拍，（5）手腕踝关节运动4×8拍。

训练游戏，专门性练习：原地摆臂练习。

以肩关节为轴，前后摆动，向前摆动大小臂夹角是90度，向后摆动大小臂夹角是135度左右，摆臂时要求两手前摆时不得过身体前中线，摆臂时两臂尽量贴近身体两侧。

2.训练游戏（基本部分）

300—400米耐久的动作方法：采用站立式起跑，用较快速度跑20~30米后，以匀速进入途中跑。途中跑的动作方法与快速跑基本相同，但是动作的幅度较小，要求动作轻快、协调，步幅均匀，并有节奏地呼吸，合理控制跑速和分配体力，快到终点时努力用较快的速度冲过终点，跑完全程。

（1）训练游戏，原地弓箭步练习

采用原地站立的形式进行弓箭步的练习，积极体会步幅的动作。

（2）训练游戏，原地两步一呼两步一吸练习

采用原地小步跑的形式，结合两步一呼两步一吸进行练习，做到呼吸自然有节奏。

（3）训练游戏：大雁南飞

300—400米耐久的练习方法：分成四个小组，每组十个人，结合地理知识，每组按照既定的飞行路线行进。结合语文课内的"大雁南飞"中大雁飞行的"一"字形姿势，从北方城市途经多个城市，最后到达南方的城市。在这个过程中，每组小组长带领学生进行练习，练习过程中穿插之前模仿练习的动作，让学生体会带着重难点进行耐久跑的练习。

3.拓展游戏（基本部分）

（1）坐地起身

要求四个人一组，围成一圈，背对背地坐在地上，不用手撑地站起来，随后依次增加人数，每次增加2个直至10人。

（2）手推车

动作方法：学生分为两组，学生前后站立，后一位学生抓握住前一位学生的脚踝，前一位学生双手撑地，往前行进5米距离。

4.整理游戏（结束部分）

（1）整理结束游戏

教师口令下学生各自拍动大小腿，快速抖动进行放松，外加韧带拉伸来放松下肢肌肉。

（2）总结下课。教师小结。宣布下课，收拾器材。

六、教学反思

现阶段小学中段的学生，生活条件优越，吃苦能力相对较差，力量、耐力等身体素质不高，比较怕上耐久跑课程。因此，如何上好小学生的耐久跑课程，是一线体育老师必须解决的问题，然而本节课教师通过游戏化教育模式，激发出了学生参加耐久跑的兴趣，本课具有以下特点：

（一）多样的学习方式落实新课标理念

在本课的教学中教师牢固树立了"健康体育、快乐体育、终身体育"的教学理念，在教学中引导学生在玩中学，学中玩，充分发挥学生喜欢玩的特点，通过游戏化的教学，来激发学生的运动兴趣。老师的课体现了新时代素质教育的教学思想，营造了和谐、互动、探究、创新的良好的学习情境和氛围。同时本节课在教学设计上还突出创新精神和实践能力的培养，让孩子们自己去创新练习方法和游戏，在整个教学过程中体现了以学生为主体，以教师为主导的教学模式，达到培养学生全面发展的教学目标。

（二）多样的游戏活动促进学生全面发展

在这节课的教学中，以游戏教学为主，老师利用游戏贯穿了整个教学过程。在课的开始，准备活动就以游戏的形式进行，游戏让学生欢笑不断，充分起到了热身作用；基本部分，老师利用了让学生最有兴趣，最能调动学生学练积极性，活跃课堂气氛的手段，那就是比赛，在比赛中教给了学生耐久跑的基本方法，提高学生耐久跑的能力。通过多样的游戏，培养学生体育锻炼的兴趣，掌握运动技能，养成健康的生活方式，发展坚持、吃苦耐劳等必备品格，促进学生全面发展。

（三）多法激发主体作用促进差异化发展

每个学生普遍都存在着差异，不管是身体上，还是在个性上都不一样，最近发展区也不一样。因此，古老师这节课采用了差异教学，指向学生运动能力最近发展区，"跳一跳，摘得到"，让学生得到了尊重，让每位学生从不同层面上得到了提高。在进行耐久跑练习之后，老师经过观察，发现学生的耐久跑能力参差不齐。于是，老师采用了"大雁南飞"的游戏进行耐久跑练习，练习时学生可以根据自己的能力选择不同距离的"栖息地"休息，给学生主动选择的权利，落实主体地位，让差异教学促进学生主动发展，学生的激情瞬间就被调动了起来，参与比赛的欲望更为强烈。整个课堂气氛活跃，学生兴趣浓厚，教学效果非常好。

基于慧生课堂理念的小学美术"五美"教学模式

古 苹

一、模式的界定

《义务教育课程艺术课程标准（2022年版）》指出"艺术课程要培养的核心素养主要包括审美感知、艺术表现、创意实践、文化理解等"。艺术教育要坚持以美育人、重视艺术体验、突出课程综合三大理念，坚持以美育人、以美化人、以美润心、以美培元，引领学生在健康向上的审美实践中感知、体验与理解艺术，逐步提高学生感受美、欣赏美、表现美、创造美的能力。这与慧生课堂坚持"双向三助"的课堂理念，实施"识美、学美、习美、创美、赏美"的"五美"教学模式是相通的。

基于慧生课堂理念的小学美术"五美"教学模式，是秉承慧生课堂"面向学生、面向未来"理念，坚持以美育人、重视艺术体验、突出课程综合三大理念，采取"自助、互助、师助"的学习方式，是对慧生课堂"自助研学—互助探究—师助提高—反思发展"四环节课堂教学模式在小学美术教学的改造运用中，科学地设计了"识美、学美、习美、创美、赏美"的"五美"教学流程，引导教师在美术教学中以美育人、以美化人、以美润心、以美培元，灵活实施美术教学，培养审美感知、艺术表现、创意实践、文化理解等艺术核心素养，培养五智慧生命的教学模式。其特征有四点：

（一）基于慧生课堂理念的小学美术"五美"教学模式具有文化性特征

美术学科聚焦审美感知、艺术表现、创意实践、文化理解等艺术核心素养，围绕欣赏、表现、创造、融合四类艺术实践活动，精选具有中国文化特色的课程内容，讲好中国故事，吸收、借鉴人类文明优秀文化成果，追求精神高度、文化内涵、艺术价值的统一。

（二）基于慧生课堂理念的小学美术"五美"教学模式具有兴趣性特征

美术学科使学生在欣赏、表现、创作美术作品时体验审美乐趣。托尔斯泰说过："成功的教学所需要的不是强制，而是激发学生的兴趣。"美术学习通过欣赏名家作品，表达自己内心的真实感受，获得独特的审美体验，可以充分地调动孩子的兴趣，使孩子在体验趣味的基础上收获巨大的欣喜，激发其学习美术之情。

（三）基于慧生课堂理念的小学美术"五美"教学模式具有实践性特征

美术课堂教学是以审美为中心、技法为训练主线的，学生必须经历一个技法训练学习的实践过程。

（四）基于慧生课堂理念的小学美术"五美"教学模式具有创造性特征

通过识美、学美、习美、创美、赏美的教学过程，在欣赏、表现、创造、融合四类艺术实践活动中，需要学生主动探究，认识美、欣赏美、表现美、创造美，创造出独特的美术作品，表达独特的审美体验，审美观点。

二、理论依据

（一）主体性原则理论

是指在教学过程中，要正确认识教师和学生的主体地位，使教师和学生两方面的主动性、积极性和创造性都得以充分发挥，让教学过程处于师生协同活动、相互促进的状态，促进学生全面发展。美术课程新标准中"以人的个性发展"为出发点，催生出美术教育的一个新理念，即转变了过去"满堂灌"的教学方式，更加倡导学生积极主动地学习，在教学的过程中教师不再是一味地将知识灌输给学生，而是通过师生交流、生生交流等合作模式进行思想上的碰撞，通过学生的视角来发现问题，并使其学习如何解决问题。而教师从始至终都是以一个引导者的身份贯穿其中，要求以学生为主体就是要让学生作为学习的主导者。小学美术课堂中教师不再只是关注学生的绘画成绩，而是实行多元素、多角度教学，开设了多种多样的美术课程，教学内容更加关注人文及地方特色文化、教师对学生的多方面评价，以及对学生作品的要求标准等。

（二）儿童兴趣创作理论

儿童从"涂鸦"阶段过渡到"绘画"阶段，这中间"兴趣"是一条至关重要的纽带。儿童的兴趣不是天生的，关键是教师在活动中的培养。在美术活动中，我主要通过音乐活动、语言活动、游戏等各种活动，通过儿童的亲身实践调动幼儿的学习兴趣，激发儿童的内在学习动机，让幼儿愉快地接受教育，成为学习的主人。陶行知曾指出"儿童是新时代的创造者"，呼吁要"解放儿童的创造力"，他认为"小孩子多少都有其创造的能力"。因此，作为教师，我们就应努力去观察、发现儿童的兴趣，"在情感方面和小孩站在一条战线上"，要"客观地根据他们的欲望来启发他们的活动"。创造本身是一个思维过程，有准备期、酝酿期和验证期。儿童由于受思维发展水平的制约，以具体形象思维为主。因此，美术在创造过程中往往是和用各种材料表现审美形象的过程相依相伴的，不追求结果，创造过程中的积极性、创造精神、创造能力的发挥是评价儿童作品的主要依据。

（三）艺术课程标准

《义务教育课程艺术课程标准（2022年版）》指出"艺术课程要培养的核心素养主要包括审美感知、艺术表现、创意实践、文化理解等"。艺术教育要坚持以美育人、重视艺术体验、突出课程综合三大理念，坚持以美育人、以美化人、以美润心、以美培元，引领学生在健康向上的审美实践中感知、体验与理解艺术，逐步提高学生感受美、欣赏美、表现美、创造美的能力。

三、模式基本流程

基于慧生课堂理念的小学美术"五美"教学模式，是秉承慧生课堂"面向学生、面向未来"理念，坚持"以美育人、重视艺术体验、突出课程综合"三大理念，采取"自助、互助、师助"的学习方式，以识美、学美、习美、创美、赏美五个环节为基本流程，培养审美感知、艺术表现、创意实践、文化理解等艺术核心素养，培养五智慧生命的一种教学模式。它是对慧生课堂"自助研学—互助探究—师助提高—反思发展"四环节课堂教学模式在小学美术教学的改造运用，两者之间的关系如图1：

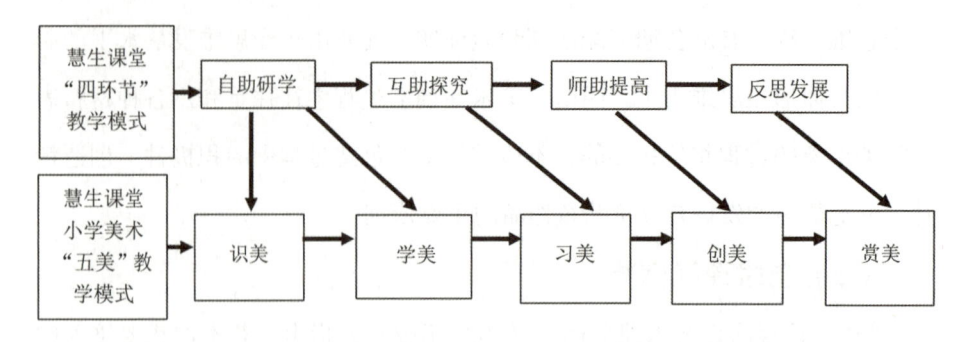

图1：基于慧生课堂理念的小学美术"五美"教学模式图

（一）识美

识美是指在开课时，让学生自助研学，通过美的范品，引入学习内容，激发学生学习兴趣，明确学习目标，达成初步认识美的目标。通过这一环节可以激起学生对本课内容学习的兴趣，初步认识艺术之美，产生学习的欲望。

（二）学美

学美是指在课堂新授开始时，师助讲解，教师运用讲解方法对美的绘画进行讲解，使学生了解其文化背景，美在何处，掌握美的知识，通过讲解示范的方法，让学生学习绘画技法技能的教学环节。

（三）习美

习美是指在新授部分，学生认识基本原理、技法后，互助探究，及时运用多种方式，师生互动、生生互动，交流、展示、评价学生作品，让学生进行表现美的尝试练习，掌握表现美、创造美的基本技法技能，从而达成练习表现美、创造美的技能目标。

（四）创美

创美是指在拓展运用阶段，师助提高，教师帮助学生运用已有的美的知识、技能进行个性化的美的创造活动任务，表达内心的真情实感，自我认知，实现创造美的目标。

（五）赏美

赏美是指在学生创美的基础上，反思发展，通过自评、互评、师评等活动，欣赏学生的或经典的艺术作品，提高学生对美的鉴赏能力，实现提高审美能力的目标。学生作品展评活动，为学生提供了自我展示与肯定的平台，提供了反思交流机会，促进情感交流，使学生相互学习对方作品的优点，改进自己作品中的不足。再让学生欣赏其他名家作品，让学生得到综合发展，使得学到的知识得到巩固。

四、效果评述

基于慧生课堂理念的小学美术"五美"教学模式，有效规范了教师的课堂教学行为，使教师秉持以生为本的教育理念，遵循"以学定教、以学导教、以学论教、以学评教"的原则，沿着"学导式"教育路径，实施以审美为中心，以技法训练为主线，培养审美感知、艺术表现、创意实践、文化理解等艺术核心素养，提高了课堂教学质量。"五美"课堂教学模式，有效促进了"以美育人、重视艺术体验、突出课程综合"美术课程理念的落实，着眼于学生综合能力的发展。"五美"课堂教学模式，通过利用各种教育手段和措施，将中华传统文化、课程文化与"五智慧生命"的办学理念相融合，培养具有"认知智慧、文化智慧、实践智慧、身心智慧、审美智慧"的五智慧生命人格素养，培养德智体美劳全面发展的社会主义建设者和接班人。

五、精品课例

湘版美术《星空的联想》

活动目标：

1.引导学生通过观察、记忆、欣赏，了解宇宙星空的特点，在图片的启发和相互交流中激发学生的联想与想象力。

2.学生能用刮蜡画的表现形式（点、线、面），创作富有个性特点和形式美感的星空世界作品。

教学重点： 学生能积极动脑，大胆构思，创作。

教学难点： 学生能积极主动地参与课堂交流活动，能运用刮画法创造出富有个性特点和形式美感的星空画面，发现和体验美的存在。

活动过程：

（一）识美：情境导入

1.星空玩具投影星空

师：同学们，今天老师给大家带来一个神秘的礼物，请同学们闭上眼睛。睁开眼睛抬头看看，这是什么？（星空。）

2.板书课题：星空

（二）学美：发展联想

1.联想

2.星空图

3.学生作品探析

师：老师也搜集了许多星空的图片我们一起来欣赏星空美丽而神秘，如果把它用绘画表现出来是什么样的呢？咱们一起去看看吧。

这张画的材料和我们以前用的不同，是什么？对，我们称它为刮画，今天我们就来学习这种有趣的方法。

（三）习美：技法操练

1.请同学们随意用手指或笔在小的画纸上试一试。

2.刮画是不是就这么简单呢？其实这里面有许多的窍门，一起来看看吧。

3.技法发展：学生练习点、线、面。

（四）创美：造型表现

1.视频示范，播放表现星空的微课，及可借鉴的范品。

2.起稿：用铅笔或竹笔起稿，但注意不要太用力，以免破坏表面的黑色。

3.轮廓线：用尖状的一头把画稿的轮廓线刻出。

4.刻画大色块：用扁平的一头刻画大色块儿。

5.调整：根据线条增加线条或块面。

6.小结：相同的内容，刮法不一样最后的效果也不一样，所以想让画面更生动，线条就要有粗细、疏密变化。刮蜡画有一个特点，一笔刮下去就不能修改了，所以在画的时候一定要心中有数，胸有成竹。

（五）赏美：作品赏析

1.经过练习同学们对星空有什么惊人的表现，大家一起去看看吧！

2.名画观察、赏析：梵高《星空》赏析。

3.再引导学生整体感受作品《星空》动态图片。

4.星空联想。

师：看完这么漂亮的星空，相信同学们也想表现一把！燃烧你的激情，启动你的智慧，把对星空无限的联想尽情地表现出来吧！星空图片循环播放。

5.板书课题：联想

6.小结：星空之所以美丽，正是因为今天有了你们，希望同学们能继续去探索这神秘的星空！结束整理，手拉手唱歌曲《一闪一闪亮晶晶》。

六、教学反思

（一）"五美"课堂教学模式科学遵循儿童心理规律

唯有符合学生接受能力、轻松活泼的内容，才能激起他们积极的心理情绪，产生跃跃欲试的心理期待。美术教学内容不外乎欣赏、表现、创造、融合四类，把这些生硬刻板的学习内容，巧妙地选取星空作为表现内容，并关掉教室的灯，投射出奇幻的夜空，激发学生的学习兴趣，及时介绍技法、训练技法，组织多样创造活动，层层递进，螺旋上升，环环相扣，遵循了儿童的心理规律和认知发展规律。

（二）"五美"课堂教学模式有效落实学生主体地位

美术教学活动需要教师和学生共同来完成，需要双方互相协作，发挥各自的积极性。因此，学生不应只是消极被动地接受，而应积极主动地参与和投入。在每一课的美术教学中，始终贯穿着情感体验，没有学生的主动参与，是不可能学有所获的。教学中，教师应鼓励每一位学生全方位地参与，而不是某一环节的局部。

（三）"五美"课堂教学模式全面落实核心素养

本课以星空的联想为载体，在美术课堂教学中，引导学生从识美之原理入手，学美之技法，练美之技能，创美之作品，赏美之文化，以美育人、以美化人、以美润心、以美培元，培养学生认识美、欣赏美、表现美、创造美的能力，有效落实了审美感知、艺术表现、创意实践、文化理解等艺术核心素养的培养。

（四）"五美"课堂教学模式及时多元评价丰富审美体验

本课在"习美、创美、赏美"教学环节中采用给自己、他人作品评星，老师评星等多元评价方式激发学生自我发展、自我悦纳。评价既是对学生学习结果的检验，更是对在学习过程中诸多体验的交流，或知识点的掌握，或情感上的收获，或某一点的感悟，或合作后的愉悦，均可作为评价内容。该模式改变教师"一锤定音"式的评价法，让尽可能多的学生参与评价，教师随机引导、鼓励学生的评价，促使他们形成良好、健康的心态，丰富了学生的审美体验。

第五编

慧生课堂实践研究之纲：
课程建设篇

HUISHENG KETANG SHIJIAN YANJIU ZHI GANG:
KECHENG JIANSHE PIAN

慧生课堂教什么？慧生课堂的实践研究课题组以教室空间为微观场域，以校园空间为中观场域，以社会空间为宏观场域，通过实践建构了五育融合的三类课程体系，包括"基于教室的学科小课堂课程"，即国家课程；"基于学校的活动中课堂课程"，即校本活动课程；"基于社区的实践大课堂课程"，即社会实践课程；回答"慧生课堂教什么"的问题。课题组开发了五育融合的《智慧乐园综合实践活动校本课程》，包括认知乐园、文化乐园、实践乐园、身心乐园、审美乐园五种校本课程读本，对校本活动课程、社会实践课程进行整合、补充，实施课程融合的跨学科学习、项目式学习。三类课程体系有机融合，致力培养"三类（文化基础、自主发展、社会参与）""六维（人文底蕴、科学精神、实践创新、责任担当、学会学习、健康生活）"核心素养，培养"智慧生命（认知智慧、文化智慧、实践智慧、身心智慧、审美智慧）"核心素养，培养学生的"十会"必备品格和关键能力，培养德智体美劳全面发展的社会主义建设者和接班人，落实立德树人目标。

《智慧乐园综合实践活动校本课程》总纲要

蒋 敏 周 娟 吴 蜜

《智慧乐园综合实践活动校本课程》是指以新课程理念为指南，坚持"五育并举""五育融合"的育人导向，坚持"统整融合""分步实施"的课程理念，充分开发利用学校资源，以学校为本位，编写"基于学校中课堂"的综合实践活动校本课程读本，开展以"认知乐园""文化乐园""实践乐园""审美乐园""身心乐园"为基本内容的"智慧乐园"综合实践活动，发挥综合实践活动课程在立德树人中的重要作用，培养"认知智慧、文化智慧、实践智慧、身心智慧、审美智慧"的"五智慧生命"，提升学校"德雅"文化、"慧生课堂"文化的内涵品质，特制定本纲要。

一、课程性质与基本理念

（一）课程性质

"智慧乐园"课程是从学生的兴趣爱好、真实生活和发展需要出发，从生活情境中发现问题，把学校、家庭、社会共同提供的资源转化为活动主题，通过观察、探究、服务、制作、诵读、实践、创造、体验等方式，培养学生综合素质的跨学科的综合实践活动课程。该课程由学校统筹管理和指导，开发校本课程读本，从一年级至六年级全面实施。

（二）基本理念

1.课程目标

培养学生的"五智慧生命"核心素养，培养德智体美劳全面发展的社会主义建设者和接班人，落实立德树人目标。

本课程在学校"五智慧生命"核心素养目标导向下，强调学生综合运用各学科知识，认识、分析和解决现实问题，培养和提升学生综合素养，着力培养"认知智慧、文化智慧、实践智慧、身心智慧、审美智慧"的"五智慧生命"的核心素养，着力从文化基础、自主发展、社会参与三个方面发展学生"人文底蕴、科学精神、实践创新、责任担当、学会学习、健康生活"六大核心素养，形成"十会"能力，包括会思考、会学习、会探究、会实践、会创新、会改变、会合作、会生活、会健体、会审美等必备品格和关键能力，成为德智体美劳全面发展的社会主义建设者和接班人。具体"五智慧生命"核心素养如下图1.

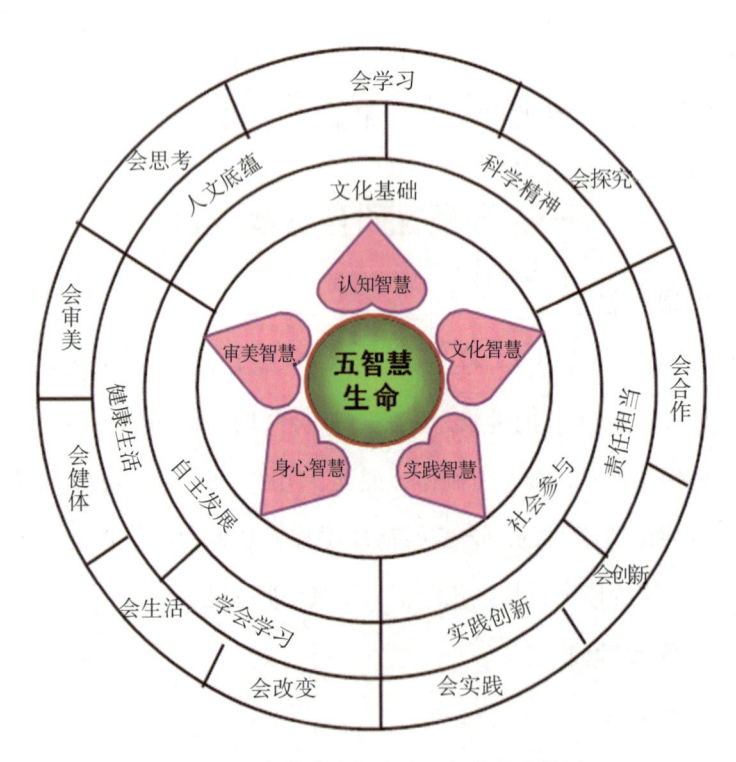

图1："五智慧生命"育人目标具体结构图

2.课程开发

立足于学校"德雅"文化，修德雅韵，序荣林菲，依据"为民育好人，为国造良才"的办学目标，以培育"五智慧生命"核心素养为目标导向，面向全体学生的个体生活、家庭生活和社会生活。本课程面向全体学生完整的生活世界，引导学生和家长从日常学习生活、家庭生活和社会生活中学习。如：根据个性发展需要和年龄情况，提出具有教育意义的活动项目，使每一位学生获得关于自我、社会、自然的真实体验，建立学习、生活、能力和素养提高的有机联系。

3.课程实施

关注学生、自主选择、主动实践和开放生成。

一是坚持"校社融合"的统筹思维："三师"协同教学。师资以本校教师为主，外聘教师、家长助教为辅，统筹兼顾：一是本校资源，如科技、书法、合唱等团队由本校教师担任；二是外聘教师，利用社会资源，如陶艺、科创课程等由外聘专业团队教师担任；三是家长助教教师，利用家长资源，通过家校联盟活动，家长助教，聘请有才艺的家长走进校园、走进教室做指导，共同参与。

二是坚持"课表保障"的底线思维：通过课表"兜底"，落实"智慧乐园"五大类综合实践活动课程的落实。全校用"社团+班队"通过校内外、课内外实践，课程进课表实施。在保证课时总量不变的前提下，将该课程整合于课程辅助活动和延时服务课时之中。

三是坚持"跨学科融合"的统整思维：增强课程的跨学科融合。形式有三：一是学科内渗透式整合；二是学科间的融合式整合，科学和数学，语文和美术、音乐等学科间的整合；三是超学科主题式整合，以主题整合学习目标、内容、形式、过程，建构"智慧乐园"综合实践活动课程体系。

四是坚持"因地制宜"的创新思维：立足学校资源，因地制宜，优化学习空间。教室里学生的座椅由"秧田式"变为"卡包式""舞台式"，便于师生间相互交流学习；同时教室依据功能进行分区，分为集体学习区、单独辅导区、自主学习区、作品展示区、表演区等，为有不同需要的学生学习提供便利。

五是坚持"双轨同步"的系统思维：社团班队同步实施。"智慧乐园"综合实践活动课程首先是依托校本课程读本，以教学班为单位开发实施，从面上推进，通过班队活动、主题教育活动、班级管理活动、班级特色活动、课后延时服务活动，开展"基于学校中课堂"的综合实践活动。其次是依托校本课程读本，以学校社团为单位开发实施，从点上推进，学生根据兴趣特长，选择社团，如足球社团、书画社团、舞蹈社团等，以走班选修的形式实施。社团班队同步实施同时开展，同步运行，满足学生多样化选择的需要。

六是坚持"多元联盟"的众筹思维：家、校、社总动员。学校每年会向家长、学生征集活动课程子项目，并联盟管理促进家校共育；定期邀请城南集团学校参加"智慧乐园"艺术节或"现场展示会"，校际联动交流，推进课程横向发展；定时组织师生走进科技馆、花博会、农博园等实践基地，融通学校及社会资源，落实课程深度实施。

本课程鼓励学生从自身成长需要出发，自主选择活动主题，主动参与并亲身经历实践过程，体会并践行价值信念。在实施过程中，随着活动的不断展开，在教师指导下，学生可根据实际需要，对活动的目标与内容、组织与方法、过程与步骤等做出动态调整，使活动不断深化。

4.课程评价

"三维度"评价模型，主张多元评价、过程性评价和综合考察。

课程评价方面，采取活动目标、活动过程、活动效果"三维度"评价模型，主张多元评价、过程性评价和综合考察。在全面实施课程管理、教师教学、学生个体学习等评价的基础上，以建设小组学习共同体为重点，构建了"三维三级四体"学习评价模型。

本课程要求突出评价对学生的发展价值，充分肯定学生活动方式和问题解决策略的多样性，鼓励学生自我评价与同伴间的合作交流和经验分享，提倡多采用质性评价方式，将学生在综合实践活动中的各种表现和活动成果作为分析考察课程实施状况和学生发展状况的重要依据，对学生的活动过程和结果进行综合评价。

二、课程目标和内容

（一）总目标

学生能从个体生活、社会生活及与大自然的接触中获得丰富的实践经验，形成并逐步提升对自然、社会和自我之内在联系的整体认识，发展"认知智慧、文化智慧、实践智慧、身心智慧、审美智慧"，着力从文化基础、自主发展、社会参与三个方面对人文底蕴、科学精神、实践创新、责任担当、学会学习、健康生活六大核心素养，进行创新性的整合设计，发展学生的"认知智慧、文化智慧、实践智慧、身心智慧、审美智慧"的"五智慧生命"等核心素养，达到"十会"育人目标，包括会思考、会学习、会探究、会实践、会创新、会改变、会合作、会生活、会健体、会审美等必备品格和关键能力，成为德智体美劳全面发展的社会主义建设者和接班人。

（二）具体目标

1.培养认知智慧

就是在学习和生活中发展学生的认知结构、认知能力，发展思维能力，体验文化美、科学美、思维美，主要包括了智育与美育的内容与目标，整合

"人文底蕴、科学精神、学会学习"的核心素养，培养"有概括思维的智慧生命"，达到"会思考"的育人目标，发展文化基础核心素养。

2.培养文化智慧

就是在学习和生活中要发展学生的文化知识，厚积文化底蕴，培养正确的人生观、价值观、世界观，形成良好品德，主要包括了智育、德育、美育的内容与目标，整合"人文底蕴、科学精神"的核心素养，培养"有文化知识的智慧生命"，达到"会学习、会探究"的育人目标，发展文化基础核心素养。

3.培养实践智慧

主要是在学习和生活实践中培养科学文化知识、劳动技能和能力、意志品质、良好生活习惯，感受劳动美，主要包括了劳育、智育、德育、美育的内容与目标，整合"实践创新、科学精神、责任担当"的核心素养，培养"能实践创新的智慧生命"，达到"会实践、会创新"育人目标，发展社会参与核心素养。

4.培养身心智慧

主要是在学习和生活实践中培养健康体魄、健全人格，学会反思改变，适应自然、社会环境，养成良好的生活、学习、工作习惯，主要包括了德育、体育、美育的内容与目标，整合"健康生活"的核心素养，培养"能反思改变的智慧生命"，达到"会反思、会生活、会健体"育人目标，发展自主、发展核心素养。

5.培养审美智慧

主要是在学习和生活实践中培养学生的审美知识、审美能力，感悟文化美、科学美、思维美、劳动美、品德美、健康美，主要包括了德智体美劳五育的内容与目标，整合"人文底蕴、实践创新、责任担当"的核心素养，培养"能创美达美的智慧生命",达到"会审美"育人目标,发展自主、发展核心素养。

(三)课程内容

"智慧乐园课程"根据课程理念及课程目标的整合,基于学生发展的实际需求,坚持"统整融合""分步实施"的课程理念,遵循"自主性、实践性、开放性、整合性、连续性"原则,充分开发利用学校资源,以学校为本位,设计活动主题和具体内容,编写"基于学校中课堂"的综合实践活动校本课程读本,包括"认知乐园""文化乐园""实践乐园""审美乐园""身心乐园"五大类的"智慧乐园"综合实践活动课程的内容。具体如下:

1.《认知乐园综合实践活动校本课程》以"思维方法""思维模型""认知结构"三个主题单元,遵循学生认知发展特点和规律,从生活实际出发,认真挖掘素材,精心选择和安排内容。通过28个认知乐园活动主题,培养学生的思考兴趣,让学生掌握数学基本知识和基本技能,形成基本的认知结构,积累基本的思维活动经验,掌握基本的思维方法,发展思维力、实践力、学习力等核心素养。思维方法板块探究了一一对应、分类、举例子、推理、模型思想、连线法、假设法、数形结合、转化、方程等思维方法。思维模型板块探究了和差问题模型、和倍问题模型、倍数问题模型、间隔问题模型、集合问题模型、相遇问题模型、追及问题模型、三分找次品方法模型、抽屉原理模型、数形结合模型等思维模型。认知结构板块探究了数量关系认知结构、等差数列认知结构、排列组合认知结构、分数问题认知结构、比例问题认知结构、数形结合认知结构、几何问题认知结构、浓度问题认知结构等综合性认知结构。

2.《文化乐园综合实践活动校本课程》采用"单元合成,整合拓展"的结构方式,分为低段、中段、高段,每个段分别由"童真雅趣""亲近自然"

"开蒙启智""博学明理""文以言志""正挚情怀"六个主题单元组成,包括低段18篇课文、中段18篇课文、高段18篇课文,6个单元主题活动和趣味阅读活动。本课程力图达到以下目标:(1)激发学生诵读经典诗文的兴趣,热爱祖国语言文字;(2)提升学生的阅读与表达能力,提高语言文字能力;(3)发展思维能力,审美能力,积淀文化底蕴,传承中华优秀文化,促进学生德智体美劳全面发展;(4)促进学习型社会的建构,建构书香班级、书香家庭、书香校园、书香童年;(5)培养"有文化知识的智慧生命",培养"文化智慧",培养人文底蕴、科学精神、学会学习等文化基础核心素养。

3.《实践乐园综合实践活动校本课程》整合科学、劳动、综合实践、信息技术等学科课程内容,构建实践乐园综合实践活动校本课程内容,设计"项目实践""创意实践""探究实践"三大板块,共13个主题的课程内容。"项目实践"板块包括"艾"的世界、神奇的鸡蛋、家蚕、花、线类钩编五个单元。"创意实践"板块包括水果电池、剪纸、扎染、陶艺、科技模型五个单元。"探究实践"板块包括校园植被调查、垃圾处理调查、水资源调查三个单元。本课程内容力图培养学生的"两意识(实践意识、社会责任感意识)","四基(基本的实践知识、实践技能、实践经验、实践精神)","八能(发现问题的能力、提出问题的能力、分析问题的能力、解决问题的能力、实践能力、创新能力、合作能力、沟通能力)",培养学生"会实践、会创新、会合作"的核心能力,培养"能实践创新的智慧生命",发展"实践智慧",达成培养实践创新、科学精神、责任担当等社会参与核心素养的目标。

4.《身心乐园综合实践活动校本课程》整合体育与心理健康课程内容,设计了"运动技能""心理健康品质"两大板块内容。"运动技能"板块包括篮球、足球、田径、跳绳、五子棋、象棋6个单元;"心理健康品质"板块包括专注、智慧、节制、勇敢、仁爱、公平6个单元，涵盖专注、有序、勤奋、主动、谨慎、明辨、创意、智慧、节俭、勤劳、真诚、宽容、勇敢、爱国、责任、坚持、诚实、友善、感恩、怜悯、守时、尊重、热情、守信24个积极心理品质，共12个单元，21个课题的课程内容。本课程力图培养学生的运动能力、健康行为、健康心理、体育品德等体育素养，培养学生"会改变、会生活、会健体"的核心能力，培养"能反思改变的智慧生命"，发展"身心智慧"，最终达成培养健康生活、学会学习等自主发展核心素养的目标。

5.《审美乐园综合实践活动校本课程》整合语文、艺术课程内容，设计了音乐美、绘画美、文化美、科学美、劳动美、健康美六大板块的课程内容。"音乐美"板块包括器乐、合唱两个主题单元；"绘画美"板块包括儿童画、中国画两个主题单元；"文化美"板块包括书法、经典诵读、播音主持三个主题单元；"科学美"板块包括建筑中的数学、信息技术与美两个主题单元；"劳动美"板块包括手工、雕塑两个主题单元；"健康美"板块包括舞蹈、健美操两个主题单元，共13个单元，18个课题的课程内容。本课程力图达到培养学生的审美兴趣、审美知识、审美能力、审美文化等方面的审美能力，最终培养出"能创美达美的智慧生命"，发展"审美智慧"，达成培养人文底蕴、实践创新、责任担当等自主发展核心素养的目标。

三、课程方式和实施

（一）项目式学习

项目式学习是一种教师将学生的学习任务项目化，指导学生基于真实情境而提出问题，并利用相关知识与信息资料开展研究、设计和实践操作，最终解决问题并展示和分析项目成果的一种建构性的教学方式。项目式学习时，学生不仅要基于整个项目提出问题、分析问题、解决问题，还要展示过程、分析结果，在完成这些项目化任务的过程中，学生进行深度的认知加工，在认知加工过程中去建构知识经验，转变和发展已有的认识方式，形成必备品格、关键能力和正确的价值观，然后才能整合形成稳定的核心素养。相对于传统的授课模式，项目式学习为发展学生的实践能力和综合素养提供了载体，也为综合实践课程建设开辟了新的路径。

（二）考察探究

考察探究是学生基于自身兴趣，在教师的指导下，从自然、社会和学生自身生活中选择和确定研究主题，开展研究性学习，在观察、记录和思考中，主动获取知识，分析并解决问题的过程，如野外考察、社会调查、研学旅行等，它注重运用实地观察、访谈、实验等方法，获取材料，形成理性思维、批判质疑和勇于探究的精神。考察探究的关键要素包括：发现并提出问题；提出假设，选择方法，研制工具；获取证据；提出解释或观念；交流、评价探究成果；反思和改进。

（三）社会服务

社会服务指学生在教师的指导下，走出教室，参与社会活动，以自己的劳动满足社会组织或他人的需要，如公益活动、志愿服务、勤工俭学等，它强调学生在满足被服务者需要的过程中，获得自身发展，促进相关知识技能的学习，提升实践能力，成为履职尽责、敢于担当的人。社会服务的关键要素包括：明确服务对象与需要；制订服务活动计划；开展服务行动；反思服务经历，分享活动经验。

（四）设计制作

设计制作指学生运用各种工具、工艺（包括信息技术）进行设计，并动手操作，将自己的创意、方案付诸现实，转化为物品或作品的过程。如动漫制作、编程、陶艺创作等，它注重提高学生的技术意识、工程思维、动手操作能力等。在活动过程中，鼓励学生手脑并用，灵活掌握、融会贯通各类知识和技巧，提高学生的技术操作水平、知识迁移水平，体验工匠精神等。设计制作的关键要素包括：创意设计、选择活动材料或工具、动手制作、交流展示物品或作品、反思与改进。

（五）职业体验

职业体验指学生在实际工作岗位上或模拟情境中见习、实习，体验职业角色的过程，如军训、学工、学农等，它注重让学生获得对职业生活的真切理解，发现自己的专长，培养职业兴趣，形成正确的劳动观念和人生志向，提升生涯规划能力。职业体验的关键要素包括：选择或设计职业情境；实际岗位演练；总结、反思和交流经历过程；概括提炼经验，行动应用。

"智慧乐园"综合实践活动除了以上活动方式外，还有党团队教育活动、博物馆参观等。综合实践活动方式的划分是相对的。在活动设计时可以有所侧重，以某种方式为主，兼顾其他方式；也可以整合方式实施，使不同活动要素彼此渗透、融合贯通。要充分发挥信息技术对于各类活动的支持作用，有效促进问题解决、交流协作、成果展示与分享等。

四、课程实施

（一）实施原则

1.自主原则

学校充分利用在管理、人员、场地、资源等方面的优势，积极作为，自觉、主动承担智慧乐园综合实践课程的管理责任。通过召开行政办公会、教研组长会、教职工大会，研究制定切实可行的课后服务活动方案和考核办法。

2.自愿原则

坚持学生、家长自愿的原则，建立家长申请、班级审核、学校统一实施的工作机制。通过召开家委会，班级家长会，让家长充分了解学校实施课后服务活动的目的和安排，支持、配合学校的工作。

3.生本性原则

《智慧乐园综合实践活动校本课程》充分体现了以学生为本的思想，从学生思维发展的需要入手，把最具生活性、教育性、迁移性和生长性的内容纳入教学活动中，激发学习兴趣，让学生主动经历观察、操作、猜想、验证、归纳、运用、创新等活动过程，主动思考，主动发展。

4.科学性原则

《智慧乐园综合实践活动校本课程》坚持了科学性原则。课程遵循了学生的个体发展规律，以培养学生的认知智慧、文化智慧、实践智慧、身心智慧、实践智慧为抓手，遵循学生发展的渐进性，尊重学生的个别差异性，关照学生发展的阶段性，灵活运用合理的教学方法，因材施教，培养五智慧生命，培养思维力、实践力、学习力等核心素养，促进学生的全面发展。

5.创新性原则

在对校本课程进行开发与实施的过程中，教师要在课程模式与教学方法上积极创新，在教学模式与教学方法的选择上应更加符合学生个体发展的需要，激发求知欲，培养文化基础（人文底蕴、科学精神），社会参与（实践创新、责任担当），自主发展（学会学习、健康生活）三维度的核心素养，达到"十会"育人目标，包括会思考、会学习、会探究、会实践、会创新、会改变、会合作、会生活、会健体、会审美。

（二）实施机构

学校设置专门的智慧乐园课程中心或教研组，由教科室、教务处、德育处共同承担起学校课程实施规划、组织、协调与管理等方面的责任，负责制定并落实学校综合实践活动课程实施方案，整合校内外教育资源，统筹协调校内外相关部门的关系，联合各方面的力量，充分发挥少先队以及学生社团组织的作用，保证课程的有效实施。

（三）实施方式

学生全员参与，以小组为单位，从班级内部，逐步走向跨班级、跨年级、跨学校和跨区域学习。根据兴趣、能力、特长、活动需要，明确分工，做到人尽其责，合理高效。采取课内与课外相结合的方式，沿着"课内先学习—课外去实践—综合运用再提高"的三个环节，组织学生开展相关主题的亲身实践，将相关学科内容整合在一起，最终形成相关的综合探究小报告或小作品。鼓励学生利用信息技术手段突破时空界限，在广泛的交流与密切合作中培养学生的自主参与意识与合作沟通能力。

（四）具体实施

1. 坚持主辅统筹思维："双师"协同教学

师资以校本为主，校外为辅，主次统筹兼顾：一是本校资源，如科技、书法、合唱等团队由本校教师担任；二是外聘资源，如足球、陶艺、器乐课程等由外聘专业团队教师担任；三是家长资源，通过家校联盟活动，聘请有才艺的家长走进校园、走进教室做指导，共参与。

2. 坚持"双元保险"思维：课时、课表"兜底"

一是全校采取社团+班团的方式实施，通过校内外、课内外实践、课程进课表实施，在课后服务课、课程辅助课中建构起活动大课堂，整体推进本课程的实施。二是在保证课时总量不变的前提下，将该课程整合于课程辅助活动中，设定了"小课时"10或15分钟。比如每天清晨10分钟的晨诵，每天中午40分钟的选修等，使零散的时间也能够作用于学生发展。

3. 坚持跨界统整思维：增强课程融合

形式有三：一是学科内渗透式整合；二是学科间的融合式整合，科学和数学课，语文和美术、音乐等学科间的整合；三是跨学科式整合，以五智慧生命核心素养为目标，分板块统整建构课程体系。

4. 坚持变通组合思维：优化学习空间

教室里学生的座椅由"秧田式"变为"卡包式""舞台式"，便于师生间相互交流学习；同时教室依据功能进行分区，分为集体学习区、单独辅导区、自主学习区、作品展示区、表演区等，为有不同需要的学生学习提供便利。

5. 坚持多元联盟思维：家、校、社总动员

学校每年会向家长、学生征集活动课程子项目，并联盟管理促进家校共育；定期邀请兄弟学校参加"慧生课堂"艺术节或现场展示会，校际联动交流，推进课程横向发展；定时组织师生走进科技馆、博物馆、工厂、劳动基地等实践基地，融通学校及社会资源，落实课程深度实施。

五、课程的评价

综合实践活动情况是学生综合素质评价的重要内容。各学校和教师要以促进学生综合素质持续发展为目的设计与实施综合实践活动评价。要坚持评价的方向性、指导性、客观性、公正性等原则。

突出发展导向。坚持学生成长导向，通过对学生成长过程的观察、记录、分析，促进学校及教师把握学生的成长规律，了解学生的个性与特长，不断激发学生的潜能，为更好地促进学生成长提供依据。评价的首要功能是让学生及时获得关于学习过程的反馈，改进后续活动。要避免评价过程中只重结果、不重过程的现象。要对学生作品进行深入分析和研究，挖掘其背后蕴藏的学生的思想、创意和体验，杜绝对学生的作品随意打分和简单排名等功利主义做法。

建构评价标准。五智慧乐园分别从认知智慧、文化智慧、实践智慧、身心智慧、审美智慧五个主题维度，按照经历学习过程中的表现来评价学生在认知发展、文化积淀、实践能力、身心健康、审美创造方面的发展水平，从活动目标、活动过程、活动效果三维评价课程育人效果，具体实施"1、2、3级评星"计分，采取"自我、同伴、教师、家长四主体"参与评价，计算综合平均分，评价课程的育人水平。

做好写实记录。教师要指导学生客观记录参与活动的具体情况，包括活动主题、持续时间、所承担的角色、任务分工及完成情况等，及时填写活动记录单，并收集相关事实材料，如活动现场照片、作品、研究报告、实践单位证明等。活动记录、事实材料要真实、有据可查，为综合实践活动评价提供必要基础。

建立档案袋。在活动过程中，教师要指导学生分类整理、遴选具有代表性的重要活动记录、典型事实材料以及其他有关资料，编排、汇总、归档，形成每一个学生的智慧乐园综合实践活动档案袋，并纳入学生综合素质档案。档案袋是学生自我评价、同伴互评、教师评价学生的重要依据。

开展科学评价。原则上每学期期末，教师要依据课程目标和档案袋，结合平时对学生活动情况的观察，对学生综合素质发展水平进行科学分析，写出有关综合实践活动情况的评语，引导学生扬长避短，明确努力方向。

六、课程管理与保障

（一）教师培训与教研指导

学校要加强调研，了解智慧乐园综合实践活动指导教师专业发展的需求，搭建多样化的交流平台，强化培训和教研，推动教师的持续发展。

1.建立指导教师培训制度

要开展对智慧乐园综合实践活动课程专兼职教师的全员培训，明确培训目标，努力提升教师的跨学科知识整合能力，观察、研究学生的能力，指导学生规划、设计与实施活动的能力，课程资源的开发和利用能力等。要根据教师的实际需求，开发相应的培训课程，组织教师按照课程要求进行系统学习。要不断探索和改进培训方式方法，倡导参与式培训、案例培训和项目研究等，不断激发教师内在的学习动力。

2.建立健全日常教研制度

学校要通过专业引领、同伴互助、合作研究，积极开展以校为本的教研活动，及时分析、解决课程实施中遇到的问题，提高课程实施的有效性；加强对校本教研的指导，并组织开展专题教研、区域教研、网络教研等，通过协同创新、校际联动、区域合作，提高学校智慧乐园综合实践活动的整体实施水平。

（二）支持体系建设与保障

1.网络资源开发

学校要开发优质网络资源，遴选相关影视作品充实资源内容，为课程实施提供资源保障。要充分发挥师生在课程资源开发中的主体性与创造性，及时总结、梳理来自教学一线的典型案例和鲜活经验，动态生成分年级、分专题的综合实践活动课程资源包。学校要探索和建立优质资源的共享与利用机制，打造集团、校、组多级联动的共建共享平台，为课程实施提供高质量、常态化的资源支撑。

2.硬件配套与利用

学校要为智慧乐园综合实践活动的实施提供配套硬件资源与耗材，并积极争取校外活动场所支持，建立课程资源的协调与共享机制，充分发挥实验室、专用教室及各类教学设施在综合实践活动课程实施过程中的作用，提高使用效益，避免资源闲置与浪费。

城南教育集团要加强实践基地建设，强化资源统筹管理，建立健全校内外综合实践活动课程资源的利用与相互转换机制，强化公共资源间的相互联系和硬件资源的共享，为学校利用校外图书馆、博物馆、展览馆、科技馆、实践基地等各种社会资源及丰富的自然资源提供政策支持。

3.经费保障

学校要确保开展综合实践活动所需经费，支持综合实践活动课程资源和实践基地建设、专题研究等。

4.安全保障

学校要设立安全风险预警机制，建立规范化的安全管理制度及管理措施。教师要增强安全意识，加强对学生的安全教育，提升学生安全防范能力，制定安全守则，落实安全措施。

（三）考核与激励机制

1.建立健全指导教师考核激励机制

学校要建立智慧乐园综合实践活动课程教学的教师考核要求和办法，科学合理地计算教师工作量，将指导学生综合实践活动的工作业绩作为教师评价和岗位聘任的重要依据，对取得显著成效的指导教师给予表彰奖励。

2.加强对课程实施情况的督察

学校将综合实践活动课程实施情况，纳入学校教学常规巡查内容，实施动态监测，建立课程的反馈改进机制。

3.开展优秀成果交流评选

开展智慧乐园综合实践活动课程展示交流活动，开展慧生课堂教学节、艺术节、运动会、每月的主题实践活动等系列评比活动，进行课堂教学评比，学生学习成果评比，项目成果评比，激发学生实践创新的潜能和动力，激励教师持续性开展智慧乐园综合实践活动课程研究和实践探索。

《智慧乐园之认知乐园综合实践活动校本课程》纲要

杨天平　刘倩倩

为全面贯彻党的教育方针，坚持教育与生产劳动、社会实践相结合，引导学生深入理解和践行社会主义核心价值观，充分发挥中小学综合实践活动课程在立德树人中的重要作用，以《中共中央国务院关于深化教育教学改革全面提高义务教育质量的意见》《中共中央国务院关于全面加强新时代大中小学劳动教育的意见》《深化新时代教育评价改革总体方案》，教育部颁布的《义务教育课程方案（2022年版）》《基础教育课程改革纲要》《中小学综合实践活动课程指导纲要》为依据，按照义务教育目标和少年儿童的发展特点与需要，按照重庆市大足城南东序学校承担的重庆市教育科学规划课题《慧生课堂的实践研究》的关于培养"五智慧生命"核心素养目标的总体设计，根据《智慧乐园综合实践活动校本课程》的总体框架，从培养"具有概括思维的智慧生命"角度，开发建设《智慧乐园之认知乐园综合实践活动校本课程》，现对该课程的课程定位、课程背景、课程理念、课程目标、课程内容、课程实施与评价做出统筹规划，制定《认知乐园综合实践活动校本课程》纲要。

一、课程定位

重庆市大足城南东序学校开发的《认知乐园综合实践活动校本课程》是一门培养学生的"五智慧生命"核心素养，落实立德树人目标的综合实践活动课程。本课程从学生的兴趣爱好、真实生活和发展需要出发，从生活情境中发现问题，家庭、学校和社会共同提供资源，转化为活动主题。通过观察、操作、体验、猜想、验证、归纳、应用等方式，在学习和生活中发展学生的认知结构和认知能力，培养学生"会思考"的核心能力，培养"有概括思维的智慧生命"，发展"认知智慧"，达成培养人文底蕴、科学精神、学会学习等文化基础核心素养的目标，最终达到培养德智体美劳全面发展的社会主义建设者和接班人的目标。

二、课程背景

世界多元化、经济全球化，国家需要实施人才强国战略，需要落实"立德树人"的根本任务，深化教育改革和"课堂革命"，推动素质教育全面发展，培养"五智慧生命"，是让教育托起"中国梦"的迫切需要；也是推进数学等学科课程改革，实施大课堂、大课程、大教育的需要；还是培养学生终身学习力、思维力、实践力等必备品格、关键能力和正确的价值观等核心素养的需要；更是学校落实"为民育好人，为国造良才"的办学目标，培养具有"认知智慧、文化智慧、实践智慧、身心智慧、审美智慧"的"五智慧生命"，推进"慧生课堂"的实践研究，是把重庆市大足区城南东序学校建设成一所"与社会发展相适应的、有深厚文化底蕴的、独具特色的一流现代化示范学校"的迫切需要。

三、课程理念

重庆市大足区城南东序学校确立培养"五智慧生命"的育人目标，希望通过《认知乐园综合实践活动校本课程》的开发和实施，加强数学课程建设，推进课程改革，深化教学改革，发展学生的认知结构和认知能力，培养学生"会思考"的核心能力，培养学生的文化基础、自主发展、社会参与等核心素养，完成新时代教育"为民育好人，为国造良才"的历史使命。同时也希望用我们的这个校本课程来打造我们学校的教育特色。

（一）目标导向上坚持培养"五智慧生命"的素养理念

《认知乐园综合实践活动校本课程》在学校"五智慧生命"核心素养目标导向下，强调通过观察、操作、体验、猜想、验证、归纳、应用等方式，在学习和生活中发展学生的认知结构和认知能力，培养学生"会思考"的核心能力，培养"有概括思维的智慧生命"，发展"认知智慧"，达成培养人文底蕴、科学精神、学会学习等文化基础核心素养的目标，借以落实培养"全面发展的人"这一核心素养总目标。

（二）实施策略上坚持学科整合的融合理念

《认知乐园综合实践活动校本课程》在实施策略上坚持学科整合的方法，围绕认知发展的各个维度，精选思维能力培养的内容，引导学生经历观察、操作体验、猜想、验证、归纳、应用活动过程，整合生活资源，实施跨学科、项目式、主题式的整合教学，培养学生发现问题、提出问题、分析问题、解决问题的能力，发展认知结构，培养认知能力，培养"会思考"的综合素养，促进学生全面发展。

（三）实施对象上坚持全体发展的全纳理念

《认知乐园综合实践活动校本课程》坚持全体学生都得到不同的发展。每一个孩子都是独特的生命个体。"慧生课堂"学习活动中，每个学生都需要特殊的个别化的教育和指导，主张在情感上温暖每一个学生，在人格上尊重每一个学生，在目标上引导每一个学生，在任务上面向每一个学生，让每个学生都热爱生活，学会思考，全面发展。

（四）实施过程上坚持全程育人的教育理念

《认知乐园综合实践活动校本课程》，是一门强调"过程与经验"的课程，开好这门课必须做到课内与课外、校内与校外的有机结合，学生在老师的引领下，通过观察、操作、猜想、验证、归纳、运用、创新等不同的学习形式去了解、发现、感知、体验、创造，以达到发展认知结构、培养认知能力的目的。

（五）实施方法坚持自主教育的方法理念

《认知乐园综合实践活动校本课程》在实施方法上坚持自主教育的方法，以兴趣为导向，让学生经历观察、操作、猜想、验证、归纳、总结、应用、创新等自主学习、自主探究的活动过程，培养思考兴趣，积累思考经验，掌握思考方法，提高思维能力，发展认知结构和认知能力。

四、课程目标

《认知乐园综合实践活动校本课程》是以培养"五智慧生命"为目标，具体来说，就是以数学学科内容为载体，通过"思维方法""思维模型""认知结构"三大板块内容的学习，以培养学生的思考兴趣，掌握数学基本知识和基本技能，形成基本的认知结构，积累基本的思维活动经验，掌握基本的思维方法，发展思维力等核心素养为目标。

（一）思维方法

让学生理解掌握——对应、分类、举例子、假设、推理、模型、转化、数形结合、方程等数学思想方法，学会有方法地思考，有顺序地思考，培养学生的思维兴趣，思维能力。

（二）思维模型

让学生建立和、差、积、商、倍、比、分数、小数等基本运算模型，建立相差问题、和差问题、和倍问题、差倍问题、间隔问题、周期问题、相遇问题、追及问题、集合问题、抽屉原理、数形结合等常见数学思维模型，并能快速解决相关问题，发展学生的思维能力。

（三）认知结构

对常见数量关系形成立体的、多点的、综合的认知结构，形成丰富的立体的代数模型，发展代数以及代数运算的综合性认知结构，对空间与图形形成周长、面积、运动等逐级分化的立体综合认知结构，从而发展学生的思维能力。

五、课程内容

《认知乐园综合实践活动校本课程》分为"思维方法""思维模型""认知结构"三个主题单元，遵循学生认知发展特点和规律，从生活实际出发，认真挖掘素材，精心选择和安排内容。最终确定了28个认知乐园活动主题。内容见表1。

表1：《认知乐园综合实践活动校本课程》内容体系表

单元	课次	思维要素	课题内容
第一单元：思维方法	第1课	思维方法：一一对应	比多少
	第2课	思维方法：分类	比一比，分一分
	第3课	思维方法：举例子	简单枚举
	第4课	思维方法：推理	等量代换
	第5课	思维方法：模型思想	找规律
	第6课	思维方法：列举法	握手问题
	第7课	思维方法：假设法	鸡兔同笼

续表

单元	课次	思维要素	课题内容
第一单元：思维方法	第8课	思维方法：数形结合	作图法解决问题
	第9课	思维方法：转化	图形面积计算
	第10课	思维方法：方程	用方程解决行程问题
第二单元：思维模型	第11课	和差问题模型	和差问题
	第12课	和倍问题模型	和倍问题
	第13课	倍数问题模型	几倍多几或少几
	第14课	间隔问题模型	植树问题
	第15课	集合问题模型	韦恩图
	第16课	相遇问题模型	相遇问题
	第17课	追及问题模型	追及问题
	第18课	三分找次品方法模型	找次品
	第19课	抽屉原理模型	抽屉原理
	第20课	数形结合模型	组合图形的面积
第三单元：认知结构	第21课	数量关系认知结构	数、数量、数量关系
	第22课	等差数列认知结构	梯形面积公式的运用
	第23课	排列组合认知结构	搭配问题
	第24课	分数问题认知结构	用方程解决分数问题
	第25课	比例问题认知结构	用方程解决比例问题
	第26课	数形结合认知结构	用方程解决数形结合问题
	第27课	几何问题认知结构	用方程解决几何问题
	第28课	浓度问题认知结构	用方程解决浓度问题

六、课程实施

（一）课程实施的基本原则

1.生本性原则

《认知乐园综合实践活动校本课程》充分体现了以学生为本的思想，从学生思维发展的需要入手，把最具生活性、教育性、迁移性和生长性的内容纳入教学活动中，激发学习兴趣，让学生主动经历观察、操作、猜想、验证、归纳、运用、创新等活动过程，主动思考，主动发展，会思考。

2.科学性原则

《认知乐园综合实践活动校本课程》坚持了科学性原则。一是课程遵循了学生的个体发展规律，以思维力发展为突破口，培养会思考的智慧生命，培养思维力、实践力、学习力等核心素养，促进学生的全面发展。二是遵循学生发展的渐进性，观照学生发展的阶段性，灵活运用合理的教学方法，有针对性地开展思维方法、思维模型、认知结构等内容的学习。三是尊重学生的个别差异性，针对学生的不同发展水平因材施教，促进学生个性发展。四是以科学的理论作为指导，充分运用建构主义与人本主义开展思维力的培养活动，培养有智慧的生命。

3.创新性原则

在对校本课程进行开发与实施的过程中，教师要在课程模式与教学方法上积极创新，在教学模式与教学方法的选择上应更加符合学生个体发展的需要，激发求知欲，培养学生分析问题、解决问题的能力，激发思考兴趣，养成良好的思维习惯，掌握思维方法，发展思维能力、实践能力、学习能力，促进学生全面发展。

（二）课程实施的组织形式

《认知乐园综合实践活动校本课程》的实施途径是以校园为中课堂的教学为主，教室为小课堂的教学为辅，以社区场域、自然环境为大课堂的教学补充，因此，其课程的实施具有多种形态、多种层次的组织形式。

1.开展课堂教学活动

充分发挥课堂教学主渠道的作用，在课程辅助课、课后服务课开设认知乐园思维课程社团课，将《认知乐园综合实践活动校本课程》与数学、科学等学科相结合，进行学科整合的实施。各个年级段制定教学计划，在课堂教学中渗透思维方法、建构思维模型、培养良好思维习惯、发展思维能力。

2. 开展思维节活动

与学校的教育教学活动有机融合，创造性地开展丰富多彩的活动。充分利用儿童节、思维节等时机，进行思维手抄报、思维日记、思维大比拼竞赛、计算比赛、购物实践、小发明创新等实践活动，促进学生思维力、实践力、学习力的发展。

3. 开展"手牵手"亲子思维活动

开设家庭"手牵手"亲子思维活动，动员孩子的父母或者其他监护人，在家庭生活中，安排一定的时间，与孩子一起进行亲子思维互动，培养思维兴趣，养成良好的思维习惯，掌握思维方法，发展思维能力。

七、课程评价

我们从"思维兴趣、思维习惯、思维方法、思维能力"四个主题内容维度，按照经历学习过程中的表现来评价学生的思维兴趣、思维习惯、思维方法、思维能力的发展水平，评价课程育人效果，具体实施"优良中差四级评星"计分，采取"自我、同伴、教师、家长四主体"参与评价，计算综合平均分，评价学生的《认知乐园综合实践活动校本课程》的育人水平。具体量表见表2。

表2：《认知乐园综合实践活动校本课程》的育人水平"四维四级四体"评价量表

评价内容	评价标准		优★★★	良★★	中★	较差	自评	互评	家长评	教师评	总评
思维兴趣	1.养成数学学习的积极性和表现欲		很好	较好	一般	差					
	2.不断挑战自己，有勇于克服困难的自信心		很好	较好	一般	差					
思维习惯	课前预习	3.能主动地按一定的方法预习	很好	较好	一般	差					
		4.能提出自己的疑惑，有较好的学习收获，并体现在预习本上	很好	较好	一般	差					
	课堂学习	5.课堂上注意力集中，能思考老师提出的问题	很好	较好	一般	差					
		6.能主动地发现并提出问题	很好	较好	一般	差					
	课后复习	7.能及时主动地反思学习，复习所学知识，并完成作业	很好	较好	一般	差					
		8.能主动地与他人分享自己的学习成果	很好	较好	一般	差					
思维方法	9.会用假设、举例子、画图、列表、转化、分类、方程、模型、推理等思想方法思考		很好	较好	一般	差					
	10.能质疑问难，归纳总结，主动解疑，帮助同学完成学习任务		很好	较好	一般	差					

续表

评价内容	评价标准	优★★★	良★★	中★	较差	自评	互评	家长评	教师评	总评
思维能力	11.敏捷的思维力，能敏捷地获取信息能力	能清晰地阐述	认识较清晰	认识一般	认识欠佳					
	12.准确的思维能力，能合理选择方法，解决问题	方法适当	方法不最优	方法不清晰	没有方法					
	13.能多角度认识事物，发现规律（或特征），简洁、概括地表达思维成果，掌握相关知识	很好	欠佳	一般	无法表述					
	14.对知识掌握透彻，形成了多层级的立体认知结构	多层级结构、清晰简洁	有多层级结构、不简洁	单一认知结构	没有形成认知结构					
合计										

总分能达到41—52颗星的，属于学习能力较强的学生；总分能达到21—40颗星的学生属于学习能力一般的；总分在20颗星以下的属于学习能力差的学生。

《智慧乐园之文化乐园综合实践活动校本课程》纲要

龙运芳　罗　洁

为全面贯彻党的教育方针，坚持教育与生产劳动、社会实践相结合，引导学生深入理解和践行社会主义核心价值观，充分发挥中小学综合实践活动课程在立德树人中的重要作用，以《中共中央国务院关于深化教育教学改革全面提高义务教育质量的意见》《中共中央国务院关于全面加强新时代大中小学劳动教育的意见》《深化新时代教育评价改革总体方案》，教育部颁布的《义务教育课程方案（2022年版）》《基础教育课程改革纲要》《中小学综合实践活动课程指导纲要》为依据，按照义务教育目标和少年儿童的发展特点与需要，按照本校承担的重庆市教育科学规划课题《慧生课堂的实践研究》的关于培养"五智慧生命"核心素养目标的总体设计，根据《智慧乐园综合实践活动校本课程》的总体框架，从培养"具有文化知识的智慧生命"角度，开发建设《智慧乐园之文化乐园综合实践活动校本课程》，现对该课程的课程定位、课程背景、课程理念、课程目标、课程内容、课程实施与评价做出统筹规划，制定《文化乐园综合实践活动校本课程》纲要。

一、课程定位

重庆市大足城南东序学校开发的《文化乐园综合实践活动校本课程》是一门培养学生的"五智慧生命"核心素养，落实立德树人目标的综合实践活动课程。本课程从学生的兴趣爱好、真实生活和发展需要出发，从生活情境中发现问题，家庭、学校和社会共同提供资源，转化为活动主题，通过诵读、体验等方式，在学习和生活中发展学生的文化知识，厚积文化底蕴，培养正确的人生观、价值观、世界观，形成良好品德，整合"人文底蕴、科学精神"的核心素养，培养"有文化知识的智慧生命"，发展"文化智慧"，发展文化基础核心素养，最终达到培养德智体美劳全面发展的社会主义建设者和接班人的目标。

二、课程背景

世界多元化、经济全球化，国家需要实施人才强国战略，需要落实立德树人的根本任务，深化教育改革和"课堂革命"，推动素质教育全面发展，培养"五智慧生命"，是让教育托起"中国梦"的迫切需要；也是推进语文课程改革，实施大课堂、大课程、大教育的需要；还是培养学生终身学习能力、语言文字能力等必备品格、关键能力和正确的价值观等核心素养的需要；更是学校落实"为民育好人，为国造良才"的办学目标，培养具有"认知智慧、文化智慧、实践智慧、身心智慧、审美智慧"的"五智慧生命"，推进慧生课堂的实践研究，是把重庆市大足区城南东序学校建设成一所"与社会发展相适应的、有深厚文化底蕴的、独具特色的一流现代化示范学校"的迫切需要。

三、课程理念

重庆市大足区城南东序学校确立培养"五智慧生命"的育人目标，希望通过《文化乐园综合实践活动校本课程》的开发和实施，加强课程建设，推进课程改革，深化教学改革，培养学生的文化基础、自主发展、社会参与等核心素养，完成新时代教育"为民育好人，为国造良才"的历史使命。同时也希望用这个校本课程来打造学校的教育特色。

（一）育人目标上坚持核心素养导向，充分发挥阅读课程的育人功能

《文化乐园综合实践活动校本课程》围绕立德树人这一根本任务，立足培养学生的核心素养，以识字与写字、阅读与鉴赏、表达与交流、理解与探究等语文实践活动为主线，综合培养语文学科核心素养，达成"培养学生的阅读兴趣，热爱祖国语言文字；提升学生的阅读与表达能力，提高语言文字能力，养成良好的阅读与表达习惯；发展思维能力，审美能力，积淀文化底蕴，促进学生德智体美劳全面发展"的育人目标。

（二）实施方式上坚持人本导向，促进学生全面、健康、可持续发展

《文化乐园综合实践活动校本课程》在实施方式上，变知识的传授和记忆为语言主体的主动实践运用；变学生单向的、被动的接受知识为"师生互动、生生互动"的多向互动的自主、合作、探究式学习；变"师本课堂"为"生本课堂"，鼓励学生主动阅读、思考、表达、质疑、应用、创新，在语言实践中学习语言，发展语言文字能力和思维能力，积淀文化底蕴，促进学生全面、健康、可持续发展。

（三）实施方法上坚持以兴趣导向，增强阅读课程学习的内驱力

儿童天生具有交谈或交流、探究或发现、制作或建造以及艺术表现四种本能的需要，这四种本能的需要是儿童行动的内在动力源泉。《文化乐园综合实践活动校本课程》在实施方法上坚持以兴趣导向，让儿童先表现交流、探究、发现、创造的欲望，然后通过提问、点拨和建议等策略，引导他们认识自己已经做过的事，还需要做什么，以及通过阅读掌握更多更广的知识，从而将其一步一步逐渐引导到语文学科知识的学习上来。学生将会深切地认

识到所学知识的价值和社会意义，学生的学习将会是自然的、有动力的、牢固而且有效的。

（四）实施过程上坚持发展性导向，增强阅读课程的阶段性

《文化乐园综合实践活动校本课程》在实施过程上，坚持遵循儿童发展的阶段性规律，针对不同年龄段学生，选择不同的阅读内容，围绕阶段性目标，以不同的、螺旋上升的阅读主题为指导，整合阅读内容、情景、方法和资源等要素，设计阅读任务群，驱动学生阅读，进行语言文字实践运用，实施分层阅读指导，逐步发展语言文字能力、思维能力、积淀文化底蕴。

（五）实施策略上坚持整合性导向，强化学科融合的大教育观

《文化乐园综合实践活动校本课程》在实施策略上坚持整合性导向，围绕不同主题，精选文质兼美的经典范文，引导学生阅读。文化乐园校本课程鼓励教师发挥各自特长，特别是那些综合知识丰富、在某方面有特长的教师，由他们选定、编写课程读本，坚持家、校、社三方面资源整合，实施生活化阅读，引导学生跨学科阅读，并在现实生活中实践运用，培养学生综合素养，促进学生全面发展。《文化乐园综合实践活动校本课程》倡导老师不再天天教教材，而是主动去阅读，去做教学探索；走向儿童阅读课程化，开展班级共读和自主阅读；走向更广泛的人文阅读、科学阅读，从校园阅读走向亲子阅读和更广泛的社会阅读，实施大课程、大课堂、大教育。

四、课程目标

（一）总体目标

学校开设《文化乐园综合实践活动校本课程》，采用"单元合成，整合拓展"的结构方式，分为低段、中段、高段精选课程内容，每个段分别由童真雅趣、亲近自然、开蒙启智、博学明理、文以言志、正挚情怀六个主题单

元组成，包括低段18篇课文、中段18篇课文、高段18篇课文，6个单元主题活动和趣味阅读活动。课程力图达到以下目标：（1）激发诵读经典诗文的兴趣，热爱祖国语言文字。（2）提升学生的阅读与表达能力，提高语言文字能力。（3）发展思维能力，审美能力，积淀文化底蕴，传承中华优秀文化，促进学生德智体美劳全面发展。（4）把学校建成整洁美丽的花园、和谐温馨的家园、师生生长的乐园和浓郁的书香校园，促进学习型社会的建构，建构书香班级、书香家庭、书香校园、书香童年。（5）培养"有文化知识的智慧生命"，培养"文化智慧"，培养人文底蕴、科学精神、学会学习等文化基础核心素养。

（二）阶段目标

1.低段（1—2年级）

【审美情趣】

（1）学习用普通话正确、流利、有情感地朗读，学会打着节拍读歌谣。

（2）通过歌谣的诵读，激发学生的阅读兴趣，让学生产生对书本的亲近感，体会语言文化，发展审美情趣。

【亲近自然】

（1）学习正确、流利、有情感地朗读古诗和现代诗，初步学习诗歌朗读的节奏和韵律，体会诗歌与平常说话的不同。

（2）反复诵读，能够自然地背诵出简单的经典诗文，体会语言文化，发展审美情趣。

【开蒙启智】

（1）学习正确、流利、有情感地朗读经典段落作品。

（2）了解古代的歌谣。初步了解古人的生活方式，了解礼仪孝道、人伦生存。

（3）学习以动物、植物为主题的经典作品，引导学生对自然、生命的认知与关注。

（4）初步了解《声律启蒙》，感受汉语言的节奏变化。

【人伦礼仪】

（1）学习正确、流利、有情感地朗读文学作品。

（2）初步接触和了解国学经典文学作品，了解礼仪孝道、人伦生存。

（3）在经典的反复诵读中，引导学生体会作品所传递的道理。

【文以言志】

（1）学习正确、流利、有情感地朗读文学作品。

（2）在朗读中感受语言的优美、声调的韵律、节奏的变化。

（3）了解作品所传递的情感，对感兴趣的人物、事情，说出自己的想法和感受，并乐于跟人分享、交流，培养家国情怀，学会学习。

【家国情怀】

（1）学习正确、流利、有情感地朗读文学作品。

（2）引导学生在朗读中感受文章的人文情怀、家国情怀，让学生对"家国"有初步的认知。

2.中段（3—4年级）

【审美情趣】

（1）用普通话正确、流利、有情感地朗读文学作品，初步掌握诗歌的节奏和韵律。

（2）在诵读中感受作品的优美、幽默，让阅读成为快乐体验。

（3）了解小古文这种文学体裁，感受它与现代文不同的韵律，体会语言文化，发展审美情趣。

【亲近自然】

（1）用普通话正确、流利、有情感地朗读文学作品，初步认知词曲的朗读。

（2）通过各种形式的诵读，引导学生在作品中去体会对大自然的喜爱和赞美，体会语言文化，发展审美情趣。

（3）结合时令季节，让学生走入大自然，在大自然中学习、观察和记录，学会学习。

【开蒙启智】

（1）用普通话正确、流利、有情感地朗读文学作品。指导学生对小古文的朗读。

（2）熟读成诵。

（3）学习以动物、植物为主题的经典作品，引导学生对自然、生命的认知与关注。

【人伦礼仪】

（1）用普通话正确、流利、有情感地朗读文学作品。

（2）熟读成诵。引导学生自助自学，学会学习，了解礼仪孝道、人伦生存。

（3）鼓励学生在课余时间，利用互联网查找与课本相关的文学作品，自主进行海量阅读。

【文以言志】

（1）用普通话正确、流利、有情感地朗读文学作品，熟读成诵。

（2）感受作品中生动的形象和优美的语言，引导学生展开想象，进行仿写。

（3）了解作品所传递的情感，对感兴趣的人物、事情，说出自己的想法和感受，乐于跟人分享、交流，并写下自己的感言，培养家国情怀，学会学习。

【家国情怀】

（1）用普通话正确、流利、有情感地朗读文学作品，熟读成诵。

（2）关心作品中人物的命运与喜怒哀乐，积极与他人交流自己的阅读感受，培养家国情怀，学会学习。

3.高段（5—6年级）

【审美情趣】

（1）用普通话正确、流利、有情感地朗读1000字以上的文学作品，能够背诵500字以上的作品。

（2）感受作品所表达的童真雅趣。结合自己的童年生活，仿照自己喜爱的诗文，写出自己的童年趣事，体会语言文化，发展审美情趣。

【亲近自然】

（1）用普通话正确、流利、有情感地朗读1000字以上的文学作品，能够背诵自己所喜欢的作品。

（2）能根据作品中的语言描述，感受大自然的美好画卷，并用自己的语言描述出来，体会语言文化，发展审美情趣。

（3）结合时令季节，仔细观察一处景物，根据自己学过的描述方式，写下来。

【开蒙启智】

（1）用普通话正确、流利、有情感地朗读1000字以上的文学作品，对自己喜爱的一本书能够在较短的时间内完成阅读。

（2）以课本的学习进度为依据，寻找相关的书籍、文章进行阅读，扩大自己的阅读视野。

（3）小组合作，或者与要好的朋友合作，制作一份中国古代名人名言手抄报，或者举行一次名人名言主题活动，分享自己所掌握的古人智慧，了解礼仪孝道、人伦生存。

【人伦礼仪】

（1）用普通话正确、流利、有情感地朗读1000字以上的文学作品，能够完成自己喜爱的长篇小说阅读。

（2）形成一定的自助自学能力。

（3）鼓励学生对所学习的事情或人物发表看法，进行辩论，并写下自己的认识，了解礼仪孝道、人伦生存。

【文以言志】

（1）用普通话正确、流利、有情感地朗读1000字以上的文学作品，对自己喜爱的书籍能够坚持阅读。

（2）能够阅读不同类型（文学、历史、科普等）的作品。

（3）了解作品所传递的信息，对感兴趣的人物、事情、技术，写下自己的感想，培养家国情怀，学会学习。

【家国情怀】

（1）关心作品中人物的命运与喜怒哀乐，积极与他人交流自己的阅读感受。

（2）知道通过作者、作品的背景资料，去了解、认识当时的社会状况，并理解作者的思想、作品意图。

（3）联系自己的生活状态，谈谈如何体现一个人的人文情怀、家国情怀。

五、课程内容

（一）课程内容的主题维度

本课程内容采用"单元合成，整合拓展"的结构方式，分为低段、中段、高段。每个段分别由童真雅趣、亲近自然、开蒙启智、博学明理、文以言志、正挚情怀六个主题组成，传承中华优秀文化，培养"有文化知识的智慧生命"，发展"文化智慧"，发展文化基础核心素养。

审美情趣：选取亲近孩子生活的经典诗歌、儿歌、童谣、韵文等，感受儿童的天真烂漫，无忧雅趣。

亲近自然：选取经典古诗、优美的现代诗歌、散文，让孩子感受大自然的无穷魅力。

开蒙启智：选取经典的古文短语、诗词骈赋、韵文，让孩子感受中华文化的魅力，开启求知的大门。

人伦礼仪：选取经典的文章、段落，给孩子以启迪，帮助孩子博闻广识，明辨事理。

文以言志：选取经典励志文章，激励孩子奋发有为，追求远大理想和美好志向。

家国情怀：通过对名家名篇的欣赏，激发孩子的家乡、家国情怀。

每个主题单元，设计配备了单元诗词秀活动。通过朗诵、诗配画、飞花令、诗词舞蹈、诗词创作等活动，激发诗词学习兴趣，积累诗词文化，表达所思所想，跨学科融合，多形式、多路径整合，发展对诗词的理解能力和表达能力，发展思维能力，培养正确的价值观，厚积文化底蕴。低段以诵读为主，以背诵促进阅读。通过故事、译文了解文句意思，并能按照一定的韵律诵读，用朗诵、诗配画、飞花令促进学生阅读积累，展示学生的阅读理解。

中段贵在坚持和积累，用朗诵、诗配画、飞花令、诗词舞蹈培养诗词阅读兴趣，积累背诵古诗词，交流表达自己的理解。高段用朗诵、诗配画、飞花令、诗词舞蹈、诗词创作等跨学科融合活动，适当地进行拓展，培养学生对诗词的理解能力和表达能力。单元诗词秀活动设计的重点，是通过多种形式的活动，实施跨学科的整合，培养学生学习背诵古诗词的习惯，培养古诗词的阅读理解能力和表达能力，厚积文化底蕴，具有引导性，前瞻性，整合性。

每个单元还设计了趣味阅读活动，这是对主题单元部分的补充，特别是学习兴趣浓厚、学习能力相对富裕的孩子，使他们有更多的学习内容和学习材料，对他们在课堂上的学习也是一个巩固和扩展。

（二）课程内容的单元构成

《文化乐园综合实践活动校本课程》内容的单元构成如表1。

表1：《文化乐园综合实践活动校本课程》低、中、高段篇目

目标	单元主题	低段课文篇目	中段课文篇目	高段课文篇目
文化智慧（文化基础）	审美情趣	1.《出塞》王昌龄	1.《牧童》吕岩	1.《元日》王安石
		2.《春夜喜雨》杜甫	2.《观游鱼》白居易	2.《游山西村》陆游
		3.《咏鹅》骆宾王	3.《花影》苏轼	3.《声声慢》李清照
		单元诗词秀活动：朗诵、诗配画、飞花令、诗词舞蹈、诗词创作，单元趣味阅读活动		
	亲近自然	4.《天净沙·秋思》马致远	4.《竹里馆》王维	4.《江南》汉乐府
		5.《山居秋暝》王维	5.《暮江吟》白居易	5.《滁州西涧》韦应物

续表

目标	单元主题	低段课文篇目	中段课文篇目	高段课文篇目
文化智慧（文化基础）	亲近自然	6.《敕勒歌》	6.《采莲曲》王昌龄	6.《赋得古原草送别》白居易
		单元诗词秀活动：朗诵、诗配画、飞花令、诗词舞蹈、诗词创作，单元趣味阅读活动。		
	开蒙启智	7.《盘古开天地》	7.《桃花溪》张旭	7.《无题》李商隐
		8.《马诗》李贺	8.《晚春二首·其一》韩愈	8.《送杜少府之任蜀州》王勃
		9.《巴东三峡歌》无名氏	9.《秋词》刘禹锡	9.《书愤》陆游
		单元诗词秀活动：朗诵、诗配画、飞花令、诗词舞蹈、诗词创作，单元趣味阅读活动。		
	人伦礼仪	10.《长歌行》（节选）	10.《剑客》贾岛	10.《过零丁洋》文天祥
		11.《明日歌》钱福	11.《偶成诗》朱熹	11.《游子吟》孟郊
		12.《论语·学而第一》	12.《诫子书》诸葛亮	12.《芙蓉楼送辛渐》王昌龄
		单元诗词秀活动：朗诵、诗配画、飞花令、诗词舞蹈、诗词创作，单元趣味阅读活动。		
	文以言志	13.《白梅》王冕	13.《早寒江上有怀》孟浩然	13.《短歌行》曹操
		14.《次北固山下》王湾	14.《将进酒》李白	14.《饮酒》陶渊明
		15.《劝学》荀子	15.《卜算子·咏梅》毛泽东	15.《满江红》岳飞
		单元诗词秀活动：朗诵、诗配画、飞花令、诗词舞蹈、诗词创作，单元趣味阅读活动。		
	家国情怀	16.《杂诗》王维	16.《春望》杜甫	16.《水调歌头》苏轼

续表

目标	单元主题	低段课文篇目	中段课文篇目	高段课文篇目
文化智慧（文化基础）	家国情怀	17.《夜雨寄北》李商隐	17.《春江花月夜》张若虚	17.《赤壁怀古》苏轼
		18.《客中行》李白	18.《对酒》秋瑾	18.《少年中国说》梁启超
		单元诗词秀活动：朗诵、诗配画、飞花令、诗词舞蹈、诗词创作，单元趣味阅读活动。		

六、课程实施

（一）课程实施的基本原则

1. 系列性原则

《文化乐园综合实践活动校本课程》在内容选择和组织材料时兼顾注重主题的多维性与文化的系统性，并且在具体的活动过程中注重程序性和层次性。

2. 整合性原则

《文化乐园综合实践活动校本课程》是对国家课程和地方课程的补充、延伸和拓展，既具有一定的独立性，又与国家课程和地方课程密切相关。因此，其活动的开展需要注重目标、资源、方法手段、形式等方面的整合，围绕主题开展跨学科、多形式整合性学习，与学生日常生活相整合，使系列活动更深入，更有利于促进学生全面发展。

3. 针对性原则

结合少年儿童的生活实际，及时把握学生在活动与生活中生成的主题，创造性地就近取材，综合发掘学生喜闻乐见的资源，使活动主题的核心经验更突出，更富针对性和适切性。

4. 发展性原则

随着人类生活的发展与进步，阅读雏鹰校本课程需要不断选择、拓展、更新课程资源，以顺应少年儿童的身心发展特点，培养学生的创造性精神、实践能力和审美意识。

5. 探究性原则

《文化乐园综合实践活动校本课程》在选择与组织活动材料时，充分考虑有利于学生展开探究活动，有利于学生探究思维的发展。

（二）课程实施的组织形式

《文化乐园综合实践活动校本课程》的实施途径是以校园为中课堂的教学为主，教室为小课堂的教学为辅，以社区场域、自然环境为大课堂的教学为补充。因此，其课程的实施具有多种形态、多种层次的组织形式。

1. 课堂教学

充分发挥课堂教学主渠道的作用，同时将《文化乐园综合实践活动校本课程》与语文、思品、综合实践等学科相结合，注重学科整合与渗透。各个年级段制定诵读计划，安排专人将每周（天）的诵读内容写在专栏上，语文老师负责检查落实。鼓励学生利用节假日、寒暑假，坚持学习，每天诵读三十分钟。对于一些生僻字的认读，语文老师要做适当的指导。

2. 诗词秀文化节活动

学校每学期开展一次诗词秀文化节活动，举行"五个一"活动，促进师生开展诗词学习。一台诗歌艺术主题晚会，一次诗歌知识讲座，一次诗歌教学研讨活动，一场师生诗词秀（各校组织，采用朗诵、接龙、飞花令、诗词创作、诗词配画、书法、剪纸、配曲、舞蹈等形式），一堂优秀诗歌教学课（各校组织，每位语文教师必须上一堂体现慧生课堂理念的有创意的诗歌课）。

3. 经典诵读主题活动

与学校的教育教学活动有机融合，创造性地开展丰富多彩的活动。充分利用读书日、儿童节、故事会、手抄报、文化墙、开学典礼、毕业典礼、生日庆典等时机，进行诵读展示、阅读表演、征文比赛等活动。

4. "手牵手"亲子诵读活动

开设"家庭经典诵读时刻"，动员孩子的父母或者其他监护人，在家庭生活中，安排一定的时间，与孩子一起进行亲子阅读。家校合作，推动阅读的种子在孩子、在家庭中生根发芽。

七、课程评价

（一）评价的标准

《文化乐园综合实践活动校本课程》不同于一般语文阅读课程，它通过教师引导提高学生的诵读文学作品的积极性，丰厚学生的文化底蕴，提升学生的人格素养，遵行循序渐进的原则，逐步提升学生文化底蕴。

1. 读音方面

诵读时忠实于原作品，不添字、不漏字、不改字，准确把握普通话的声韵调、音变、轻声、儿化和多音字等，消除误读和方音。

2. 基调方面

在教师的引导下，根据作者的情绪运变和情感趋势、作品的风格、主题、结构、语言，从而产生朗读经典所应有的真实的情感、鲜明的态度，表达出内在的律动。

3. 技巧方面

能初步把握朗读的停顿、重音、语速、语调等，熟读成诵，呈现自己的诵读风格。

4.创意表达方面

能够用语言、绘画、舞蹈等多种方法表达自己对古诗词的理解感悟。

(二) 评价方法

1.从班级整体进行评价

(1) 阅读示范班：星级评价法

制定星级评价标准，各年段参加学校的阅读示范班的星级评价。每学期对各班的课外阅读学习情况进行统一检查，统一评比，对优胜班级进行奖励。

(2) 阅读篇目：抽查评价法

学校每月对各个年段进行一次要求阅读的内容的抽查。各班在自行阅读的基础上，每月抽查一次。学校每学期评选"书香班级"。

2.从教师个人进行评价

对教师的评价坚持激励为主，注重过程，关注差异原则。重点关注教师所具备的关于《文化乐园综合实践活动校本课程》的专业知识、教学活动、设计实施、反思改进能力等，帮助教师发现实施中的问题，并引导教师对自身的教育行为进行反思调整，促进教师教学水平的提高。每学期评选"书香教师"。

3.从学生个人进行评价

对学生发展的评价主要关注三个方面：学生所获取的有关《文化乐园综合实践活动校本课程》的知识与技能、过程与方法、情感态度与价值观。主要采用课堂观察法、知识竞赛法、作品展示法，考查学生"文化基础""文化智慧"等综合素养的形成，一是常态性经典诵读的过程评价，直接在诵读书中加"☆"或用"A、B、C、D"等级表示。二是在班级中开展诵读擂台赛，评选诵读小能手，参加学校诵读擂台活动，每学期评选出一定比例的

"书香少年"。三是在班级中开展诵读表演、诵读故事等,形成班级特色,开辟诵读成果展示,鼓励全体学生参与,每学期评选出一定比例的"书香班级"。四是为了充分调动家长,体现"手牵手"亲子阅读的效果,每学期根据孩子和家长的阅读参与情况,颁发"书香家庭"荣誉称号。

《智慧乐园之实践乐园综合实践活动校本课程》纲要

李永春　王　佳

为全面贯彻党的教育方针，坚持教育与生产劳动、社会实践相结合，引导学生深入理解和践行社会主义核心价值观，充分发挥中小学综合实践活动课程在立德树人中的重要作用，以《中共中央国务院关于深化教育教学改革全面提高义务教育质量的意见》《中共中央国务院关于全面加强新时代大中小学劳动教育的意见》《深化新时代教育评价改革总体方案》，教育部颁布的《义务教育课程方案（2022年版）》《基础教育课程改革纲要》《中小学综合实践活动课程指导纲要》为依据，按照义务教育目标和少年儿童的发展特点与需要，按照本校承担的重庆市教育科学规划课题《慧生课堂的实践研究》的关于培养"五智慧生命"核心素养目标的总体设计，根据《实践乐园综合实践活动校本课程》的总体框架，从培养"能实践创新的智慧生命"角度，开发建设《智慧乐园之实践乐园综合实践活动校本课程》，现对该课程的课程定位、课程背景、课程理念、课程目标、课程内容、课程实施与评价做出统筹规划，制定《实践乐园综合实践活动校本课程》纲要。

一、课程定位

重庆市大足城南东序学校开发的《实践乐园综合实践活动校本课程》是一门培养学生的"五智慧生命"核心素养，落实立德树人目标的综合实践活动课程。本课程从学生的兴趣爱好、真实生活和发展需要出发，从生活情境中发现问题，家长和师生和社区、社会共同提供资源转化为活动主题，通过观察、操作、猜想、验证、归纳、应用等方式开展实践探究活动，在学习和生活中要发展学生的实践能力和创新能力，培养学生"会实践、会创新、会合作"的核心能力，培养"能实践创新的智慧生命"，发展"实践智慧"，达成培养实践创新、科学精神、责任担当等社会参与核心素养的目标，最终达到培养德智体美劳全面发展的社会主义建设者和接班人的目标。

二、课程背景

世界多元化、经济全球化，国家需要实施人才强国战略，需要落实立德树人的根本任务，深化教育改革和"课堂革命"，推动素质教育全面发展，培养"五智慧生命"，是让教育托起"中国梦"的迫切需要；也是推进数学等学科课程改革，实施大课堂、大课程、大教育的需要，还是培养学生终身学习力、思维力、实践力等必备品格、关键能力和正确的价值观等核心素养的需要，更是学校落实"为民育好人，为国造良才"的办学目标，培养具有"认知智慧、文化智慧、实践智慧、身心智慧、审美智慧"的"五智慧生命"，推进"慧生课堂"的实践研究，是把重庆市大足区城南东序学校建设成一所"与社会发展相适应的、有深厚文化底蕴的、独具特色的一流现代化示范学校"的迫切需要。

三、课程理念

重庆市大足区城南东序学校确立培养"五智慧生命"的育人目标，希望通过《实践乐园综合实践活动校本课程》的开发和实施，加强科学、劳动、综合实践、信息技术等课程的建设，推进课程改革，深化教学改革，发展学生的实践能力和创新能力，培养学生"会实践、会创新、会合作"的核心能力，培养"能实践创新的智慧生命"，发展"实践智慧"，达成培养实践创新、科学精神、责任担当等社会参与核心素养的目标，完成新时代教育"为民育好人，为国造良才"的历史使命。同时也希望用我们的校本课程来打造我们学校的教育特色。

（一）学习目标上坚持"五智慧生命"的素养导向

《实践乐园综合实践活动校本课程》在学校"五智慧生命"核心素养目标导向下，强调通过观察、操作、猜想、验证、归纳、应用等方式，开展实践探究活动，在学习和生活中要发展学生的实践能力和创新能力，培养学生"会实践、会创新、会合作"的核心能力，培养"能实践创新的智慧生命"，发展"实践智慧"，达成培养实践创新、科学精神、责任担当等社会参与核心素养的目标，借以落实培养"全面发展的人"这一核心素养总目标。

（二）学习方式上坚持探究式学习的方法导向

探究式学习是培养学生实践能力和创新能力的重要途径。《实践乐园综合实践活动校本课程》整合科学、劳动、综合实践、信息技术等课程内容，形成整合性的综合实践课程内容，向学生提供充分的探究式学习的机会，引导学生亲历实践探究的过程。同时，在课程中采用多种形式的教学方法，如讲述、示范、操作、讨论、探究、总结、运用、创新，利用广泛存在于学校、家庭、社会、大自然、网络和各种媒体中的多种资源进行实践性、探究性学习，发展学生的实践力。

（三）实施策略上坚持学科整合的融合导向

《实践乐园综合实践活动校本课程》在实施策略上坚持学科整合的方法，围绕实践能力"两意识、四基本、八能力"的目标维度，设计"项目实践""创意实践""探究实践"三大板块的内容，整合生活资源，实施跨学科、项目式、主题式的整合教学，培养学生的探究性学习能力，发展实践能力和创新能力，培养实践创新、科学精神、责任担当等社会参与核心素养，促进学生全面发展。

（四）实施对象上坚持全体发展的全纳导向

《实践乐园综合实践活动校本课程》坚持全体学生都得到不同的发展。每一孩子都是独特的生命个体，慧生课堂学习活动中，每个学生都应得到公平的教育机会，得到展现生命历程的机会，得到彰显生命个性的机会，"尊重学生、相信学生、依靠学生"，让每个学生都热爱生活，富有科学精神，学会实践创新，具有责任担当，得到全面发展。

（五）实施过程上坚持全程育人的教育理念

《实践乐园综合实践活动校本课程》，是一门具有实践性、综合性、发展性的课程，开好这门课必须让学生经历观察、操作、猜想、验证、归纳、运用、创新等探究性学习过程，必须开发课内与课外、校内与校外资源，在教室小课堂、学校中课堂、社会大课堂中去实践，经历项目式、主题式探究学习过程，以达到培养实践创新、科学精神、责任担当等社会参与核心素养的目的。

四、课程目标

《实践乐园综合实践活动校本课程》是以培养"五智慧生命"为目标，具体来说，就是整合科学、劳动、综合实践、信息技术等学科课程内容，构建实践乐园综合实践活动校本课程内容，通过"项目实践""创意实践""探究实践"三大板块内容的学习，以培养学生的实践意识和社会责任感，形成基本的实践知识、基本的实践技能、基本的实践经验、基本的实践精神，培养发现问题、提出问题、分析问题、解决问题的能力，培养实践能力、创新能力、合作能力和沟通能力，培养学生"会实践、会创新、会合作"的核心能力，培养"能实践创新的智慧生命"，发展"实践智慧"，达成培养实践创新、科学精神、责任担当等社会参与核心素养的目标。

具体目标：

1.培养两个意识：

①实践意识：就是要在生活中有参与生产劳动、实践活动的兴趣和愿望。

②社会责任感意识：有用劳动实践改变自我、改变社会、改造世界的积极观念。

2.四基：

①基本的实践知识是指通过在生活实践和生产劳动中掌握科学文化知识，遵循科学规律开展实践劳动。

②基本的实践技能是指掌握实践工具的使用、操作技术等基本的劳动实践的技能。

③基本的实践经验是指在生产劳动、生活实践中积累资源分布、信息获取与选择、方法选择、反思改进等基本的实践经验。

④基本的实践精神指在生产劳动、生活实践中积累遵循规律、坚持不懈、吃苦耐劳、勇于挑战、敢于担当、勇于创新等品格。

3.八能：

①发现问题的能力：关注生活、关注社会、关注自然，能从中发现问题。

②提出问题的能力：从自然、生活、社会现象中发现问题，并提出问题。

③分析问题的能力：能用所学知识和科学的方法分析自然、生活、社会

现象中的问题。

④解决问题的能力：能用所学知识和科学的方法解决自然、生活、社会现象中的问题。

⑤实践能力：人参与生产劳动、实践活动改造世界的现实能力。

⑥创新能力：特定主体为达成任务目标而提出的新颖且实用的理念、想法、程序或者事物的能力。

⑦合作能力：人与人相互支持、协同完成任务、达成目标的能力。

⑧沟通能力：通过交流达到相互理解、相互包容、相互协作的能力。

五、课程内容

（一）课程内容的主题维度

《实践乐园综合实践活动校本课程》分别从"项目实践""创意实践""探究实践"三个板块入手，选择具体的课程内容以培养学生的实践意识和社会责任感，形成基本的实践知识、基本的实践技能、基本的实践经验、基本的实践精神，培养发现问题、提出问题、分析问题、解决问题的能力，培养实践能力、创新能力、合作能力和沟通能力，培养学生"会实践、会创新、会合作"的核心能力，培养"能实践创新的智慧生命"，发展"实践智慧"，达成培养实践创新、科学精神、责任担当等社会参与核心素养的目标。

（二）课程内容的单元构成

《实践乐园综合实践活动校本课程》分别从项目实践、创意实践、探究实践三个板块入手，培养学生的"两意识（实践意识、社会责任感意识）""四基（基本的实践知识、实践技能、实践经验、实践精神）""八能（发现问题、提出问题、分析问题、解决问题、实践、创新、合作、沟通能力）"，培养学生"会实践、会创新、会合作"的核心能力，培养"实践创新、科学精神、责任担当"等社会参与核心素养。内容体系表如表1。

表1：《实践乐园综合实践活动校本课程》内容体系表

板块	单元主题内容	课时内容	操作要点	素养目标
项目实践	第一单元："艾"的世界	第1课：识艾草	认识艾草的外形、药用价值、发展历史	两意识、四基
		第2课：种艾草	种艾草的知识、亲历劳动过程	四基
		第3课：艾生活	制作艾条、体验艾灸	四基八能
		第4课：颂艾草	画艾草、歌艾草、舞艾草、诗艾草	四基八能
	第二单元：神奇的鸡蛋	第1课：识蛋	认识鸡蛋的结构，蛋变鸡、生活价值，各种各样的蛋	四基
		第2课：护蛋	科学探究：用各种方法保护鸡蛋从高处摔下而不破；体育游戏：运送鸡蛋	四基八能
		第3课：用蛋	劳动实践：制作各种蛋的美食、蛋壳艺术品	两意识、四基八能
		第4课：颂蛋	创编蛋蛋历险记、画蛋、歌蛋、蛋蛋舞	两意识、四基八能
	第三单元：家蚕	第1课：识家蚕	认识家蚕的生长过程、文化历史、生活价值、家蚕基因知识	两意识、四基
		第2课：养家蚕	经历养家蚕过程，制作家蚕自然笔记，家蚕养殖创新	两意识、四基八能
		第3课：颂家蚕	诵读颂蚕的诗文，制作介绍家蚕发展的手抄报，进行蚕文化主题歌舞活动	两意识、四基八能
	第四单元：花	第1课：识花	观察和解剖花，认识一朵花的结构，认同花、果实、种子的重要意义，并爱花。	两意识、四基
		第2课：种花	家校有土种植花，水培花卉	四基八能
		第3课：花的秘密	探究花变色的秘密，花语秘密	四基八能

续表

板块	单元主题内容	课时内容	操作要点	素养目标
项目实践	第四单元：花	第4课：用花	插花制作，干花制作	两意识、四基八能
		第5课：赏花	诵读花的古诗词，飞花令活动，花文化书画展览、主题歌舞活动。	两意识、四基八能
	第五单元：线类钩编	第1课：认识线类钩编	认识线、钩针、生活中的各种线类钩编产品	两意识
		第2课：线类钩编技法	认识掌握锁针、环形起针、短针、长针、中长针、长长针、引拔针等技法	两意识、四基八能
		第3课：线类钩编符号	认识钩针符号说明	两意识、四基八能
		第4课：做线类钩编作品	平面小爱心、耳朵发绳	两意识、四基八能
		第5课：做线类钩编作品	发夹底片、向日葵、太阳花、白雪公主发夹	两意识、四基八能
		第6课：做线类钩编作品	泡芙花、蝴蝶结、花朵发夹、长耳兔拖鞋	两意识、四基八能
创意实践	第六单元：水果电池	水果电池	了解原理，制作水果电池，并让小灯泡发光	两意识、四基八能
	第七单元：剪纸	剪纸	了解剪纸文化、技法，创作剪纸作品	两意识、四基八能
	第八单元：扎染	扎染	了解扎染文化、技法，创作扎染作品	两意识、四基八能
	第九单元：陶艺	陶艺	了解陶艺文化、技法，创作陶艺作品	两意识、四基八能
	第十单元：科技模型	科技模型	制作科技模型，制作航模，制作建筑模型作品	两意识、四基八能

续表

板块	单元主题内容	课时内容	操作要点	素养目标
探究实践	第十一单元：校园植被	校园植被调查	了解校园植被情况，制作校园绿化平面图，保护标语，开展除草活动	两意识、四基八能
	第十二单元：垃圾处理调查	家乡垃圾处理调查	调查了解家乡垃圾分类收集、处理的情况，制作统计图表，撰写报告，提出建议方案，开展宣传保护活动	两意识、四基八能
	第十三单元：家乡水资源调查	家乡水资源调查	调查了解家乡水资源情况，制作统计图表，撰写报告，拟定保护建议方案，开展宣传保护活动	两意识、四基八能
	第十四单元：大足五金产业发展调查	大足五金产业发展调查	调查大足五金产业发展情况，撰写报告，拟定乡村产业振兴建议方案，开展宣传活动	两意识、四基八能
	第十五单元：大足石刻文化保护调查	大足石刻文化保护调查	调查大足石刻保护情况，撰写报告，制作海报，宣传大足石刻文化，促进文旅产业发展	两意识、四基八能

六、课程实施

（一）实施原则

1.生本性原则

《实践乐园综合实践活动校本课程》的实施要充分体现以学生为本的思想。一方面，要从学生个性发展的需要入手，把最具教育性、迁移性和生长性的内容纳入教学活动中，促进学生全面发展。另一方面，教学环节的设计要牢牢切合学生的心理特点和认知水平。课程开发的最终目的是培养学生、发展学生。如果课程得不到学生的认同和接受，不能引起学生的学习兴趣，只能变成一堆没有价值的信息。

2.科学性原则

校本课程的实施必须坚持科学性原则。一方面，校本课程开发要遵循学生的个体发展规律，这样才能促进学生的全面发展。首先，要意识到学生发展的渐进性，在教学活动中不能急于求成，要循序渐进地促进学生的发展；其次，要关照学生发展的阶段性，抓住学生在这一年龄段的心理特征、主要矛盾与发展任务，并根据这些特点灵活运用合理的教学方法，进行有针对性的教育；最后，要尊重学生的个别差异性，针对学生的不同发展水平因材施教，促进学生个性发展。另一方面，校本课程的实施需要以一定的科学理论作为指导，其中，建构主义与人本主义这两大教育理论的参与能为校本课程的科学开展提供坚实的理论基础。只有真正掌握好理论，才能把这一理论贯彻到校本课程的实施开发中去。

3.整合性原则

《实践乐园综合实践活动校本课程》坚持学科整合的方法，围绕实践能力"两意识、四基本、八能力"的目标维度，设计"项目实践""创意实践""探究实践"三大板块的内容，整合生活资源，实施跨学科、项目式、主题式的整合教学，培养学生的探究性学习能力，发展实践能力和创新能力。

4.特色性原则

本课程从课程设计到课程实施，都不是国家课程和其他学校校本课程的翻版和复制。课程根据地域特点、学校文化传统和教师的资源优势，开发出既符合课标精神，又体现学校实情的独具特色的课程。《实践乐园综合实践活动校本课程》中富含着有价值的科学、劳动、综合实践、信息技术等课程教学资源，饱含校园文化特色，在校本课程实施中，教师要在教学活动的各个环节体现"校本"特色，在课内与课外活动中展现独一无二的创意与优势。

（二）具体措施

创设良好的教学气氛，激发学生的学习积极性。老师要结合学生兴趣特征，把内容设计得丰富有趣，难易适中。以实验、活动推进课程，采用任务驱动的方式开展教学。

体现教师是学生学习活动的组织者，引导者与合作者的角色。这门课程需要的材料、实验较多，要求上课老师认真备课准备，学校要提供相应的物质条件。

向学生提供充分的项目实践、创意实践、探究实践的机会和时间，可以向外延伸这门课程，充分利用校内外的资源。如家长进课堂、专家进课堂、志愿者进课堂等，与校外专门机构合作，学校提供必要的条件，聘请校外辅导员进学校。

重在培养学生科学学习的兴趣和良好习惯。科学的思想方法，科学的学习方法要重视。对于学习效果不仅重视结果，还要重视过程。

学校搭建平台，给学生以展示的机会。学校定期开展如"项目学习成果展示会""科技节""创意大赛""科技模型比赛""STEAM活动"等活动。

七、课程评价

（一）评价的原则

1.正面评价的原则

评价重在发现和肯定学生所蕴藏的潜能，所表现出的闪光点，鼓励学生每一步的想象，激励和维持学生在学习中的积极性和主动性。

2.重视过程的原则

重视在过程中的评价，关注学生在过程中的参与、体验情况，强调引导学生改进学习态度、方法和效果。

3.重视体验的原则

关注学生在学习过程中所获得的感悟和体验，而不是被动地接受别人所传授的经验，能够进行创新。

（二）评价的标准

我们从实践能力的"两意识、四基、八能"三个主题内容维度，按照经历项目实践过程中的表现来评价学生的"实践意识和社会责任感意识，基本的实践知识，基本的实践技能，基本的实践经验，基本的实践精神，发现问题、提出问题、分析问题、解决问题的能力，实践能力，创新能力，合作能力和沟通能力"的发展水平，评价课程育人效果，具体实施"优良中差四级评星"计分，采取"自我、同伴、教师、家长四主体"参与评价，计算综合平均分，评价学生的《实践乐园综合实践活动校本课程》的育人水平。具体量表见表2。

表2：《实践乐园综合实践活动校本课程》的育人水平

"四维四级四体"评价量表

评价内容	评价标准					自评	互评	家长评	教师评	总评
		优★★★	良★★	中★	较差★					
两意识	1.有主动参与劳动实践的意识	很好	较好	一般	差					
	2.有社会责任感意识	很好	较好	一般	差					
四基	基本实践知识	3.掌握项目的文化知识	很好	较好	一般	差					
		4.了解项目的实施流程	很好	较好	一般	差					

续表

评价内容	评价标准		优★★★★	良★★★	中★★	较差★	自评	互评	家长评	教师评	总评
四基	基本实践技能	5.掌握项目操作方法、流程、技艺	很好	较好	一般	差					
		6.能解决项目中的问题	很好	较好	一般	差					
	基本实践经验	7.能反思项目实践的优缺点，快速有效地决策、行动	很好	较好	一般	差					
	基本实践精神	8.具有遵循规律、坚持不懈、吃苦耐劳、勇于挑战、敢于担当、勇于创新等品格	很好	较好	一般	差					
八能		9.能较好地发现问题、提出问题、分析问题、解决问题	很好	较好	一般	差					
		10.具有熟练的实践操作能力	很好	较好	一般	差					
		11.具有创意实践的创新能力	能清晰地阐述	认识较清晰	认识一般	认识欠佳					
		12.具有较好的合作意识、合作能力，与人协作共进	方法适当	方法不最优	方法不清晰	没有方法					
		13.掌握沟通技能，能管控情绪，能够较好地与人沟通	很好	欠佳	一般	无法表述					
合计											

总分能达到31—48颗星的，属于学习能力较强的学生；总分能达到19—30颗星的学生学习能力一般，总分在18颗星以下的属于学习能力差的学生。

（三）评价的方法

1. 教师观察法

指教师在自然状态下，有目的、有计划地观察学生在日常学习、生活及活动中表现出来的情感、态度、价值观；认知与技能；行动与表现等，并记录下来，以此评价学生。

2. 描述性评语

在与学生进行充分交流的基础上，用描述性语言对学生在一段时间内的表现、态度、能力和行为等写成评语，以鼓励学生巩固进步，修正不足，继续努力。

3. 观察日志

学生自我观察，并相互观察彼此在活动中表现出来的情感、态度、能力和行为，将它们记录下来，作为学生评价自己或相互评价的依据，教师定期查阅。

4. 作品分析

对学生调查、反思、收集的资料或其他作品进行分析、归纳、整理，从而获得学生的实践意识、实践能力发展水平及倾向等。

《智慧乐园之身心乐园综合实践活动校本课程》纲要

李 爽 沈 彦

为全面贯彻党的教育方针，坚持教育与生产劳动、社会实践相结合，引导学生深入理解和践行社会主义核心价值观，充分发挥中小学综合实践活动课程在立德树人中的重要作用，以《中共中央国务院关于深化教育教学改革全面提高义务教育质量的意见》《中共中央国务院关于全面加强新时代大中小学劳动教育的意见》《深化新时代教育评价改革总体方案》，教育部颁布的《义务教育课程方案（2022年版）》《基础教育课程改革纲要》《中小学综合实践活动课程指导纲要》为依据，按照义务教育目标和少年儿童的发展特点与需要，按照本校承担的重庆市教育科学规划课题《慧生课堂的实践研究》的关于培养"五智慧生命"核心素养目标的总体设计，根据《智慧乐园综合实践活动校本课程》的总体框架，从培养"能反思改变的智慧生命"角度，开发建设《智慧乐园之身心乐园综合实践活动校本课程》，现对该课程的课程定位、课程背景、课程理念、课程目标、课程内容、课程实施与评价做出统筹规划，制定《身心乐园综合实践活动校本课程》纲要。

一、课程定位

重庆市大足城南东序学校开发的《身心乐园综合实践活动校本课程》是一门培养学生的"五智慧生命"核心素养，落实立德树人目标的综合实践活动课程。课程从学生的兴趣爱好、真实生活和发展需要出发，从生活情境中发现问题，家长和师生和社区、社会共同提供资源，转化为活动主题，通过校本化的项目式、主题式、沉浸式的学习活动，以运动能力、健康行为、健康心理、体育品德等核心素养培养为具体目标，通过深化体育教学改革，转变教学观念，全面把握"教会、勤练、常赛"的内涵与要求，使其成为常态化、规范化、系统化的教学组织模式，打造高质量的体育、心理健康课堂，使学生在形成健康心理、安全意识、养成健康的生活方式、掌握体育知识技能、增强体质、健全人格诸方面得到全面提升，培养学生"会反思、会生活、会健体"的核心能力，培养"能反思改变的智慧生命"，发展"身心智慧"，达成培养健康生活、学会学习等自主发展核心素养的目标，最终达到培养德智体美劳全面发展的社会主义建设者和接班人的目标。

二、课程背景

依据《体育与健康课程标准》理念和《智慧乐园综合实践活动校本课程》的总体框架开发《身心乐园综合实践活动校本课程》，是全面贯彻党的教育方针，落实立德树人根本任务的需要；也是树立"健康第一"教育理念，强化"学科推进、活动培育、文化熏陶"，结合本校实际和地方特色深化体育教学改革，构建我校科学有效的体育、心理健康课程教学新模式的需要；还是帮助学生掌握1至2项运动技能，促进本校学生运动能力、健康行为、健康心理、体育品德等核心素养的形成，培养"五智慧生命"，推动素质教育全面发展的需要；更是倡导全民健身，倡导健康生活方式，为实现"健康中国""体育强国"的需要；更是推进"慧生课堂"的实践研究，把重庆市大足区城南东序学校建设成一所"与社会发展相适应的、有深厚文化底蕴的、独具特色的一流现代化示范学校"的迫切需要。

三、课程理念

重庆市大足区城南东序学校确立培养"五智慧生命"的育人目标,希望通过《身心乐园综合实践活动校本课程》的开发和实施,加强体育课程建设,推进课程改革,深化教学改革,发展学生运动能力、健康行为、健康心理、体育品德等体育核心素养,培养学生"会反思、会生活、会健体"的核心能力,培养"能反思改变的智慧生命",发展"身心智慧",达成培养健康生活、学会学习等自主发展核心素养的目标,完成新时代教育"为民育好人,为国造良才"的历史使命。

(一)坚持健康第一的教育理念

《身心乐园综合实践活动校本课程》坚持健康第一的教育理念,以身体训练为主线,以增强体质为目标,体育与心育结合,体育与健康整合,充分健身育人,形成健康与安全意识、养成健康的生活方式、掌握体育与心理健康的知识技能、增强体质、健全人格。

(二)坚持生为主体的教育理念

《身心乐园综合实践活动校本课程》通过创设丰富多彩的生活情景,实施以生为本的教学方式,采用游戏、模拟表演、竞赛等活动化学习方式,引导学生主体主动学习,把教师的讲解、示范,同学生的自主练习、合作探究融合,帮助学生形成积极心理品质与安全意识,养成健康的生活方式,坚持体育锻炼,培养身心健康、体魄强健、品格优秀、全面发展的学生。

(三)坚持教育是点燃生命的教育理念

教育就是点燃生命,唤醒自我。兴趣是体育锻炼的根本动力和终身喜爱的必要前提。在教学中,要根据学生身心发展规律,以丰富多彩的教学内容和生动活泼的教学形式,开展整合性、主题式、沉浸式体育活动,激发学生兴趣，培养运动能力、健康行为、健康心理、体育品德。

（四）坚持"一体化"教学理念

《身心乐园综合实践活动校本课程》实施"学科推进、活动培育、文化熏陶"的一体化教学方式，全面提高教学质量。"学科推进"就是要遵循体育、心理健康的教学规律，结合学生发展特点与水平，合理把握循序渐进、因材施教、分层教学，教会学生心理健康知识、基本运动技能、专项运动技能。"活动培育"就是依据健康心理品质、运动技能形成规律，结合不同项目、不同场地器材条件等，开展丰富的活动，及时培养积极心理品质、运动能力。可以在课内的教学时，根据体育教学内容合理组织每堂课上的教学比赛，结合体育课堂教学组建班队，要周周打比赛；也可以是全校体育比赛，以赛促练，使学生更加牢固地掌握专项运动技能，培养学生的体育与健康素养；还可以是组建校队，参与区县、地市、省等多级联赛，发现具有运动天赋的学生，注重培养其发展体育特长，为竞技体育输送人才。开展团体辅导、心理训练、问题辨析、情境设计、角色扮演、游戏辅导、心理情景剧、专题讲座等专门的心理健康教育活动，培养健康心理。"文化熏陶"就是要举办运动会、艺术节、心理健康咨询日等，构筑起全民健身的氛围，构筑起人人关注心理健康的育人环境，培养学生的运动能力、健康行为、健康心理、体育品德，使学生学会学习和生活，正确认识自我，提高自主自助、自我教育、自我改变的能力，增强调控情绪、承受挫折、适应环境的能力，培养学生健全的人格和良好的个性心理品质。

（五）坚持学科整合为路径

在实施策略上坚持学科整合的路径，围绕培养学生运动能力、健康行为、体育品德的目标，精选体育与健康课程中的内容，引导学生经历体育锻炼的过程，整合生活资源，实施跨学科、项目式、主题式的整合教学，培养学生的运动能力、健康行为、体育品德等体育素养，形成心理健康与安全意识、养成健康的生活方式、掌握知识技能、增强体质、健全人格，培养学生"会反思、会生活、会健体"的核心能力，培养"能反思改变的智慧生命"，发展"身心智慧"，达成培养健康生活、学会学习等自主发展核心素养的目标。

四、课程目标

《身心乐园综合实践活动校本课程》是以培养"五智慧生命"为目标，具体来说，就是整合体育与心理健康课程内容，通过"运动技能""心理健康知识"两大板块内容的学习，培养学生的运动能力、健康行为、健康心理、体育品德等体育素养，培养学生"会反思、会生活、会健体"的核心能力，培养"能反思改变的智慧生命"，发展"身心智慧"，最终达成培养健康生活、学会学习等自主发展核心素养的目标。

具体目标：

运动能力，通过相关主题单元的学习让学生提高身体素质，掌握运动知识，提高运动技能，增强体能和运动敏捷性、协调性、持久性。

健康行为，通过长期的体育与心理健康训练，形成注重心理健康与安全运动行为，学会学习，学会运动，学会改变，形成健康生活方式。

健康心理，通过学科渗透、心理辅导、活动培育、文化熏陶等途径，让学生学会学习和生活，正确认识自我，提高自主自助、自我教育、自我改变的能力，增强调控情绪、承受挫折、适应环境的能力，培养学生健全的人格和良好的个性心理品质。

体育品德，本课程通过体育课、体育训练和体育竞赛活动培养学生的集体荣誉感，塑造活泼开朗、与人为善、团结协助、遵守规则等良好品格，顽强拼搏、积极进取、勇敢坚毅的意志品质，促进学生身心健康与人格健全。

五、课程内容

（一）课程内容的主题维度

《身心乐园综合实践活动校本课程》分别从"运动技能、心理健康品质"两大板块内容入手，选择具体的课程内容，培养学生"会反思、会生活、会健体"的核心能力，培养学生的运动能力、健康行为、健康心理、体育品德等体育素养，最终培养出"能反思改变的智慧生命"，发展"身心智慧"，最终达成培养健康生活、学会学习等自主发展核心素养的目标。

（二）课程内容的单元构成

《身心乐园综合实践活动校本课程》分别从"运动技能""心理健康品质"两大板块内容入手，分12个单元，21个课题，培养学生"会改变、会生活、会健体"的核心能力，培养学生的运动能力、健康行为、健康心理、体育品德等体育素养，最终培养出"能反思改变的智慧生命"，发展"身心智慧"，最终达成培养健康生活、学会学习等自主发展核心素养的目标。课程具体内容如表1。

表1：《身心乐园综合实践活动校本课程》内容体系表

板块	单元主题内容	课时内容	操作要点	素养目标
1.运动技能	第1单元：篮球	第1课：运球	原地运球、三点式传接球	运动能力、健康行为、健康心理、体育品德
		第2课：篮球规则	篮球规则	
		第3课：三人篮球	三人篮球对抗练习	
	第2单元：足球	第4课：球性球感	脚底揉球；花式踩球；脚弓倒球；双脚踩拉球；倒球+滑球；脚背推拉；脚弓推拉；倒球+侧身推拉	
		第5课：运球	脚背正面、外侧、内侧直线运球；脚背正面、内侧、外侧传球，行进间两人脚弓传接球	
		第6课：射门	脚背内侧、外侧打门	
		第7课：五人制足球规则与练习	五人制足球比赛规则与练习	
	第3单元：田径	第8课：快速跑	掌握快速跑的起跑、冲刺等技巧以及安全事项	
		第9课：耐久跑	掌握耐久跑的起跑、冲刺等技巧以及安全事项	
		第10课：急行跳远	掌握急行跳的起跑、腾空等技巧以及安全事项	
	第4单元：跳绳	第11课：单人跳	跳绳概述、并脚跳、踏步跳	
		第12课：单人跳复杂动作	交叉直摇、侧甩交叉单摇跳、基本双摇跳、交叉双摇跳、侧甩直甩双摇跳、交叉双摇跳	
		第13课：双人花样	两人一绳协同跳和一带一，车轮摇	
	第5单元：五子棋	第14课：五子棋	五子棋规则、技法、对抗	
	第6单元：象棋	第15课：中国象棋	中国象棋历史、规则、技法、对抗	

续表

板块	单元主题内容	课时内容	操作要点	素养目标
2.心理健康品质	第7单元：专注	第16课：专注	包括专注、有序、勤奋、主动等心理品质培养	运动能力、健康行为、健康心理、体育品德
	第8单元：智慧	第17课：智慧	包括谨慎、明辨、创意、智慧等心理品质培养	
	第9单元：节制	第18课：节制	包括节俭、勤劳、真诚、宽容等心理品质培养	
	第10单元：勇敢	第19课：勇敢	包括勇敢、爱国、责任、坚持等心理品质培养	
	第11单元：仁爱	第20课：仁爱	包括诚实、友善、感恩、怜悯等心理品质培养	
	第12单元：公平	第21课：公平	包括守时、尊重、热情、守信等心理品质培养	

六、课程实施

（一）课程实施的基本原则

1.健康第一原则

《身心乐园综合实践活动校本课程》遵循《义务教育体育与健康课程标准》"健康第一"的原则，通过体育教学的方式，以及学校体育锻炼活动的开展，来提高学生的运动能力、健康行为、健康心理、体育品德。

2.因材施教原则

为了实现"将一切知识教给一切人"的人文主义教育目标，《身心乐园综合实践活动校本课程》坚持因材施教的基本原则。具体来说就是要根据受教育对象的身体健康状况、体育基础、体育运动兴趣和爱好以及现有体育基础设施等各种因素，确立教学目标、选择教学内容和教学方法并加以实施。

3.身心协调发展原则

《身心乐园综合实践活动校本课程》必须坚持贯彻身心协调发展原则，培养德智体全面发展的人。要坚持身心协调，教学重点不仅放在学生身体层面，更应关注学生的心理层面，帮助学生形成健全的人格与良好的社会适应能力。我们既要促进学生身体形态的改变和身体技能的提升，又要对学生的心理、情感、意志品质等产生良好的正迁移和影响。

4.知识技能并重原则

《身心乐园综合实践活动校本课程》以学生的直接身体运动体验来获取体育知识和培养体育技能，通过实践感悟来训练、调节、塑造积极心理品质。应当将知识传授与技能培养融为一体，既不能忽略基础知识的传授与掌握，也不能仅仅停留在口头上，而应当将其内化为锻炼身体、自我改变的能力，帮助学生培养运动能力、健康行为、健康心理、体育品德。

5.整合性原则

《身心乐园综合实践活动校本课程》，是对国家课程和地方课程的补充、延伸和拓展，既具有一定的独立性，又与国家课程和地方课程密切相关。因此，其活动的开展需要注重目标、资源、方法手段、形式等方面的整合，与学生日常生活相整合，同时也是体育与心理健康等学科的整合，使系列活动更深入，更有利于促进学生发展。

（二）课程实施的组织形式

《身心乐园综合实践活动校本课程》的实施途径是以校园为中课堂的教学为主，教室为小课堂的教学为辅，以社区场域、自然环境为大课堂的教学为补充，因此，其课程的实施具有多种形态、多种层次的组织形式。

1.开展课堂教学活动

充分发挥课堂教学主渠道的作用，在课程辅助课、课后服务课开设身心乐园思维课程社团课，将《身心乐园综合实践活动校本课程》与体育、心理健康等学科相结合，进行学科整合的实施。各个年级段制订教学计划，在课堂教学中激发运动兴趣，掌握运动知识，发展运动能力、健康行为、体育品德。

2. 开展运动会活动

与学校的教育教学活动有机融合，创造性地开展丰富多彩的活动。充分利用运动会等时机，进行训练、比赛等实践活动，促进学生运动能力、健康行为、健康心理、体育品德的发展。

3. 开展"手牵手"亲子思维活动

开设家庭"手牵手"亲子体育锻炼活动，动员孩子的父母或者其他监护人，在家庭生活中，安排一定的时间，与孩子一起进行亲子体育锻炼，培养运动能力、健康行为、健康心理、体育品德的发展。

4. 开展"慧生心理咨询室"活动

心理咨询室个别辅导是学生积极心理品质发展的重要途径。学校建立慧生心理咨询室，推出了"心理咨询预约卡""彩虹信箱"方便同学们咨询，还可以根据实际需要主动约见求助的同学；还可以开展电话咨询和信函咨询。并且，每月一次给校长汇报学生心理健康预警信息，提出改进学校工作的意见和建议。

七、课程评价

打破以往只对运动技术、体质健康等某一方面进行评价的弊端，更加注重"知识、能力、行为、心理"综合评价指标体系的建立。为增加评价方式的便捷性、评价结果的精准性，鼓励引入人工智能等评价方式。

体育知识评价。主要是对体育知识、健康知识等的评价，建立知识测评题库，通过试卷纸笔测试、线上网络测试、随堂口头测试、组织开展活动测试等相结合的方式实施。小学侧重情境式测试，初中和高中可多采用主题式测试。

运动能力评价。主要包含基本运动能力评价和专项运动能力评价。基本运动能力评价按照各学段必修必学的基本运动技能确定评价内容；专项运动能力评价可依据专项运动技能学习结构化内容确定评价内容，特别要注重对学生运用知识的能力以及比赛能力的评价。

健康行为评价。注重对学生健康行为和体育品德的评价，鼓励利用大数据平台实施体育家庭作业制度，重点评价学生体育锻炼行为与习惯的养成，实现对日常锻炼情况的过程性评价；通过组织各项体育比赛，充分把握学生的体育品德，尤其要强化对团结协助、勇于拼搏等优良品格的评价。

健康心理评价。对学生的健康心理的24个积极心理品质采取李克特5点记分法进行评价。24个积极心理品质包括专注、有序、友善、诚实、感恩、真诚、责任、坚持、主动、守时、忠诚、宽容、勤奋、创意、热情、明辨、谨慎、勇敢、守信、节俭、尊重、怜悯、勤劳、智慧。达到30—59分为一般，60—89分为良好，90—120分为优秀。

学校按照整合体育知识、运动能力、健康行为、健康心理四方面的评价，按照"优良中差四级评星"给学生计分，采取"自我、同伴、教师、家长四主体"参与评价，计算学生的综合平均分，评价《身心乐园综合实践活动校本课程》的育人水平，并将学生评价纳入任课教师的考核评价之中。

《智慧乐园之审美乐园综合实践活动校本课程》纲要

卢　婷　周灵佳

为全面贯彻党的教育方针，坚持教育与生产劳动、社会实践相结合，引导学生深入理解和践行社会主义核心价值观，充分发挥中小学综合实践活动课程在立德树人中的重要作用，以《中共中央国务院关于深化教育教学改革全面提高义务教育质量的意见》《中共中央国务院关于全面加强新时代大中小学劳动教育的意见》《深化新时代教育评价改革总体方案》，教育部颁布的《义务教育课程方案（2022年版）》《基础教育课程改革纲要》《中小学综合实践活动课程指导纲要》为依据，按照义务教育目标和少年儿童的发展特点与需要，按照本校承担的重庆市教育科学规划课题《慧生课堂的实践研究》的关于培养"五智慧生命"核心素养目标的总体设计，根据《智慧乐园综合实践活动校本课程》的总体框架，从培养"能创美达美的智慧生命"角度，开发建设《智慧乐园之审美乐园综合实践活动校本课程》，现对该课程的课程定位、课程背景、课程理念、课程目标、课程内容、课程实施与评价做出统筹规划，制定《审美乐园综合实践活动校本课程》纲要。

一、课程定位

重庆市大足城南东序学校开发的《审美乐园综合实践活动校本课程》是一门培养学生的"五智慧生命"核心素养，落实立德树人目标的综合实践活动课程。课程从学生的兴趣爱好、真实生活和发展需要出发，从生活情境中发现问题，家长和师生和社区、社会共同提供资源转化为活动主题，通过校本化的主题式、沉浸式的学习活动，认识美、理解美、表现美、欣赏美、创造美，在学习和生活中培养学生的审美知识、审美能力，感悟艺术美、文化美、科学美、思维美、劳动美、品德美、健康美，培养学生"会审美"的核心能力，培养"能创美达美的智慧生命"，发展"审美智慧"，达成培养人文底蕴、实践创新、责任担当等自主发展核心素养的目标，最终达到培养德智体美劳全面发展的社会主义建设者和接班人的目标。

二、课程背景

世界多元化、经济全球化，国家需要实施人才强国战略，需要落实立德树人的根本任务，深化教育改革和"课堂革命"，推动素质教育全面发展，培养"五智慧生命"，是让教育托起"中国梦"的迫切需要；也是推进艺术课程改革，实施大课堂、大课程、大教育的需要；还是培养学生终身学习力、思维力、实践力等必备品格、关键能力和正确的价值观等核心素养的需要；更是学校落实"为民育好人，为国造良才"的办学目标，培养具有"认知智慧、文化智慧、实践智慧、身心智慧、审美智慧"的"五智慧生命"，推进"慧生课堂"的实践研究，把重庆市大足区城南东序学校建设成一所"与社会发展相适应的、有深厚文化底蕴的、独具特色的一流现代化示范学校"的迫切需要。

三、课程理念

重庆市大足区城南东序学校确立培养"五智慧生命"的育人目标，希望通过《审美乐园综合实践活动校本课程》的开发和实施，加强艺术课程建设，推进课程改革，深化教学改革，发展学生的审美知识和审美能力，培养学生"会审美"的核心能力，培养学生的文化基础、自主发展、社会参与等核心素养，完成新时代教育"为民育好人，为国造良才"的历史使命。同时也希望用我们的这个校本课程来打造我们学校的教育特色。

（一）以学生为主体

教育要培养高素质的学生群体，就必须落实学生的主体地位，让学生主动参与、自主发展，激发他的主观能动性，从而挖掘其自身的潜能，培养他的创新实践能力。因此，学生不仅是《审美乐园综合实践活动校本课程》最终的接受者，更应该视其为《审美乐园综合实践活动校本课程》的参与者和建设者。

（二）以兴趣爱好为动力

兴趣是学习的根本动力和终身喜爱的必要前提。在教学中，要根据学生身心发展规律，以丰富多彩的教学内容和生动活泼的教学形式，开展整合性、主题式、沉浸式审美活动，激发学生兴趣，丰富精神生活，提升审美情趣，提高审美能力。

（三）以创作实践为核心

本课程强调学生的艺术创作实践，积极引导学生参与各项艺术活动，让学生走进艺术，获得审美体验，增强审美能力，培养学生良好的合作意识和团队精神，发展学生的想象力，增强学生的创造意识。

（四）以学科整合为路径

在实施策略上坚持学科整合的路径，围绕审美能力发展的各个维度，精选语文、艺术课程中的培养审美能力的内容，引导学生经历的活动过程，整合生活资源，实施跨学科、沉浸式、主题式的整合教学，培养学生认识美、理解美、表现美、欣赏美、创造美的能力，培养审美知识和审美能力，培养"会审美"的综合素养，促进学生全面发展。

（五）立足民族放眼世界

审美文化是人类文明的宝贵财富，小学生作为中华民族的未来的传承人和接班人，肩负着传承与发展审美的使命；在学习本民族文化的同时要对不同民族的文化予以尊重，以开阔的视野学习世界其他国家和民族的艺术文化，理解艺术的多样性，发展"会审美"的能力。最终培养出"能创美达美的智慧生命"，发展"审美智慧"，达成培养人文底蕴、实践创新、责任担当等自主发展核心素养的目标。

四、课程目标

《审美乐园综合实践活动校本课程》是以培养"五智慧生命"为目标，具体来说，就是整合语文、艺术课程内容，通过"音乐美""绘画美""文化美""科学美""劳动美""健康美"六大板块内容的学习，以培养学生的审美兴趣、审美知识、审美能力，审美文化等方面的审美能力，最终培养出"能创美达美的智慧生命"，发展"审美智慧"，达成培养人文底蕴、实践创新、责任担当等自主发展核心素养的目标。

具体目标：

审美兴趣，通过相关主题单元的学习让学生对美好事物感兴趣，热爱生活，热爱生命。

审美知识，通过相关主题单元的学习，让学生了解相关主题的美学知识，理解美学原理。

审美能力，通过相关主题单元的学习，让学生具有认识美，理解美，欣赏美，表现美，创造美的能力。

审美文化，通过相关主题单元的学习，树立正确的美学观，了解美学文化知识，形成各美其美，美美与共的审美观念，增强文化理解力、包容力。

五、课程内容

（一）课程内容的主题维度

《审美乐园综合实践活动校本课程》分别从"音乐美""绘画美""文化美""科学美""劳动美""健康美"六大板块入手，选择具体的课程内容，让学生"会审美"，培养学生的审美兴趣、审美知识、审美能力，审美文化等方面的审美能力，最终培养出"能创美达美的智慧生命"，发展"审美智慧"，达成培养人文底蕴、实践创新、责任担当等自主发展核心素养的目标。

（二）课程内容的单元构成

《审美乐园综合实践活动校本课程》分别从"音乐美""绘画美""文化美""科学美""劳动美""健康美"六大板块入手，分13个单元，18个课题，培养学生的审美兴趣、审美知识、审美能力、审美文化等方面的审美能力，最终培养出"能创美达美的智慧生命"，发展"审美智慧"，达成培养人文底蕴、实践创新、责任担当等自主发展核心素养的目标。

表1：《审美乐园综合实践活动校本课程》内容体系表

板块	单元主题内容	课时内容	操作要点	素养目标
1.音乐美	第1单元：器乐	第1课：葫芦丝	认识葫芦丝发展历史、演奏方法，演奏经典曲目	审美兴趣、审美知识、审美能力、审美文化
		第2课：民乐演奏	二胡、琵琶、古筝等民乐，演奏经典曲目	
	第2单元：合唱	第3课：合唱	合唱技巧、演唱经典曲目	
2.绘画美	第3单元：儿童画	第4课：儿童画	学习素描、蜡笔画、水彩画、水粉画等内容	
	第4单元：中国画	第5课：水墨画	学习梅兰竹菊、花鸟鱼虫、山水、人物等内容	
3.文化美	第5单元：书法	第6课：书法	学习楷书和隶书的用笔、基本笔画、基本结构，尝试写书法作品	
	第6单元：经典诵读	第7课：经典诵读	诵读经典诗文，感受文化美	
	第7单元：播音主持	第8课：播音主持	普通话基本功训练，学习主持仪态、技巧、演讲等	
4.科学美	第8单元：建筑中的数学	第9课：建筑中的数学	学习了解对称美、比例等数学知识在建筑中的运用	
	第9单元：信息技术与美	第10课：科幻画	学习科幻画制作方法技巧	
		第11课：电脑小报	学习电脑小报制作方法技巧	
		第12课：动漫编程	学习动漫编程知识技能	
5.劳动美	第10单元：手工	第13课：手工	学习折纸花、剪纸、废旧物品利用等手工	
	第11单元：雕塑	第14课：雕塑	学习用超轻粘土制作各种雕塑作品、泥塑	
6.健康美	第12单元：舞蹈	第15课：拉丁舞	学习拉丁舞基本技能，基本曲目表演	
		第16课：民族舞	学习民族舞基本功，基本曲目表演，创编民族舞	
	第13单元：健美操	第17课：健美操	学习健美操、啦啦操等	
		第18课：街舞	学习街舞的基本技巧，基本表演	

439

六、课程实施

（一）课程实施的基本原则

1. 系列性原则

《审美乐园综合实践活动校本课程》在内容选择和组织材料时兼顾注重主题的多元性与艺术的系统性，并且在具体的活动过程中注重程序性和层次性。

2. 实践性原则

《审美乐园综合实践活动校本课程》在选择与组织活动材料时，充分考虑有利于学生实践的创作和演奏活动，有利于学生创新思维的展开与实践中技能的掌握。

3. 针对性原则

结合少年儿童的生活实际，及时把握学生在活动与生活中生成的主题，以及当下艺术的流行趋势，创造性地就近取材，综合发掘学生喜闻乐见的资源，使活动主题的核心经验更突出，更富针对性和适切性。

4. 发展性原则

随着人类生活的发展与进步，艺术雏鹰校本课程需要不断选择、拓展、更新课程资源，以顺应少年儿童的身心发展特点，培养学生的创造性精神、实践能力和审美意识。

5. 整合性原则

《审美乐园综合实践活动校本课程》，是对国家课程和地方课程的补充、延伸和拓展，既具有一定的独立性，又与国家课程和地方课程密切相关。因此，其活动的开展需要注重目标、资源、方法手段、形式等方面的整合，与学生日常生活相整合，同时也是音乐、美术、语文、数学、体育、劳动等学科的整合，使系列活动更深入，更有利于促进学生发展。

（二）课程实施的组织形式

《审美乐园综合实践活动校本课程》的实施途径是以校园为中课堂的教学为主，教室为小课堂的教学为辅，以社区场域、自然环境为大课堂的教学为补充，因此，其课程的实施具有多种形态、多种层次的组织形式。

1.开展课堂教学活动

充分发挥课堂教学主渠道的作用，在课程辅助课、课后服务课开设认知乐园思维课程社团课，将《审美乐园综合实践活动校本课程》与音乐、美术、语文、数学、体育、劳动等学科相结合，进行学科整合的实施。各个年级段制定教学计划，在课堂教学中激发审美兴趣，掌握审美知识，发展审美能力，积累审美文化。

2.开展艺术节活动

与学校的教育教学活动有机融合，创造性地开展丰富多彩的活动。充分利用儿童节、艺术节等时机，进行文艺表演、书画展览等实践活动，促进学生审美能力的发展。

3.开展"手牵手"亲子思维活动

开设家庭"手牵手"亲子审美活动，动员孩子的父母或者其他监护人，在家庭生活中，安排一定的时间，与孩子一起进行亲子互动，培养审美兴趣，掌握审美知识，发展审美能力，积累审美文化。

七、课程评价

（一）从整体进行评价

1.艺术节

学校每学期举行艺术节展演活动，通过合唱比赛、器乐表演、舞蹈表演、书画展览等活动，促进班班参加，人人参与，并评选出优秀的班级、个人作品。每年参加区级赛事活动，与其他学校一起参评。

2.作品展示

学生每课创作一幅作品，学校每期进行一次班级书画作品展，社团文艺节目汇报表演，进行教师社团课程课堂教学考核，评选出优秀作品，进行表彰。

（二）从教师个人进行评价

对教师的评价坚持激励为主，注重过程，关注差异原则。重点关注教师所具备的关于"审美能力"的专业知识、教学活动、设计实施、反思改进能力等，帮助教师发现实施中的问题，并引导教师对自身的教育行为进行反思调整，促进教师教学水平的提高。每学期评选"优秀美育教师"。

（三）从学生个人进行评价

对学生发展的评价主要关注以下方面：学生所获取的有关"审美能力"的审美兴趣、审美知识、审美能力、审美文化发展水平，评价课程育人效果，具体采用课堂观察法、技能竞赛法、作品展示法实施，每学期评选出一定比例的"艺术之星"。同时，鼓励有特长的孩子积极参加学校各项艺术活动，并在期末评选出一定比例的"小小艺术家"。学校按照"优良中差四级评星"给学生计分，采取"自我、同伴、教师、家长四主体"参与评价，计算综合平均分，评价学生的《审美乐园综合实践活动校本课程》的育人水平，并将学生评价纳入任课教师的考核评价之中。

第六编

慧生课堂实践研究之效：
课堂评价篇

慧生课堂怎么评？效果如何？课题组一是依据慧生课堂的"双向三助四环五生"的整体建构，把"双向（面向全体学生、面向学生的未来）""三助（自助、互助、师助的学习方式）""四环节（自助研学—互助探究—师助提高—反思发展）""五生（生活性、生成性、生动性、生长性、生命性）"融入三类课堂教学过程的评价之中，开发了《基于教室的学科小课堂教学评价标准》《基于学校的活动中课堂教学评价标准》《基于社会的实践大课堂教学评价标准》对教学目标的确定、主题内容的选择、教学活动过程的设计、教学方式方法手段的使用、教学效果、教师素养等教学开展过程性评价。二是开展基于证据的课堂评价。课题组开展调查研究，收集获奖成果，对课题研究前期后期开展教师学生问卷调查，用数据说话，实证课题研究的效果，形成了《学校获奖成果统计表》《慧生课堂的实践研究调查报告》。三是开展第三方评价，收集上级管理部门的表彰、媒体的宣传报道。"三维"评价回答"慧生课堂怎么评，效果如何"的问题。

基于过程的课堂评价

李 爽 卢 婷

课题组，依据慧生课堂的"双向三助四环五生"的整体建构，把"双向（面向全体学生、面向学生的未来）""三助（自助、互助、师助的学习方式）""四环节（自助研学—互助探究—师助提高—反思发展）""五生（生活性、生成性、生动性、生长性、生命性）"融入"基于教室的学科小课堂、基于学校的活动中课堂、基于社会的实践大课堂"三类课堂教学评价表之中，对教学目标的确定、主题内容的选择、教学活动过程的设计、教学方式方法手段的使用、教学效果、教师素养等教学开展过程性评价。

一、基于教室的学科小课堂教学评价标准

总体上分"教学目标""教学内容""教学过程""教学效果""教师素质"五大板块，开展过程性评价。具体内容指标见《慧生课堂的实践研究报告》表1：基于教室的学科小课堂教学评价表。

从教学目标板块评价考察"双向（面向全体学生、面向学生的未来）"理念的落实情况，关注教学目标的素养导向，面向学生未来开展教学；关注全体学生的学习与发展；关注目标设计有层次，有梯度。

从教学内容板块，考察教学内容的科学性，关注生本性，符合学生认知规律，容量适度，重难点突出；关注生活性，紧扣教材并适当拓展、延伸，能体现教与学的深度与广度。

表1：基于教室的学科小课堂教学评价表

城南教育集团"慧生课堂"——基于教室的学科小课堂教学评价表		
学校：	授课班级：	授课教师：
学科：	上课时间：	评课人：
课题：		

评价项目	评价指标	得分
教学目标 （10分）	1.目标明确、具体、适切，体现学科核心素养	
	2.面向全体学生，面向学生未来，目标设计有层次，有利于学生个性化思维品质发展	
教学内容 （10分）	1.符合学生认知规律，容量适度，重难点突出	
	2.紧扣教材并适当拓展、延伸，能体现教与学的深度与广度	
教学过程 （50分）	1.教学准备：准备充分，设计合理，恰当运用现代信息技术及多媒体资源开展教学	
	2.课堂流程："自助研学→互助探究→师助提高→反思发展"为基本流程，教学环节科学、完整、清晰、过渡自然	
	3.学习方式：灵活高效运用"慧生课堂"自助（独立自主、反馈及时）、互助（问题有探讨价值，方式灵活，合作有效）、师助（点拨精当、启发思维）的"三助"学习方式	
	4.教学方法：遵循生活性、生成性、生动性、生长性、生命性"五生"原则，灵活运用启发法、讨论法、演示法、练习法、检测法、讲授法等教学方法，注重学法指导，注重思维训练	
	5.课堂情景：具有生活性、生动性，氛围融洽、有序活跃	
	6.学生表现：学习专注、勤于思考、主动积极、展示自信	
教学效果 （20分）	1.目标达成，双基落实：体现学科育人，学生习惯良好	
	2.体现学科核心素养，学生自助学习，合作探究、发现问题、解决问题等能力有所体现或提高	
教师素养 （10分）	遵规守纪、热爱教育、关爱学生、理念先进、素养深厚、表达流利、富有激情、评价得当	
总分		等级
备注：累计得分85分以上为优，75—84分为良，60—74分为中，60分以下为差		

从教学过程板块，考察以"自助研学—互助探究—师助提高—反思发展"为基本流程的四环节教学模式的实施情况，关注教学环节科学、完整、清晰、过渡自然。在学习方式上，关注灵活高效运用"慧生课堂"自助（独立自主、反馈及时）、互助（问题有探讨价值，方式灵活，合作有效）、师助（点拨精当、启发思维）的"三助"学习方式。在教学方法方面，关注遵循生活性、生成性、生动性、生长性、生命性"五生"原则，灵活运用启发法、讨论法、演示法、练习法、检测法、讲授法等教学方法，注重学法指导，注重思维训练，建构灵动的课堂。在课堂情景创设方面，关注生活性、生动性，氛围融洽、有序活跃。在学生表现方面，关注学生学习专注、勤于思考、主动积极、展示自信。

从教学效果板块，关注"目标达成，双基落实；体现学科育人，学生习惯良好；体现学科核心素养，学生自助学习，合作探究、发现问题、解决问题等能力有所体现或提高"。

从教师素养板块，关注教师的师德、教学理念、教学方法，具体从遵规守纪、热爱教育、关爱学生、理念先进、素养深厚、表达流利、富有激情、评价得当等方面进行评价。

二、基于学校的活动中课堂教学评价标准

课题组设计了基于学校的活动中课堂的"三维三级四体"教学评价体系，开展过程性评价。从"活动目标""活动过程""活动效果"三个维度，设计了"一级、二级、三级"三层级发展水平，实施了自我评价、小组评价、家长评价、教师评价四主体参与评价。具体内容指标见《慧生课堂的实践研究报告》表2：基于学校的活动中课堂教学评价标准。

表2：基于学校的活动中课堂教学评价标准

评价项目	评价内容	具体水平刻画			自我评价	小组评价	家长评价	教师评价	合计
^^^	^^^	一星	二星	三星	^^^	^^^	^^^	^^^	^^^
活动目标	目标明确，体现面向全体学生、面向学生的未来，突出"五智慧生命"素养导向	目标明确，基本能面向全体学生，"五智慧生命"素养导向有体现	目标明确，基本能面向全体学生，面向学生的未来，"五智慧生命"素养导向体现较好	目标明确，能够较好地面向全体学生，面向学生的未来，"五智慧生命"素养导向体现好					
活动过程	自助研学：师生活动准备充分，学生能自助研学，预习复习	教师要求不明，学生自助学习不好	教师要求清楚，学生自助学习一般	教师要求清楚，学生自助学习好					
^^^	互助探究：活动实施新颖，有层次，学生互助学习指导落实	活动实施一般，有层次，学生互助学习缺少指导	活动实施较新颖，有层次，学生互助学习指导较落实	活动实施新颖，有层次，学生互助学习指导好					
^^^	师助提高：及时师助，活用教材资源，善用生成资源，巧用生活资源，妙用环境资源，拓展发展综合能力	师助不及时，教材资源运用一般，生成资源运用一般，生活资源运用一般，环境资源运用一般，拓展一般	及时师助，教材资源运用较好，生成资源运用较好，生活资源运用较好，环境资源运用较好，拓展较好	及时师助，教材资源运用好，生成资源运用好，生活资源运用好，环境资源运用好，拓展好					

续表

评价项目	评价内容	具体水平刻画			自我评价	小组评价	家长评价	教师评价	合计
^	^	一星	二星	三星	^	^	^	^	^
活动过程	反思发展	及时归纳总结，评价激励，应用创新	归纳总结不及时，不全面，评价激励不够，应用创新不够	归纳总结及时，较全面，评价激励一般，应用创新一般	归纳总结及时全面，评价激励好，应用创新好				
活动效果	素养发展	"五智慧生命"核心素养培养全面深入，"十会"能力发展好	"五智慧生命"核心素养培养单一，"十会"能力发展一般	"五智慧生命"核心素养培养深入，"十会"能力发展较好	"五智慧生命"核心素养培养全面深入，"十会"能力发展好				
^	成果展示	成果展示丰富，有创意，有美感	成果展示单一，创意不够，有一定的美感	成果展示丰富，有较好创意，有较强的美感	成果展示丰富，有新的创意，有鲜明的美感				
^	反思提高	能反思活动中的不足，不断改进，深化探究	对活动缺少反思，改进方法少，进行后续探究思考不够	对活动有反思，有一定改进方法单，后续探究较深	对活动有反思，改进方法多样，后续探究深入				
总评									

活动目标方面，关注目标明确，体现面向全体学生、面向学生的未来，突出"五智慧生命"素养导向。

活动过程方面，关注"自助研学—互助探究—师助提高—反思发展"的四环节实施效果。自助研学环节关注师生活动准备充分，学生能自助研学，预习复习。互助探究环节关注活动实施新颖，有层次，学生互助学习指导落实。师助提高环节关注及时师助，活用教材资源，善用生成资源，巧用生活资源，妙用环境资源，拓展发展综合能力。反思发展环节关注及时归纳总结，评价激励，应用创新。

活动效果方面，从全面发展、成果展示、反思提高三个方面进行过程性评价。全面发展关注"五智慧生命"核心素养培养全面深入，"十会"能力发展好。成果展示关注展示丰富，有创意，有美感。反思提高关注能反思活动中的不足，不断改进，深化探究。

三、基于社会的实践大课堂教学评价标准

课题组设计了基于社会的实践中课堂的"三维三级四体"教学评价体系，开展过程性评价。从"活动目标""活动过程""活动效果"三个维度建构了评价内容，设计了"一级、二级、三级"三层级发展水平，实施了自我评价、小组评价、家长评价、教师评价四主体参与评价。具体内容指标见《慧生课堂的实践研究报告》表3：基于社会的实践大课堂教学评价标准。

活动目标板块关注"双向""五智慧生命"素养导向的情况。即：目标明确，体现面向全体学生、面向学生的未来，突出"五智慧生命"素养导向。

活动过程板块反映自助研学、互助探究、师助提高、反思发展四环节的实施情况。自助研学环节关注师生活动准备充分，学生能自助研学，预习复习。互助探究环节关注活动实施新颖，有层次，学生互助学习指导落实。师助提高环节关注及时师助，活用教材资源，善用生成资源，巧用生活资源，妙用环境资源，拓展发展综合能力。反思发展环节关注及时归纳总结，评价激励，应用创新。

活动效果板块从"认知智慧""文化智慧""实践智慧""身心智慧""审美智慧"五个维度反映活动效果。认知智慧关注会思考，能主动获取知识，认知结构发展好，提高思维能力。文化智慧关注会学习，会探究。实践智慧关注在社会实践活动中会实践、会创新、会合作。身心智慧关注会改变、会生活、会健体。审美智慧关注会审美，热爱生活、生命，审美知识掌握好，审美能力发展好，审美文化了解多。

表3：基于社会的实践大课堂教学评价标准

评价项目	评价内容	具体水平刻画 一星	具体水平刻画 二星	具体水平刻画 三星	自我评价	小组评价	家长评价	教师评价	合计
实践项目目标	双向	目标明确，体现面向全体学生、面向学生的未来，突出"五智慧生命"素养导向	目标明确，基本能面向全体学生，"五智慧生命"素养导向有体现	目标明确，基本能面向全体学生，面向学生的未来，"五智慧生命"素养导向体现较好	目标明确，能够较好地面向全体学生，面向学生的未来，"五智慧生命"素养导向体现好					
实践项目实施过程	自助研学	师生活动准备充分，学生能自助研学，预习复习	教师要求不明，学生自助学习不好	教师要求清楚，学生自助学习一般	教师要求清楚，学生自助学习好					

451

续表

评价项目	评价内容	具体水平刻画 一星	具体水平刻画 二星	具体水平刻画 三星	自我评价	小组评价	家长评价	教师评价	合计
实践项目实施过程	互助探究 活动实施新颖，有层次，学生互助学习指导落实	活动实施一般，有层次，学生互助学习缺少指导	活动实施较新颖，有层次，学生互助学习指导较落实	活动实施新颖，有层次，学生互助学习指导好					
	师助提高 及时师助，活用教材资源，善用生成资源，巧用生活资源，妙用环境资源，拓展发展综合能力	师助不及时，教材资源运用一般，生成资源运用一般，生活资源运用一般，环境资源运用一般，拓展一般	及时师助，教材资源运用较好，生成资源运用较好，生活资源运用较好，环境资源运用较好，拓展较好	及时师助，教材资源运用好，生成资源运用好，生活资源运用好，环境资源运用好，拓展好					
	反思发展 及时归纳总结，评价激励，应用创新	归纳总结不及时，不全面，评价激励不够，应用创新不够	归纳总结及时，较全面，评价激励一般，应用创新一般	归纳总结及时全面，评价激励好，应用创新好					

续表

评价项目	评价内容	具体水平刻画			自我评价	小组评价	家长评价	教师评价	合计
		一星	二星	三星					
实践项目实施效果	认知智慧	会思考，能主动获取知识，认知结构发展好，提高思维能力	不会思考，思考兴趣低，获取知识少，没有形成认知结构，思维能力提升少	用思考方法思考一般，有思考兴趣，获取知识多，形成初步的认知结构，思维能力发展一般	会用思考方法思考，有思考兴趣，获取知识多，认知结构发展好，思维能力发展好				
	文化智慧	会学习，会探究	人文底蕴积淀一般，科学精神培养不够，学会学习不够	人文底蕴积淀较好，科学精神培养一般，学会学习一般	人文底蕴积淀好，科学精神培养好，学会学习好				
	实践智慧	在社会实践活动中会实践、会创新、会合作	在社会实践活动中围绕主题实践探究不够，合作不够，没有创新成果	在社会实践活动中围绕主题实践探究一般，有合作，有创新成果	在社会实践活动中围绕主题实践探究较好，会合作，创新成果较好				

续表

评价项目	评价内容	具体水平刻画			自我评价	小组评价	家长评价	教师评价	合计
		一星	二星	三星					
实践项目实施效果	身心智慧	会改变、会生活、会健体	调控情绪情感一般，积极向上，健康的生活行为习惯不好，心理健康，运动能力发展不好	能够调控情绪情感，积极向上，具有健康的生活行为习惯，心理健康，运动能力发展一般	能够调控情绪情感，积极向上，具有健康的生活行为习惯，心理健康，运动能力发展好				
	审美智慧	会审美	热爱生活、生命，审美知识掌握一般，审美能力发展一般，审美文化了解少	热爱生活、生命，审美知识掌握较好，审美能力发展较好，审美文化了解一般	热爱生活、生命，审美知识掌握好，审美能力发展好，审美文化了解多				
总评									

基于证据的课堂评价

刘倩倩　罗　洁

一、学校获奖成果统计表

学校、教师、学生参与国家、市区各级各类活动获奖情况如表1所示。学校连续四年获得大足区教育质量奖一等奖。在近4年中，学校、教师、学生累计获得市、区级以上奖项548项，其中，获得国家级奖项54项，市级奖178项，区级奖316项，编写专著1本，发表论文1篇，论文获奖18篇。学校各部门秉持慧生课堂"智慧生命"的行为文化，力争上游，在科技教育、艺术教育、体育教育、少先队建设、养成教育等方面取得丰硕成果，助推了学校特色发展。

表1：重庆大足城南东序学校获奖情况统计表

级别 年度	学校 国家级	学校 市级	学校 区级	教师 国家级	教师 市级	教师 区级	学生 国家级	学生 市级	学生 区级	累计
2019—2020		6	11	2	6	8	44	5	15	97
2020—2021		7	12		21	50		24	26	140
2021—2022		5	10	4	42	38	1	18	51	169
2022—2023		4	14	1	17	45	2	23	36	142
合计		22	47	7	86	141	47	70	128	548

二、《慧生课堂的实践研究调查报告》

重庆市大足城南东序学校课题组 执笔人：周娟

为了实证慧生课堂的实效性，我们用调查法对教师和学生开展问卷调查，用数据实证慧生课堂在促进学生核心素养发展、教师转变教学方式方面的实效，形成了《慧生课堂的实践研究》调查报告。

（一）调查基本情况

在本课题即将进行全面结题之际，就整个课题研究过程中的调查情况报告如下：

1. 调查的背景

《慧生课堂的实践研究》是重庆市大足城南东序学校承担的重庆市教育科学"十三五"规划2020年度一般规划课题，课题批准号：2020-19-566号。2020年10月，课题组对我校学生进行了实验前期调查，通过征集意见、分类整理等一系列活动过程，制定出符合我校实际的"双向三助四环五生"教学策略，研究出了有效的慧生课堂实践策略成果。经过三年左右的精心实施，我校学生的学习能力已经取得较为明显进步，身心得以健康发展。为进一步了解我校学生取得的成果和存在的主要问题，经课题组研究，2023年6月，再次利用2020年10月编制的调查问卷内容对进行实验研究的年级和班级进行追踪调查。

2. 调查的目的

苏联科学家曾说过：在未得出结论之前，对待任何事物要观察、观察，再观察。《慧生课堂的实践研究》是重庆市大足城南东序学校承担的重庆市教育科学"十三五"规划2020年度一般规划课题，进入了结题阶段，在整个研究过程中，从实验前测到成果分析，我们都根据需要进行了多层次多方位的情况调查，对收集反馈的情况和数据进行整理分析，参考调查情况对课题研究的实施过程与预期目标进行调控，从而使本课题研究能顺利开展，并达到较为理想的研究目的。开展调查的目的是：

（1）了解实验后我校小学生学习能力的现状

（2）了解教师慧生课堂"双三助四环五生"策略的实施情况

（3）对开展慧生课堂的实践研究的情况对比分析，实证研究效果

（4）面对慧生课堂的实践研究中出现的问题所采取的应对策略

3.问卷设计的思路与结构

课题组为了全面了解我校承担重庆市"十三五"规划课题《慧生课堂的实践研究》以来的现状，了解研究中出现的问题，探索解决问题的方法和策略，分析和总结开展慧生课堂的实践研究的效果对比，为课题的顺利结题提供理论和实践素材。本课题调查问卷由学校教科室和课题组组长联合制定，由课题组根据需要在不同的阶段在需要的范围内进行调查，调查问卷包含实验教师问卷、学生问卷，共两次书面问卷调查，涉及师生不同层面。

4.问卷设计说明

本问卷是以慧生课堂的实践研究的"双三助四环五生"策略的整体框架为指导，设计了一套调查问卷，包括学生调查问卷、教师调查问卷，针对学生和教师的课堂教学问题进行分析。问卷的设计思想、内容和形式都通过学校课题组多次讨论，并根据专家意见对原有设计进行完善和修改。

教师的调查问卷主要测试四个方面的内容：一是教师落实慧生课堂教学理念的情况（第1至4题），二是教师实施慧生课堂教学方法策略的情况（第5至8题），三是慧生课堂教学效果水平的情况（第9至11题），四是教师对慧生课堂教学策略的改进建议（第12题）。

学生的调查问卷主要测试三个方面的内容：一是学生课前预习情况（第

1至4题）；二是学生课堂学习情况（第5至8题）；三是学生的学习能力水平情况（第9至12题）。

5.测查的方法与过程

课题组对参与本课题研究的所有教师和参与学生进行不记名的情况调查。对教师进行书面问卷式调查，调查结果直接交学校教科室；对教师开展慧生课堂的实践研究出现的问题通过教师座谈会、沙龙交流等形式进行问题调查与收集，由课题组进行归纳整理；对学生的调查通过实验前的三年级240名学生和实验后的六年级240名学生，进行书面问卷调查，由年级组长将数据分析汇总后交课题组进行汇总，课题组主研成员对总体情况再进行分析，通过多种调查形式了解学校开展慧生课堂的实践研究的基本情况，为各阶段的研究工作提供了较充分的理论与实践基础。同时针对问卷测查反映情况我们也进行了补充测查和个别访谈，对校本课题研究已形成的成功经验和典型案例进行收集，以便我们能更全面、深入地了解慧生课堂的实践研究的问题，总结提升已取得的经验。

（二）调查的结论与情况分析

1.慧生课堂的实践研究效果明显，体现了研究的价值

通过教师们三年多的实践研究，我们在2020年10月对全校学生进行慧生课堂的实践研究问卷调查，调查时对实验前和实验后的240名学生进行抽样调查统计：（问卷调查题请见附件二、附件三）从统计结果分析，我校学生在"课前预习、课中学习方式、学习能力"方面，实验前后都有明显的改变，使全体参与教师体会到了辛勤付出而带来的收获喜悦，激励教师们继续深入研究。

2.对比研究实验前后效果突出，实现了预期研究目标

学校教育科研课题"慧生课堂的实践研究"经过近三年的探索与实践，

课题组教师在开展慧生课堂的实践研究的过程中，总结出了当前慧生课堂的实践研究中存在的突出问题，分析找出了导致问题出现的原因，初步构建"双向三助四环五生"的基本策略，为检验是否实现了研究的预期目标，我们分别对学生课前预习、课中学习方式、学习能力进行了专题调查，通过相关调查，对数据进行统计分析，我们的研究达到了预期目标。

（1）学生预习能力得到了明显提高

表2：关于课前预习的调查

项目 人数	老师是否布置了相关的任务			课前预习情况			预习的方法			预习查阅资料		
240	是	否	偶尔会	全部认真预习	有时预习	没时间学习	看一看课本	力求弄懂新知识	借助教材完全弄懂新知识	经常	偶尔	没时间
实验前	160	8	72	97	72	71	107	66	67	56	105	79
百分比(%)	66.7	3.3	30.0	40.4	30.0	29.6	44.6	27.5	27.9	23.3	43.8	32.9
实验后	229	0	11	200	22	18	38	116	76	125	111	4
百分比(%)	95.4	0.0	4.6	83.3	9.2	7.5	15.8	48.3	31.7	52.1	46.3	1.7
增减	69	−8	−61	103	−50	−53	−69	50	9	69	6	−75
百分比(%)	28.7	−3.3	−25.4	42.9	−20.8	−22.1	−28.8	20.8	3.8	28.8	2.5	−31.2

从表中，可以看出，教师关注了课前预习的设计与实施，对"问题1.在学习新知识前老师是否给你布置了相关联的学习准备任务？A.是，B.否，C.偶尔会"，实验前有160人选"是"，占66.7%，实验后有229人选"是"，占95.4%，提高了28.8%。

从表中，可以看出，学生积极完成了课前预习的任务，对"问题2.你课前预习的情况如何？ A.全部认真预习，B.没时间预习，C.有时预习"，实验前选"A.全部认真预习"的有97人，占40.4%，实验后有200人选"A.全部认真预习"，占83.3%，提高了42.9%。

从表中，可以看出，学生掌握了多样的课前预习方法，对"问题3.你的预习方法是什么？A.看一看课本，B.力求弄懂新知识，C.借助教材完全掌握有关知识"，实验前选"A.看一看课本"的有107人，占44.6%，实验后有38人选"A.看一看课本"，占15.8%，下降了28.8%。选"B.力求弄懂新知识，C.借助教材完全掌握有关知识"的学生增加了59人，提高了24.6%。

从表中，可以看出，学生养成了借助网络等手段完成课前预习的习惯，对"问题4.你在预习时是否查阅有关资料？A.经常找资料做进一步了解，B.偶尔找一点资料，C.没时间找资料"，实验前选"A.经常找资料做进一步了解"的有56人，占23.3%，实验后有125人选"A.经常找资料做进一步了解"，占52.1%，提高了28.8%。

（2）"自助、互助、师助"的学习方式有效转变

表3：关于课堂学习的调查

项目人数 240	你认为自己的知识、本领主要来自于什么			你最喜欢的课堂教学方式			老师的课堂反馈			决定课堂学习效率的因素		
	老师的讲授	自己独立学习	社会生活	老师讲，学生听	在老师指导下自主合作学习	老师告知方法，运用方法	立即得到反馈	课后指导	很少得到反馈	自己的学习状态	老师的教学方式	同学间的关系
实验前	209	17	14	84	140	16	138	64	38	139	92	9
百分比（%）	87.1	7.1	5.8	35.0	58.3	6.7	57.5	26.7	15.8	57.9	38.3	3.8
实验后	98	102	40	9	227	4	171	63	6	187	52	1
百分比（%）	40.8	42.5	16.7	3.8	94.6	1.7	71.3	26.3	2.5	77.9	21.7	0.4
增减	-111	85	26	-75	87	-12	33	-1	-32	48	-40	-8
百分比（%）	-46.3	35.4	10.9	-31.2	36.3	-5.0	13.8	-0.4	-13.3	20.0	-16.6	-3.4

从表中，可以看出，课堂教学中学生自助、互助、师助的学习方式运用好，对"问题5.你认为自己的知识、本领主要来自于什么？A.老师的讲授，B.自己独立学习，C.社会生活中"，实验前选"A.老师的讲授"的有209人，占87.1%，实验后有98人，占40.8%，降低了46.3%。实验前选"B.自己独立学习"的有17人，占7.1%，实验后有102人，占42.5%，提高了35.4%。

从表中，可以看出，课堂教学中学生更加喜欢自助、互助、师助的学习方式，对"问题6.你最喜欢的课堂教学方式是？A.老师讲，学生听，B.在老师的指导下，学生自主、合作学习为主，C.老师直接告诉公式、定律等，让学生根据公式、定律计算"，实验前选"A.老师讲"的有84人，占35%，实验后有9人，占3.8%，降低了31.3%。实验前选"B.在老师的指导下，学生自主、合作学习为主"的有140人，占58.3%，实验后有227人，占94.6%，提高了36.3%。

从表中，可以看出，课堂教学中师生互动，及时师助的学习方式运用好，对"问题7.你在回答课堂提问或讨论后是否能得到老师的反馈？A.立即得到老师的口头反馈，B.得到老师的课后指导，C.很少得到反馈"，实验前选"A.立即得到老师的口头反馈"的有138人，占57.5%，实验后有171人，占71.3%，提高了13.8%。实验前选"C.很少得到反馈"的有38人，占15.8%，实验后有6人，占2.5%，降低了13.3%。

从表中，可以看出，课堂教学效率主要取决于学生的学习状态，对"问题8.你认为自己的课堂学习效率主要取决于？A.自己的学习状态，B.老师的教学方式，C.同学间的关系"，实验前选"A.自己的学习状态"的有139人，占57.9%，实验后有187人，占77.9%，提高了20%。实验前选"B.老师的教学方式"的有92人，占38.3%，实验后有52人，占21.7%，降低了16.7%。

（3）学生的学习能力明显增强

表4：关于学习能力的调查

项目 人数 240	个人的学习主动性				遇到问题的解决方法			学习的方法			希望的学习方式		
	主动	能够	不得不	经常来不及完成	靠自己思考	查找资料、问老师同学	不解决	有自己的一套学习方法	借鉴他人的学习方法	刻苦努力	说不清楚	有一定自主权	希望安排好
实验前	87	83	9	10	93	51	31	88	72	23	20	144	18
百分比（%）	36.3	34.6	3.8	4.2	38.8	21.3	12.9	36.7	30.0	9.6	8.3	60.0	7.5
实验后	96	137	5	2	71	165	4	168	59	13	5	231	4
百分比（%）	40.0	57.1	2.1	0.8	29.6	68.8	1.7	70.0	24.6	5.4	2.1	96.3	1.7
增减	9	54	-4	-8	-22	114	-27	80	-13	-10	-15	87	-14
百分比（%）	3.7	22.5	-1.7	-3.4	-9.2	47.5	-11.6	33.3	-5.4	-4.2	-6.2	36.3	-5.8

从表中，可以看出，学生个人的学习主动性增强了，对"问题9.你个人的学习主动性如何？A.主动完成学习任务，B.能够完成学习任务，C.不得不完成学习任务，D.经常来不及完成学习任务"，实验前选"A.主动完成学习任务，B.能够完成学习任务"的有170人，占70.9%，实验后有233人，占97.1%，提高了26.2%。

从表中，可以看出，学生主动解决问题的意识和能力得到提高，对"问题10.你在学习上遇到问题主要的解决方式是什么？A.完全靠自己思考解决，B.查找有关参考书，问老师或同学，C.不解决，等老师明天讲解"，实验前选"A.完全靠自己思考解决，B.查找有关参考书，问老师或同学"的有144人，占60.1%，实验后有236人，占98.4%，提高了38.3%。实验前选"C.不解决，等老师明天讲解"的有31人，占12.9%，实验后有4人，占1.7%，降低了11.2%。

从表中，可以看出，学生掌握了基本的学习方法，对"问题11.你的学习方法怎样？A.有自己的一套方法，B.经常借鉴别人的方法，C.除了刻苦努力，没有什么方法"，实验前选"A.有自己的一套方法"的有88人，占36.7%，实验后有168人，占70%，提高了33.3%。实验前选"C.除了刻苦努力，没有什么方法"的有23人，占9.6%，实验后有13人，占5.4%，降低了4.2%。

从表中，可以看出，学生有了较强的自主学习意识，对"问题12.你希望怎样学习？A.说不清楚，B.有一定自主权，C.希望老师与家长安排好，不要自主权"，实验前选"B.有一定自主权"的有144人，占60%，实验后有231人，占96.3%，提高了36.3%。实验前选"C.希望老师与家长安排好，不要自主权"的有18人，占7.5%，实验后有4人，占1.7%，降低了5.8%。

（4）教师课堂教学"双向"理念落实

表5：教师课堂教学"双向"理念落实情况调查表

题号	1				2			
	A	B	C	D	A	B	C	D
实验前	25	10	5		24	9	7	
百分比（%）	62.5	25.0	12.5	0.0	60.0	22.5	17.5	0.0
实验后	31	7	2		31	8	1	
百分比（%）	77.5	17.5	5	0	77.5	20	2.5	0
增减	6	−3	−3	0	7	−1	−6	0
百分比（%）	15	−7.5	−7.5	0	17.5	−2.5	−15	0

从表中，可以看出，教师关注全体学生的学习与发展，"双向"理念落实好，对"问题1.在上课时，关注全体学生的学习与发展。A.完全符合，B.比较符合，C.较不符合，D.不符合"，实验前选"A.完全符合"的有25人，占62.5%，实验后有31人，占77.5%，提高了15%。实验前选"C.较不符合"的有5人，占12.5%，实验后有2人，占5%，降低了7.5%。

从表中，可以看出，教师面向学生未来开展教学，"双向"理念落实好，对"问题2.在教学时，教学目标有层次，有梯度，明确融入学科素养、核心素养，面向学生未来开展教学。A.完全符合，B.比较符合，C.较不符合，D.不符合"，实验前选"A.完全符合"的有24人，占60%，实验后有31人，占77.5%，提高了17.5%。实验前选"C.较不符合"的有7人，占17.5%，实验后有1人，占2.5%，降低了15%。

（5）教师课堂教学内容选择更科学

表6：教师课堂教学内容的科学性调查表

题号	3				4			
	A	B	C	D	A	B	C	D
实验前	23	7	10		24	8	8	
百分比（%）	57.5	17.5	25.0	0.0	60.0	20.0	20.0	0.0
实验后	32	5	3		33	6	1	
百分比（%）	80	12.5	7.5	0	82.5	15	2.5	0
增减	9	-2	-7	0	9	-2	-7	0
百分比（%）	22.5	-5	-17.5	0	22.5	-5	-17.5	0

从表中，可以看出，教师课堂教学内容符合学生认知规律，具有生本性，对"问题3.教学内容具有生本性，符合学生认知规律，容量适度，重难点突出。A.完全符合，B.比较符合，C.较不符合，D.不符合"，实验前选"A.完全符合"的有23人，占57.5%，实验后有32人，占80%，提高了22.5%。实验前选"C.较不符合"的有10人，占25%，实验后有3人，占7.5%，降低了17.5%。

从表中，可以看出，课堂教学内容紧扣教材并适当向生活拓展、延伸，具有生活性，对"问题4.教学内容紧扣教材并适当向生活拓展、延伸，能体现教与学的深度与广度，体现生活性。A.完全符合，B.比较符合，C.较不符合，D.不符合"，实验前选"A.完全符合"的有24人，占60%，实验后有33人，占82.5%，提高了22.5%。实验前选"C.较不符合"的有8人，占20%，实验后有1人，占2.5%，降低了17.5%。

(6) 慧生课堂教学"四环"流程落地生根

表7：慧生课堂教学变革情况统计表

题号	5 A	5 B	5 C	5 D	6 A	6 B	6 C	6 D	7 A	7 B	7 C	7 D	8 A	8 B	8 C	8 D
实验前	5	8	5	22	8	12	18	2	23	9	8		19	13	8	
百分比（%）	12.5	20	12.5	55	20	30	45	5	57.5	22.5	20	0	47.5	32.5	20	0
实验后	28	8	4	0	28	8	4	0	31	6	3	0	32	6	2	
百分比（%）	70	20	10	0	70	20	10	0	77.5	15	7.5	0	80	15	5	0
增减	23	0	−1	−22	20	−4	−14	−2	8	−3	−5	0	13	−7	−6	0
百分比（%）	57.5	0	−2.5	−55	50	−10	−35	−5	20	−7.5	−12.5	0	32.5	−18	−15	0

从表7中，可以看出，慧生课堂教学"四环"流程落地生根，对"问题5.教学过程以'自助研学—互助探究—师助提高—反思发展'为基本流程，教学环节科学、完整、清晰、过渡自然。A.完全符合，B.比较符合，C.较不符合，D.不符合"，实验前选"A.完全符合"的有5人，占12.5%，实验后有28人，占70%，提高了57.5%。实验前选"D.不符合"的有22人，占55%，实验后有0人，占0%，降低了55%。

(7) 教师课堂教学灵活高效运用慧生课堂"三助"学习方式

从表7中，可以看出，教师能够在课堂教学中灵活高效运用慧生课堂

"三助"学习方式，对"问题6.在学习方式上，灵活高效运用'慧生课堂'自助（独立自主、反馈及时）、互助（问题有探讨价值，方式灵活，合作有效）、师助（点拨精当、启发思维）的'三助'学习方式。A.完全符合，B.比较符合，C.较不符合，D.不符合"，实验前选"A.完全符合"的有8人，占20%，实验后有28人，占70%，提高了50%。实验前选"C.较不符合"的有18人，占45%，实验后有4人，占10%，降低了35%。

（8）教师课堂教学遵循"五生"原则灵活选择教学方法

从表7中，可以看出，教师能够在课堂教学中遵循"五生"原则灵活选择教学方法，对"问题7.在教学方法方面，遵循生活性、生成性、生动性、生长性、生命性'五生'原则，灵活运用启发法、讨论法、演示法、练习法、检测法、讲授法等教学方法，注重学法指导，注重思维训练，灵动课堂。A.完全符合，B.比较符合，C.较不符合，D.不符合"，实验前选"A.完全符合"的有23人，占57.5%，实验后有31人，占77.5%，提高了20%。实验前选"C.较不符合"的有8人，占20%，实验后有3人，占7.5%，降低了12.5%。

（9）教师课堂教学情境创设更加灵活生动

从表7中，可以看出，教师课堂教学情境创设更加灵活生动，对"问题8.在课堂情景创设方面，具有生活性、生动性，氛围融洽、有序活跃。A.完全符合，B.比较符合，C.较不符合，D.不符合"，实验前选"A.完全符合"的有19人，占47.5%，实验后有32人，占80%，提高了32.5%。实验前选"C.较不符合"的有8人，占20%，实验后有2人，占5%，降低了15%。

（10）慧生课堂教学促进了学生核心素养的发展

表8：慧生课堂教学效果调查表

题号	9 A	9 B	9 C	9 D	10 A	10 B	10 C	10 D	11 A	11 B	11 C	11 D
实验前	11	15	8	6	13	14	7	6	10	9	15	6
百分比（%）	27.5	37.5	20	15	32.5	35	17.5	15	25	22.5	37.5	15
实验后	25	11	2	2	25	13	1	1	25	10	3	2
百分比（%）	62.5	27.5	5	5	62.5	32.5	2.5	2.5	62.5	25	7.5	5
增减	14	-4	-6	-4	12	-1	-6	-5	15	1	-12	-4
百分比（%）	35	-10	-15	-10	30	-2.5	-15	-12.5	37.5	2.5	-30	-10

从表8中，可以看出，慧生课堂促进了学生关键能力、必备品格、正确的价值观的发展，对"问题9.在学生表现方面，学习专注、勤于思考、主动积极、展示自信。A.完全符合，B.比较符合，C.较不符合，D.不符合"，实验前选"A.完全符合"的有11人，占27.5%，实验后有25人，占62.5%，提高了35%。实验前选"C.较不符合"的有8人，占20%，实验后有2人，占5%，降低了15%。

从表8中，可以看出，慧生课堂双基扎实，学科育人效果好，对"问题10.教学目标达成，双基落实；体现学科育人，学生习惯良好；体现学科核心素养好。A.完全符合，B.比较符合，C.较不符合，D.不符合"，实验前选"A.完全符合"的有13人，占32.5%，实验后有25人，占62.5%，提高了30%。实验前选"C.较不符合"的有7人，占17.5%，实验后有1人，占

2.5%，降低了15%。

从表8中，可以看出，慧生课堂促进了学生学习能力、合作能力、探究能力的发展，对"问题11.学生自助学习，合作探究、发现问题、解决问题等能力有所体现或提高。A.完全符合，B.比较符合，C.较不符合，D.不符合"，实验前选"A.完全符合"的有10人，占25%，实验后有25人，占62.5，提高了37.5%。实验前选"C.较不符合"的有15人，占37.5%，实验后有3人，占7.5%，降低了30%。

附件：

附件一：《慧生课堂的实践研究》教师调查问卷

附件二：《慧生课堂的实践研究》学生调查问卷

附件三：《慧生课堂的实践研究》课题研究学生问卷前后期调查对比统计表

附件四：《慧生课堂的实践研究》课题研究教师问卷前后期调查对比统计表

2023年6月20日

附件一：《慧生课堂的实践研究》教师调查问卷

老师，您好！欢迎参加慧生课堂教学现状调查问卷，本次问卷目的是了解您的课堂教学现状，以便于改进教学，纯属科学研究，不涉及个人隐私，结果无好坏之分，请把每题符合您的情况或您认为正确的答案选出来，并把相应的选项填在（   ）里；独立完成。感谢您的合作与支持！

1. 在上课时，关注全体学生的学习与发展。（   ）

  A.完全符合　　　B.比较符合　　　C.较不符合　　　D.不符合

2. 在教学时，教学目标有层次，有梯度，明确融入学科素养、核心素养，面向学生未来开展教学。（   ）

  A.完全符合　　　B.比较符合　　　C.较不符合　　　D.不符合

3. 教学内容具有生本性，符合学生认知规律，容量适度，重难点突出。（   ）

  A.完全符合　　　B.比较符合　　　C.较不符合　　　D.不符合

4. 教学内容紧扣教材并适当向生活拓展、延伸，能体现教与学的深度与广度，体现生活性。（   ）

  A.完全符合　　　B.比较符合　　　C.较不符合　　　D.不符合

5. 教学过程以"自助研学—互助探究—师助提高—反思发展"为基本流程，教学环节科学、完整、清晰、过渡自然。（   ）

  A.完全符合　　　B.比较符合　　　C.较不符合　　　D.不符合

6. 在学习方式上，灵活高效运用"慧生课堂"自助（独立自主、反馈及时）、互助（问题有探讨价值，方式灵活，合作有效）、师助（点拨精当、启发思维）的"三助"学习方式。（   ）

A.完全符合　　　B.比较符合　　　C.较不符合　　　D.不符合

7.在教学方法方面，遵循生活性、生成性、生动性、生长性、生命性"五生"原则，灵活运用启发法、讨论法、演示法、练习法、检测法、讲授法等教学方法，注重学法指导，注重思维训练，灵动课堂。（　　）

A.完全符合　　　B.比较符合　　　C.较不符合　　　D.不符合

8.在课堂情景创设方面，具有生活性、生动性，氛围融洽、有序活跃。（　　）

A.完全符合　　　B.比较符合　　　C.较不符合　　　D.不符合

9.在学生表现方面，学习专注、勤于思考、主动积极、展示自信。（　　）

A.完全符合　　　B.比较符合　　　C.较不符合　　　D.不符合

10.教学目标达成，双基落实；体现学科育人，学生习惯良好；体现学科核心素养好。（　　）

A.完全符合　　　B.比较符合　　　C.较不符合　　　D.不符合

11.学生自助学习，合作探究、发现问题、解决问题等能力有所体现或提高。（　　）

A.完全符合　　　B.比较符合　　　C.较不符合　　　D.不符合

12.你认为落实慧生课堂实践的有效策略有哪些？

答：_____

附件二：《慧生课堂的实践研究》学生调查问卷

同学你好！为了解和把握我校慧生课堂教学实施现状，了解你们的学习情况，以便老师改进教学，提高质量，请认真回答下面12个问题。本问卷调查与学习成绩无关，仅供调查分析所用。

1.在学习新知识前老师是否给你布置了相关联的学习准备任务？（   ）

　A.是　　　　　　　B.否　　　　　　　C.偶尔会

2.你课前预习的情况如何？（   ）

　A.全部认真预习　　B.没时间预习　　　C.有时预习

3.你的预习方法是什么？（   ）

　A.看一看课本　　B.力求弄懂新知识　　C.借助教材完全掌握有关知识

4.你在预习时是否查阅有关资料？（   ）

　A.经常找资料做进一步了解　　B.偶尔找一点资料　　C.没时间找资料

5.你认为自己的知识、本领主要来自于什么？（   ）

　A.老师的讲授　　B.自己独立学习　　C.社会生活中

6.你最喜欢的课堂教学方式是？（   ）

　A.老师讲，学生听　　B.在老师的指导下，学生自主、合作学习为主

　C.老师直接告诉公式、定律等，让学生根据公式、定律计算

7.你在回答课堂提问或讨论后是否能得到老师的反馈？（   ）

　A.立即得到老师的口头反馈　　B.得到老师的课后指导

　C.很少得到反馈

8.你认为自己的课堂学习效率主要取决于？（   ）

　A.自己的学习状态　　B.老师的教学方式　　C.同学间的关系

9.你个人的学习主动性如何?(　　)

A.主动完成学习任务　　　　　B.能够完成学习任务

C.不得不完成学习任务　　　　D.经常来不及完成学习任务

10.你在学习上遇到问题主要的解决方式是什么?(　　)

A.完全靠自己思考解决　　　　B.查找有关参考书,问老师或同学

C.不解决,等老师明天讲解

11.你的学习方法怎样?(　　)

A.有自己的一套方法　　　　　B.经常借鉴别人的方法

C.除了刻苦努力,没有什么方法

12.你希望怎样学习?(　　)

A.说不清楚　　　　　　　　　B.有一定自主权

C.希望老师与家长安排好,不要自主权

附件三：《慧生课堂的实践研究》课题研究学生问卷前后期调查对比统计表

学校名称：重庆市大足城南东序学校　　年　级：六年级
学生总数：　407　　　　　　　　　　抽样人数：　240

1. 关于课前预习的调查

项目 人数 240	老师是否布置了相关的任务		课前预习情况				预习的方法				预习查阅资料		
	是	否	偶尔会	全部认真预习	有时预习	没时间学习	看一看课本	力求弄懂新知识	借助教材完全弄懂新知识	经常	偶尔	没时间
实验前	160	8	72	97	72	71	107	66	67	56	105	79
百分比（%）	66.7%	3.3%	30.0%	40.4%	30.0%	29.6%	44.6%	27.5%	27.9%	23.3%	43.8%	32.9%
实验后	229	0	11	200	22	18	38	116	76	125	111	4
百分比（%）	95.4%	0.0%	4.6%	83.3%	9.2%	7.5%	15.8%	48.3%	31.7%	52.1%	46.3%	1.7%
增减	69	-8	-61	103	-50	-53	-69	50	9	69	6	-75
百分比（%）	28.7%	-3.3%	-25.4%	42.9%	-20.8%	-22.1%	-28.8%	20.8%	3.8%	28.8%	2.5%	-31.2%

2. 关于课堂学习的调查

项目 人数 240	获得知识、本领的途径			你最喜欢的课堂教学方式			老师的课堂反馈			决定课堂学习效率的因素		
	老师的讲授	自己独立地学习	社会生活	老师讲，学生听	在老师指导下自主合作学习	老师告知方法，运用方法	立即得到反馈	课后指导	很少得到反馈	自己的学习状态	老师的教学方式	同学间的关系
实验前	209	17	14	84	140	16	138	64	38	139	92	9
百分比(%)	87.1%	7.1%	5.8%	35.0%	58.3%	6.7%	57.5%	26.7%	15.8%	57.9%	38.3%	3.8%
实验后	148	52	40	9	227	4	171	63	6	187	52	1
百分比(%)	61.7%	21.7%	16.7%	3.8%	94.6%	1.7%	71.3%	26.3%	2.5%	77.9%	21.7%	0.4%
增减	−61	35	26	−75	87	−12	33	−1	−32	48	−40	−8
百分比(%)	−25.4%	14.6%	10.9%	−31.3%	36.3%	−5.0%	13.8%	−0.4%	−13.3%	20.0%	−16.6%	−3.4%

3.关于学习能力的调查

项目 人数	个人的学习主动性				遇到问题的解决方法			学习的方法				希望的学习方式	
240	主动	能够	不得不	经常来不及完成	靠自己思考	查找资料、问老师同学	不解决	有自己的一套学习方法	借鉴他人的学习方法	刻苦努力	说不清楚	有一定自主权	希望安排好
实验前	87	83	9	10	93	51	31	88	72	23	20	144	18
百分比（%）	36.3	34.6	3.8	4.2	38.8	21.3	12.9	36.7	30.0	9.6	8.3	60.0	7.5
实验后	96	137	5	2	71	165	4	168	59	13	5	231	4
百分比（%）	40.0	57.1	2.1	0.8	29.6	68.8	1.7	70.0	24.6	5.4	2.1	96.3	1.7
增减	9	54	-4	-8	-22	114	-27	80	-13	-10	-15	87	-14
百分比（%）	3.7	22.5	-1.7	-3.4	-9.2	47.5	-11.2	33.3	-5.4	-4.2	-6.2	36.3	-5.8

附件四：《慧生课堂的实践研究》课题研究教师问卷前后期调查对比统计表

题号	1 A	1 B	1 C	1 D	2 A	2 B	2 C	2 D	3 A	3 B	3 C	3 D	4 A	4 B	4 C	4 D
实验前	25	10	5	0	24	9	7	0	23	7	10	0	24	8	8	0
百分比(%)	62.5	25.0	12.5	0.0	60.0	22.5	17.5	0.0	57.5	17.5	25.0	0.0	60.0	20.0	20.0	0.0
实验后	31	7	2	0	31	8	1	0	32	5	3	0	33	6	1	0
百分比(%)	77.5	17.5	5	0	77.5	20	2.5	0	80	12.5	7.5	0	82.5	15	2.5	0
增减	6	-3	-3	0	7	-1	-6	0	9	-2	-7	0	9	-2	-7	0
百分比	15	-7.5	-7.5	0	17.5	-2.5	-15	0	22.5	-5	-17.5	0	22.5	-5	-17.5	0

题号	5 A	5 B	5 C	5 D	6 A	6 B	6 C	6 D	7 A	7 B	7 C	7 D	8 A	8 B	8 C	8 D
实验前	5	8	5	22	8	12	18	2	23	9	8	0	19	13	8	0
百分比(%)	12.5	20	12.5	55	20	30	45	5	57.5	22.5	20	0	47.5	32.5	20	0
实验后	28	8	4	0	28	8	4	0	31	6	3	0	32	6	2	0
百分比(%)	70	20	10	0	70	20	10	0	77.5	15	7.5	0	80	15	5	0
增减	23	0	-1	-22	20	-4	-14	-2	8	-3	-5	0	13	-7	-6	0
百分比	57.5	0	-2.5	-55	50	-10	-35	-5	20	-7.5	-12.5	0	32.5	-17.5	-15	0

题号	9 A	9 B	9 C	9 D	10 A	10 B	10 C	10 D	11 A	11 B	11 C	11 D
实验前	11	15	8	6	13	14	7	6	10	9	15	6
百分比(%)	27.5	37.5	20	15	32.5	35	17.5	15	25	22.5	37.5	15
实验后	25	11	2	2	25	13	1	1	25	10	3	2
百分比(%)	62.5	27.5	5	5	62.5	32.5	2.5	2.5	62.5	25	7.5	5
增减	14	-4	-6	-4	12	-1	-6	-5	15	1	-12	-4
百分比	35	-10	-15	-10	30	-2.5	-15	-12.5	37.5	2.5	-30	-10

基于第三方的课堂评价

郑秋怡　罗高莉

慧生课堂探究成果在多平台以多种形式进行发表，主流媒体对慧生课堂进行宣传报道……从第三方角度对慧生课堂的实践研究进行客观、公正的评比、评价，主要如下：

一、课题组编写了《慧生课堂的建构与实践研究》

对慧生课堂的"德雅"校本文化、"五智慧生命"的育人目标、"双向三助五生"原则理念、"四环节"教学模式、具体的教学策略、智慧乐园综合实践校本课程、课堂教学案例分析进行了理论与实践相结合的阐述。

二、多篇论文获得市区级奖励

课题组教师陈敏的论文《把握新教材，创造性开展小学科学课堂实验活动》2021年1月发表在《中国基础教育资源库》杂志上。论文《浅析小学数学低段解决问题策略的教学方法的探究》《双减下的家校共育相关对策的思考》《小学数学教学中智慧校园运用探究》《浅谈小学教育信息化与教育教学的创新融合》《基于"慧生课堂"教学模式下"一题一课"的中考数学复习实践探究》《基于新课标立德树人要求的初中英语教学活动设计探究》《新时期初中历史师生互动教学策略分析》《新课程改革视角下初中语文阅读教学新方向》等19篇论文获得市区级奖励。

三、参加各级课堂教学比赛获奖成果丰硕

2019年至今，参加市、区级教学竞赛活动获得区级奖60多人次，市级奖6人次。2019年，陈敏获得第二届重庆市公民科学素质大赛团体一等奖，第二届重庆市公民科学素质大赛公民科学素质个人标兵奖，王凯获得龙岗棠香片区中小学消防安全优质赛课二等奖。2020年，李爽获得龙岗棠香片区语文优质课赛课二等奖，黄甄获得龙岗棠香片区音乐优质课赛课二等奖，王浩获得龙岗棠香片区英语优质课赛课二等奖，王智、赵宗友获得大足区"风采杯"初中历史优质录像课大赛一等奖，姜小川、吴蜜获得大足区"风采杯"初中英语优质录像课大赛一等奖。2021年，吴良刚获得重庆市"基础教育精品课"奖，杨柳倩获得大足区科学（青年组）优质课评比一等奖，滕凤获得大足区初中生物优质课竞赛一等奖，祝永春获得大足区化学优质课一等奖，龙运芳、黄新茹被评为大足区"教学质量先进个人"。2022年，在大足区第六届中小学班主任基本功竞赛中，李玲玲获得个人全能一等奖，李永春获得二等奖，秦丽娟获得重庆市大足区第二届音乐基本功大赛五项全能一等奖，向天宇获得大足区第二届音乐基本功大赛五项全能一等奖，龚鑫洋获得大足区第二届音乐基本功大赛五项全能一等奖，高玄婷、金晓芳、余畅、杨卓越获得大足区第二届美术基本功大赛五项全能二等奖，苏宗华在大足区实验教学说课视频活动中荣获一等奖，李爽、郑秋怡、朱彦、易娅的《兼葭诗经》荣获大足区第八届"中华经典诵读"大赛教师组二等奖，蒋敏、古苹荣获大足区第八届"中华经典诵读"大赛指导教师奖，周杨获得大足区中小学劳动教育暨综合实践活动成果展评一等奖，余雪松获得大足区第四届学校健康教育优质课评选一等奖。2023年，张欢获得大足区棠香片区英语优质课赛课一等奖，卢婷获得大足区棠香片区数学优质课赛课一等奖，王静婷获得大足区棠香片区小学道德与法治优质课片区赛一等奖，朱彦获得大足区棠香片区语

文优质课赛课一等奖，谭佳获得大足区棠香片区科学优质课赛课一等奖。

四、慧生课堂的实践研究被主流媒体多次宣传报道，扩大了影响力

学校先后4次被《重庆日报》以《大足区城南教育集团 矢志育好人造良才》《大足城南教育集团举办首届职工节活动 同心同德共创辉煌》《大足城南教育集团：以责任担当铸就民办教育典范》《大足城南教育集团：融通育人 赋能学生多元成才》进行了报道，先后14次被《大足生活通（公众号）》报道，提升了学校的品牌品质和知名度，促进了学校的发展。

附录：

大足区城南教育集团 矢志育好人造良才

7月10日，大足区城南教育集团党委隆重举行"礼赞建党百年·矢志为党育人"庆祝建党100周年暨"两优一先"表彰大会。区委常委、组织部长王志，区委教育工委书记、区教委主任印国建，城南教育集团联合工作委员会主任邓辉，城南教育集团联合工作委员会副主任郑海燕出席大会，各支部党员参与大会，一起回顾党的光辉历程，表彰先进典型，展望光明前景。

百年的风云变幻，我们伟大的党高举指路的明灯，指引前进的方向；百年的惊涛骇浪，我们伟大的党执掌前进的航舵，引领几代人一步步实现梦想。与会人员认真倾听《中国共产党述职报告》，重温党的光辉历程，于回顾中汲取前进的力量。

党员代表们齐诵《青春》与《入党申请书》，以昂扬之态致敬先烈，铭记使命与担当，共同唱响感受初心的力量。

集团党委书记王俊峰带领与会党员重温入党誓词，党员们庄重握拳，以铿锵有力的声音许下铮铮誓言。

集团党委书记王俊峰宣读了表彰决定。封晓莉、王正林、宗琴、杨进、蒋红军、俞江华、丁洁、徐霞、李雪碧、朱敏、梁小玲、王政兰获"优秀共

产党员"称号，翁益和、刘诚诚获"优秀党务工作者"称号，东序学校党支部获"先进党支部"称号。获奖党员依次发表获奖感言：立足岗位、做好本职，育好人、为国造良才！

王志部长勉励大家牢记初心、坚守信念、矢志不渝，用优异成绩献礼建党百年。站在"两个一百年"的交汇点上，城南教育集团全体教师将继续坚定初心、矢志不渝，以更加积极之态为中国共产党新的一百年添砖加瓦！

来源：重庆日报网 2021 年 7 月 12 日

大足城南教育集团举办首届职工节活动同心同德共创辉煌

近日，城南教育集团全体职工齐聚一堂，隆重举行欢庆国庆暨城南教育集团首届职工节活动，并表彰优秀职工。

集团各校区职工代表献上了一场精彩纷呈的艺术盛宴。集团各校区的职工们，在自己的岗位上发光发热，不断地创造佳绩，在镁光灯下，也展示出较高的艺术素养，让我们感受到他们内心的幸福与喜悦。

大会对业务能力精，责任心强，各方面表现突出的职工进行了表彰。城南教育集团联合工作委员会郑海燕副主任，宣读了表彰文件，并希望全体职工以更加崭新的面貌，更加饱满的精神状态，全身心地投入到今后的工作中去。优秀职工代表郑学贵上台发言。她在发言中倡导全体职工行动起来，在新学期的工作中且思且行，以全新的精神面貌面对自己的本职工作。

城南教育集团联合工作委员会邓辉主任希望，全体职工一如既往，共同维护好城南教育集团这个大家，把学生们当成自己的孩子，严要求，高标准，同心同德，站好每一班岗，共创城南教育集团的辉煌明天。

来源：重庆日报网 2021 年 10 月 11 日

大足城南教育集团
融通育人　赋能学生多元成才

泥塑手工课上孩子们分享自己创作的作品

诗歌走廊上，老师启发孩子感受诗词文化的魅力

书法课提升学生文化素养

孩子奔驰在绿茵场，感受运动的快乐

核心提示

如果说教育的价值旨在于培养人、发展人，那么学校教育就应该为每个学生提供适合的教育，满足不同潜质学生的发展需要，成就学生的每一种可能。

遵循这样的教育理念，大足城南教育集团自创办以来，紧紧围绕立德树人的根本任务，确立"继承传统，面向未来"的育人方向，牢固树立"五育"并举的先进教育教学观念，把素质教育与应试教育有机融合，对学生进行多元培养，以达到学生思想品质好、素质好、成绩好的"三好"目标，从而更好地满足新时代多元化育人的需求。

近年来，城南教育集团以显著的办学实力和特色获得社会和广大家长的广泛认可，先后荣获全国民办先进学校、全国艺术教育特色单位、重庆市思想道德建设示范校、重庆市五一劳动奖状等荣誉，集团各校年年获大足区"素质教育目标考核一等奖"，实现了多元育人，全面开花。

德育为先　筑牢立德树人根基

琅琅书声不绝于耳，缕缕书香溢满校园。走进城南教育集团各校区，整洁优美的校园环境，朝气蓬勃的校园文化，丰富多彩的校园活动，文明有礼的师生，无不让人感受到"春风化雨、润物无声"的力量。

在28载育人历程中，城南教育集团牢牢把握前进的大方向，坚持德育为先，不断探寻德育工作的有力举措。

"忠心献给祖国、孝心献给父母、关心献给他人、爱心献给社会、信心留给自己"的"五心教育"是城南教育集团的德育核心内容。而"五心教育"又是"自主教育"为主的教育形式，使学生自己觉悟。

班会课是最有力的德育实施场所。学校针对各年级情况分类召开主题班会，如七年级以"恩孝父母师长"为主题，加强感恩教育；八年级以"再差，也不能差了态度"为主题，加强学习态度教育；九年级以"盛夏，我们挥手告别"为主题，加强情感教育。各班用讲故事、看视频、谈感受、写心得等不同的形式自主落实立德树人目标。

大足城南教育集团理事长邓辉告诉师生，"我们不能把德育教育空心化，德育课不能'空对空'，而应是'地对地'地落实到立德树人上来，激发学生爱岗敬业。学生的岗就在学校，学生的业就是学业，这个学业包括德智体美劳五育，只有把五育落到实处，并内化于学生之心灵，才能说爱岗敬业。学生只有爱岗敬业了，才谈得上爱国"。

为此，学校印发了《学生"两自"教育管理手册》，学生在班主任指导下认真填写，在反思总结中进步，在自我教育中成长。

《城南教育集团三字经》《城南教育集团文明礼仪教材》《城南故事》等自编校本教材，系统地对学生进行传统美德和现代文明相结合的教育。

同时，充分发挥课堂教学的主渠道作用，将德育内容细化落实到各学科课程的教学目标之中，渗透到教育教学全过程。

例如在历史课上，欧海燕教师通过观看新闻联播、引入时政热点、剪辑正能量视频、设置辩论赛、演绎课本剧等多种教学资源和手段在历史课堂中渗透家国情怀的教育。此外，欧海燕还组织历史题材手抄报比赛、家谱家风调查报告、"历史故事（我心中的历史英雄）"演讲比赛等教学活动，让学生牢记历史、热爱祖国、放眼世界，以达到培根铸魂、启智增慧的目的。

城南教育集团坚持把德育融入各类教育的全过程，渗透在学校工作的各个环节，使学生获得情感的陶冶、精神境界的提升与温润和谐人格的形成。同学们在不知不觉中养成了见师问好、出操有序、文明用餐、专注学习等终身受益的好习惯，校园文明而有序。

文化为基　赓续优秀传统文化

"除草施肥几日闲，剪长修短事平凡。青春化作涓涓水，浇得花香硕果甜。""少立鲲鹏志，丹心绘彩虹。江山怀抱里，天地课堂中。学得诗书破，求来气势雄。一朝图报国，四海走蛟龙。""金珠粒粒卧青纱，醉饮清泉化作芽。土掩石压根愈壮，身卑不弃自芳华。"……在城南创新小学校区，教学楼的墙壁上、楼梯口、转角处，随处可见本土校园诗人的诗词作品。

将传统诗词文化融入校园文化，发挥诗词的育人功能，是城南教育集团的一大育人特色。各学校坚持走邓辉理事长提出的文化育人之路，把培育学生文化意识，加深对传统文化的理解和认同，形成健康向上的审美情趣和正确的价值观作为教育重点。

为了更好地传承中国传统文化，学校自编了1—6年级整套《校编三字经》《古诗文读本》等校本教材，定期举办"唐诗宋词飞花令"经典诵读比赛、"二十四节气我知道"知识擂台赛等赛事活动，让学生与经典为伍，以圣人为师，在感悟中华千古美文神韵的同时，真正领略到"仁义礼智信"的魅力，从而提高文化素养，为未来发展奠基。

在浓厚的诗歌文化氛围中，孩子们爱读诗、爱写诗，校园内一次次地掀起了诗词积累、创作的热潮。近年来，师生在《诗刊》《中华诗词》《中华辞赋》等刊物发表作品近1000首，在"天籁杯""圣源杯""诗词世界杯"等全国性诗歌竞赛中获奖近百人次。

在传承国粹这条路上，不只有诗词，还有川剧和舞龙舞狮。2016年，集团旗下的创新小学正式引进"川剧进校园"，特聘大足区川剧非遗传承人进校为川剧社、舞龙队舞狮社团的学生授课，以传统文化涂亮孩子们的人生底色。

"舞龙这项活动需要整队9个人团队协作，一个人乱了整条龙都乱了，只有团结一心，龙才会舞得有风范。舞龙让我感受到了团结的力量。"六年级学生龙明森说。

如今，传统文化特色教育已成规模，成效显著。今年4月，城南教育集团的高级中学"养正"诗化教育基地成功通过市级验收，这是重庆市高中课程创新基地中唯一的诗歌基地。城南教育集团也是中国作协诗刊创作基地、中华优秀传统文化教育基地，填补了基础教育阶段专业的诗歌教育教学研究的空白。

体育为重　阳光运动强健体魄

乒乓球、羽毛球、篮球、跑步……每天早上7：00以前和下午放学后，五花八门的运动项目在操场上随处可见，校园里充满了生气。这是城南教育集团开展全员阳光体育运动的一个缩影。

完全人格，首在体育。近年来，城南教育集团贯彻《中共中央国务院关于加强青少年体育增强青少年体质的意见》精神，深入推进"健康第一""每一天锻炼一小时，健康工作五十年，幸福生活一辈子"的现代健康理念，校园体育文化建设常抓不懈。

城南教育集团将体育教学与"慧生"课堂有机结合，体育教师指导学生学会基本运动技能，提升学生体能和专项运动技能，同时注重发掘体育人才。每个学生至少要掌握一至两项运动项目和技能，学校每学期会进行抽测，检查学生的运动技能掌握情况。

在体育课之外，学校体育组制定了大课间方案和眼保健操方案，保证全体学生参与"两操"，逐渐养成"每天锻炼一小时"的运动习惯。

每天的课后延时服务时间，学生可根据自己爱好，选择田径、篮球、乒乓球、羽毛球、跳绳等体育社团，在专任教师的辅导下感受运动的乐趣。

为了巩固和运用所学的运动知识和技能，学校通过组织篮球运动会、田径运动会、跳绳比赛、乒乓球比赛、团体操比赛、接力比赛、拔河比赛等运动比赛，让学生对体育运动的热情持续高涨，为学生终身体育意识打下了坚实的基础。

阳光体育运动如火如荼，学生纷纷走出教室、走向操场，享受运动，强健体魄，身体素质和竞技能力明显提高，各校刮起了一股体育运动风。集团先后获得大足区篮球比赛初中组一等奖、大足区田径运动会及跳绳比赛初中组一等奖。

这些年，集团组建了男子篮球队、女子篮球队、田径队、乒乓球队、跳绳队等多支运动队。各运动队进行梯队建设，老师对有体育潜力的学生进行科学系统的训练。

经过近10年来的发展，城南教育集团形成了成熟的小初高一贯制训练体系。初2018届、高2021届学生宋林芹入学时，成绩平平。当班主任得知她喜欢体育、热爱田径后，便为她定制成长计划：合理安排时间、提高文化学习成绩、科学训练，艺体与智育一起进步。初三下期，宋林芹提前进入高中艺体班学习，最终以体育综合分全市第一名的成绩被北京师范大学录取。

像宋林芹这样的学生还有很多。城南教育集团根据学生的不同兴趣爱好多元化培养学生成才，一批批学生从这里启航，飞向梦想的彼岸。初2020级学生郭旭参加市田径运动会4×100米比赛获第二名，高中部杨美佳成功晋选至单板滑雪国家队参加集训，高中部的谢馥蔚、杨严、宋林芹等30余位体育生，分别被浙江大学、北京师范大学、北京体育大学、上海体育学院、成都体育学院、西南大学、重庆大学等名校录取。

劳动养性　助力学生终身发展

近日，城南东序初中开展了以"种冬豆"为主题的劳动教育实践活动。同学们以班级为单位，走进城南教育集团劳动教育实践基地的田间地头，为班级的"责任田"除草、翻土、种豆。

像这样接地气的劳动教育实践活动在城南教育集团并不鲜见。2021年3月，城南教育集团花大价钱租赁了上百亩田地，作为学生劳动实践的试验田，把学到的科技常识与农业劳动结合起来。

长久以来，城南教育集团站在学生未来发展的角度，把学生的劳动教育作为重点来抓。邓辉表示："要把劳动教育融入到集团倡导的'两自'教育理念中去，并结合'五心'教育，把劳动教育纳入人才培养全过程，贯穿家校社，与德育、智育、体育、美育相融合，探索出具有城南特色的劳动教育模式。"

在此背景下，各校利用主题班会和日常教育教学，营造正能量充沛、主旋律响亮的劳动氛围，开设劳动与技术教育课，提供手工劳动类、科技劳动类、创意劳动类、拓展劳动类、职业规划类等劳动课程，辅以非遗传承等特色课程。

为方便学生近距离体验农业生产劳动，集团多渠道打造"多元开放"的劳动实践场所。建立"劝农劳动实践基地"，划分劳动区域，定期组织学生到基地学习农耕技能；利用楼顶打造"空中田园"，开展农作物种植等实践活动，打造出独具特色的"田园版中国地图"。并通过设置绿化养护员、校园美化师、校园广播电视台制播人员等劳动岗位，进一步拓宽学生的劳动实践途径。

值得一提的是，各校通过科学社团，将劳动教育与农作物生长的科学研究有机融合。目前已开展白菜、豌豆、油菜、胡萝卜等科学化种植活动，从整地、拔草、打垄、播种到间苗、施肥、收获，指导学生科学系统地了解农作物的生长。

目前，城南教育集团已探索并建立一套德智体美劳五育并举的评价制度，将劳动素养纳入学生综合素质评价体系，全面客观记录课内外劳动过程和结果，定期展示劳动技能和成效，固化劳动成果，助力学生终身发展。

在引领与拓展之间，城南教育集团将不忘初心使命，深耕教育沃土，厚植教育情怀，为培养终身运动者、责任担当者、问题解决者和"优雅生活者"而砥砺前行！

来源：《重庆日报》2022年9月9日

大足城南教育集团 唤醒心灵 慧生成才

运动场上，同学们激情飞扬

第六编 | 慧生课堂实践研究之效：课堂评价篇

慧生课堂上，师生互动探究

艺术节上，多姿多彩的作品展演

核心提示

"面向全体学生，面向学生未来"的办学特色，引领着大足城南教育集团不断优化教育方式，改革教学模式，改善教育生态。学校着眼于每一个学生的发展，把"两自"教育作为主抓手，把"慧生课堂"作为提高教学质量的主阵地，唤醒了学生的荣誉感、自信心和内驱力，使学生成为有自控力、自净力、自学力的人才，真正践行了"为党育人，为国育才"的使命担当。

先教孩子洗袜子比教知识更重要

"两自"教育唤醒学生心灵

苏格拉底说："教育不是灌输，而是点燃心灵的火焰。"苏霍姆林斯基认为，只有能够激发学生去进行自我教育的教育，才是真正的教育。

关于什么是教育，很多名人专家都有不同的说法，但一个共识是，教育应该以生为本，激发孩子主动学习的内驱力。为了唤醒学生心灵，激发内驱力，大足城南教育集团理事长邓辉坚持"面向全体学生，面向学生未来"的集团办学特色，不断升级主要内涵为自主教育、自主学习的"两自"教育。

"不论是自主教育，还是自主学习，都要重在两个唤醒，达到一个目标。"邓辉强调，要唤醒学生沉睡的荣誉感和自信心，唤醒学生潜在的内驱力，最终达到"为党育人，为国育才"的目标。

作为重庆市的"民主管理示范单位"，大足城南教育集团创新实施了"教师管理学生、学生监督老师"的双向管理办法，每学期由学生对任课教师的师德师风、教育方法、教学态度、教学效果等进行民主评议，实施学生自治管理，让学生积极参与教育教学、纪律安全、就餐管理、室长自助管理等学校工作，极大地增强学生主人翁意识。

在日常的管理中，大足城南教育集团各校将"两自"教育与"赏识+反思"的育人理念相结合，不断探索符合学生特点的"两自"教育管理办法。

德育处建立学生生源档案，根据学生个性特征、家庭环境、父母工作、文化水平、教育观念等量身打造教育教学模式，结合学生生涯规划，调动学生的内驱力。

几年前，大足城南教育集团转来了一位叫小峰的学生，他性格固执偏激，学习成绩令人着急，自理能力更弱，甚至连袜子都不会洗，还总是晚上不休息白天打瞌睡。邓辉了解到情况后，指出"先教孩子洗袜子比教知识更重要"。于是，副校长吴蜜和班主任陈邦印从小峰的"生活导师"做起，手把手教小峰洗袜子、洗衣服、做清洁，让小峰从整理内务中建立自信。在此基础上，老师们抓住小峰每个细小的进步，给予恰到好处的表扬，还安排与他志趣相投且有良好习惯的同学当他的"小老师"。一学期后，小峰各方面发生了巨大变化，后来顺利考入集团的高中，今年的高考艺体和文化成绩都上了本科线。

学生小丽曾因抑郁症休学一年，起初转来大足城南教育集团时依然独来独往，学习倦怠，任何事都提不起兴趣。邓辉深入了解后发现，家庭教育的不得法、紧张的亲子关系才是孩子出现问题的根源。找到"症结"后，吴蜜一方面带领小丽去发现她自身闪光点，想方设法让小丽在班里交朋友，一方面引导她回家去寻找父母的优缺点，同时给她的父母传授科学的家庭教育方法。一学期下来，小丽的笑容越来越多，很好地融入了班集体，积极乐观地面对学习和生活，后来顺利升入理想的高中。

在大足城南教育集团，这样通过自主教育激活学生心灵、促生焕发光彩的动人故事还有很多。学生小志改掉胆怯懦弱的性格、重拾阳光自信，以优异成绩考入大足城南教育集团高中部，后又顺利考取全国知名学府。学生小叶发现兴趣所在，在老师的鼓励、培养下，通过艺术特长进入理想的大学。

恰如吴蜜所说的："教学的艺术不在于传授本领，而在于激励、唤醒和鼓舞，老师们能做的就是给孩子爱、力量和信心，帮助他们在学习成长之路上采撷一路芬芳，收获一路成长。"

如今，大足城南教育集团已经涌现出大量通过"两自"教育而蜕变的优秀学生。不久前，一位家长激动地将锦旗送到学校："感谢学校，感谢老师，是你们给了我孩子第二次机会，我的孩子才有现在的成功！"

大足城南教育集团利用"两自"教育，唤醒学生，促进学生进步成长，帮助潜能生转化提升，已经获得了家长及社会的高度认可。

学生是课堂的主人　人人都是"小老师"
"慧生课堂"让学习真正发生

"虽然那时候学校的条件很差，但是老师的教学理念和教学方式都很新颖。"如今已经在大足城南教育集团工作的尹强，依然对当初在大足城南教育集团求学的日子念念不忘。

课堂是教育教学的主阵地，课堂教学的效果直接关系到教学的质量和人才培养的水平。大足城南教育集团在唤醒学生心灵之后，以课堂改革为抓手，深入推进教育改革，尤其是近年来，创新性地开展"慧生课堂"实践，由"以教为中心"转向"以学为中心"，改变学生的学习方式，激发学生的内生动力，让学习真正发生。

"慧生课堂，'慧'本义为聪明、智慧，慧生课堂是'培育有智慧的生命'的课堂。"学校相关负责人介绍，"慧生课堂"致力于培养具有概括思维、掌握文化知识、能够实践创新、能够反思改变、能够创美达美的生命。

究竟什么是"慧生课堂"？

"慧生课堂"其实就是践行"双向三助四环节"理念，引导学生自主自觉自动地产生智慧的课堂。"双向"即面向全体学生，面向全体学生未来。"三助"即自助、互助、师助，学生通过"自助"前置性学习，在"助学单"

的引导下，以多种方式独立自学，带着问题进入课堂"互助"的环节，小组合作分享、交流、探究，互助时仍不能解决的问题由小组提交到全班，最终由"师助"搭建支架进行点拨引导。"四环节"即指了解学生需求、提出问题、解决问题、范式提升等。

"慧生课堂"有哪些不一样？

"慧生课堂，这不仅是课堂教学的变革，更根本的是教育教学观念的变革。"大足城南教育集团东序小学常务副校长蒋敏说，老师角色进行了转变，他们成为学生学习的组织者、引领者和问题的点拨者、提升者，为学生营造学习氛围，构建学习平台，搭建学习支架，让学生自主学习、讨论交流、合作探究、展演汇报等，能在关键处、易错处进行有效点拨、启发，落实了慧生课堂的理念。

在这样的课堂上，更加丰富的课堂教学形式不断涌现，小老师教学、小组集体展示、课本剧表演等，打破了以往固有的单一教学模式，让学生的学科素养和学习能力都得到充分提升。越来越多的学生动起来了，积极参与到课堂中，主动学习，主动探究，主动发展。一个个小老师能说会道，整个课堂精彩纷呈。

可以说，这种独特的"慧生课堂"，颠覆了传统的"以教为主"的课堂，在教师的引导下，学生真正激发了学习的主动性，激活了内驱力，实现了生命的拔节成长。

不唯模式唯高效
深化课改让教师队伍更有活力

"慧生课堂"不仅仅改变了学生，也让老师们实现了专业的成长与发展。

音乐老师龚鑫洋为了使学生能轻松、开心地上音乐课，采用小组得分制来进行奖励，对于破坏课堂秩序的行为也进行了善意的批评与纠正。英语教师张欢针对英语学科的知识特点，引导学生通过感知、参与和合作促进语言实际运用能力的提高，鼓励学生敢说英语、能说英语、会说英语。科学教师莫雯将科学学科素养渗透于"慧生课堂"中，以生活为切入点激发学生的好奇心，保护孩子的求知欲。

但是，教学有法，教无定法，贵在得法。教学要有模式，但又不能被模式固化、僵化。根据学科、教材的不同，大足城南教育集团教学模式呈现出不同的样态，不同老师对模式的理解也不尽相同，"城南人"已实现从无模式到有模式再到跳出模式的过程。

"教师是课程改革的实施者，更是参与者，我们始终把课改看作是提升教师素质的一个契机，促使教师不断反思教学过程、研究教学策略，提升专业能力。"蒋敏说，大足城南教育集团以"慧生课堂"课题研究下的"两自研究"为抓手，通过创设"强师"培训班、青蓝工程、名师工作室等学习平台，组织教师自觉、主动参与理论学习、问题研讨、交流展示、课题研究等，带领教师解读"双减"政策，提高课堂教育教学质量，提升专业能力水平，进一步强化师资队伍，适应新形势下民办教育的发展需求，为建立百年强校奠定人才基础。

不唯模式唯高效，跳出模式搞教研。教师的教学创新意识开始觉醒，更多的教师静下心来读书、做课题研究，形成人人参与的和谐生态课堂，促进了学校教育内部生态链的良性循环。在浓郁的教研氛围里，学校先后有多名教师受区级、市级表彰，教师们在成就学生、成就学校的同时也成就了自己。

携"两自"品质　乘慧生之风
驱动生命让孩子飞得更高更远

"回忆起母校的栽培，感恩之情涌上心头。足球场上的奋力拼搏，演讲比赛的沉着发挥，课堂里当小老师的自豪……"今年被香港中文大学录取的陈春龙回忆起校园生活时仍满怀喜悦。他认为母校不仅教给他知识，更培养了他自主管理的能力，给予了他创造未来的自信。

同样被香港中文大学录取的陈景阳性格活泼开朗，是一个热爱嘻哈的帅小伙。来到城南中学前，他一直是一个平凡沉默而缺少自信的孩子，来到这里后，却仿佛开启了新世界。多姿多彩的校园生活，演讲、话剧等多个展示平台，篮球、跑步等体育项目，每一个都让他无比振奋："课堂上老师通过小组讨论让我们解决问题，然后进行小组展示。在展示的过程中让我们当小老师给同学讲题，让我越来越有自信，对学习越来越感兴趣。"

"在大足城南教育集团，孩子们面对的不只是学习，还有多姿多彩的生活。"学生们都说，大家完全有时间去探索、去创作、去发明，让青春快乐而有意义。

玩得好，还能学得棒？或许有人会有疑问。但在大足城南教育集团的教师们看来，这其中的奥秘在于自主教育、慧生课堂等改革，真正激活了孩子的内驱力。

一名学生看似简单的话引人深思："老师告诉我们，该玩就尽情玩耍，该训练就认真训练，该学习就好好学习，自己做好自己的主人。"

于是，这样的场景成为常态。操场上，乒乓台前围满了学生，羽毛球场上，三五成群，打篮球不分年级、不分男女，同一个爱好，同一个梦想……体育老师杨金涛说，大足城南教育集团让学生的学习成长有了更多的自主性，学校也提供了场地和大量的时间，学生会根据自己的兴趣和特长选择体育运动，并逐渐养成"每天锻炼一小时"的运动习惯。

多姿多彩的活动，促进学生在课堂上变成了学习的主角。语文课堂上，学生的答案创意无限；数学课堂上，学生会因为一题多解而争论不休。最为精彩的还是学生展示的环节，上台的学生大胆自信、侃侃而谈，学生的评价更是让展示者发现自己的不足，从而将知识掌握得更加牢固。

正是在这样的环境中，大足城南教育集团的孩子们始终保有蓬勃向上的力量，去迎接人生的挑战，收获成功的喜悦。今年大足城南教育集团共有1000人参加高考，800多人以优异的成绩考入了满意的高校。

"期求硕果勤浇灌，垄亩耕耘岂顾身。"大足城南教育集团全体教职员工以一腔执着和热情，用有质量的教育稳稳地托举着孩子成长，让他们带着特有的青春烙印，努力成为国家的栋梁之材，飞得更高更远。

来源：重庆日报2022年9月7日

后 记

梁 琴

党的二十大报告提出"实施科教兴国战略，强化现代化建设人才支撑"，指出"教育、科技、人才是全面建设社会主义现代化国家的基础性、战略性支撑"。"我们要坚持教育优先发展、科技自立自强、人才引领驱动，加快建设教育强国、科技强国、人才强国，坚持为党育人、为国育才，全面提高人才自主培养质量，着力造就拔尖创新人才，聚天下英才而用之。"教育是国之大计、党之大计。"培养什么人、怎样培养人、为谁培养人"是教育的根本问题。重庆市大足城南东序学校承担重庆市教育科学"十三五"规划2020年度课题《慧生课堂的实践研究》，秉持多元背景思维回答慧生课堂"缘何而生"的问题，秉持本真意涵思维回答了慧生课堂"是什么"的问题，秉持素养目标思维回答了慧生课堂"育什么人"的问题，秉持课程统整思维回答了慧生课堂"教什么"的问题，秉持模式集群思维回答了慧生课堂"怎么教"的问题，秉持分类评价思维回答了慧生课堂"怎么评"的问题，秉持道术融合思维回答了慧生课堂"有何特色"的问题，追踪国际潮流，回应课堂革命，传承文化遗产，践行校本学风，打造慧生课堂文化体系，对慧生课堂的育人目标、生态场域、课程建设、课堂理念、课堂模式、课堂准则、课堂评价进行聚焦式系统实践，形成了"慧生课堂"特色教学，推进了课堂革命，推进了课程改革，推进了核心素养落地，涌现了一大批优秀成果，编委会经过筛选、编辑，物化为课题著述《慧生课堂的建构与实践研究》。以校本化的创意实践打造了慧生课堂特色成果，提交了课堂革命的东序答卷。

本书包括六个方面的内容，比较全面地反映了学校实践"慧生课堂"特色教学，构建"慧生课堂"学校文化的实践研究成果。

第一部分，慧生课堂实践研究之源：历史背景篇。对慧生课堂的出场缘于世情、国情、史情、校情"四个层面"的背景，进行了解读，系统分析了"课堂教学目标：突出核心素养导向""课堂教学场域：突出大课堂观""课堂教学理念：突出以人为本""课堂教学方法：突出自主学习""课堂教学范式：突出学为中心""课堂教学评价：突出发展性评价"等六大发展趋势，详细回顾了"学校的发展历史、慧生课堂的文化背景、慧生课堂的发展历程"等慧生课堂的历史背景，回答"慧生课堂从哪里来"的问题。以期为广大中小学构建与实践特色教学、特色学校文化提供参考和借鉴。

第二部分，慧生课堂实践研究之理：课题研究篇。主要编辑了开展课题"慧生课堂的实践研究"的研究报告、工作报告，回答"慧生课堂是什么"的问题。详细阐述了课题组立足慧生课堂之智慧的"六大特性"、慧生课堂之生命的"六大特性"的分析，慧生课堂把育人目标，具体化为培育"五智慧生命"的育人目标，建构了"五智慧生命"核心素养模型，强化"十会"核心能力，回答"慧生课堂培养什么人"的问题，实践建构了慧生课堂教学管理"六维"策略系统，包括"五智慧生命"的育人目标系统，教室小课堂、学校中课堂、社会大课堂三类课堂生态系统，"双向三助"的实施理念系统，"五生"的行动准则系统，以"自助研学—互助探究—师助提高—反思发展"为基本流程的教学模式群为主体的操作模式系统，以"三类课堂评价标准"为内容的科学评价系统六个方面，回答"慧生课堂怎么教""慧生课堂怎么评"的问题，开发建设了五育融合的三类课程体系，包括"基于教室的学科小课堂课程"，即国家课程；"基于学校的活动中课堂课程"，即校本活动课程；"基于社区的实践大课堂课程"，即社会实践课程。回答"慧生课堂教什么"的问题。以期为专家、学者、教研员、一线教师开展课堂研究提供经验与借鉴。

第三部分，慧生课堂实践研究之法：教学策略篇。主要编辑了慧生课堂的实践研究的具体策略，教师坚持"面向全体学生，面向学生未来"的育人理念，坚持"自助、互助、师助"的学习方式，按照"自助研学—互助探究—师助提高—反思发展"课堂教学"四环节"科学实施教学，坚持"生活性、生成性、生动性、生长性、生命性"的教育原则，打造灵动的"五生"课堂，培育具有"认知智慧、文化智慧、实践智慧、身心智慧、审美智慧"的"五智慧生命"，落实立德树人目标，总结了"基于慧生课堂理念的小学语文自主学习策略研究""基于慧生课堂理念的小学语文情景教学策略研究""慧生课堂理念下的语文低段童话'讲故事'教学策略""基于慧生课堂理念的语文生活化教学策略研究""基于慧生课堂理念的小学数学生命课堂教学策略研究""基于慧生课堂理念的生动数学教学策略研究""'双减'背景下小学数学作业'四化'设计策略研究""基于慧生课堂理念的小学数学互助学习策略研究""基于慧生课堂理念的小学数学操作学习策略研究""基于慧生课堂理念的小学科学'四环节'学习策略""基于单元整体教学理念的小学英语词汇教学策略研究""小学英语自主学习能力培养策略研究"等教学策略，回答"慧生课堂怎么教"的问题，彰显慧生课堂教学特色。希望广大一线教师，具体化学校教育核心理念，转变教学方式，形成自己的教学风格、教学策略、教学主张或教学思想，提高教育教学技艺，促进专业成长，提供操作上的示范、帮助和参考。

第四部分，慧生课堂实践研究之术：教学模式篇。主要编辑了以"自助研学—互助探究—师助提高—反思发展"为基本流程的"四环节"教学模式，教师在不同学科，不同年段，不同课型中，对"四环节"教学模式加以灵活运用，增添删减，加工改造，总结了"小学语文口语交际'五交际'教学模式、小学古诗'五学'课堂教学模式、小学低段童话'五学'教学模式、小学语文阅读教学'五读'模式，小学数学新授课'五学'教学模式、小学英语阅读'四活动'教学模式、小学科学'四环节'教学模式、小学体育'四游戏'教学模式、小学美术'五美'教学模式等教学模式"，形成了丰富的在三类课堂场域中运用的"四环节"的"1+3+N"教学模式群，形成了自助学习、互助学习、师助学习三种学习方式，探索出了培养"智慧生命"的课堂行动路径、策略、范式，回答了慧生课堂"怎么教"的根本性问题。希望广大一线教师，遵循教育科学规律科学教育教学，细化学校教育核心理念转变教学方式，提供操作上的示范和参考。

第五部分，慧生课堂实践研究之纲：课程建设篇。主要编辑了慧生课堂的实践研究按照"基于教室的学科小课堂课程""基于学校的活动中课堂课程""基于社区的实践大课堂课程"三类课程体系的总体设计，开发了五育融合的《智慧乐园综合实践活动校本课程》，包括认知乐园、文化乐园、实践乐园、身心乐园、审美乐园五种校本课程读本，对校本活动课程、社会实践课程进行整合、补充，实施课程融合的跨学科学习、项目式学习，培养"五智慧生命"核心素养，回答"慧生课堂教什么"的问题。以期为基层学校校本课程建设提供案例和参考。

第六部分，慧生课堂实践研究之效：课堂评价篇，主要编辑了课题组一是依据慧生课堂的"双向三助四环五生"的整体建构，开发了《基于教室的学科小课堂教学评价标准》《基于学校的活动中课堂教学评价标准》《基于社会的实践大课堂教学评价标准》对教学目标的确定、主题内容的选择、教学活动过程的设计、教学方式方法手段的使用、教学效果、教师素养等教学开展过程性评价。二是开展基于证据的课堂评价。课题组开展调查研究，收集获奖成果，对课题研究前期后期开展教师学生问卷，用数据说话，实证课题研究的效果，形成了《学校获奖成果统计表》《慧生课堂的实践研究调查报告》。三是开展第三方评价，收集上级管理部门的表彰、媒体的宣传报道。"三维"评价回答"慧生课堂怎么评，效果如何"的问题。以期为学校推进教育评价改革，实施素质综合评价，发展性评价，增值型评价，提供参考和借鉴。

本书由邓辉、蒋敏、周娟主编，李爽、卢婷、罗高莉、杨天平、龙运芳、李永春、姜小川、周灵佳、谭佳、朱彦、郑秋怡、唐佳等老师参与编辑、统稿。本书得到了重庆市大足区教科所副校长顾建平、科研室主任杨万云、教师吴世碧等领导的悉心指导和大力支持；得到了重庆市九龙坡进修学院书记、正高级教师江涛，重庆市南岸区珊瑚小学校长、正高级教师谭劲，重庆市两江新区优秀教研员陈宏，原重庆市渝北区教育科学研究所所长余国源，重庆市渝北区空港实验小学文世全主任等专家的指导和帮助。在此，一并表示真诚的感谢。

由于学校教学任务繁重、编委学术水平有限，文稿质量难免存在瑕疵，恳请专家和广大读者批评指正。

2023 年 9 月